DE BURN-

Ook verschenen van Sophie Kinsella bij The House of Books:

Sophie Kinsella

De burn-out

Vertaald uit het Engels door Catherine Smit

the house of books

Oorspronkelijke titel: *The Burnout*
Oorspronkelijk uitgegeven door: Bantam, een imprint van Transworld Publishers,
een onderdeel van Penguin Random House, Londen 2023
© Madhen Media Ltd, 2023
© Vertaling uit het Engels: Catherine Smit, 2023
© Nederlandse uitgave: The House of Books, Amsterdam 2023
Omslagontwerp: Eileen Carey
Omslagontwerp Nederlandse uitgave: Mark Hesseling
Omslagbeeld: Eileen Carey, gebaseerd op beelden van Shutterstock
Auteursfoto: © John Swannell
Typografie: Crius Group, Hulshout

ISBN 978 90 443 6775 1
ISBN 978 90 443 6776 8 (e-book)
NUR 302, 340

www.thehouseofbooks.com
www.overamsteluitgevers.com

OVERAMSTEL
uitgevers

The House of Books is een imprint van Overamstel uitgevers bv

FSC
www.fsc.org

MIX
Papier | Ondersteunt
verantwoord bosbeheer
FSC® C104608

Voor mijn kinderen:
Freddy, Hugo, Oscar, Rex en Sybella

1

De stress giert door mijn lijf en dat komt niet doordat mijn inbox uitpuilt. Het komt ook niet door de boze opvolgmailtjes. (*Heb je mijn bericht wel gekregen, want ik wacht nog steeds op antwoord.*) Nee, het zijn de berichten die dáár weer op volgen waar ik hypernerveus van word. De mailtjes met twee rode uitroeptekens. Die supergiftig van toon zijn (*Zoals ik in mijn* TWEE *eerdere mails al aangaf...*) of zogenaamd bezorgd en sarcastisch (*Ik begin me serieus af te vragen of er iets ergs met je is gebeurd. Ben je in een put gevallen of zo?*) Van dit soort berichten krijg ik het letterlijk benauwd, en mijn oog gaat ervan trekken. Vooral als ik ben vergeten die e-mails als 'belangrijk' te labelen. Mijn hele doen en laten wordt bepaald door die mailtjes. Wat zeg ik, mijn hele léven. Maar die laatste e-mail heb ik dus niet gelabeld en dat was al een paar dagen geleden en nu heeft mijn collega het duidelijk volledig met me gehad, al valt de toon eigenlijk nog wel mee: *Maar echt, gaat het wel goed met je, Sasha?* En nu voel ik me nog schuldiger dan ik al deed. Het is een aardige vent. Hij is niet onredelijk. Hij kan er ook niks aan doen dat ik het werk van drie mensen moet doen en weleens een steekje laat vallen.

Ik werk voor Zoose, de hippe reisapp die momenteel de markt bestormt. De slogan van onze huidige reclamecampagne is *Zoose – fijne reis, lage prijs*, en ik moet zeggen: het is een geweldige app. Waar je ook heen wilt, Zoose levert binnen een paar tellen een reisschema en goedkope tickets en heeft ook nog een aantrekkelijk bonussysteem. Ik ben hoofd Speciale Aanbiedingen voor veertien landen. Die functietitel was de reden dat ik deze baan per se wilde hebben, dat durf ik best toe te geven. En natuurlijk omdat Zoose een hippe start-up is. Als ik vertel waar ik werk, dan zegt iedereen: 'O, werk jij daar? Van die reclames in de metro!' En ze voegen eraan toe: 'Wat een coole baan!'

Het ís ook een coole baan. Op papier dan. Zoose is een jong, snelgroeiend bedrijf, met een plantenwand in de kantoortuin en gratis kruidenthee. Toen ik hier een paar jaar geleden begon, was ik dolgelukkig. Als 's ochtends de wekker ging dacht ik: *Wat ben ik ook een mazzelaar.* Maar die blijdschap ging langzamerhand over in *O god, o nee, ik houd het niet meer vol! Hoeveel e-mails moet ik vandaag beantwoorden? Hoeveel vergaderingen heb ik? Hoe houd ik alle ballen in de lucht?*

Het kantelpunt zou ik niet precies kunnen aangeven. Zes maanden geleden? Zeven misschien? Ik heb al tijden last van een opgejaagd gevoel. Alsof ik in een tunnel zit en geen andere keuze heb dan maar gewoon door te buffelen. Hup, hup, hup.

Ik krabbel een notitie op een post-it – *Mails wegwerken!!!* – en plak die aan mijn computerscherm, naast een briefje dat daar al maanden hangt. *App??* staat erop.

Mijn moeder zweert bij apps. Ze heeft een Klaar voor Kerstmis-app, een Plan je Vakantie-app, en een app die haar 's ochtends om halfacht vertelt dat ze een vitaminepil moet nemen. (Diezelfde app geeft elke avond aan dat het tijd is om haar bekkenbodemspieren te versterken en vuurt op gezette tijden een 'inspirerende quote' op haar af. Ik vind het raar en bemoeizuchtig, al heb ik dat maar voor mezelf gehouden.)

Maar goed, zij zal het wel weten – misschien zou ik met de juiste app mijn leven weer op de rit kunnen krijgen. Maar er zijn zoveel apps, ik zou echt niet weten welke ik moest kiezen en – mijn god – wat moet je altijd veel gegevens invullen. Ik heb een bullet journal met bijbehorende gelpennen. Het is de bedoeling dat je daarin al je actiepunten noteert, ze voorziet van een kleurcode en dat je de punten dan een voor een afwerkt. Maar wie heeft daar nou tijd voor? Wie heeft er tijd om een paarse pen te pakken en op te schrijven *de vierendertig boze mails in mijn inbox beantwoorden* en er dan een stickertje met een verdrietige smiley naast te plakken? In mijn bullet journal staat al een jaar lang precies één actiepunt: *Werken*. En ik heb er nooit een vinkje achter kunnen zetten.

Ik werp een blik op de klok en schrik. Hoe kan het nou al 11.27 uur zijn? Ik moet aan het werk. Vooruit, Sasha.

Beste Rob, het spijt me dat je zo lang op een reactie moest wachten. Wil je mijn excuses alsjeblieft aanvaarden? Dit soort zinnetjes typ ik nou de hele dag door. *De datum is voorlopig gesteld op 12 april. Mocht dat nog veranderen, dan laat ik het zeker weten. Tot slot nog even iets over de roll-out in Nederland: de directie heeft besloten –*'

'Sasha!'

Ik ga zo op in mijn werk dat ik bij dat al te bekende, snerpende stemgeluid een eindje opveer uit mijn bureaustoel.

'Heb je even?'

Ik schiet volledig in een kramp. Even? Even? Nee. Ik heb niet 'even'. Ik heb zweetplekken onder mijn armen. Mijn vingertoppen staan in de fik. Na deze e-mail moet ik nog een miljoen andere belangrijke berichten beantwoorden. Ik moet door, ik heb geen tijd voor jou...

Maar Joanne, ons hoofd Empowerment en Werkgeluk, komt mijn kant op gelopen. Joanne is in de veertig. Ze is een jaar of tien ouder dan ik, maar ze kijkt tijdens vergaderingen vaak naar mij als ze dingen zegt als 'vrouwen van onze leeftijd'. Ze draagt ook vandaag weer een nette maar comfortabele broek en een duur, effen T-shirt. Ik zie een misprijzende blik in haar ogen, zo kijkt ze bijna altijd. Ik heb blijkbaar weer eens iets verkeerd gedaan. Maar wat? Haastig probeer ik te bedenken welke misstappen ik mogelijk heb begaan, maar er komt niets bij me op. Ik zucht, stop met typen en draai mijn bureaustoel een klein stukje haar kant op. Net genoeg om niet onbeleefd over te komen.

'Sasha,' zegt ze vinnig, en ze slaat haar verzorgde haren naar achteren. 'Even over het programma Vreugdevol aan het Werk. Jouw deelname daaraan stelt me zeer teleur.'

Shit. Vreugdevol aan het Werk. Ik wist dat ik iets vergeten was. Ik dacht dat ik daar een post-it voor had gemaakt – *Vreugdevol!* – maar die is dan zeker van mijn computerscherm gevallen. Ik kijk naast mijn bureau en ja hoor, er kleven twee post-its aan de verwarming: *Vreugdevol!* en *Gasrekening!*

'Sorry,' zeg ik, in de hoop dat het vleiend en nederig overkomt. 'Het spijt me echt, Joanne. Sorry.'

Heel soms, als je maar vaak genoeg 'sorry' tegen haar zegt, neemt Joanne daar genoegen mee. Maar vandaag niet. Ze leunt tegen mijn bureau en ik krijg een knoop in mijn maag. Ze gaat een preek tegen me houden.

'Het is ook Asher opgevallen dat je niet echt betrokken bent, Sasha.' Ze kijkt me onderzoekend aan. 'En zoals je weet is Asher zéér begaan met het stimuleren van vreugde op de werkvloer.'

Asher leidt de afdeling Marketing en is dus mijn baas. Hij is ook de broer van Lev, de beroemde oprichter van Zoose. Die kwam op het idee voor de app toen hij op het punt stond op het vliegtuig te stappen. Hij dook op de luchthaven een koffiebar in en miste, terwijl hij bezig was de opzet voor de app uit te werken, zes vluchten naar Luxemburg. Dat zegt hij althans; ik heb hem het hele verhaal horen vertellen tijdens een TED Talk.

Lev is een pezige en charismatische man, innemend ook. Hij stelt onophoudelijk vragen. Is hij op kantoor aanwezig, dan loopt hij de hele tijd rond – hij is met zijn wilde bos haar een opvallende verschijning – en vraagt dan dingen als: 'Waarom doen jullie dit?', 'Wat is dat?', 'Waar ben je mee bezig?' en 'Zou het zo niet beter werken?' Toen ik kwam solliciteren, vroeg hij iets over mijn jas en over mijn docenten aan de universiteit. Ook vroeg hij of ik te spreken was over service bij pompstations langs de snelweg, dat vond ik verrassend en grappig en inspirerend.

Maar de laatste tijd zie ik hem nooit meer. Ik zie alleen Asher, zijn broer, maar die lijkt wel van een andere planeet te komen dan Lev. Op het eerste gezicht is het een aardige man, iemand bij wie je je snel op je gemak voelt. Maar ik ontdekte al snel dat hij verwaand is en jaloers op de roem van Lev. Bovendien is hij overgevoelig voor alles wat ook maar in de buurt komt van een kritische noot. Hij reageert giftig als je niet zegt: 'Wat een baanbrekend idee, Asher. Echt geniaal!' (Joanne roept bij elke vergadering bij alles wat die man te berde brengt: 'Wat een baanbrekend idee, Asher. Echt geniaal!' Maar goed. Met Asher moet je dus een beetje uitkijken. En met Joanne trouwens ook, want Asher en zij kennen elkaar nog uit hun studententijd en zij loopt over de afdeling als een bloeddorstige beul op zoek naar ketters.

'Ik sta volledig achter Ashers programma,' zeg ik vlug, in de hoop dat het een beetje geloofwaardig overkomt. 'Gisteren heb ik de lezing van dr. Sussman bijgewoond. Heel inspirerend.'

De onlinelezing van dr. Sussman ('Van doemdenken naar positieve actie – maak je dromen waar!') was verplichte kost voor alle medewerkers. Hij duurde twee uur en dr. Sussman had het al die tijd voornamelijk over haar scheiding en latere seksuele ontwaken in een commune in Croydon. Ik heb geen flauw idee waarom ze ons wilde meenemen op deze spirituele reis, maar het was gelukkig via Zoom dus ik kon ondertussen mooi wat mails wegwerken.

'Ik heb het over het onlinemoodboard voor persoonlijke doelstellingen, Sasha,' zegt Joanne. Ze slaat haar armen over elkaar als een valse gymlerares die op het punt staat je twintig push-ups te laten doen. (Wil ze me soms twintig push-ups laten doen?) 'Je hebt al tien dagen niet ingelogd, viel ons op. Heb je dan werkelijk geen enkel doel voor ogen?'

O god. Dat verdomde moodboard, daar heb ik geen moment meer aan gedacht.

'Sorry,' zeg ik. 'Komt helemaal goed.'

'Asher heeft als afdelingshoofd het beste met jullie voor,' zegt Joanne, nog altijd met samengeknepen ogen. 'Hij vindt het belangrijk dat alle medewerkers de tijd nemen om persoonlijke doelen te stellen en dagelijkse geluksmomenten te noteren. Schrijf jij elke dag op wat jou vreugde schenkt?'

Ik ben met stomheid geslagen. Een dagelijks geluksmoment? Wat zou ik me daarbij moeten voorstellen?

'Het zou je weerbaarder maken, Sasha,' vervolgt Joanne. 'Bij Zoose zijn we begaan met jouw welzijn.' Zoals zij het zegt klinkt het haast als een beschuldiging. 'Maar het is belangrijk dat je ook zelf iets doet.' Vanuit een ooghoek zie ik dat er tijdens ons gesprekje zes nieuwe dringende mails zijn binnengekomen. Al die rode uitroeptekens bezorgen me een wee gevoel in mijn maag. Waar zou ik de tijd vandaan moeten halen voor reflectie? Hoe kan ik een geluksmoment ervaren als de paniek me constant bij de keel grijpt? Denken ze echt dat ik persoonlijke doelen kan formuleren terwijl het me al zoveel moeite kost om niet in mijn werk te verdrinken?

'Weet je, Joanne…' Ik zucht diep. 'Wat mij vooral bezighoudt is: wanneer worden Seamus en Chloe eindelijk eens vervangen? Die vraag heb ik ook al gesteld op het moodboard voor persoonlijke doelstellingen, maar er kwam geen reactie op.'

Dit is het eigenlijke probleem. De crux. Er is hier gewoon niet genoeg personeel. Chloe verving een collega met zwangerschapsverlof, maar zij hield het al na een week voor gezien. Seamus bleef een maand, kreeg knallende ruzie met Asher en wandelde zo de deur uit. En nu werkt iedereen zich uit de naad, zonder dat er enig zicht is op vervangers.

'Sasha,' zegt Joanne minzaam, 'ik geloof dat je de bedoeling van het moodboard niet helemaal begrepen hebt. Het gaat niet over gortdroge hr-zaken, maar over persoonlijke doelstellingen. Over jouw dromen.'

'Nou, het is anders een persoonlijke doelstelling én een droom van mij om al het werk over genoeg collega's te kunnen verdelen!' kaats ik terug. 'We komen om in het werk. Ik heb dit al zó vaak met Asher besproken, maar hij geeft nooit een concreet antwoord, je weet hoe hij is en —'

Ik onderbreek mezelf voor ik nog meer lelijke dingen zeg over Asher. Zij zal mijn woorden ongetwijfeld aan hem doorbrieven en me daarvoor tijdens een hoogst ongemakkelijke vergadering ter verantwoording roepen.

'Zie ik daar een trekkend spiertje bij je oog?' zegt Joanne, die me scherp aankijkt.

'Nee, hoor. Wat? Een trekkend oog?' Ik breng een hand naar mijn gezicht. 'Zou kunnen.'

Ze heeft mijn vraag van tafel geveegd, valt me op. Daar zijn sommige mensen heel goed in. Onwillekeurig werp ik een blik op mijn scherm – Rob Wilson heeft me zojuist een e-mail gestuurd, dit keer met vier uitroeptekens.

'Joanne, ik moet door,' zeg ik wanhopig. 'Maar bedankt voor de peptalk. Je hebt me echt... opgepept.'

Het kan zo niet langer, denk ik gejaagd als ze eindelijk weg is en ik weer verder kan met mijn werk. Ik moet iets doen. Deze baan is niet wat ik ervan had verwacht. Integendeel. En wat was ik blij toen ik hier twee jaar geleden werd aangenomen. Hoofd Speciale Aanbiedingen bij Zoose! Ik maakte een vliegende start, stortte me vol op het werk en was ervan overtuigd dat mij hier een mooie carrière wachtte. Maar het pad naar die glorieuze toekomst is niet verhard meer. Het is modderig en ik sleep me voort door een vieze, natte prut.

Ik druk op 'versturen', zucht eens diep en wrijf over mijn gezicht. En nu heb ik koffie nodig. Ik sta op, rek me uit en ga naar het raam om even te ontspannen. Het is rustig in de kantoortuin; de helft van mijn team werkt vanuit huis vandaag. Lina is er, maar zij zit als een malle te typen met een koptelefoon op en een gezicht dat op onweer staat. Geen wonder dat Joanne met een boogje om haar heen liep.

Moet ik weg hier? Een andere baan zoeken? Maar, o god, hoeveel moeite zal het me wel niet kosten om iets nieuws te vinden? Je moet personeelsadvertenties doorspitten en praten met headhunters en een loopbaanplan opstellen. Je moet je cv bijwerken, je moet nadenken over wat je hebt bereikt en over wat je aan moet naar de sollicitatiegesprekken (die je in je werkdag moet zien te proppen zonder dat het iemand opvalt). Je moet fris en energiek overkomen en je zweet peentjes terwijl een groepje enge mensen je het hemd van het lijf vraagt. Je glimlacht ontspannen als ze je veertig minuten laten wachten terwijl je met schrik bedenkt hoever je achteropraakt met je eigenlijke werk.

En dat is nog maar één sollicitatie. Ze wijzen je af en dan moet je helemaal opnieuw beginnen. Als ik hier alleen maar aan dénk, voel ik al de behoefte om heel diep weg te kruipen onder mijn dekbed. Op dit moment lukt het me niet eens om een nieuw paspoort aan te vragen, laat staan een nieuw leven in de steigers te zetten.

Ik leun tegen de ruit en kijk gedachteloos naar beneden. Ons kantoor ligt aan een brede, saaie straat in het noorden van Londen, met lelijke kantoorkolossen uit de jaren tachtig, een treurig winkel-centrum, en heel onverwacht, een klooster, pal tegenover Zoose. Het is een victoriaans gebouw en de enige aanwijzing dat hier een klooster zit, is dat je voortdurend nonnen in en uit ziet lopen. Moderne nonnen die een sluier dragen bij een spijkerbroek en die op bussen stappen naar God weet waar. Naar een opvang voor daklozen, waarschijnlijk, om daar goede daden te verrichten.

Ik zie een paar nonnen, druk in gesprek, naar buiten komen en plaatsnemen op het bankje bij de bushalte. Moet je ze nou eens zien! Wat leiden zij een ander leven dan ik. Krijgen nonnen ook e-mails? Ik durf te wedden van niet. Dat mógen ze waarschijnlijk niet eens. Zij hoeven 's avonds niet 103 WhatsAppberichten te beantwoorden. Zij hoeven niet de godganse dag excuusmailtjes te versturen. Zij hoeven geen persoonlijke doelstellingen in te voeren op een online-moodboard. Zij leiden een heel ander bestaan.

Misschien is er ook voor mij een ander leven weggelegd. Met een nieuwe baan, een nieuw appartement, een nieuwe richting. Hoe kan ik daarachter komen? Ik kan wel een zetje in de goede richting gebruiken. Een teken van het universum, bijvoorbeeld.

Met een zucht wend ik me af en dan ga ik op weg naar het koffie-apparaat. Voorlopig moet cafeïne de motor maar draaiend houden.

Die avond verlaat ik om zes uur het gebouw. Gretig snuif ik mijn longen vol koele, frisse lucht, alsof ik het de hele dag benauwd heb gehad. Ons kantoor zit boven een Pret A Manger, waar ik – zoals elke avond – meteen naar binnen ga.

Wat het is met Pret A Manger, je kunt er ál je maaltijden halen, niet alleen je lunch. Dat mag gewoon. En heb je dat eenmaal door, dan kun je het leven weer aan. Nou ja, een beetje beter dan. Ik weet niet wanneer eten koken me zo is gaan tegenstaan. Zoiets sluipt er langzaam in, vermoed ik. Maar nu vind ik het hele concept overweldigend. Dat je naar een supermarkt gaat om iets… weet ik veel, iets éétbaars te kopen. En dat je dat dan vervolgens gaat schillen of zelfs in stukjes snijden, dat je pannen tevoorschijn haalt en een recept opzoekt, en dat je na afloop moet afwassen. Als ik er alleen aan dénk word ik al moe. Zijn er echt mensen die dat elke avond doen?

Nee, dan de wrap met falafel en halloumi. Een warme, troostrijke maaltijd waar je een glas wijn bij kunt drinken. En als je het ophebt, gooi je de verpakking gewoon weg.

Ik pak mijn wrap, een reep chocola, een blikje met een 'gezond' drankje, een portie muesli met appel en kaneel – mijn ontbijt voor morgen – en een appel. Mijn dagelijkse schijf van vijf. (Voor de zeurpieten: ik weet heus wel dat het er eigenlijk twee horen te zijn.)

Bij de kassa haal ik mijn creditcard tevoorschijn. Ik ga ervan uit dat we de transactie zwijgend afronden, maar als ik mijn kaart tegen de lezer houd, gebeurt er niets. Ik kijk op en zie de jongen van Pret naar me lachen. Hij kijkt me met zijn donkere ogen warm en vriendelijk aan.

'Je koopt elke avond hetzelfde,' zegt hij. 'Wrap, muesli, appel, drankje, chocola. Nooit iets anders.'

'Klopt,' zeg ik verbouwereerd.

'Maak je nooit zelf iets klaar? Ga je nooit uit eten?'

Wat is dit nou? Zit die gast bij de eetpolitie of zo?

Ik pers er een stijf glimlachje uit. 'Meestal moet ik nog wat werken. Dus.'

'Ik ben chef-kok in opleiding,' zegt hij. 'Eten betekent heel veel voor me. Het lijkt mij nogal ellendig om elke dag hetzelfde te moeten eten.'

'Aha. Het maakt mij niet uit. Ik vind het helemaal prima zo. Dank je.'

Ik werp een veelbetekenende blik op het pinapparaat, maar hij maakt geen aanstalten de transactie af te ronden.

'Weet je wat ik nou een ideale avond zou vinden? Een hint: jij komt er ook in voor.'

Zijn stem klinkt zacht en eigenlijk best verleidelijk. Sinds het begin van dit gesprekje heeft hij me onophoudelijk aangekeken. Ik kijk terug en knipper, van mijn stuk gebracht, met mijn ogen. Wat is hier gaande? Wacht, vindt hij me leuk of zo? Is hij nou aan het flírten?

Ja, hij flirt met me. Shit!

Oké. Wat nu?

Wil ik terugflirten? Wat houdt dat in? Hoe gaat dat ook alweer, flirten? Ik graaf in mijn geheugen in de hoop daar flirtinstructies aan te treffen. De vrolijke, luchtige versie van Sasha Worth zou nu glimlachen en een gevatte opmerking maken. Maar er komt niets bij me op. Mijn hoofd voelt leeg. Ik sta met mijn mond vol tanden.

'Eerst zouden we naar de Borough Market gaan,' vervolgt hij, zonder zich druk te maken over mijn stilzwijgen. 'En daar groenten kopen, kruiden en kaas. Daarna naar huis en een paar uur in de keuken staan en iets heel lekkers klaarmaken… en dan zouden we wel zien. Lijkt het je wat?'

Er verschijnen leuke lachrimpeltjes bij zijn ogen. Hij hoopt natuurlijk dat ik op zijn voorstel inga. Hoe maak ik hem nu duidelijk dat het er niet in zit?

'Wil je het echt weten?' vraag ik om tijd te rekken.

'Kom maar op.' Hij grijnst breed, heel aanstekelijk. 'Spaar me vooral niet. Ik kan het aan.'

'Eerlijk gezegd lijkt het me allemaal doodvermoeiend,' flap ik eruit. 'Al dat koken. Snipperen. Opruimen. Aardappelschillen door de hele keuken. Er vallen er altijd een paar op de vloer en die moet je dan opvegen...' Ik val stil. 'Dus ik loop niet echt warm voor dit plan.'

Het is duidelijk dat hij zo'n antwoord niet had verwacht, maar hij herstelt zich razendsnel. 'Nou, we kunnen het koken ook overslaan,' oppert hij.

'En dan? Meteen het bed in duiken?'

'Nou...' Hij lacht, zijn ogen glinsteren. 'Iets in die richting, ja.'

O god, het is echt een leuke gast. Ik kan maar beter volledig open kaart spelen.

'Tja, weet je wat het is met seks? Daar ben ik op het moment niet zo in geïnteresseerd. Ik snap het, hoor, dat jij dat wel bent,' voeg ik er beleefd aan toe. 'Maar ik niet zo. Leuk dat je het aangaf, dat wel.'

Achter me hoor ik iemand naar adem happen en als ik achteromkijk, zie ik dat een vrouw met een paarse jas me staat aan te gapen. 'Ben je niet goed bij je hoofd of zo?' roept ze uit. 'Ik ga zo mee,' voegt ze er met een zwoele blik aan toe. 'Ik ga graag met je mee om samen te koken. En de rest. Wanneer je maar wilt. Je hoeft het maar te zeggen.'

'Ik ook!' roept een verzorgde man uit de andere rij. 'Je bent bi, toch?' vraagt hij aan de Pret-jongen, die duidelijk van zijn stuk is gebracht en op geen van beide voorstellen reageert.

'Je doet niet aan seks?' vraagt de Pret-jongen, die me nieuwsgierig opneemt. 'Is dat soms uit religieuze overwegingen?'

'Nee, het is er gewoon ingeslopen. Een jaar geleden liep mijn relatie stuk en...' Ik haal mijn schouders op. 'Geen idee, eigenlijk. Ik vind het fenomeen "seks" niet erg aanlokkelijk.'

'Jij vindt het fenomeen "seks" niet zo aanlókkelijk?' Hij schaterlacht. 'Nee. Daar geloof ik niks van.'

Ik voel enige irritatie opborrelen, want ik ken deze jongen helemaal niet. Hij bepaalt toch zeker niet waar ik wel of geen zin in heb?

'En toch is het waar!' kaats ik terug. Het komt er iets feller uit dan de bedoeling was. 'Wat is er nou zo leuk aan seks? Ik bedoel, als je er wat langer bij stilstaat… wat is seks nou eigenlijk? Het is… het is…' Ik flap er nu zomaar van alles uit. 'Niet meer dan langs elkaar wrijvende geslachtsdelen. Nou vraag ik je: vindt iedereen dat dan zo aanlokkelijk? Langs elkaar wrijvende geslachtsdelen?'

Er valt een diepe stilte in de winkel en ik voel dat zo'n twintig mensen me aanstaren.

Oké. Ik zal dus op zoek moeten gaan naar een andere Pret.

'En nu wil ik graag afrekenen,' zeg ik met gloeiende wangen. 'Dank je wel.'

Zonder iets te zeggen rekent de Pret-jongen met me af. Hij doet mijn aankopen in een tasje en steekt het me toe. Dan kijkt hij me nog eens aan. 'Mensen zoals jij zijn gewoon triest,' zegt hij. 'In- en intriest.'

Ergens diep vanbinnen raakt zijn opmerking me. *Mensen zoals jij.* Wat voor iemand ben ik dan? Vroeger hield ik van flirten, van seks, van lol maken. Van leuke dingen doen. Ik herken mezelf niet meer in de persoon die ik geworden ben. Maar het lukt me ook niet om iemand anders te zijn.

'Yep.' Ik knik. 'Dat ben ik met je eens.'

Meestal neem ik het maaltje van Pret mee naar mijn bureau, maar nu voel ik me zo futloos dat ik besluit meteen naar huis te gaan. In mijn appartement laat ik me met mijn jas nog aan op een stoel zakken en sluit ik mijn ogen. Elke avond als ik hier aankom, voelt het alsof ik een marathon gelopen heb of de hele dag aan een olifant heb lopen trekken.

Na een hele tijd doe ik mijn ogen weer open, en mijn blik glijdt langs de rij dode planten op de vensterbank. Ik neem me al een maand of zes voor om ze weg te gooien.

Ik zal het doen, heus. Alleen… niet vandaag.

Weer wat later lukt het me mijn jas uit te trekken, een glas wijn in te schenken en me op de bank te nestelen met het tasje van Pret bij mijn voeten. Op mijn telefoon licht het ene na het andere bericht op. Ik open de app en zie dat mijn studievriendinnen een nieuw plan hebben bedacht: we gaan om de beurt een dinertje organiseren en dan moet iedereen zich verkleden als een personage uit een film. Lachen toch?

Ik wil helemaal niet dat er mensen bij me komen eten. Ik zou me rot schamen. Mijn appartement ziet er niet uit. Waar ik ook kijk, overal zie ik dingen die ik nog moet doen: ongeopende testpotjes verf, het sportelastiek waarmee ik aan de slag zou gaan, de dode planten en een stapel ongelezen tijdschriften. Het abonnement op *Women's Health* was een cadeautje van mama, die bij een makelaarskantoor werkt, aan pilates doet en die elke ochtend om zeven uur volledig opgemaakt in de auto stapt.

Vergeleken met haar voel ik me nogal een mislukking. Ik kan gewoon niet geloven hoe goed zij haar zaakjes voor elkaar heeft. Toen ze zo oud was als ik was ze al getrouwd en maakte ze elke avond lasagne klaar voor papa. Ik heb een baan. En een appartement. En geen kinderen. En toch lukt het me niet om alle ballen in de lucht te houden.

In de appgroep gaat het nu over een nieuwe tv-serie, en ik vind dat ik me even in het gesprek moet mengen.

Klinkt geweldig! typ ik. *Ik ga zeker kijken!*

Dit is niet waar. Ik ga die serie helemaal niet volgen. Ik weet niet waar die lusteloosheid vandaan komt – lijd ik soms aan 'seriemoeheid'? Of aan 'tips-voor-leuke-seriesmoeheid'? Op het werk wordt er ook de hele tijd gekletst over van alles en nog wat, en als ze elkaar dan met wijsneuzerige analyses proberen de loef af te steken lijkt het wel of iedereen lid is van een of ander geheim genootschap. 'Niemand heeft door hoe góéd die serie is. Shakespeareaans, gewoon. Heb je hem nog niet gezien? O, maar dit moet je gezien hebben!' En degenen die de meeste afleveringen hebben gezien, meten zich een air van Jed Mercurio aan, alleen omdat zij al weten wat er in aflevering zes gebeurt. Stuart, mijn ex, was ook zo. 'Je weet níét wat je ziet,' zei hij dan, alsof hij het allemaal had bedacht. 'Vond je het tot zover goed? Nou, het gaat nog een onverwachte wending nemen, hoor.' Vroeger keek ik graag zo'n serie achter elkaar door. Dat vond ik heerlijk. Maar mijn hersenen staken; ik kan geen nieuwe verhaallijnen meer aan. De laatste tijd zet ik, als ik mijn wrap opheb, steevast de tv aan. Ik zoek mijn opnames op, scrol omlaag naar *Legally Blonde* en zet die film voor de honderdste keer aan.

Elke avond kijk ik *Legally Blonde* en daar kan niemand me van weerhouden. Ik zak onderuit op de bank, neem een hapje chocola en geef me over aan de vertrouwde beelden. De beginscène kijk ik altijd helemaal. Een paar minuten lang doe ik niets anders en verdwijn ik in die mierzoete roze wereld. Totdat Reese Witherspoon in beeld verschijnt, want dat vat ik op als een teken om in actie te komen. Ik ontwaak uit mijn trance en strek een hand uit naar mijn laptop. Ik open het mailprogramma, zucht een keer diep alsof ik onderaan de Mount Everest sta en klik dan de eerste als 'belangrijk' gelabelde mail aan.

Beste Karina, sorry dat je zo lang op een reactie moest wachten. Ik neem een slokje wijn. *Daar wil ik je graag mijn excuses voor aanbieden.*

2

De volgende ochtend word ik wakker op de bank, met mijn haar nog in het elastiekje en de tv aan. Op de vloer staat een halfvol glas rode wijn, dat als een goedkope luchtverfrisser een verschaald aroma verspreidt. Ik moet onder het werk in slaap gevallen zijn.

Met moeite rol ik op mijn zij, en als ik mijn mobiel onder mijn linkerschouderblad vandaan heb gehaald, zie ik allerlei nieuwe berichten, notificaties en e-mails op het schermpje staan. Deze keer begin ik eens niet met bonzend hart te scrollen, vervuld van vrees voor een helse nieuwe dag. In plaats daarvan rol ik me weer op mijn rug en staar ik een hele tijd naar het plafond. In mijn hoofd rijpt langzaam maar zeker een plan. Vandaag ga ik een nieuwe weg inslaan. Het roer gaat om, met een flinke ruk. Eindelijk.

Terwijl ik alsnog een laagje Olay Total Effects-nachtcrème aanbreng, vang ik een glimp op van mijn spiegelbeeld. Ik ril. Een bleke wintersnoet met een sproetige huid die aan karton doet denken. Donker, steil haar dat futloos langs mijn gezicht hangt. Rooddoorlopen blauwe ogen. Ik zie er afgetobd uit.

Maar vreemd genoeg versterkt deze aanblik mijn vaste voornemen alleen maar. Misschien doet die opmerking van de Pret-jongen me toch meer dan ik dacht. Hij heeft gelijk. Het ís triest. Zo ben ik niet echt. Ik zou me niet in deze positie moeten bevinden. Ik hoor er niet zo gestrest en hologig bij te lopen. En het slaat nergens op dat ik me genoodzaakt zie mijn baan op te zeggen omdat mijn afdeling zo slecht wordt geleid.

Ik doe mijn best mijn mogelijkheden logisch na te lopen. Ik heb het probleem aan Asher voorgelegd. Dat leidde tot niets. Ik heb het aangekaart bij diverse andere boven mij geplaatste collega's. Die zeiden allemaal: bespreek het maar met Asher. Nou, dan moet ik het dus nog hogerop zoeken. Bij Lev. Ik heb zijn mailadres niet, alleen dat van zijn assistente. Maar ik krijg hem wel te pakken. Let maar op.

Het is nog vroeg als ik aankom op kantoor. Ik loop doelbewust naar de lift en druk op het knopje voor de bovenste verdieping, waar Levs kantoor zit. Zijn assistente, Ruby, zit aan haar glazen desk. Op de wand achter haar is het sterk uitvergrote oranje logo van Zoose te zien. Het zakelijke deel van mijn brein registreert dat het een indrukwekkende, goed ontworpen ruimte is. Dit bedrijf heeft echt geweldige kanten, en dat maakt het extra frustrerend dat er ook delen zijn waar van alles mis is.

Er hangt ook een enorme foto van Lev, die er met zijn woeste, ongekamde haar en intense blik werkelijk charismatisch uitziet. De marketingafdeling gebruikt vaak foto's van hem, omdat hij met zijn markante kop een hippe uitstraling heeft. Hij datet met een mode-ontwerper die Damian heet, en die twee lijken zo weggelopen te zijn van een fotoshoot voor *Vogue*.

Maar een hippe look is niet alles. Ik heb wel wat meer nodig: de persoon Lev. Die me echte antwoorden geeft.

Ik stap op Ruby af en zeg: 'Hallo, ik wil Lev graag even spreken.' Ik probeer zo nonchalant mogelijk te klinken. 'Is hij aanwezig?'

'Heb je een afspraak?' Ze werpt een blik op haar scherm.

'Nee.'

Het kost me moeite, maar hier laat ik het bij. Zo doe je dat. Gewoon nee zeggen, en dan je mond houden. Ik zeg niet dat het goed voelt, maar ik heb dit op Instagram gezien. Succesvolle mensen gedragen zich zo.

'Geen afspraak?' Ze trekt een perfect geëpileerde wenkbrauw op.

'Nee.'

'Dan moet je een afspraak maken.'

'Het is dringend.' Ik probeer beleefd te blijven. 'Zou ik nu meteen een afspraak kunnen krijgen?'

'Hij is niet op kantoor, ben ik bang.' Ruby legt deze informatie als een troefkaart op tafel. 'Dusss.'

Ze kijkt me ijskoud aan en ik voel strijdlust in me opwellen. Sinds wanneer doen we hier zo lelijk tegen elkaar?

'Zou je hem anders voor me willen bellen?' vraag ik zo vriendelijk als dat gaat. 'Er is sprake van een crisis op de werkvloer, dus ik vermoed dat hij me wel te woord wil staan. Hij moet toch weten wat er speelt. Want het is goed mis, eigenlijk. En als het mίjn bedrijf was, dat ik eigenhandig had opgebouwd, dan zou ik het willen weten. Dus. Het lijkt me een goed idee als je hem even belt.'

Ik klink niet meer zo vriendelijk als eerst, merk ik. Sterker nog, mijn stem heeft een mij onbekende strenge ondertoon gekregen. Maar dat geeft niet. Het mag duidelijk zijn dat ik me niet laat afschepen.

Ruby kijkt me een paar tellen koeltjes aan en zucht dan. 'En jij bent...?'

Nu word ik echt kwaad. Ze weet donders goed wie ik ben. 'Ik ben Sasha Worth,' zeg ik beleefd. 'Hoofd Speciale Aanbiedingen.'

'Speciale Aan-bie-ding-en.' Ze zegt het heel nadrukkelijk, trekt denkrimpels in haar voorhoofd en kauwt wat op een pen met het logo van Zoose erop. 'Heb je het al aangekaart bij Asher?'

'Ja,' zeg ik snibbig. 'Zo vaak. Dat had geen effect.'

'Heb je het met iemand anders besproken?'

'Met verschillende mensen. Iedereen zegt dat ik het met Asher moet opnemen. Maar weet je, een babbeltje met Asher leidt helemaal nergens toe. Daarom wil ik een gesprek met Lev.'

'Hij is niet beschikbaar, ben ik bang.'

Hoe weet ze dat eigenlijk? Ze zit hier maar aan die desk en heeft nog helemaal niets ondernomen om met hem in contact te komen.

'Maar heb je het dan geprobéérd? Heb je hem dan gebéld?'

Ruby rolt met haar ogen en doet geen poging haar minachting te verbergen.

'Het heeft geen zin om hem te bellen,' zegt ze op een trage en neerbuigende manier, 'omdat hij niet beschíkbaar is.'

Er gebeurt iets heel vreemds met me. De geluiden uit de omringende werkruimten klinken steeds luider in mijn oren. Mijn ademhaling versnelt en wordt oppervlakkig. Ik raak langzamerhand buiten zinnen.

'Er moet toch iemand zijn die me te woord kan staan,' zeg ik, en ik doe een stapje naar voren. 'Ja, toch? In dit hele bedrijf moet er iemand te vinden zijn. Dus regel het. Nu. Want ik heb een probleem en Asher doet er niets aan en het ziet ernaar uit dat niemand er iets aan gaat doen, en ik kan er niet meer tegen. Ik. Kan. Er. Niet. Meer. Tegen. Ik ben zelfs van de seks af, weet je dat?' Mijn stem wordt schel. 'Dat is toch niet normaal? Dat iemand geen zin meer heeft in seks? Ik ben drieëndertig!'

Ruby spert haar ogen open en ik weet al dat ze dit later bij een paar drankjes aan haar vriendinnen gaat vertellen, maar het kan me niks schelen. Echt helemaal niks.

'Oooooo-ké,' zegt ze. 'Eens zien wat ik voor je kan doen.'

Ze begint druk te typen, maar ineens stopt ze daarmee. Ik zie dat ze nieuwe informatie op haar scherm bestudeert. Dan kijkt ze eindelijk op en glimlacht kil naar me.

'Er komt iemand met je praten. Neem je even plaats?'

Met een tollend hoofd ga ik zitten op de bank achter mij, die is bekleed met een oranje-groene retroprint. Ervoor staat een laag tafeltje met daarop een schaal vegan snacks, een stapel techtijdschriften en een nieuw merk bronwater in een ecovriendelijke verpakking. Ik herinner me nog goed hoe ik hier zat toen ik naar deze baan kwam solliciteren. Nog een keer mijn kleren checken. Nog een keer in gedachten alle redenen doornemen waarom ik dolgraag bij dit snelle, hippe bedrijf wilde werken.

'Sasha. Wat is er aan de hand?'

Ik verstijf bij het horen van die bekende stem, bits als altijd. Heeft Ruby háár erbij gehaald? Joanne? Ik kan me er nauwelijks toe zetten haar aan te kijken terwijl ze zich naast me op de bank laat vallen met haar hippe jasje en haar jeans met wijde pijpen en verwijtend haar hoofd schudt.

'Ruby zei dat je een beetje over je toeren was,' zegt ze. 'Dat je er zomaar van alles uit flapte? Je zelfbeheersing verloor? Ik heb al geprobeerd je duidelijk te maken, Sasha, wat er kan gebeuren als je geen aandacht schenkt aan je persoonlijke welbevinden. Zelfzorg, dat is nou typisch iets wat niemand anders voor je kan doen.'

Een paar tellen lang ben ik niet in staat iets terug te zeggen. Ik ben zo kwaad dat het lijkt of iemand mijn keel dichtknijpt. Zegt ze nou dat dit mijn eigen schuld is?

'Met mijn persoonlijke welbevinden heeft dit helemaal niets te maken,' pers ik er na een tijdje met trillende stem uit. 'Het komt door personeelsgebrek, zwak management...'

'Het lijkt me het beste als je je met specifieke problemen tot Asher wendt, jouw afdelingshoofd,' kapt Joanne me vinnig af. 'Maar in de tussentijd heb ik alvast een nieuwtje voor je. Asher zal het later persoonlijk aankondigen: Lina werkt niet meer voor het bedrijf.' Ze kijkt me aan en lacht koeltjes. 'Dus iedereen bij Marketing moet een tandje bijzetten! Als jij nou Lina's taken overneemt, tijdelijk uiteraard, dan zou dat heel fijn zijn. Andere kwesties zullen even moeten wachten, want Asher heeft het hierdoor extra druk, dat begrijp je.'

Ik staar Joanne vol ongeloof aan.

'Lina is gestopt?'

'Ze stuurde vanochtend een mailtje waarin stond dat ze niet terugkwam.'

'Ze is er zomaar mee gestopt?'

'Asher zag het ook totaal niet aankomen.' Joanne vervolgt met zachte stem: 'Even tussen ons, ik ben zelden zo lomp behandeld. Het was een heel grof mailtje, dat kan ik je wel vertellen!'

Er tollen zoveel gedachten rond in mijn hoofd dat ik nauwelijks nog hoor wat Joanne zegt. Lina is gestopt. Ze had er genoeg van en heeft opgezegd. En nu moet ik haar taken overnemen? Alsof ik nog niet genoeg doe. Ik bezwijk al onder het werk. Ik kan er niks bij hebben. Ik vertik het. Maar bij wie kan ik terecht met mijn bezwaren? Met wie kan ik dit bespreken? Dit kantoor is de hel op aarde. Een regelrechte hel. Zonder uitgang...

Ik moet hetzelfde doen als Lina, dat besef ik ineens haarscherp. Wegwezen hier. Nu meteen. Maar eerst even goed nadenken. Geen onverwachte bewegingen, anders werkt Joanne me nog tegen de vloer.

'Ik ga even naar het toilet,' zeg ik stijfjes, en ik pak mijn tas van de vloer. 'Ik ben zo terug. Over een minuut of drie ben ik terug. Ik ga alleen even naar het toilet.'

Met onvaste passen en een hoogst ongemakkelijk gevoel loop ik de gang in. Voor de deur van de toiletten blijf ik staan. Ik kijk links en rechts van me om te zien of er iemand op me let. Daarna schiet ik het trappenhuis in en daal ik in een noodtempo en met een bonzend hart de betonnen treden af. Dan sta ik op de stoep en kijk ik een paar tellen knipperend om me heen.

Ik ben weg.

Maar wat nu? Hoe kom ik aan een nieuwe baan? Ze zullen me toch wel een referentie geven? En wat als ze dat niet doen? Kom ik dan nog wel ergens aan de bak?

Mijn maag trekt zich samen van angst. Wat heb ik gedaan? Zal ik anders weer naar binnen gaan? Nee. Dat gaat niet. Dat kan ik niet.

Het lijkt wel of ik verlamd ben. Ik voel me niet goed en ik zie alles wazig. Het bloed ruist in mijn oren. Het geronk van de auto's en bussen klinkt oorverdovend. Ik ben me er vaag van bewust dat ik beter naar huis kan gaan. Maar wat is thuis eigenlijk? Een rommelige, onverzorgde, treurig makende plek. Wat heb ik nou voor een leven? Een rommelig, onverzorgd, treurig makend niks.

Ik kan het niet, leven. Dit inzicht dringt zich keihard aan me op. Ik weet niet hoe je dat ook alweer doet. Als ik dit nu eens echt tot me door liet dringen, dan zou het allemaal wat makkelijker gaan. Nu vind ik het leven gewoon veel te zwaar. Ik houd het niet meer vol... maar waar heb ik het nou zo moeilijk mee? Werken? Zijn? Nee, niet dat laatste. Ik ben blij dat ik leef. Geloof ik. Maar niet op deze manier.

Ik voel mijn telefoon trillen en open gewoontegetrouw het scherm. Een berichtje van Joanne.

Sasha, waar ben je??

In een golf van paniek kijk ik omhoog langs de glazen gevel van het gebouw en dan loop ik iets verder de straat in, uit het zicht. Ik zou naar huis moeten gaan, maar dat wil ik niet. Ik weet niet wat ik wil. Ik wéét het niet.

Terwijl ik daar zo sta, kuchend in de wolk uitlaatgassen van een bus, valt mijn blik ineens op het klooster aan de overkant. En dan weet een vreemde, dwingende gedachte door mijn hersenmist heen te dringen. Een intens verlangen.

Wat doet een non eigenlijk de hele dag? Wat staat er in haar taakomschrijving? Ik durf te wedden dat nonnen alleen maar bidden en truien breien voor de armen en elke avond om zes uur onder de wol kruipen in hun heerlijk overzichtelijke cellen. En ze zingen psalmen, natuurlijk – maar dat kan ik wel leren, toch? En ook hoe je die sluier omdoet.

Ze leiden vast een rustig en gezond leven. Een overzichtelijk leven. Waarom heb ik daar nooit eerder aan gedacht? Misschien heeft het zo moeten zijn. Ineens komt er een weldadige rust over me. Het gevoel is zo intens dat het me zowat begint te duizelen. Ik heb mijn roeping gevonden. Eindelijk!

Met een kalm gemoed en een mate van vastberadenheid die ik in jaren niet heb gevoeld, steek ik de straat over. Ik ga voor de zware houten deur staan, druk op de bel waar KANTOOR bij staat en wacht af.

'Dag,' zeg ik tegen de non op leeftijd die de deur opendoet. 'Ik wil graag intreden.'

Tja. Niet dat ik iets aan te merken heb op het klooster, maar ik moet zeggen dat de ontvangst me een beetje tegenvalt. Je zou denken dat ze blíj waren met een nieuwe non. Ik had gedacht dat ze me zouden ontvangen met open armen en een veelstemmig 'Halleluja!' Maar nee, hoor. Een zelfverzekerde non die zich voorstelde als zuster Agnes, gekleed in een ribbroek, een sweater en een felblauwe sluier, bood me een stoel aan in haar kantoor, maakte een kop instantkoffie voor me klaar (ik had toch op zijn minst middeleeuwse kruidenthee verwacht) en vraagt me nu naar mijn achtergrond. Wie ik ben en waar ik werk en hoe ik van het bestaan van het klooster afweet.

Wat doet dat ertoe? Ze moeten het net zo doen als in het Franse Vreemdelingenlegioen. Geen vragen, gewoon een sluier om en klaar.

'Dus je werkt voor Zoose,' zegt ze nu. 'Vind je het daar niet fijn?'

'Ik werkté voor Zoose,' verbeter ik haar. 'Tot een halfuur geleden ongeveer.'

'Een halfuur!' roept ze uit. 'Wat is er dan een halfuur geleden precies gebeurd?'

'Ineens besefte ik dat ik verlang naar dit leven.' Met een korte maar veelzeggende beweging gebaar ik naar het sobere kamertje. 'Een eenvoudig bestaan. In armoede. Celibatair. Geen e-mails, geen mobiele telefoons, geen seks. Vooral géén seks,' benadruk ik. 'Maakt u zich daar vooral geen zorgen over. Mijn libido is momenteel ver te zoeken. Ik heb waarschijnlijk nog minder libido dan u!' Ik stoot een schrille lach uit, maar merk al snel dat zuster Agnes niet meelacht. Ze vindt het duidelijk niet grappig.

Het is denk ik niet erg gepast om te verwijzen naar de geslachtsdrift van een non, bedenk ik te laat. Maar ach, dat leer ik allemaal snel genoeg.

'We hebben wel e-mail,' zegt zuster Agnes, die me bevreemd aankijkt. 'En iPhones. Wie is de dominee van jouw parochie?'

'Hebben jullie iPhones?' Ik weet niet wat ik hoor. Nonnen met iPhones? Dat klopt toch niet?

'Wie is de dominee van jouw parochie?' vraagt ze nogmaals. 'Ga je hier in de buurt naar de kerk?'

'Eh.' Ik schraap nerveus mijn keel. 'Ik heb geen vaste dominee, want ik ben niet echt wat je noemt katholiek. Nog niet. Maar dat gaat helemaal goed komen. Geen probleem,' zeg ik. 'Als ik eenmaal non ben. Vast en zeker.'

Zuster Agnes kijkt me zo lang aan dat ik ongemakkelijk heen en weer schuif op mijn stoel.

'Zeg het maar, wanneer kan ik beginnen?' Ik probeer het gesprek vlot te trekken. 'Hoe gaat zoiets in zijn werk?'

Zuster Agnes zucht en reikt naar de vaste telefoon op haar bureau. Ze toetst een nummer in en zegt op zachte toon iets in de hoorn wat klinkt als: 'We hebben er weer eentje.' Dan wendt ze zich tot mij.

'Als je je afvraagt of je je leven aan het geloof wilt wijden, dan raad ik je aan eens naar de kerk te gaan. Op internet kun je een katholieke kerk bij jou in de buurt vinden. En dan wil ik je nu bedanken voor je interesse in ons klooster. God zegene je.'

Het duurt even voor ik begrijp dat ik niet gewenst ben. Stuurt ze me echt weg? Zegt ze nou niet eens dat ik het een dag of twee mag aankijken? Mag ik niet op zijn minst een formulier invullen?

'Laat me alstublieft toe.' Tot mijn afgrijzen voel ik een traan over mijn wang rollen. 'Mijn leven is nogal uit balans geraakt. Ik zal truien breien. Ik zal psalmen zingen. De vloer aanvegen.' Ik slik moeizaam en wrijf over mijn gezicht. 'Toe, ik doe alles wat u van me vraagt.'

Zuster Agnes zwijgt een tijdlang. Dan zucht ze nog een keer, dit keer iets milder.

'Zou je het fijn vinden om een poosje tot bezinning te komen in de kapel?' stelt ze voor. 'En dan kun je daarna misschien een vriendin vragen om je op te halen? Je komt een tikkeltje… overspannen over.'

'Mijn vriendinnen zijn allemaal op hun werk,' leg ik uit. 'Die wil ik niet lastigvallen. Maar ik denk dat ik wel een poosje in de kapel ga zitten, dat lijkt me fijn. Dank u wel.'

Gedwee volg ik zuster Agnes naar het kapelletje, dat donker is en stil. Er hangt een groot, zilverkleurig kruis aan de muur. Gezeten op een van de bankjes kijk ik omhoog naar de gebrandschilderde ramen. Het voelt een beetje onwerkelijk allemaal. Als ik niet het klooster in mag, wat ga ik dan wel doen?

Een nieuwe baan zoeken, zegt een mat stemmetje in mijn hoofd. *Je leven weer op de rails zetten.* Maar ik ben zo moe. Ik ben gewoon bekaf. Het voelt alsof ik struikelend door het leven ga, alsof ik nergens houvast vind. Als ik nou maar niet de hele tijd zo moe was –

'… niet te geloven!' Bij het horen van die schelle stem verstijf ik op mijn bankje. Ik kijk geschrokken achterom. Nee, ik beeld het me niet in. Zie ik daar nu echt –

'Heel fijn dat u contact met ons hebt opgenomen, zuster Agnes.' Ik hoor het goed. Het is Joanne. Haar stem komt dichterbij en ik hoor voetstappen mijn kant op komen.

'Bij Zoose, dat kan ik u verzekeren, staat persoonlijk welbevinden hoog in het vaandel, en het verbaast me eerlijk gezegd dat een van onze medewerkers zo van streek is…'

Die non heeft me verráden. Een klooster zou toch een veilige haven moeten zijn? Ik spring op en kijk wild om me heen, maar ik zie geen mogelijkheid om te ontsnappen. In paniek duik ik weg achter een houten Mariabeeld, net op het moment dat zuster Agnes en Joanne, als twee gevangenbewaarders, in de deuropening van de kapel verschijnen.

Het is hierbinnen vrij donker, misschien zien ze me niet. Ik trek mijn buik in en houd mijn adem in.

'Sasha,' zegt Joanne na een tijdje. 'We zien je heel duidelijk. Zeg, ik weet dat je een beetje over je tóeren bent. Waarom kom je anders niet mee naar kantoor? Praten we daar nog even verder.'

'Dat lijkt me niet,' zeg ik snibbig terwijl ik achter het beeld vandaan stap. 'En hartelijk bedankt,' voeg ik er op sarcastische toon aan toe tegen zuster Agnes. Met ferme passen probeer ik langs het tweetal de kapel uit te lopen, maar dan pakt Joanne me bij mijn arm.

'Sasha, wanneer neem je jouw welzijn nu éíndelijk eens serieus,' zegt ze poeslief, met haar vingers zo strak om mijn bovenarm dat ik er zeker blauwe plekken aan overhoud. 'We geven veel om je, dat weet je. Maar je moet wel wat beter voor jezelf zorgen! Ik stel voor dat je nu met me meeloopt, en dan kijken we even naar jouw doelen op het moodboard voor persoonlijke –'

'Laat me los!' Ik trek mijn arm weg, duik snel een lange gang met houten lambrisering in en zet het op een lopen. Ineens houd ik het daarbinnen geen seconde meer uit.

'Pak d'r! Ze is zo labiel als wat!' roept Joanne naar een andere non, die verbaasd opkijkt en me bij mijn mouw probeert te pakken maar misgrijpt.

Wat gebéúrt hier? Oké, ik vlucht nooit meer een klooster in. Opgejaagd door een flinke stoot adrenaline dender ik door naar de voordeur, ruk hem open en dan sta ik op straat. Ik ren door en als ik even over mijn schouder kijk, zie ik tot mijn afgrijzen zuster Agnes in haar ribbroek en op haar gympen achter me aan komen. De blauwe sluier wappert als een klein formaat superheldencape achter haar aan.

'Stop!' roept ze. 'Lieverd! We willen je alleen maar helpen!'

'Dat willen jullie helemaal niet!' roep ik terug.

Bij een bushalte staat een grote groep mensen te wachten. Ze blokkeren de doorgang en ik probeer uit alle macht langs hen te komen. 'Sorry,' zeg ik buiten adem, voeten en tassen ternauwernood ontwijkend. 'Mag ik er even langs…'

'Stop!' roept zuster Agnes weer, met een stem als een klaroen. 'Kom terug!'

Ik kijk weer achterom en voel een schok van ontzetting. Ze is nog maar een paar meter achter me, ze heeft me zowat ingehaald.

'Toe nou, mensen!' zeg ik wanhopig, midden in de rij bij de bushalte. 'Laat me erlangs! Ik moet die non zien af te schudden!'

Een potige kerel in een spijkerbroek werpt een blik op mij en kijkt dan naar zuster Agnes – en houdt haar met een uitgestoken arm tegen.

'Laat die vrouw met rust!' buldert hij tegen zuster Agnes. 'Misschien wíl ze helemaal geen non worden, was die gedachte al eens bij je opgekomen? Die relimafkezen ook altijd.' Dan kijkt hij naar mij. 'Maak dat je wegkomt, meisje. Rennen!'

'Rennen!' roept ook een lachende jonge vrouw. 'Ren voor je leven!'

Ren voor je leven. Zo voelt het inderdaad. Mijn hart gaat wild tekeer terwijl ik het op een lopen zet met maar één doel voor ogen: ontsnappen. Ik race over de stoep om te ontsnappen aan... alles. Waar ik heen ga, weet ik niet. Ik weet alleen dat ik weg wil... weg...

En dan wordt het, zonder enige waarschuwing, zwart voor mijn ogen.

3

De vernédering. Het vernederende idee dat je moeder is weggeroepen bij de bezichtiging van een twee-onder-een-kap met vier slaapkamers in Bracknell omdat jij een zenuwinzinking kreeg op je werk en daarna tegen een muur aan rende.

Die muur doemde vanuit het niets op, ik zweer je dat die hoek daar vroeger nooit zat. Het ene moment rende ik alsof ik achterna werd gezeten door een kudde gnoes, en even later lag ik, omringd door bezorgde voorbijgangers, op de grond en voelde ik een straaltje bloed langs mijn wang lopen.

Het is inmiddels vijf uur later. Ik ben ontslagen bij de Spoedeisende Hulp en mijn voorhoofd doet nog flink pijn. Ik heb telefonisch overlegd met mijn eigen huisarts. Ik legde haar het hele verhaal uit en ze luisterde zonder iets te zeggen en vroeg me van alles over mijn stemmingen, gedachten en slaappatroon. Toen zei ze: 'Het lijkt me een goed idee om een tijdje vrij te nemen.' Ze regelde dat ik drie weken niet naar mijn werk hoefde. Toen bleek ook nog dat ik een week betaald verlof kreeg, dus dat was dan wel weer goed nieuws.

'Maar hoe moet het daarna?' Met wanhoop in mijn ogen kijk ik naar mama, die naar het ziekenhuis gekomen is en me in een Uber naar huis heeft gebracht. 'Ik zit in een onmogelijke positie. Als ik terugga naar mijn werk: drama. Maar als ik zomaar wegga, net zoals Lina, dan ben ik werkloos. Ook een drama.'

'Je hebt een burn-out, lieverd.' Mama legt een koele hand op de mijne. 'Denk nou eerst maar aan beter worden. Dit is geen goed moment om belangrijke beslissingen te nemen over je werk. Eerst uitrusten en een beetje ontspannen. Die andere dingen komen daarna wel.'

Ze gaat zitten, trekt de pijpen van haar nette werkbroek een eindje op en werpt een steelse blik op haar Apple-horloge. Mama is na de dood van papa makelaar geworden. Een baan die perfect bij haar past, want eigenlijk is ze de hele dag ongegeneerd aan het roddelen. *De verkopers hebben alleen al duizend pond uitgegeven aan de spatplaten in de keuken. De koper wil de masterbedroom geluiddicht laten maken.* Mensen betalen haar om dit soort informatie door te geven. Alsof ze dat niet voor niks zou willen doen.

'Ik heb even gebabbeld met de dokter in het ziekenhuis,' vervolgt mama. 'Een heel verstandige vrouw. Ze zei dat het je goed zou doen om eens hélemaal uit te rusten. Ik wijt jouw toestand volledig aan sociale media,' voegt ze er somber aan toe.

'Sociale media?' Ik kijk haar aan. 'Daar zit ik haast nooit op. Heb ik geen tijd voor.'

'De mallemolen van de moderne tijd,' houdt mama streng vol. 'Instagram. TikTok.'

'Ik zeg maar één woord,' zegt mijn tante Pam, die de woonkamer binnenkomt met drie koppen thee. Ze laat een betekenisvolle stilte vallen. 'Overgang.'

O, nee toch. Mag ik hier weg? Pam heeft zich kortgeleden omgeschoold tot menopauzecoach en ze is volledig geobsedeerd. 'Ik denk niet dat het met de overgang te maken heeft,' zeg ik beleefd. 'Ik ben pas drieëndertig.'

'Aan ontkennen heb je niets, Sasha.' Pam kijkt me ernstig aan. 'Misschien zit je in een voorstadium. Heb je last van opvliegers?'

'Nee,' zeg ik geduldig. 'Heel fijn dat je telkens informeert naar mijn temperatuurhuishouding, dank je.'

'Ik toon interesse in jouw temperatuurhuishouding, lieverd,' zegt Pam op kalme toon, 'omdat iedereen de menopauze doodzwijgt! Níémand heeft het erover!' Ze kijkt het vertrek rond en lijkt teleurgesteld dat ook de bank niks kwijt wil over overgangsklachten.

'Volgens mij gaat het niet om de menopauze, Pam,' zegt mama tactvol. 'Niet bij Sasha.' Ze wendt zich tot mij. 'Jij hebt rust en ontspanning nodig. Luister, lieverd, je zou met mij mee naar huis kunnen, maar ik laat de badkamer verbouwen. Dus bij mij is er te veel herrie. Pam zegt dat je ook bij haar mag logeren, als je geen moeite hebt met de papegaaien. Ja, toch, Pam?'

Ik heb niks tegen die papegaaien, maar wel tegen ongevraagde adviezen over de overgang.

'De papegaaien kan ik nu denk ik niet zo goed hebben,' zeg ik vlug. 'Als ik probeer te rusten of iets.'

'Kirsten zou je maar wat graag opv–'

Ik kap haar meteen af. 'Nee. Doe niet zo gek.'

Mijn zus heeft een baby en een peuter, en haar schoonmoeder woont tijdelijk bij haar in omdat bij haar thuis de verwarming wordt gerepareerd. Daar is geen plek voor mij.

'Ik hoef nergens heen. Echt niet. Hier is het ook prima. Beetje rommelen. Uitrusten.'

'Hmm.' Mama kijkt om zich heen. 'Zou dat hier wel lukken?'

We kijken zwijgend rond in mijn ongezellige woonkamer. Er rijdt een zware vrachtwagen voorbij en dan laat een van mijn planten, als om de troosteloosheid van mijn appartement te onderstrepen, een dood blad vallen Mijn mobiel begint te trillen en ik haal hem uit mijn zak. Het is Kirsten.

'Hé, hoi,' zeg ik terwijl ik opsta en naar de gang loop. 'Hoe gaat het?'

'Sasha, wat hoor ik nou?' roept ze uit. 'Ben je tegen een múúr aan gelopen?'

Ik hoor dat ik op de speaker sta en zie haar in gedachten staan in haar lichte keukentje. Ze draagt de kabeltrui die ze met kerst van mij gekregen heeft en voert Coco stukjes appel terwijl ze een wurmende Ben op haar schoot probeert te houden.

'Het ging per ongeluk,' leg ik uit, een beetje prikkelbaar. 'Ik gooi me niet voor de lol in volle vaart tegen muren aan. Dat ding stond er gewoon ineens.'

'Een muur is er niet ineens, toch?'

'Deze anders wel.'

'Had je iets gebruikt?'

'Nee!' Ik protesteer fel tegen deze aantijging, want de artsen vroegen daar ook de hele tijd naar. 'Ik was gewoon met iets... anders bezig.'

'Mama vertelde dat je erg gestrest bent en dat de dokter je rust heeft voorgeschreven. Ik vond met kerst ook al dat je er moe uitzag, en dat is een paar weken geleden.'

'Ik weet dat je dat vond. Maar goed, ik heb nu drie weken vrij. Dus. Hoe gaat het met Ben en Coco?'

'Het is niet zo'n goed idee om tegen muren aan te rennen, Sasha,' zegt Kirsten, die me niet toestaat van onderwerp te veranderen.

'Waar rende je eigenlijk voor weg?'

'Ik probeerde een non af te schudden.'

'Een nón?' Ze klinkt stomverbaasd. 'Wat voor een non?'

'Nou gewoon, een non. Sluier. Kruis. De hele mikmak. Ik was van plan om het klooster in te gaan,' vervolg ik, 'maar dat liep een beetje anders dan gedacht.'

Het lijkt nu wel of ik alles heb gedroomd.

'Je wilde het klóóster in?' Kirstens schaterlach klinkt schel in mijn oor.

'Het klinkt gek, dat weet ik. Maar het leek mij... een mooie uitweg. Uit alles.'

Het blijft stil, al hoor ik op de achtergrond Coco een toonloos, zelfbedacht liedje zingen.

'Sasha, nu begin ik me echt zorgen te maken,' zegt Kirsten iets rustiger. '"Een mooie uitweg, uit alles"?'

'Nee, zo bedoel ik het niet,' zeg ik vlug. 'Dat niet.' Ik wacht even, want ik zou bij god niet weten wat ik wel bedoelde. 'Het werd me allemaal gewoon te veel. Het leven vraagt soms zo... véél van me.'

'O, Sasha.' De stem van mijn grote zus klinkt zacht en vriendelijk, alsof ze me op afstand een knuffel geeft, en ineens voel ik tranen in mijn ogen prikken.

'Sorry.' Ik doe mijn best om flink te blijven. 'Luister, ik weet dat het kloosterleven niet de oplossing voor me is. Ik hoef de komende drie weken niet te werken.'

'En wat ga je dan doen? Een beetje thuis rondhangen?'

'Weet ik nog niet. Pam zegt dat ik bij haar kan logeren,' gooi ik er vlug uit, voordat Kirsten zo dapper is om me er bij haar thuis bij te proppen.

'Is Pam bij jou? Heeft ze al gevraagd of je opvliegers hebt?' Kirsten probeert me op te beuren, dat merk ik.

'Uiteraard.'

'Ze kan het echt niet laten, hè? Als ik toen met Ben last had van ochtendmisselijkheid, zei ze: "Misschien ben je wel in de overgang, Kirsten. Dat zou zomaar kunnen."'

Ik schiet in de lach, ook al rolt er tegelijkertijd een traan langs mijn wang. Godsamme, het gaat echt niet goed met me.

'Sasha! Ik weet wat je moet doen!' Vanuit de woonkamer hoor ik de luide, dwingende stem van mama. 'Ik heb de perfecte oplossing gevonden!'

'Dat kon ik hier horen,' zegt Kirsten in mijn oor. 'Die perfecte oplossing app je me straks hopelijk even, als mama hem met je heeft gedeeld. Maar koop vooral géén driekamerappartement in Bracknell als het dat is.'

Ik schiet weer in de lach, want mama probeert ons altijd voordelig geprijsd vastgoed aan te smeren.

'En luister goed, Sasha,' vervolgt Kirsten op zachte toon. 'Neem dit serieus, oké? Je hebt echt rust nodig. Geen e-mails. Geen stress. Neem de tijd om erbovenop te komen. Want anders...'

Ze stokt en laat een beladen stilte vallen. Waar ze heen wilde met dat 'anders' weet ik niet, en zij misschien ook niet. Maar ik voel wel aan dat het niet positief is.

'Ik zal het serieus nemen.' Ik zucht diep. 'Beloofd.'

'Want ik kom je niet opzoeken in het klooster, hoor. En kapitein Von Trapp zul je daar ook niet aantreffen, als je daar soms op hoopte.'

'Maar hij was er, hoor. Dat weet ik zeker,' werp ik tegen. 'Hij had zich verstopt in de kelder.'

'Sasha!' roept mama weer.

'Toe maar,' zegt Kirsten. 'Luister even naar mama's plan. En zorg goed voor jezelf.'

Als ik de woonkamer binnenkom, zie ik mama met een glimlachje naar haar telefoon kijken. Haar gezicht staat vriendelijker nu en ik neem haar nieuwsgierig op. Waar is ze mee bezig? Wat is die perfecte oplossing?

'Hoeveel vakantiedagen heb je nog staan?' vraagt ze.

'Heel veel,' geef ik toe. 'Ik heb er nog een heleboel over van vorig jaar.'

Vorig jaar heb ik nauwelijks vrije dagen opgenomen. Daar zie ik het nut niet van in. Ik heb eindelijk het geheim ontdekt dat niemand durft toe te geven: 'vakantie' is een mythe. Vakanties zijn érger dan het gewone leven. Je moet nog steeds je inbox bijhouden, maar dan op een oncomfortabel ligbedje in plaats van aan een bureau. Door de zon zie je de tekst op je scherm niet. Je hebt bijna nergens goed bereik in de schaduw, waardoor je via een slechte lijn met kantoor moet bellen.

Een andere mogelijkheid is om eens 'goed' vakantie te houden. Je stelt een vakantiebericht in op je computer, neemt lekker vrij en laat alles op z'n beloop tot je weer terug bent. En dan ligt er dus een immense berg werk op je te wachten en moet je een week lang tot twee uur 's nachts doorploeteren om de achterstand weg te werken en baal je dat je zo stom bent geweest om maar liefst vierentwintig uur je post te verlaten.

Zo gaat het bij mij althans. Wie weet doen andere mensen het beter.

'Sasha, ik heb een goed idee. Ik weet precies waar jij heen moet.' Mama is zo te zien heel blij met zichzelf.

'Waar dan?'

'Ik heb al gebeld en ze hebben plek,' vervolgt mama zonder acht te slaan op mij. 'Dat we daar niet meteen aan hebben gedacht!'

'Wááraan?'

Mama kijkt me aan, laat een korte stilte vallen en zegt dan zacht: 'Rilston Bay.'

Twee toverwoorden.

Het lijkt wel of de zon zich ineens laat zien en mijn huid verwarmt. Het voelt weldadig en voor het eerst in tijden brengt iets me in vervoering. Rilston Bay. De zee. De weidse hemel daarboven. Het zand onder je blote voeten. Het moment dat je vanuit de trein voor het eerst het strand ziet liggen. Het schelle gekrijs van de zeemeeuwen. De golven die op een hete zomerdag bruisend en glinsterend uiteenspatten...

Wacht even.

De dagdroom wordt ruw verstoord. 'Maar het is februari,' zeg ik. Rilston Bay in de winter? Daar kan ik me niets bij voorstellen. Toch laat het beeld dat mama heeft opgeroepen me niet meteen los. Rilston Bay. Het doet iets met me. Zou ik daar echt heen kunnen?

'Er is een kamer vrij,' zegt mama nog eens. 'Je zou de trein kunnen nemen, net als we vroeger altijd deden. Je kunt er morgen al heen!'

'Bedoel je dat er plek is bij Mrs Heath?' zeg ik aarzelend.

Dertien jaar op rij verbleven we in de zomervakantie in het pension van Mrs Heath. Ik kan het linoleum op de trappen nog ruiken en ik denk terug aan de schelpenschilderijtjes op onze kamers, de gehaakte beddenspreien. Het schuurtje in de tuin, waarin we elke avond onze emmertjes en schepjes opborgen. Het terras met de tuinkabouters.

'Mrs Heath is een paar jaar geleden overleden, lieverd,' zegt mama zacht. 'Ik heb het over het hotel. Het Rilston.'

'Het Rílston?'

Meent ze dat echt? Een verblijf in het Rilston?

Daar sliepen wij vroeger nooit. Zulk soort mensen waren wij niet. Daar gold een dresscode, er was een wekelijks diner dansant, en voor gasten was er een speciale taxi, die we vaak door het dorp zagen rijden. Het hotel was schitterend gelegen, pal aan het strand. Op de weg terug naar Mrs Heath moesten wij altijd een kwartier lang via steile kasseienstraatjes omhoogklimmen – de straatjes waarlangs we elke ochtend zo blij omlaagdenderden naar zee.

Maar elke vakantie trokken we één keer onze netste kleren aan om iets te gaan drinken in het Rilston. We voelden ons heerlijk groot als we de lobby binnengingen met zijn kroonluchters en fluwelen banken. Terwijl papa en mama een paar glaasjes dronken aan de bar, nipten Kirsten en ik van een cola met een schijfje citroen en genoten we giechelend van de luxe om chips te eten van een zilveren schaaltje. We hebben er één keer gedineerd, maar ze serveren daar enorme stukken vlees met zware sauzen en het kostte 'een vermogen', zei papa. Dus het jaar daarop hielden we het bij een drankje. Een drankje was genoeg. Meer dan genoeg.

Vandaar dus dat er een licht opgewonden gevoel over me komt bij de gedachte dat ik daarheen ga. Maar mama houdt haar mobiel naar me op en ik zie op het scherm *Rilston Hotel* staan. Ze meent het.

'En het is helemaal niet duur,' zegt ze. 'Nou ja, het is ook laagseizoen. Ik heb gehoord dat het Rilston een beetje verlopen is. Niet meer zo chic als vroeger. Dus ik zal een goede prijs voor je bedingen, schat.' De glinstering in mama's ogen vertelt me dat ze er al zin in heeft. 'En neem daar vooral de tijd. Blijf net zo lang tot je helemaal beter bent. En daarná beslis je wat je verder gaat doen.'

Ik wil tegenwerpen dat het me iets te drastisch is, maar sluit dan toch mijn mond. Want ik merk dat ik popel om erheen te gaan. Om dat uitzicht weer te zien. Om de zeelucht daar op te snuiven. Rilston Bay voelt als een afgesloten, bijna vergeten deel van mijn ziel, waar ik al… ja, hoelang eigenlijk, geen aandacht aan gegeven heb. Sinds de tijd dat papa hoorde dat hij ziek was, denk ik. Dat was een kantelpunt in ons leven. Een van de gevolgen daarvan was dat we nooit meer naar Rilston Bay zijn gegaan. Dat betekent dat ik daar dus al zo'n twintig jaar niet geweest ben.

'De zeelucht zal je goeddoen,' zegt mama nu, druk googelend op haar mobiel. 'En de rustgevende sfeer.'

'De ozon,' vult Pam aan, die alles weet. 'Het geluid van de golven.'

'Lange wandelingen, gezond eten…'

'Zwemmen in zee!' roept Pam uit. 'Daar gaat niks boven, of je nu in de overgang zit of al in de menopauze!'

'Is het daar niet een beetje koud voor?' stamel ik. 'In februari?'

'Koud is goed,' zegt Pam met nadruk. 'Geeft het lichaam een boost. Hoe kouder hoe beter!'

'Er is dan nog geen strandwacht,' werpt mama tegen. 'Laat ik niet merken dat je naar de boei zwemt, Sasha.'

'Alsof ze helemaal naar de boei gaat zwemmen!' roept Pam spottend uit. 'Ze gaat hooguit wat poedelen. Heb je een wetsuit, lieverd?'

'Eindelijk,' zegt mama. 'Nu heb ik het. Een programma dat je stap voor stap kunt volgen.'

Ze laat me op haar telefoon een foto zien waar ik gebiologeerd naar blijf kijken. Ik zie een vrouw in een zwarte wetsuit die me zelfverzekerd aankijkt. Ze heeft sterke armen en een innemende lach. Ze heeft nat haar dat langs haar vochtige wangen hangt. Ze heeft blote voeten en staat op een strand dat best weleens dat van Rilston Bay zou kunnen zijn. Ze heeft een bodyboard onder haar arm en in haar andere hand een groene smoothie. Onder de foto lees ik waar het om gaat: *Lekker in je vel in 20 stappen.*

'Er is een app!' zegt mama triomfantelijk. 'We hoeven hem alleen maar te downloaden en wat spulletjes voor je te kopen… Heb je een yogamat?'

Ik hoor nauwelijks wat ze zegt. Ik heb alleen maar oog voor de vrouw op het scherm. Ze ziet er stralend uit. Gelukkig. Goed georganiseerd. Ik wil haar zo graag zijn dat ik er bijna duizelig van word. Hoe word ik net zoals zij? Als ik daarvoor in die ijskoude zee moet duiken, dan doe ik het. Gretig lees ik wat er verder nog staat. Hier en daar springen er woorden uit.

Nonisap… manifesteren… 100 squats… aarden…

Van sommige woorden weet ik niet eens wat ze betekenen. Noni-sap? Aarden? Maar daar kom ik wel achter, toch? Deze app is de oplossing. De routekaart die me gaat helpen er weer bovenop te komen. Ik ga naar Rilston Bay. Ik ga die twintig stappen volgen. En dan voel ik me als herboren.

4

Twintig stappen. Dat is alles. En de eerste stap kan ik al afvinken. *Stap 1. Denk positief.* De woorden tollen rond in mijn hoofd en in gedachten geef ik telkens antwoord. *Ja! Ik stel me positief op! Let maar eens op!* Op station Paddington loop ik met mijn rolkoffer achter me aan haastig het perron op. Ik praat hardop tegen mezelf en het verbaast me dat het de mensen om me heen niet opvalt. *Ik kan het. Gewoon de stappen volgen. Dit gaat me lukken.* De hele tijd hoor ik in gedachten positieve spreuken, de ene nog opbeurender dan de andere. Ik lijk wel een wandelende Instagrampost. Ter inspiratie heb ik een printje gemaakt van de foto van de vrouw met de wetsuit en heb ik het stappenplan van de app gedownload. Ik heb mijn bullet journal bij me en de gelpennen en de stickers. Het gaat helemaal goed komen.

Het is pas twee dagen geleden dat ik mijn hoofd stootte, maar ik voel nu al verandering. Ik voel me nog niet echt ontspannen, dat niet – dat gaat ook helemaal niet als je een treinreis van zes uur moet voorbereiden – maar ik ben al minder hyper en nerveus dan eerst. Ik heb het gevoel dat er al wat licht aan de horizon gloort, en als ik mijn aandacht daar nou maar op richt, komt alles goed.

De trein is indrukwekkend – twaalf treinstellen lang – en ik kan blijven zitten tot Campion Sands, waar ik moet overstappen op een boemel. Een van de duizend dingen die ik zo leuk vind aan Rilston Bay is het schattige stationnetje. Het boemeltreintje, dat eruitziet alsof het elk moment van de klif kan vallen, rijdt heen en weer naar Campion. Je kunt hem vanaf het strand zien rijden en vroeger zwaaiden we altijd naar de passagiers daarboven.

Bij de gedachte aan het strand voel ik verwachtingsvol getintel in mijn buik. Ik kan nauwelijks bevatten dat ik naar het strand ga! Een koud en winters strand... maar toch!

'Sasha!' Bij het horen van de stem van mijn moeder draai ik me verrast om. Ze haast zich over het perron mijn kant op met twee boodschappentassen, een blauwe foamroller en een roze hoelahoep. Ze had inderdaad gezegd dat ze me zou uitzwaaien, maar ik dacht dat ze een grapje maakte.

'Mam! Je bent er!'

'Natuurlijk ben ik er!' zegt ze. Het klinkt een beetje kortaf, maar als ze zich naar me toe buigt voor een knuffel zie ik de nerveuze blik in haar ogen. 'Ik wilde even zien of je alles had. Yogamatje? Wetsuit?'

'Ja.' Ik klop op mijn koffer.

'Hier is je fitnesshoelahoep...' Ze werpt me het roze ding toe. 'Je had gezegd dat het niet hoefde, maar ik was bang dat je toch spijt zou krijgen.'

'Mam...' Ik kijk met gemengde gevoelens naar de verzwaarde hoepel. Ik weet dat hoelahoepen een van de twintig stappen is, maar ik was van plan om die ene stap over te slaan.

'Lieverd... als je voor dit programma kiest, doe het dan ook goed,' zegt mama ernstig. 'En hier is je foamroller. Onmisbaar.' Ze geeft me de rol aan en het lukt me met die hoelahoep maar net om hem aan te nemen. 'Verder heb ik een surfponcho en wat amandeltjes voor je. Een gezond tussendoortje.' Ze drukt een propvolle boodschappentas in mijn vrije hand. 'O, en dit!' Ze geeft me een tas van de museumshop van de National Gallery. 'Een aquarelset. Penselen, schetsboek, alles wat je nodig hebt. Dat staat ook in de app. Nummer vijftien. "Boor je creativiteit aan". Ik heb er ook een boek met inspirerende landschappen bij gedaan, en Rilston staat op het omslag. Je kunt het strand schilderen!'

Al die spullen brengen me een beetje van mijn stuk. Ik zie mezelf al hoelahoepen in een wetsuit terwijl ik tegelijkertijd een aquarelschilderij van het strand maak.

44

'Mam… bedankt,' stamel ik. 'Wat lief. Dat had je niet hoeven doen.'

'Natuurlijk, lieverd!' Ze reageert nonchalant op mijn bedankje. 'Totaal geen moeite. Zeg, ik heb het hotel gesproken en ze zijn helemaal op de hoogte van jouw situatie.'

'Huh, wat?' zeg ik.

'Maak je niet druk; ik ben heel discreet geweest. Ik zei niet dat ik je moeder was, maar ik deed me voor als jouw PA.'

'Mijn PA?' Ik kijk haar verbaasd aan.

'Waarom zou jij geen PA kunnen hebben?' werpt mama verontwaardigd tegen. 'Je hebt een succesvolle carrière, Sasha. Je zou een PA moeten hebben! Wij allemaal, trouwens! Je had bij Zoose toch een assistent?'

Ik denk even aan mijn 'assistent' bij Zoose. Ze heette Tania en werkte vanuit Frankrijk voor mij en een paar anderen op de afdeling. Op al mijn mailtjes antwoordde ze: 'Kun je het iets duidelijker uitleggen?' Dat kun je geen assisteren noemen.

'Zoiets, ja,' zeg ik bedachtzaam. 'Maar… wat heb je nou tegen ze gezegd?'

'Dat je er even tussenuit wilt om aan je gezondheid te werken,' antwoordt mama. 'En ik gaf aan dat je erg op je voeding let. En toen zeiden zij dat ze elke dag een groentesmoothie voor je zullen maken. Ik heb het recept uit de app doorgegeven. De boerenkool zouden ze speciaal voor jou bestellen. En ik heb benadrukt dat ze je een kamer met zeezicht moeten geven,' vervolgt ze, voor ik haar eraan kan herinneren dat ik een pesthekel heb aan boerenkool.

'Stel je voor dat je aan de verkeerde kant van het hotel komt te zitten. Jij krijgt een kamer die uitziet op zee, daar kunnen ze nu niet meer onderuit!' Haar stem wordt schril, alsof ze in gedachten ruziemaakt met het hotel. 'Laat niet met je sollen daar. O, en ik heb navraag gedaan naar de strandhuisjes,' voegt ze eraan toe. 'Maar die zijn 's winters niet in gebruik. Ze worden zelfs gesloopt.'

'Gesloopt?' Ik staar haar ongelovig aan.

'Onbewoonbaar, zeggen ze. Ze gaan nieuwe bouwen.'

Ik kan het haast niet geloven. De strandhuisjes van Rilston waren legendarisch. Daar hing een mystiek waas omheen. Nu ik eraan terugdenk, waren de huisjes zelf niet eens zo bijzonder, maar ze stonden óp het strand. Pure luxe. Toen wij klein waren deden er allerlei geruchten de ronde. *Je moet heel rijk zijn om er een te kunnen huren. Ze zijn al jaren van tevoren volgeboekt. De premier heeft er zelfs een keer geslapen.*

Kirsten en ik liepen vroeger soms gespeeld nonchalant naar de rij huisjes toe om te zien hoe de gasten op hun dure terrassen zaten te genieten van hun onbetaalbare uitzicht op zee. Er golden enkele ongeschreven regels waar iedereen zich aan hield. Badgasten meden het zand direct voor de huisjes, waardoor de indruk ontstond dat zij een privéstrandje hadden. Vroeger dacht ik altijd: als ik later groot ben, ga ik ook eens zo'n huisje huren. Maar dat bleek ik later natuurlijk helemaal vergeten te zijn.

'Maar goed,' ratelt mama verder, 'als ik nog een telefoontje moet plegen als jouw PA, dan stuur je me maar een berichtje. Ik heb gezegd dat ik Erin heette,' vervolgt ze. 'Dat leek me wel een passende naam voor een PA. Erin St Clair.'

Nu schiet ik bijna in de lach. Erin? Maar in werkelijkheid heb ik een brok in mijn keel, omdat mama zoveel moeite heeft gedaan. 'Bedankt voor alles, mam.'

'O, Sasha.' Mama legt een ogenblik een hand op mijn wang. 'Je bent echt jezelf niet. Gaat het wel? Want ik zóú natuurlijk mee kunnen gaan –'

'Nee hoor, het gaat best,' zeg ik vastberaden. 'Jij hebt je congres. Dat kun je niet missen.'

Mama woont elk jaar hetzelfde vastgoedcongres bij, waar ook een paar vriendinnen van vroeger naartoe gaan. Ze komt altijd thuis met bergen roddels en een enthousiaste glinstering in haar ogen. Ik kan niet van haar vragen om dat te laten schieten.

'Goed.' Mama aarzelt een moment. 'In elk geval ga je ergens heen waar we het kennen.'

'Precies. Het is Rilston Bay. Zowat mijn tweede thuis.'

'Ik kan niet geloven dat je daar straks weer bent.' Mama's gezicht krijgt een zachte uitdrukking die me vertelt dat ze aan vroeger denkt, iets wat maar zelden gebeurt. 'Die vakanties waren fijn, hè?' Ik knik gretig. 'Superfijn.' Na papa's dood duurde het even, maar uiteindelijk gingen we weer op vakantie. Alleen niet meer telkens naar dezelfde plek. We zijn een keer naar Norfolk geweest, naar Spanje. En zelfs een keer naar Amerika, dat was nadat mama partner geworden was. Stuk voor stuk leuke reizen, maar voor ons kon geen bestemming tippen aan Rilston Bay. Zonder papa wilden we daar niet meer heen. Dat voelde gewoon niet goed, en ineens waren we twintig jaar verder.

'Lieverd, een fijne tijd gewenst.' Mama drukt me stevig tegen zich aan. 'Laat al die stress maar varen, Sasha. En geniet van de rust.'

Ik geniet inderdaad van de rust, een halfuurtje ongeveer. De trein vertrekt op tijd en ik zoek met mijn koffie en croissant een plekje. Hoe het me is gelukt weet ik niet, maar ik heb de koffer, de hoela-hoep, de foamroller en de boodschappentassen door de wagon weten te slepen – ik moest twee keer lopen, dat wel. Het scheelt dat de trein bijna leeg is. Ik zit in mijn eentje in een compartiment voor vier en terwijl ik Londen aan me voorbij zie trekken, voelt het alsof ik een deel van mijn stress daar achterlaat. De uitlaatgassen, het lawaai, de drukte… dat mag van mij allemaal hier blijven.

Ik kijk uit het raam en probeer na te denken over mijn wellness-reisje. Maar in plaats daarvan denk ik aan Asher, die laatst een aantal workshops liet organiseren over 'taal op de werkvloer'. Pure tijdver-spilling. Waarom zou hij dat hebben gedaan?

En waarom moesten we twee keer per maand in twee verschil-lende spreadsheets aan hem rapporteren?

Zou iemand iets hebben gedaan met dat totaal mislukte project van Craig? Ik weet wel wat er misging, dat had te maken met –

'Dames en heren…'

De mededeling onderbreekt mijn gedachtestroom. Ik knipper met mijn ogen. Shit. Dit is niet goed. Waarom zit ik nou aan mijn werk te denken? Dat moet ik juist achter me laten. Maar mijn baan heeft een nogal harde stem en blijft maar dooremmeren. Het lijkt wel of mijn baan met me meegaat.

Ik open de 20 stappenapp en scroll erdoorheen tot ik ben aanbeland bij het onderdeel 'mediteren'.

Probeer eens op te schrijven wat je dwarszit. Hou je niet in, schrijf gewoon alles op. Daarna bedank je je hersenen voor alle gedachten en laat je ze voorlopig even rusten.

Oké. Goed idee. Ik pak mijn pennen erbij, blader naar de laatste bladzijde van mijn bullet journal en begin verwoed te schrijven.

Een halfuur later kijk ik vermoeid op. Ik heb kramp in mijn vingers. Huh? Met een gevoel van ontzetting blader ik de volgepende bladzijden door. Nooit verwacht dat ik zoveel te melden had over Zoose. Ik wist niet dat ik zo… eh… nijdig was.

Ik wrijf in mijn gezicht en adem langzaam uit. Misschien was dit wel goed. Door al die narigheid uit mijn hoofd te zetten heb ik ruimte gemaakt voor positieve dingen.

Bedankt, hoofd, voor al die gedachten, zeg ik tegen mezelf. *Zullen we dat hoofdstuk dan nu afsluiten?*

Ik ga naar de eerste bladzijde van het bullet journal en krabbel in grote letters een kop – *Herstellen van mijn burn-out in twintig stappen* – en versier de kop met de gelpennen. Ik wil er net een paar stickers bij plakken als de trein het station van Reading binnenrijdt, waar een paar passagiers instappen. Na een blik op mijn roze hoelahoep lopen de meesten resoluut door (dat zou ik ook hebben gedaan), maar een man op leeftijd met een geel giletje waagt het erop en komt recht tegenover me zitten. En dat terwijl er aan de andere kant van het gangpad nog een lege vierzitsplek is!

'Ga je bij het circus?' grapt hij, en ik baal want de man zit duidelijk om een praatje verlegen. Dat blijkt als de conducteur onze kaartjes heeft gecontroleerd en me heeft uitgelegd dat ik bij Campion Sands moet overstappen. De man buigt zich over het tafeltje heen en kijkt me nieuwsgierig aan.

'Dus je gaat helemaal naar Rilston Bay? Het zal niet meevallen straks, in Campion Sands, om al die spullen naar het boemeltje te sjouwen. Je hebt geluk, want ik ga ook naar Campion Sands. Ik kan je zo wel even helpen als je wilt.'

'Dat zou heel fijn zijn.' Ik kijk hem dankbaar aan en hoop dat mijn glimlach ook duidelijk maakt dat ons gesprek hiermee ten einde is. Hij denkt er echter anders over.

'Woon je in Rilston?'

'Nee, ik ga er gewoon een tijdje heen.'

'Ik dacht al dat ik jou niet kende.' Hij knikt tevreden. 'Ben je er al eens geweest?'

'Toen ik klein was gingen we daar elk jaar op vakantie.'

'Maar dan ken je mij misschien nog!' roept hij enthousiast. 'Ik ben Keith Hardy. Of misschien kan ik beter mijn andere naam noemen… Mr Poppit! DAG JONGENS EN MEISJES!' kraait hij ineens tot mijn afgrijzen. De andere reizigers in de coupé schrikken zich rot. 'Ik ben Mr Poppit! Grote rode pop, gestreepte hoed? Ik heb elk jaar mijn eigen plek op het strand. Je herinnert je Mr Poppit toch wel? Je hebt me vast weleens zien optreden!'

Heel vaag gaat er ergens een belletje rinkelen. Maar ik ben als de dood voor poppen, dus zijn voorstelling heb ik zeker niet gezien.

'Kan zijn,' zeg ik aarzelend. 'Ik herinner me wel Terry nog. Hij runde de Surf Shack.'

'Ja, dat zal wel,' zegt Keith lichtelijk teleurgesteld. 'Terry herinneren ze zich allemaal. Terry, wie kent hem niet?'

Er komen steeds meer herinneringen bovendrijven. Er waren twee surfshops, pal naast elkaar op het strand. Het was algemeen bekend dat ze elkaars concurrenten waren en dat leidde ertoe dat mensen vonden dat ze partij moesten kiezen. Je had de Surf Shack, die werd bestierd door Terry, en Surftime van Pete. Alle vaste gasten gingen naar de Surf Shack, want Terry was de leukste surfleraar van de hele wereld. De leukste mán van de hele wereld. Je hebt van die mensen die met kop en schouders boven de rest uitsteken. Aan hen kon niemand tippen. En dat wisten we allemaal.

Terry was al vroeg grijs geworden, maar hij had een pezig lijf, fonkelende ogen en hij kende ons allemaal bij naam. Pete was ook heel aardig – maar hij was Terry niet. In gedachten hoor ik Terry's stem nog, die na al die jaren over de wind heen schreeuwen hees geworden was. En het is heel bijzonder: zijn wijze woorden borrelen op de gekste momenten nog weleens bij me op. 'Maak je niet druk!' riep hij als een angstig kind te veel nadacht. 'Maak je niet druk om de zee! De zee maakt zich zeker niet druk om jou!'

Ik word overspoeld door herinneringen aan de Surf Shack. Het aangename halfduister in de hut na het schelle licht op het strand. De geur van neopreen. En op het terrasje voor de hut zaten altijd volwassen surfers met felgekleurde surfshorts aan of tot hun middel afgestroopte wetsuits elkaar stoere surfverhalen te vertellen. Als ik in de rij stond voor een bodyboard wipte ik ongeduldig op en neer omdat ik wist dat ik om de zoveel seconden een mooie golf misliep. 's Winters zijn er in Rilston altijd goede golven, dat weet iedereen, maar in de zomer was de zee een stuk rustiger. Ideaal voor kinderen, die moeite hebben om op hun surfboard te blijven staan. Terry's vrouw Sandra noteerde onze namen in een schrift. Ze deed dat heel zorgvuldig en altijd zonder haast. 'Naam?' zei ze dan. Ze wist onze namen heus wel, maar we moesten ze toch steeds opnieuw opgeven.

'Runt Terry de boel daar nog?' vraag ik plotseling gretig. 'Geeft hij nog altijd surflessen?'

Zou ik ooit nog eens op zo'n plank staan? Ik heb het in geen jaren gedaan, maar misschien kan dat wel stap 21 worden.

'Nee, nee,' zegt Keith hoofdschuddend. 'Terry is met pensioen. Hij heeft de Surf Shack van de hand gedaan. Ga je daarheen om te surfen?' Hij kijkt nieuwsgierig naar mijn hoelahoep.

'Niet echt,' erken ik. 'Ik wil er even tussenuit. Weg van de drukte. Yoga. Zoiets.'

'Weg van de drukte!' Dat vindt hij reuzegrappig. 'Nou, dat komt helemaal goed, hoor. In februari. Het is er nu uitgestorven. De pensions zijn gesloten, het strand is leeg, er gebeurt helemaal niets.'

'Een beetje rust kan ik wel gebruiken,' zeg ik naar waarheid. 'Ik zit de laatste tijd niet zo lekker in mijn vel. Een kalm en rustgevend verblijf daar kan ik goed gebruiken. De batterij weer even opladen.'

'Nou, een rustiger plek dan Rilston Bay vind je nergens,' zegt hij met een wijs hoofdknikje. 'Daar is het altijd fijn. Schots eitje?' Hij steekt me een papieren zakje toe en ik schud beleefd mijn hoofd. 'Vertel eens, ben je daar als kind vaak geweest?'

'Elk jaar tot mijn dertiende. Voor het laatst twintig jaar geleden.'

Nu ik mezelf dit hoor zeggen, kan ik me haast niet indenken dat het klopt. Twíntig jaar?

Keith veert op en kijkt me gretig aan. 'Was jij er in het jaar van het kajakongeluk? Dat was twintig jaar geleden.'

'Ja,' zeg ik met gefronste wenkbrauwen. 'Dat herinner ik me nog. Er is toen een jongetje bijna verdronken.'

'Het was een hele rel,' zegt Keith, die een hap neemt van zijn Schotse ei. 'Er vielen geen doden, maar het scheelde niet veel.'

'Inderdaad.' Ik knik. 'Nou ja, het is een hele tijd geleden.'

Ik durf niet zo goed verder te gaan in mijn bullet journal. Daarom pak ik het boek met de landschappen er maar bij dat mama me daarnet gegeven heeft. Ik hoop dat het gesprek nu ten einde is, maar Keith buigt zich vertrouwelijk voorover.

'Wist je dat het Petes schuld was?'

'Ik herinner me er niet zoveel van,' geef ik toe. 'Ik weet alleen nog dat we allemaal de zee uit moesten. En dat we toen zijn gaan bowlen.'

'Ah. Nou, er kwam een groot onderzoek, en Pete kreeg een boete. Is-ie nooit overheen gekomen,' voegt Keith er verlekkerd aan toe. 'Hij sloot de tent en vertrok. Een nieuw stel nam de zaak over. Maar het liep niet zo goed. De Scully's. Ken je die nog?'

'Dat was het laatste jaar dat wij daar waren,' zeg ik korzelig. Het kajakongeluk gebeurde in de week waarin papa hoorde dat hij ziek was. We waren op weg terug naar huis toen het bekend werd. Papa en mama werden gebeld en Kirsten hoorde hen erover praten, en –

Ik sluit mijn ogen en voel het dreunen van die vertrouwde, doffe pijn. Niemand kon er iets aan doen. Maar om in een pompstation te horen dat ons leven voorgoed veranderd was, was... niet zo tof. Een groot deel van mijn herinneringen aan die week heb ik diep weggestopt en daarom zit ik niet echt te wachten op dit gesprek.

'Zoals ik al zei... ik heb heel veel zin om even lekker weg te zijn. Een rustige plek op te zoeken.'

'Dat snap ik.' Keith knikt. 'Er even tussenuit. Nou, rust zul je in Rilston Bay wel vinden.' Hij trekt zijn wenkbrauwen hoog op. 'Was jij er toen ze die giftige kwal vingen? Dat was me wat, zeg. Vreselijk gewoon. Drie kinderen in allerijl naar het ziekenhuis. De strandwachten kregen de schuld, en eerlijk is eerlijk, waarom hadden ze niet gewaarschuwd?'

Een giftige kwal?

'Nee,' zeg ik afgemeten. 'Ik herinner me niets van een giftige kwal.'

'En toen met die voedselvergiftiging?' Hij kijkt me verwachtingsvol aan. 'Weet je hoeveel mensen er ziek werden die week? Minstens drieëntwintig, dat geloof je toch niet? Ze zeiden dat het er maar elf waren, probeerden de zaak onder het tapijt te schuiven. Maar de huisarts zegt iets heel anders.' Hij steekt een priemende wijsvinger naar me uit. 'Sandwiches met bedorven garnalen, zeggen ze. Anderen beweren dat het de mayonaise was. Verse mayo, snap je. Bereid met rauwe eieren. Dodelijk.' Hij wijst naar zijn Schotse ei en neemt nog een hap.

En nu is het genoeg. Ik ben helemaal klaar met het oeverloze geklets van deze man. Hij brengt mijn gezondheid schade toe. En die van het hele treinstel, trouwens. Een vrouw rechts van mij zit geschokt te luistervinken.

'Ehm, ik moet voor mijn werk eigenlijk een podcast luisteren,' jok ik, en ik pak mijn telefoon erbij. 'Dus dat ga ik dan nu maar even doen.'

'Ga je gang,' zegt Keith opgewekt, en hij neemt nog een hap ei. 'Leuk even met je te kletsen. O, jeugdliefde,' voegt hij eraan toe.

'Wat?' Ik kijk hem aan en merk dat het me nogal stoort dat hij over de liefde begint.

'*Jeugdliefde.*' Hij wijst naar het omslag van mijn boek. 'Het schilderij. Van Mavis Adler. Dat daar is Rilston Bay.'

'Ah.' Ik bekijk het schilderij: twee tieners die op het strand staan te zoenen. Het is heel bekend – er bestaan posters en kaarten van. En ik wist geloof ik al dat het Rilston Bay voorstelt, maar ik was het vergeten.

'Misschien vind jij ook wel een jonge geliefde!' grapt Keith. 'Of heb je al iemand?'

'Nee,' zeg ik stijfjes, terwijl ik mijn oortjes zoek. 'Ik ben single. En het lijkt me sterk dat ik in het laagseizoen de ware ontmoet op het strand.'

'Zeg nooit nooit! Logeer je bij een bekende?' vraagt hij, terwijl ik met toenemende wanhoop mijn tas overhoophaal.

'Nee, in het Rilston,' antwoord ik werktuiglijk, en dan baal ik meteen dat ik niet beter heb opgelet.

'Het Rilston!' Vol vrolijk ongeloof fluit hij tussen zijn tanden. 'Toe maar!'

Die opmerking bevalt me niet erg. Wat bedoelt hij daarmee?

'Ja,' zeg ik. 'Het Rilston.'

'Wist niet dat ze daar nog gasten ontvingen. Vooral niet in deze tijd van het jaar. Heb je *The Shining* gezien?' Hij lacht vrolijk. '"*Here's Johnny!*"'

Toe nou, zeg.

'Ik ben wel graag alleen,' zeg ik beleefd. 'Dus dat is voor mij helemaal geen probleem.'

Dáár zijn mijn oortjes. Opgelucht steek ik de dopjes in mijn oren, maar hij praat gewoon door. Onverstoorbaar, die man.

'Ze gaan die hele tent neerhalen, wist je dat? En dan weer opbouwen.'

'Geen idee,' zeg ik, terwijl ik in de Spotify-app 'rustgevende muziek' aantik.

'Is de keuken nog open?'

Met een ruk schiet mijn hoofd omhoog. Wat zegt hij nu? 'Natuurlijk is de keuken open. Waarom zouden ze geen eten serveren?'

'Omdat ik heb gehoord dat er brand is geweest in de keuken.' Hij schudt zijn hoofd en klakt met zijn tong. 'Nare toestand. Heb je daar niks van meegekregen?'

'Nee,' zeg ik beslist. 'Sorry. Nou, was gezellig om even te kletsen, maar ik ga nu –'

Tot mijn opluchting merk ik dat de trein vaart mindert en dan op een station stilhoudt. Ik doe net alsof ik helemaal opga in het bekijken van opstappende passagiers. Een vrouw en een peuter in identieke roze windjacks. Een oudere heer. En een jonge gast met een rugzak en een surfboard.

Hij ziet er goed uit.

Echt een leuke kerel, dat moet gezegd. Als ik zijn gezicht zo zie, lijkt het alsof hij één keer per week aan gezichtsyoga doet. Strakke kaaklijn, fraaie jukbeenderen. Een licht waas van stoppeltjes. Sprekende donkere ogen.

De trein zet zich weer in beweging en ik bekijk hem heimelijk terwijl hij een plekje zoekt, zijn rugzak in het bagagerek tilt en zijn surfboard rechtop tegen de stoel tegenover hem plaatst. De vrouw zit naast het kleine meisje, dat al snel opstaat en op onderzoek uit gaat. Ik ben niet bepaald broeds of een moederlijk type. Maar jeetje, wat is dit een schattig meisje. Met haar gewatteerde tuinbroek en haar regenlaarzen met lieveheersbeestjes erop en die staartjes in haar lichtblonde haar. Stiekem hoop ik dat ze mijn kant op komt, maar in plaats daarvan begint ze zacht op het surfboard te kloppen met haar handjes, waar van die schattige kuiltjes in zitten. Haar moeder glimlacht naar de man.

'Ze zijn zo nieuwsgierig, hè... op deze leeftijd,' zegt ze. 'Ze willen alles onderzoeken.'

'Juist,' zegt de man kortaf, wat ik een beetje een vreemd antwoord vind. Hij had iets aardigs moeten zeggen over die koddige kleuter met haar superschattige mollige handjes.

En hij heeft ook niet die 'ach, wat heb jij een lief kindje'-uitdrukking op zijn gezicht waar de moeder toch wel op had gerekend. Hij ziet er gejaagd uit. Het lijkt wel of hij kwaad is.

De klopjes van de peuter gaan over in steeds harder geklop, en na elke dreun kraait ze van plezier. De vrouw rechts van me glimlacht en kijkt me vrolijk aan.

'Tjongejonge!' roept Keith uit, die opzijkijkt om te zien wat de peuter allemaal uithaalt. 'Zij gaat later vast ook surfen! Waar gaan jullie naartoe?'

'Mijn moeder woont in de buurt van Campion Sands,' zegt de moeder van het meisje stralend tegen Keith. 'Bryony gaat voor het eerst naar zee, de lieverd. Ik heb al een emmertje en een schepje voor haar gekocht. Het is niet echt de beste tijd van het jaar, maar dat maakt haar niet uit.'

Nu kijkt de hele coupé vertederd naar de schattige Bryony – iedereen behalve de man van wie het surfboard is. Hij heeft duidelijk de pest in en komt erg nerveus over. Ik zie dat hij zijn handen tot vuisten balt. Wat een controlfreak.

'Moet ze dat nou de hele tijd doen?' bast hij tegen de vrouw, zo fel dat ik ervan schrik. 'Kun je vragen of ze daarmee op wil houden? Kun je haar hier weghalen?'

Wéghalen? Een aandoenlijke peuter weghalen die geen vlieg kwaad doet?

'Moet ik haar weghalen?' briest de moeder verontwaardigd. 'Wéghalen? Volgens mij zitten we in het o-pen-baar vervoer, of niet soms?'

'Nou, volgens mij is dit míjn surfboard. Of niet soms?' kaatst hij op sarcastische toon terug. 'Dus het zou fijn zijn als jij je kind een beetje in toom hield.'

Ik kijk naar Bryony, die nog steeds met aanstekelijk, kinderlijk genoegen op het surfboard trommelt. Hoe kan hij daar nou bezwaar tegen hebben?

'Dat kind doet toch niemand kwaad!' flap ik eruit. 'Het is een surfboard, hoor. Niet de *Mona Lisa*. Wat is er met jou aan de hand?' De man draait zijn hoofd mijn kant op, alsof hij me nu pas opmerkt. Ik weet niet of dit een gevoelig punt bij hem is of dat hij niet graag in het openbaar tegengas krijgt, maar zijn blik is zo fel dat ik er nerveus van word.

Er valt een stilte in de coupé. Zelfs Bryony merkt de spanning op en stopt met het getrommel. Dan staat de man abrupt op en trekt hij zijn rugzak uit het bagagerek.

'Pardon,' zegt hij overdreven beleefd tegen Bryony, en hij klemt het surfboard onder zijn arm. Het meisje begint te brullen en krijgt tranen in haar ogen. Dit roept geen medelijden op bij de man, die zijn afkeer niet onder stoelen of banken steekt.

'Zoek het lekker uit,' zegt hij tegen de moeder, en dan beent hij de coupé uit.

We zijn allemaal een beetje ontdaan. De moeder heeft blosjes op haar wangen gekregen.

'Nou ja, zeg!' roept ze uit. 'Heb je ooit zoiets meegemaakt! Bryony. Kom maar schatje, dan krijg je wat lekkers. Wat een lomperik!'

Ze strekt haar armen uit naar de brullende peuter, die verdrietig de plek aanwijst waar zojuist het surfboard nog stond. Dan uit ze op klaaglijke toon een reactie van één lettergreep: 'Kaar.'

'Ik weet het: klaar met spelen,' zegt de moeder. 'Die man is weg. Gelukkig maar. En dat speelgoed heb je niet nodig. Hier heb je jouw beertje… speel daar maar mee, liever.'

Terwijl Bryony wordt getroost met een koekje zie ik dat Keith op het punt staat zijn mening over dit vreemde voorval met me te delen. Daar zal hij zeker een halfuur zoet mee zijn, vermoed ik zo, vooral door de vijfendertig andere verhalen die hij erbij wil halen.

Haastig druk ik op 'afspelen' en wijs op mijn oren, wat in pantomimetaal betekent: *Sorry, ik hoor je niet meer.* Ik leun achterover, knijp mijn ogen stevig dicht en laat de rustgevende muziek over me heen komen.

Vaag hoor ik het gedempte stemgeluid van Keith, maar ik doe mijn ogen niet meer open.

Na een tijdje merk ik dat ik onbewust mijn vingers aanspan. Ik adem langzaam uit en probeer de spanning los te laten. O, mijn god. Hoe doe je dat ook alweer? Wat heb ik een chaos in mijn hoofd. Misschien moet ik dit maar zien als een soort nulmeting. Op dit moment kan ik al die rare types er niet bij hebben. Vooral geen onverbeterlijke kletskousen en al helemáál geen onhebbelijke mannen met surfboards. Ben ik even blij dat ik de enige gast ben in het hotel.

Sterker nog, ik hoop echt dat ik gedurende mijn verblijf in het Rilston helemaal niemand tegen zal komen.

5

Gelukkig heb ik dankzij mijn oortjes de rest van de reis geen last van het gebabbel van Keith. Hij is blijkbaar niet beledigd, want hij springt op als het in Campion Sands tijd is voor mijn overstap. Hij zeult met mijn koffer, tassen, foamroller en hoelahoep en ik merk dat ik hem ondanks alles toch wel aardig vind.

'Ik kom je opzoeken, hoor!' zegt hij opgewekt terwijl hij vanuit het boemeltje weer op het perron stapt. 'Ik moet geregeld in Rilston zijn. Laten we een keertje iets gaan drinken. En nu ik weet hoe gezellig je dat vindt, kan ik je dan nog meer verhalen vertellen.'

'Leuk!' Ik sta in de open treindeur en hoop dat het een beetje enthousiast klinkt. 'Al heb ik het best druk met…' Ik geef een klopje op de foamroller. 'Dus ik weet niet of ik tijd heb.'

'Groot gelijk.' Hij knikt, neemt ook hier geen aanstoot aan. 'Hoe ga je dat straks op het station eigenlijk doen? Sturen ze de auto?'

'Ik heb geen auto nodig, hoor,' zeg ik lachend. 'Ik ga lopen. Alleen even de heuvel af en ik ben er.'

'Lopen?' roept hij uit. 'Met al die spullen?' Hij kijkt met grote ogen naar de berg bagage en dan besef ik dat hij misschien gelijk heeft. 'Wacht, ik bel Herbert,' zegt hij, en voor ik iets kan zeggen, toetst hij iets in op zijn telefoon. 'De portier van het Rilston. Die helpt je uit de brand. Ik ken ze, hoor, bij het Rilston… Herbert! Keith… Ik heb hier een jongedame die bij jullie komt logeren. Kan wel wat hulp gebruiken met haar spullen… die, ja. Verzot op podcasts. Yoga.' Hij luistert even en kijkt dan op. 'Herbert vraagt of jij dat bent van die boerenkool?'

O god.

'Ja,' zeg ik blozend, 'maar van mij hoefde dat niet, hoor –'

'Dat is 'r!' Keith onderbreekt me triomfantelijk. 'Dus je haalt haar op? Goed zo. Dank je, Herbert. We moeten snel weer eens een biertje drinken.' Hij hangt op en kijkt me stralend aan. 'Maar goed dat ik even belde. De auto van het hotel is stuk, maar Herbert komt je toch even halen. Hij helpt je met je bagage.'

'Dat is heel aardig,' zeg ik. Nu schaam ik me een beetje omdat ik hem de afgelopen vijf uur bewust ontweken heb. 'Ontzettend bedankt.'

'Nou, veel plezier. Maar wacht, ik heb je naam niet goed verstaan!' Hij lacht erbij alsof dit per ongeluk was, terwijl ik opzettelijk mijn naam niet heb genoemd. Ik kan het echt niet maken om dat nu vol te houden.

'Ik heet Sasha.'

'Veel plezier, Sasha.'

Hij loopt het perron af, en dan gaan de deuren dicht. De trein komt in beweging en ik zoek een plekje. Op dat moment merk ik dat er in de coupé verder niemand is. Het weer is omgeslagen en er slaan kleine regendruppeltjes tegen de ruit. Toch druk ik mijn voorhoofd ertegenaan in de hoop al snel een eerste glimp van de baai op te vangen. Dat was altijd een wedstrijdje tussen Kirsten en mij: wie ziet als eerste het strand? Dat was het moment waarop we ons een heel jaar lang hadden verheugd. Ik kan niet geloven dat ik na zoveel uur – zoveel járen – straks weer in Rilston Bay ben. Ik voel kriebels in mijn buik – voorpret en ook iets van spanning. Wat nu als het tegenvalt?

Nee, dat gaat niet gebeuren. Of wel?

Via de intercom zegt een stem: 'Over enkele minuten bereiken we Rilston Bay.' Met ingehouden adem tuur ik door de ruit terwijl de trein de bocht maakt...

Daar is het. Mijn adem stokt en ik staar als in een trance naar het uitzicht waar ik als kind zo van hield. De kromming van de baai, de rotsen, de golven die onverstoorbaar stukslaan op het strand, het ziet er allemaal nog precies hetzelfde uit. De zee is grijs als staal, net als de lucht. Ik kan niet wachten tot ik daar sta, met mijn voeten in het zand. De vakantie was pas echt begonnen als je op het strand stond. We rijden het stationnetje binnen en ik voel me al stukken lichter als ik mijn spullen op het perron zet. Ik stuur mama en Kirsten een berichtje: Ben er!!! Dan stop ik mijn telefoon weg en kijk ik om me heen of ik de portier zie. Het perron ligt er verlaten bij, dus ik sleep alles naar de voorzijde van het station om daar nog eens goed rond te kijken. De parkeerplaats is leeg. De kiosk voor de kaartverkoop is onbemand. Boven mijn hoofd vliegen zeemeeuwen krijsend rond en een gure zeewind slaat tegen mijn wangen.

Het Rilston ligt aan het eind van een lange, smalle weg die langs een vrij steile heuvel omlaag voert. Ik tuur de weg af en zie in de verte een figuur naderen. Het is een magere man met wit haar en een zware donkerblauwe jas. Hij loopt langzaam. Heel erg langzaam. Af en toe houdt hij stil om, geleund tegen een lantarenpaal of iets anders, even uit te rusten en daarna zijn weg te vervolgen. Ik heb het idee dat hij naar mij kijkt en als hij iets dichterbij gekomen is, steekt hij bij wijze van groet een hand op.

Wacht. Zou dit de portier zijn?

Lichtelijk verontrust haast ik me zijn kant op. Hij lijkt wel 103. Hij heeft diepe rimpels, hij hijgt (hard) en kan met zijn stramme ledematen nauwelijks nog lopen – het lijkt eerder op waggelen. Op zijn jas is een badge gespeld waarop staat: RILSTON HOTEL. HERBERT. O god.

'Gaat het wel?' vraag ik bezorgd.

'Ms Worth?' Hij begroet me met een beverige, hese stem die nauwelijks boven de zeemeeuwen uit komt. 'Welkom in het Rilston. Ik ben Herbert.' Na een stilte – waarin hij een ogenblik in slaap lijkt te vallen – komt hij weer bij. 'Ik ben hier om te helpen met uw bagage.'

Deze oude baas komt mij helpen?

'Wilt u niet eerst even uitrusten?' vraag ik bezorgd. 'Kan ik iets voor u halen? Een stoel? Een glas whisky?'

'Nee, nee, dank u,' zegt hij zacht. 'Laat mij de tassen maar even halen.' Hij probeert zich langs me te wurmen, maar ik ben hem voor en loop haastig terug naar mijn bagage. Die zware koffer mag hij onder geen beding in handen krijgen. Hij zou meteen omvallen.

'Zal ik anders de koffer en de tassen dragen?' stel ik voor, en ik grijp snel de handvatten beet. 'En de hoepel. En dan neemt u... de foamroller?'

Die foamroller weegt niks. Dat komt goed.

Herbert bekijkt het ding zwijgend, knikt, steekt hem onder zijn arm en begint de heuvel af te lopen. Na een paar meter verstapt hij zich. Ik grijp hem nog net op tijd bij zijn arm, waarna we even blijven staan.

'Gaat het weer, Herbert?' vraag ik, en hij lijkt daar even over na te denken.

'Zou ik een poosje op uw arm mogen leunen?' antwoordt hij uiteindelijk. 'Het eerste stuk?'

'Natuurlijk,' zeg ik vlug. 'Doe dat maar.'

Ik hevel al mijn bagage over naar één arm en steek de andere naar hem uit. Daarna vervolgen we in stilte onze weg naar beneden. Naarmate het hotel dichterbij komt, begint Herbert zo zwaar op mij te leunen dat ik nauwelijks nog vooruitkom. Zijn hoofd hangt naar voren. Hij heeft zijn ogen dicht. Er komt geen woord meer uit. Is hij nou in slaap gevallen? Wat gebeurt hier? Ik draag al mijn tassen en de portier erbij.

Maar wat geeft het! De vertrouwde witte gevel van het Rilston roept een kinderlijke blijdschap in me op. Ik herinner me alles nog precies: de zuilen, het grind en de rotstuin op het gazon. Nog even en ik sta in de ruime, stijlvolle lobby waar ik vroeger zo vaak ben geweest. En straks ben ik in mijn kamer en kijk ik uit over zee. Zo dadelijk ben ik op het strand. Ik kan niet wáchten!

'Herbert!' roep ik uit, in de hoop hem weer bij zinnen te brengen. 'We zijn er!'

Herberts ogen schieten open en hij recht zijn rug. Hij waggelt voor me uit en trekt een van de grote glazen deuren open. 'Welkom in het Rilston,' zegt hij weer.

'Bedankt!' zeg ik opgewekt. Ik sleep al mijn spullen de lobby in en blijf dan stokstijf staan.

O, nee.

Wat –

Wat is er met dit hotel gebéúrd?

'Welkom in het Rilston!' Vanachter de zware mahoniehouten balie begroet een verzorgde receptioniste me met een opgewekte glimlach. Bij mij kan er geen lachje af, ik ben me rot geschrokken van wat ik hier aantref.

Deze lobby was altijd het toonbeeld van ouderwetse elegantie. Fluwelen banken, comfortabele leunstoelen en drommen personeel. Kruiers in livrei, de conciërge keurig in pak, obers met drankjes op dienbladen. Er was ook altijd een vrouw in een pastelkleurig mantelpakje, die continu rondliep om bij alle gasten te informeren of alles naar wens was. Ik zie haar nog voor me met haar parelketting en eeuwige glimlach. *Is alles naar wens voor u? Kan ik u nog een drankje aanbieden?* Op een tafel midden in de lobby stond een vaas met bloemen, de kroonluchters glinsterden, keurig geklede mannen bestelden gin-tonics. En nu…

Ik kijk rond en neem mijn omgeving in me op. De blauwe vloerbedekking met het drukke werkje is nog hetzelfde, maar de centrale tafel is verdwenen. De kroonluchter boven me is niet afgestoft en mist de helft van zijn peertjes. De bloemen, de fluwelen banken, de leunstoelen… allemaal weg. Nu staat de lobby vol met een verzameling meubilair. Eetkamerstoelen, een kledingkast, een kledingpers waar een prijskaartje aan hangt. Er staat ook een vleugel met een briefje erop: *Welke liefhebber neemt mij mee?* Ik zie geen gedienstig personeel en al helemaal geen vrouw in een pastelkleurig mantelpakje. Alleen Herbert, die met een bleek gezicht is neergezegen op de eerste de beste stoel. En de receptioniste, met een ingewikkelde vlecht in haar haar en glitteroogschaduw. Ze is drieëntwintig, schat ik.

'Gaat het een beetje, Herbert?' roept ze opgewekt, terwijl haar vingers over het toetsenbord van haar computer vliegen. 'Herbert heeft soms een wegtrekker als hij met bagage bezig is,' vertrouwt ze me toe als ik voor de balie sta. 'Maar hij doet het graag, hoor.'

'O,' zeg ik beduusd. 'Wat naar. Maar ik heb hem geholpen. De meeste spullen heb ik zelf gedragen.'

'Dat doet iedereen.' Ze kijkt me stralend aan en terwijl ze weer verder typt, bekijk ik de plaquette op de muur achter haar. BESTE LUXEHOTEL 1973, staat erop.

'Zo!' Eindelijk kijkt ze op. 'U bent degene die om boerenkool vroeg, toch? Sasha Worth. Ik lees hier: "Werkt aan haar gezondheid". We hebben bij de reserveringen een speciaal venster voor opmerkingen over onze gasten, weet u,' zegt ze gewichtig. 'Zodat we iedereen zo goed mogelijk van dienst kunnen zijn. Simon, onze manager, zei dat hij uw PA aan de telefoon heeft gehad?'

'Eh, ja,' zeg ik gegeneerd. 'Dat klopt. Mijn PA, Erin.'

'Simon heeft vijf sterren bij uw naam gezet!' Ze spert haar ogen open. 'Het maximale aantal! Dat betekent: extra veel aandacht voor deze gast. Bent u beroemd?'

O, nee. Wat heeft mama die mensen hier allemaal over mij verteld?

'Nee,' haast ik me te zeggen. 'Ik ben niet beroemd.'

'Een vip dan?'

'Nee. En ik heb geen extra aandacht nodig.'

'Nou, u hebt die vijf sterren al gekregen,' zegt ze met een blik op haar scherm. 'En die kan ik zo te zien niet verwijderen. Dus doe er uw voordeel mee! Hier is uw sleutel. Kamer 28, aan de zeezijde.'

Ze steekt me een forse houten sleutelhanger toe waaraan met een ringetje een blinkende sleutel is bevestigd. 'Zal ik u helpen met de bagage? Herbert is ingedommeld, ach gut. Weet u wat, neemt u de trap, dan breng ik de spullen met de lift naar boven. Die kledingpers staat een beetje in de weg, maar het moet net gaan,' vervolgt ze. 'We hebben hier een pop-upantiekwinkel. Mocht u iets voor de verkoop hebben, dan mag u het er gerust bij zetten!'

Ze kijkt me verwachtingsvol aan, alsof ik nu ga zeggen dat ik een bijzettafeltje heb meegenomen.

'Eh... nee,' zeg ik. 'Ik heb geen antiek bij me.'

'Prima.' Ze typt weer iets in, misschien wel 'geen antiek'. 'Dat geldt voor de meeste gasten.'

De mééste?

'Ik ben Cassidy, trouwens.' Ze wijst op haar badge. RILSTON HOTEL. CATHERINE, staat erop. 'Ik heb nog steeds geen eigen badge, daarom gebruik ik deze maar zolang,' voegt ze er opgewekt aan toe. 'De beginletter klopt in elk geval. Ik zie u boven in de kamer, goed? O, en hij is heel makkelijk te vinden,' voegt ze er nonchalant aan toe. 'Trap op, links de gang in, door de houten deur, dan even terugsteken. U ziet het vanzelf.'

Ik snap het niet echt, maar ik knik. 'Oké. Bedankt.'

'Wacht, ik was nog niet klaar!' Ze schatert. 'Dan drie traptreden omlaag – en neem níét de eerste deur die u tegenkomt, die is nep. U gaat door de tweede deur, dan rechtsaf door de bibliotheek... en dan is het aan uw linkerhand.'

Ik kan haar niet zo snel volgen. Trap... houten deur... terugsteken? Ik heb geen idee waar ik heen moet.

'Dank je!' zeg ik met een glimlach. 'Dat moet wel goed komen.'

'Ik zie u daar!'

Terwijl Cassidy zich met mijn koffer langs de kledingpers probeert te wurmen blijf ik nog even staan. Ik had het me heel anders voorgesteld. En een kledingpers, die had ik al helemaal niet verwacht.

Maar goed. Ik ben er!

In mijn ongeduld om de zee te zien snel ik de krakende, met tapijt beklede trap op en ga een lange gang in met vaal behang en fletse waterverfschilderijen, elk met een eigen lampje erboven. Het koningsblauwe tapijt vertoont vouwen en slijtplekken, en de planken van de ondervloer kraken bij elke stap die ik zet. Het is doodstil; ik hoor alleen mijn eigen voetstappen en het kraken van de vloer. Ik moet denken aan *The Shining*, en dat is de schuld van Keith. Dit hotel lijkt totaal niet op dat uit *The Shining* houd ik mezelf voor. Nog eventjes en ik kijk vanuit mijn eigen kamer uit op de zee. Daar is het me vanaf het begin om te doen geweest.

Ik steek terug, ga trappen op en af, probeer verschillende deuren, loop drie keer door de bibliotheek en sta dan toch ineens voor kamer 28. De deur is open. Cassidy staat naast een tweepersoonsbed waarop een sprei met jarenzeventigmotief ligt. De oranje bloemen van de sprei komen terug in de gordijnen, die dichtgetrokken zijn. Het is een reusachtige kamer, waar desondanks toch maar twee andere meubels in staan: een zware houten kledingkast, gelakt in een vreemde terracottatint, en een ingebouwd kaptafeltje. Het geribbelde behang op de muren was vermoedelijk ooit roomwit, maar is verschoten naar een onsmakelijk beige.

'Nou, dit is uw kamer!' verkondigt Cassidy. 'De luxe tweepersoons, aan de zeezijde. Met een eigen badkamer achter deze deur. Bad én douche.' Ze aarzelt. 'Trouwens, gebruik de douche maar niet, die heeft kuren.'

Ik doe de deur een eindje open en zie een ouderwetse badkamer. De vloer en de wanden zijn bedekt met tegels in groen- en bruintinten. En op die tegels zijn bosdieren afgebeeld: talloze dassen, vossen en eekhoorns kijken me met hun kraalogen indringend aan en ik wend haastig mijn blik af.

'Wow.' Ik slik. 'Die tegels…'

'Origineel,' zegt Cassidy trots. 'Goed, hier is de waterkoker…' Ze wijst naar een lelijk beige apparaat op het kaptafeltje, met daarnaast een kop-en-schotel en een mandje met benodigdheden. 'Er is thee, koffie, koffiemelk, ketchup…'

'Ketchup?' herhaal ik verwonderd.

'Alle gasten zijn er dol op,' zegt Cassidy monter. 'Grappig, toch? En hier is uw kaptafel…' Ze probeert het laatje van de kaptafel open te trekken, maar het klemt – zo te zien is vocht de boosdoener. Na een paar pogingen laat ze het maar zitten.

'U kunt uw spulletjes er ook op zetten,' zegt ze. 'Ruimte genoeg.

Mocht u een föhn nodig hebben, dan hebben we er voor onze gasten een liggen bij de receptie. U hoeft maar even te bellen en het is geregeld!' voegt ze er bemoedigend aan toe. 'En hebt u onze app al gedownload?'.

'App?' vraag ik, in gedachten nog bij de regeling voor de föhn.

'Nee.'

'O. Doe dat nog even, hoor! Simon heeft me op het hart gedrukt u de app te laten installeren... geef me anders uw telefoon even...'

Verbouwereerd geef ik haar mijn telefoon. Ik snap niets van dit hotel. Ze hebben maar één föhn en wel een eigen app?

'Kijk eens aan! Hij staat erop. U dingt nu automatisch mee naar een leuke prijs,' voegt ze er tevreden aan toe. 'Er is elke maand een trekking. De prijs is een luxe theearrangement met twee scones, gewoon of met rozijnen.'

Cassidy geeft me mijn telefoon terug en ik zie dat 'Rilston Hotel' me al drie berichten heeft gestuurd.

We zien dat u bent aangekomen in het Rilston. Welkom! We wensen u een prettig verblijf!

Succes! U dingt mee naar een gratis luxe theearrangement!!

Het ontbijtbuffet is elke ochtend geopend van 7.00 tot 10.00 uur.

'Wat kan ik u nog meer vertellen?' Cassidy denkt even na. 'Het ontbijt is om acht uur... Wilt u daar een croissant bij, geef dat dan van tevoren even aan...'

'Wacht even.' Ik frons. Dit klopt niet. 'Volgens de app is het ontbijt vanaf zeven uur.'

'Is dat zo?' Cassidy grinnikt en rolt met haar ogen. 'Jeetje, die app zit er ook altijd naast. Laat eens zien?' Ze tuurt naar mijn scherm en knikt. 'Nou, besteed er maar niet te veel aandacht aan.'

Ik kijk nog eens om me heen en neem alles in me op: de gele

gloed die de enige hanglamp verspreidt, de slijtplekken in de vloerbedekking naast het bed, de broekenpers in de hoek. Niet de meest inspirerende kamer ter wereld. Maar ik ben hier niet voor de kamer, houd ik mezelf voor. Ik ben hier voor het uitzicht op zee.

'Goed.' Ik doe mijn best opgewekt te klinken. 'Kunnen de gordijnen ook open?'

'Uiteraard!' Cassidy gaat naar het raam, lacht naar me en trekt dan met een zwierig gebaar eerst het ene en dan het andere gordijn opzij. 'Tadaa!'

Waa-aaat?

Totaal verstijfd neem ik het uitzicht in me op, zo geschrokken dat er geen geluid meer over mijn lippen komt. De ramen zijn dichtgetimmerd. Van boven tot onder. Ik zie houten planken, verder niets. Heb ik zes uur in de trein gezeten voor houten planken?

'Maar... dat is geen uitzicht op zee,' weet ik na een tijdje uit te brengen.

'Klopt. Er staan steigers voor de gevel,' legt Cassidy uit. 'Hebt u dat bij aankomst niet gezien? O nee, u kwam van de andere kant!' Ze schiet in de lach. 'Nu snap ik die verbaasde blik. U dacht dat u de zee zou zien, en toen ik de gordijnen opentrok, zag u alleen houten planken!' Ze lijkt het allemaal reuzegrappig te vinden. 'Ik kan niet wachten om dit aan Herbert te vertellen!'

Ik begin over mijn hele lijf te trillen. Straks word ik nog gek hier. Ik had al mijn hoop gevestigd op dat uitzicht op zee, dat was het antwoord op al mijn vragen. Ik stelde me steeds voor hoe goed het me zou doen, hoe helend het zou werken. De weidse luchten. De meeuwen. Het rustgevende geruis van de golven. En nu moet ik het zónder doen?

'Weet je, mijn moeder – ik bedoel PA,' verbeter ik mezelf, '... mijn PA heeft een kamer met zeezicht geboekt. Zee-zicht,' herhaal ik nog maar eens. 'En dit is geen zeezicht.'

'Zeezijde,' corrigeert Cassidy hulpvaardig. 'Niet zeezicht. U zit aan de zeezijde, u kunt de zee alleen niet zien.' Ze kijkt me aan en langzaam dringt tot haar door dat er iets is misgegaan. 'Dus u dacht dat u de zee zou kunnen zien?'

'Ja!' Het komt er iets vinniger uit dan de bedoeling was. 'Dat dacht ik, ja!'

'Ah. Ik snap het.' Cassidy bijt op de binnenkant van haar wang en pakt dan haar telefoon. 'Momentje…' Ze belt een nummer en praat met gedempte stem. 'Simon? Ik sta hier met jouw vipgast. Die gezondheidsdame, van de boerenkool? Zij dacht blijkbaar dat ze vanuit haar kamer de zee kon zien. Ze is hier een beetje gestrest over. Dus ik vroeg me af… zal ik proberen een paar planken weg te halen?' Ze luistert even en dan klaart haar gezicht op. 'O. Ja, natuurlijk! Helemaal vergeten! Ja, dat doe ik nu meteen. Dag, Simon… Wat ben ik ook een sufferd!' roept ze uit als ze heeft opgehangen, en ze tikt theatraal met een vlakke hand tegen haar voorhoofd. 'Ik had u van alles moeten vertellen!' Ze zoekt op haar telefoon een e-mail op, ademt in en begint met gedragen stem hardop voor te lezen. '"Onze excuses voor het feit dat het uitzicht momenteel beperkt is. Ter compensatie bieden we u overdag gratis het gebruik aan van een van onze strandhuisjes, zodat u toch nog kunt genieten van het fraaie uitzicht over Rilston Bay."'

'Strandhuisje?' Ik kijk haar argwanend aan. 'Ik dacht dat de strandhuisjes onbewoonbaar waren?'

Ze trekt een gezicht en zegt: 'Overnachten is er niet meer toegestaan. Maar ze zijn helemaal veilig, hoor, dus we staan een aantal gasten toe er overdag te verblijven. Je kunt er best lekker zitten, ook bij minder weer, en genieten van het uitzicht. Wat u maar wilt. "Dit exclusieve aanbod geldt voor slechts acht huisjes",' voegt ze er gewichtig aan toe, weer voorlezend uit de e-mail, '"en voor een beperkt aantal gasten, speciaal geselecteerd door het hotel."'

'Aha.' Ik verwerk deze informatie. 'Hoeveel gasten verblijven er in het hotel?'

'Op het moment niet zo heel erg veel,' zegt Cassidy met een ontwijkende blik.

'Hoeveel precies?'

'Eh, u en de heer en mevrouw Bergen,' bekent ze. 'Een echtpaar uit Zwitserland, heel aardig. Ze komen niet voor het strand, maar om te golfen. Dus de enige die gebruik zou maken van een strandhuisje... tja, eh...' Ze haalt haar schouders op. 'Nou ja, u zou de enige zijn.'

Alleen ik.

Als ik een kwartier later, met de sleutel van mijn huisje in mijn hand, het strand op loop, kan ik het nauwelijks bevatten. Ik ben er. Eindelijk voel ik het zand van Rilston Bay onder mijn voeten. Na al die uren, na al die jaren... ben ik terug. Er is geen sterveling te zien op het strand, niet zo vreemd ook: de middag is al zowat voorbij en het weer is inmiddels echt omgeslagen. De golven spatten fel en bruisend uiteen, de wind slaat mijn haar in plukken tegen mijn gezicht, de regendruppels prikken scherp in mijn huid.

Het kan mij allemaal niks schelen. Ik ben er.

Ik spreid mijn armen wijd uit, voel het beuken van de wind, draai een paar rondjes om mijn as en geniet van het alleen-zijn, het brede strand, het woeste weer, de weidse hemel, het geluid van de meeuwen... van alles. Lekker, even weg uit Londen. Weg van kantoor. Niet elke dag vijfenzestig nieuwe e-mails.

Ik loop richting de zee en de diepe sporen die mijn gympen in het zand maken zijn al volgelopen voor ik de waterlijn heb bereikt. Mijn sokken voelen vochtig aan, maar nou en? Ik ben er. Ik bén er. Ik adem een paar keer diep in, vul mijn longen met de ziltige lucht en laat de geluiden en indrukken over me heen komen.

Ik had verwacht te worden overspoeld door euforie zodra ik één voet op het strand zette. En dat is ook zo. Natuurlijk ben ik euforisch. Het is geweldig. Het is precies zoals ik had gehoopt. Maar al vrij snel merk ik dat ik me niet helemaal goed voel. Een beetje gespannen. Er is een zeker ongemak in mijn lijf geslopen, een onrust die ik niet meteen kan thuisbrengen. De eenzaamheid voelt bevrijdend, maar ook verstikkend. De beukende branding ruist wel erg hard. Mijn ademhaling lijkt te versnellen, en dat is niet de bedoeling. Mijn ademhaling hoort juist te vertragen. Godsamme. Is zelfs 'ontspannen op het strand' voor mij te veel gevraagd?

Met ferme passen loop ik een eindje langs het strand in de hoop deze verwarrende sensaties de baas te worden, maar tevergeefs. Mijn gemoed schiet alle kanten op, van opgetogen tot overweldigd, en ik voel de tranen branden. Het ene moment voel ik blijdschap, dan paniek. Het voelt alsof ik iets probeer los te laten waarvan ik niet eens wist dat ik het met me meedroeg, maar dat gaat niet zomaar. Telkens wanneer ik een beetje ontspan, voel ik ineens mijn ledematen weer verkrampen. Alsof een deel van mijzelf die last weer vrijwillig opneemt. Omdat het vertrouwd voelt? Of omdat ik niet meer weet hoe het voelt om al die ballast niet te hoeven dragen?

O god, wat zit ik met mezelf in de knoop.

Maar ja, dat wist ik toch eigenlijk al?

Om mezelf af te leiden bekijk ik de omgeving eens wat beter. De keien, de rotspartijen, de strandhuisjes, het hotel en daarboven een rijtje bescheiden huizen. Het ziet er allemaal nog bijna hetzelfde uit als in mijn herinnering. Dat is het wel zo'n beetje aan deze kant van de baai. Een eind verderop heb je de surfshops, de cafeetjes, de ijskramen en de rest. Maar hier is het veel rustiger. Zee, zand, rotsen, strandhuisjes.

Dan richt ik mijn blik op de strandhuisjes. De aanblik van de slecht onderhouden hutjes bezorgt me een weemoedig gevoel. De verf bladdert af, het hout is kromgetrokken, ik zie een paar gebroken ruiten. Een van de terrassen is ingestort. De 'miljonairshuisjes' zijn vervallen tot armoedige onderkomens. Maar wat maakt het uit? Er slaat een vlaag regen in mijn gezicht en ik besluit dat ik wel genoeg frisse lucht heb gehad. Hoog tijd om eens een kijkje te nemen in strandhuisje 1, het huisje dat mij is toebedeeld.

Ik moet een paar keer flink duwen voordat de deur meegeeft. Na de vierde beuk val ik naar binnen en verlies ik bijna mijn evenwicht.

Ik ga naar binnen, de vloer kraakt onder mijn voeten. Ik kijk om me heen en snuif een muffe houtgeur op.

Oké. Ik snap wat Cassidy bedoelde. Dit huisje is inderdaad onbewoonbaar. Maar je ziet nog wel dat dit vroeger een aangenaam gastenverblijf moet zijn geweest. Er staat nog wat meubilair: een houten eetkamerstoel, een verschoten bankstel, een paar lampen. En een verrijdbare verwarming, die ik meteen aanzet. Er is een inbouwkeukentje, maar de apparatuur is eruit gesloopt. De trap naar boven is afgezet met tape: VERBODEN TOEGANG.

De bank ziet er redelijk comfortabel uit en ik laat me er voorzichtig op zakken. Ik had verwacht dat er een enorme stofwolk zou ontstaan, maar het valt mee. Vanaf de bank kijk ik door het grote raam uit over het strand en de zee. Het uitzicht waar ik me al die jaren op had verheugd... daar is het weer.

Eindelijk, mijn zeezicht.

Onverwacht wellen er tranen in mijn ogen op, zo heet en krachtig dat ik ze met geen mogelijkheid kan tegenhouden. Verzet is zinloos. Ik moet huilen. Ik kan niet niet huilen. Ik moet me eraan overgeven. Het voelt alsof al die weken, maanden, jaren van spanning een uitweg zoeken. Niemand die me hier ziet, niemand die me hier hoort.

Ik denk aan hoe mama was na papa's dood. Als je de keuken in kwam, zag je een vrolijke glimlach maar natte wangen. 'De kraan lekt een beetje,' zei ze dan. 'Geeft niks.'

Tja, en nu heb ik precies hetzelfde. De kraan lekt. Mijn hersenen lekken. Mijn lichaam lekt. Ik wrijf een paar keer in mijn gezicht, maar de tranen blijven komen. Ik huil met gierende uithalen waar geen einde aan komt.

Ik heb geen zakdoekjes bij me, maar ik zie een pak toiletpapier staan en scheur het open. Ik dep mijn gezicht en snuit mijn neus – vijf, tien, vijftien keer – en gooi de proppen papier in een kartonnen doos die nu even dienstdoet als prullenbak. Ergens in mijn achterhoofd rijst de vraag hoelang een mens eigenlijk kan huilen. Wat zou er gebeuren als ik niet meer kan stoppen? *Bizar nieuwsfeit:*

vrouw een jaar lang in tranen; Kleenex leeft mee en doneert tissues.

Toch komt aan elke huilbui een einde. Na een hele tijd drogen mijn tranen op en komt mijn ademhaling tot rust. Ik leun achterover en kijk naar het schrootjesplafond. Het voelt alsof alle energie uit me is weggevloeid. Alsof ik me nooit meer zal kunnen bewegen. Alsof mijn ledematen loodzwaar geworden zijn. Of misschien ben ik nu wel een marmeren beeldhouwwerk in een grafkamer.

Zou het een verlate uiting van shock kunnen zijn? Ik heb een turbulente week achter de rug. Het ene moment was ik in Londen op mijn werk, functioneerde ik nog. En nu zit ik hier, in een doodstil, verwaarloosd huisje op een verlaten strand en betwijfel ik of mijn lichaam nog wel ergens toe in staat is.

Ik staar naar het plafond tot het beeld vaag wordt en ik merk dat het donker geworden is. Buiten, naast het raam, is automatisch een lamp aangegaan die het terras verlicht. Goed. Ik ga maar weer eens. Voorzichtig probeer ik mijn benen aan te sturen, maar die staan niet te springen om in beweging te komen.

Kan ik me nog bewegen?

Ja. Toe maar. Dat moet lukken, toch?

Met bovenmenselijke inspanning werk ik mezelf uit de bank. Ik kijk om me heen en merk dat ik me iets beter voel. Lichter. Helderder. En ik voel me fijn in dit strandhuisje, het is een plek waar mijn geheimen veilig zijn. Dit wordt mijn toevluchtsoord. Hier ga ik mijn evenwicht hervinden. Een frisse start maken. Morgen begin ik met de twintig stappen van de app. Echt waar. Ik kan niet wachten.

6

De volgende dag word ik wakker in een kille slaapkamer. Ik stap uit bed, nog half in slaap, schuifel naar het raam, trek de gordijnen open om te zien wat voor weer het is – en ik schrik. O god. Ik was die houten planken vergeten. Ik laat dat nare raam voor wat het is en stommel de badkamer in – en slaak een verschrikte kreet. Ook de bosdieren met hun priemende oogjes was ik vergeten. Die das ziet eruit alsof hij zin heeft zijn scherpe tanden in mijn vlees te zetten. Ik zal mijn tanden moeten poetsen met mijn ogen dicht.

Terwijl ik me aankleed, kijk ik vooral níét naar het raam of de badkamer. In plaats daarvan richt ik mijn blik op de foto van de vrouw in de wetsuit. Gisteravond, bij het uitpakken van mijn koffer, ontdekte ik dat mama een screenshot van de app voor me had geprint en het vel papier hangt nu aan een leeg kledinghaakje tegen de wand. Ik zeg niet dat ik een obsessie met haar heb... maar ik kijk wel vaak naar haar. Ze inspireert me. Ze ziet er zo sterk en energiek uit. Zo levendig. Het zál me lukken om net zo te worden als zij.

Gisteravond, toen roomservice mijn avondeten had gebracht, heb ik de 20 stappenapp nog eens bestudeerd. De app raadt aan één stap per dag te doen. Maar zou dat niet zijn voor mensen die het in hun vrije tijd doen? Ik volg het voltijdse programma en besluit daarom vandaag van start te gaan met vijf stappen. Daarna zie ik wel verder. Ik heb alles genoteerd in mijn bullet journal.

Dag 1: 1. Zwemmen in natuurwater 2. Aarden 3. Manifesteren 4. 100 squats 5. Verbinden met de natuur.

Mijn nieuwe leven begint vandaag! Kom maar op!

Eerlijk gezegd voel ik me veel minder fris dan ik had verwacht. Gisteravond zag ik mezelf lekker energiek ontwaken, uit bed springen en naar het strand snellen. Maar vanochtend heb ik, nu het zover is, toch meer zin om...

Weer in bed te kruipen, zegt een stemmetje in mijn hoofd. Ik schenk er geen aandacht aan, want ik ben hier toch om aan mezelf te werken? Na het ontbijt voel ik me vast beter.

Mijn telefoon pingelt en ik kijk even of het mama of Kirsten is, maar op het scherm staat 'Rilston'. Alwéér een bericht van het Rilston?

Vol trots melden we dat onze eigen goochelaar Mike Strangeways rond lunchtijd in de lobby zijn kunsten zal vertonen. Dat wordt lachen, dus mis het vooral niet!

Zonder er erg in te hebben trek ik een vies gezicht. Ten eerste klinkt het helemaal niet leuk. En ten tweede is dit al het vijfde bericht van vanochtend. De andere waren:

Iemand in voor Sex on the Beach? Voor wie het nog niet wist... op woensdag geldt voor alle cocktails: 2 voor de prijs van 1!

Opgelet!! Vandaag om 10.00 uur houden we een brandoefening.

Hebt u iets aan te merken op onze service? U kunt alles kwijt aan ons vriendelijke personeel.

Woef! Honden zijn meer dan welkom in het Rilston. Bel 067 voor meer informatie.

Ik heb mijn telefoon nog in mijn hand als hij alweer pingelt. Nóg een bericht.

Leuk weetje: het Rilston was tot 1895 het buitenverblijf van de familie Carroday.

Nu begin ik me een beetje te ergeren. Wat nou 'leuk weetje'? Het is gewoon een weetje. Een oersaai weetje, waar ik niks aan heb en dat nu ruimte inneemt op mijn telefoon.

Maar goed, laat maar. *Denk positief.* Ik stop mijn telefoon in mijn zak, adem een keer diep in en uit en ga naar beneden.

Het ontbijt wordt geserveerd in de eetzaal. Het is een heel ruim vertrek, met grote ramen, stevige pilaren en een paar hectare tapijt met een werkje. Toch zijn er maar een stuk of tien tafels, die lukraak over de ruimte zijn verdeeld. De ober die me goedemorgen wenst is dun, kijkt me ernstig aan en lijkt zo jong dat hij zich volgens mij nog haast niet hoeft te scheren. Hij gaat me voor naar een krap tafeltje in een hoek van de eetzaal, schenkt me een glas water in en verdwijnt dan weer. Ik kijk om me heen en zie dat ik de enige gast ben. Waarom zetten ze me dan in zo'n donker hoekje? Ik kan toch gaan zitten waar ik maar wil? En dat ga ik doen ook.

Mijn keuze valt op een grote tafel in de erker en ik ga er, met mijn glas water in de hand, meteen naartoe. Ik neem plaats, zet mijn glas op het tafelkleed, buig naar voren om van het uitzicht te genieten – en dan stort de tafel in, met mij erbij.

'Oef!' roep ik uit voor ik er erg in heb, en binnen een paar tellen komen zowel de ober als Cassidy op me afgesneld.

'Nikolai!' zegt Cassidy op bestraffende toon tegen de ober, terwijl ze mij uit het tafelkleed bevrijdt. 'Waarom heb je haar aan een van de wankele tafels gezet? Het is niet eens een echte tafel,' vertrouwt ze mij vervolgens toe. 'We zitten wat krap in het meubilair, dus we gooien tafelkleden over van alles en nog wat heen. Dit is gewoon een houten plaat die steunt op twee handdoekenrekken,' vervolgt ze, terwijl ze de boel snel weer overeind zet. 'Slim, hè? Dat ziet er toch uit als een tafel?'

'Maar wat gebeurt er als je hem nodig hebt?' vraag ik verbaasd.

'Dat komt nooit voor,' verzekert Cassidy me. 'Wat ik nog wilde vragen: is Simon bij u langs geweest? Hij wilde zeggen dat het hem speet van de boerenkool... Ah, kijk, daar heb je hem net.'

Een man van in de veertig met een kalend hoofd en een gekwelde uitstraling komt op ons af en veegt onderwijl zijn handpalmen af aan zijn bruine pak. 'Ms Worth, ik ben Simon Palmer, de manager. Welkom in het Rilston.' Hij steekt zijn hand uit en ik aarzel voor ik de mijne erin leg, want God weet wat hij daarnet aan zijn broek afveegde. 'En voor ik verder ook maar iets zeg, wil ik eerst mijn excuses aanbieden.' Hij maakt een aangeslagen indruk. 'We hebben enorm ons best gedaan, maar toch is het helaas niet gelukt om de biologische boerenkool in te kopen waar uw PA zo specifiek om vroeg. We hopen vandaag wat binnen te krijgen, maar in de tussentijd mag ik u namens het hotel een vervangend ontbijt aanbieden.'

'Geeft niet, hoor,' haast ik me te zeggen. 'Het maakt mij niet uit.'

'Ons maakt het wel uit.' Hij schudt mistroostig zijn hoofd. 'Het maakt zeker wel uit. Wij hanteren in het Rilston bepaalde standaarden en de service is op dit punt ondermaats. Ik heb uw PA iets beloofd, en die belofte ben ik niet nagekomen. We zijn er ook nog niet in geslaagd om gojibessen te bestellen en...' Hij kijkt naar Cassidy. 'Wat was dat andere ook alweer?'

'Nonisap,' zegt Cassidy. 'Klinkt een beetje schunnig, vindt u niet?' voegt ze er giechelend aan toe, en dan slaat ze een hand voor haar mond. 'Sorry. Niet zo professioneel.'

'Ja. Het nonisap.' Simon schudt zijn gebogen hoofd. 'Ms Worth, ik betreur deze omissie ten zeerste. Ik zal erop toezien dat u dat nonisap krijgt, al moet ik de noni eigenhandig uitpersen.'

'Eh... bedankt,' zeg ik gegeneerd.

'Is uw verblijf verder naar wens tot zover? U bent hier om aan uw gezondheid te werken, begreep ik? Ah, daar is Nicolai met uw groene smoothie,' vervolgt hij. 'Bij gebrek aan biologische boerenkool heeft onze kok diepvriesdoperwten van Birds Eye gebruikt.'

Doperwten van Birds Eye?

Tot mijn afgrijzen zie ik de ober aankomen met een glas groene smurrie – vermoedelijk met de staafmixer vermalen erwten. Onder de nieuwsgierige blik van Cassidy zet hij het glas neer op het kleine tafeltje in de hoek.

'Ik ga ervan uit dat u geen gebakken eieren met spek wilt bij uw ontbijt?' zegt ze. 'Of pannenkoeken?'

'Nee, natuurlijk niet!' zegt Simon beslist, voor ik iets kan zeggen. 'Denk even na, Cassidy! Onze gast is op een wellnessretraite. Zij geeft de voorkeur aan de meloenschotel. En kruidenthee.'

'Ja,' zeg ik schoorvoetend. 'Dat klinkt... heerlijk.'

Ik zou een moord doen voor een paar pannenkoeken, maar daar kan ik nu natuurlijk niet meer mee aankomen.

'Een meloenschotel, een kruidenthee,' zegt Cassidy, terwijl er zo te horen een bericht binnenkomt op mijn telefoon. Gewoontegetrouw tik ik op het scherm en zie ik dat het Rilston me weer iets heeft gestuurd.

Houdt u van stijldansen? Meld u dan aan voor een gratis dansles van tien minuten door onze eigen zwierige toppers Nigel en Debs!

'Bedankt voor het aanbod van de stijldansles,' zeg ik tegen Simon. 'Maar ik ben bang dat ik daar vandaag geen tijd voor heb.' Hij kijkt verbaasd, dus ik werp nog een blik op mijn telefoon. 'Het stijldansen?' verduidelijk ik. 'Ik krijg net een berichtje dat ik les kan krijgen van Nigel en Debs?'

Simon en Cassidy kijken elkaar verontrust aan.

'Die app!' roept Cassidy uit. 'Zie je nou, Simon? Ik zei het toch! Hij nodigt nog steeds mensen uit voor het stijldansen! We hebben nooit stijldanslessen gehad,' geeft ze toe. 'Nigel en Debs bestaan niet. De ontwerper zette dit als voorbeeld in de app en heeft het er nooit uit gehaald.'

'Ms Worth, wat voor berichtjes hebt u nog meer ontvangen?' vraagt Simon met een moeilijk gezicht.

'Eh...' Ik scrol door de berichten. 'Vandaag doet ene Mike Strangeways goocheltrucs in de lobby?'

Cassidy slaakt een schril kreetje en slaat een hand voor haar mond, en Simon weet nu echt niet meer hoe hij het heeft.

'Mike Strangeways is een jaar geleden ontslagen wegens... onbetamelijk gedrag,' zegt hij. Het lijkt of hij de woorden nauwelijks uit zijn mond krijgt.

'Hij zoop zich een stuk in de kraag,' voegt Cassidy er met een knipoog aan toe. 'Wapperde iets te enthousiast met zijn toverstokje, als u begrijpt wat ik bedoel. Het is me er een hoor, die Mike.'

'Cassidy!' sist Simon, en dan wendt hij zich tot mij. Hij zucht. 'Ms Worth, het spijt me dat zijn naam op uw telefoon is verschenen. Dit strookt niet met de hoge eisen die we aan onszelf stellen in het Rilston. We hebben u teleurgesteld en onszelf ook. Cassidy, laat om het goed te maken meteen een boeket bezorgen bij Ms Worth.'

'Natuurlijk.' Cassidy pakt er meteen een notitieblokje en een pen bij. 'Hoeveel mag het kosten? En wat schrijf ik op het kaartje? Iets als "Sorry voor deze enorme misser, het spijt ons echt vreselijk", net als de vorige keer?'

Simon kijkt een paar keer betekenisvol van haar naar mij en dan bemerkt Cassidy haar faux pas. 'Ah, oké,' zegt ze haastig, en ze draait haar notitieblok vlug weg, alsof er staatsgeheimen op staan. 'Ja. Ik ga dat meteen regelen, Simon.'

Ik bijt op mijn onderlip, nog even en ik barst in lachen uit.

'Jullie hoeven me geen bloemen te sturen,' zeg ik. 'Het is al goed. Maar het is misschien wel een goed idee om iets aan die app te doen.'

Terwijl ik dit zeg pingt mijn telefoon. Er is een nieuw bericht, dat ik zonder iets te zeggen aan Simon laat zien.

Nog maar één week en het is Kerstmis! Er staan feestelijke *mince pies* klaar bij de receptie!!!

Als ik zijn verschrikte gezicht zie, heb ik spijt dat ik het heb gedaan.

Helemaal in mijn eentje eet ik van mijn meloenschotel, terwijl Nikolai me vanaf de andere kant van de ruimte zwijgend gadeslaat. Waar zijn in vredesnaam de Bergens; misschien ontbijten die wel in hun kamer. Ik ben me bewust van elk tikje van mijn vork en elk klokkend geluidje dat ik maak als ik iets doorslik. Telkens wanneer ik ook maar het kleinste slokje water neem, komt Nicolai aangesneld om mijn glas vol te schenken en zachtjes 'Madame' te mompelen. En nu durf ik dus niks meer te drinken. Na een laatste slokje muffe muntthee (hoelang zouden die theezakjes in een la gelegen hebben?) ga ik opgelucht van tafel.

Ik sleep mezelf naar boven om mijn spullen te pakken en voel me verre van energiek. In de hoop ergens wat enthousiasme vandaan te halen blijf ik een paar minuten op de rand van mijn bed zitten en pak dan mijn wetsuit, yogamatje, foamroller, hoelahoep, iPad en schilderspullen. Ik sleep alles de trap af en blijf in de lobby even staan om door de open voordeur een blik naar buiten te werpen. De hemel is somber grijs en er hangt regen in de lucht, dat ruik ik.

'Hi!' Cassidy groet me vanachter de balie, waar ze achter een snorrende naaimachine een stuk gele stof bewerkt. 'Op weg naar het strand?'

'Ja,' zeg ik. 'Ik blijf daar waarschijnlijk de hele dag,' vervolg ik vastberaden. Als ik het hardop zeg, móét ik het wel doen.

'Gaat u yoga doen?' vraagt ze met een blik op mijn matje.

'Yoga, mediteren, aarden…' Ik probeer het zo te zeggen dat het lijkt alsof ik weet waar ik het over heb. 'Aan mezelf werken.'

'Wauw.' Cassidy is zichtbaar onder de indruk. 'Dus dan hoeft u om elf uur geen koffie met zandkoekjes in de lobby?'

Ineens lijkt me niets aanlokkelijker dan om elf uur naar de lobby te komen voor koffie met zandkoekjes. Maar ik mag me niet meteen al laten kennen.

'Nee, dank je.' Met een kordaat lachje vervolg ik: 'Ik heb het druk vandaag!'

'Natuurlijk.' Nieuwsgierig bekijkt ze mijn hoelahoep. 'Wat is dat? Het lijkt wel een hoelahoep!'

'Dat is… een sportaccessoire.' Om van onderwerp te veranderen wijs ik met een hoofdknikje naar de naaimachine. 'Wat ben jij aan het doen?'

'Ik heb het van Etsy,' legt Cassidy uit. 'Om wat bij te verdienen maak ik ondergoed met een persoonlijke boodschap. Kijk maar.' Als ze het gele lapje ophoudt, zie ik dat het een string is waarop in roze letters *Jij gaat scoren* is geborduurd. 'Ik zet er allerlei tekstjes op,' zegt ze opgewekt. 'Maximaal vijf woorden. Ik kan er ook een voor u maken als u wilt! Een van de populairste is die met een pijl naar beneden en de tekst *Komt u maar*. Wilt u er ook zo een?'

Ik probeer me in te beelden dat ik een string aanheb waarop *Komt u maar* staat en een pijl naar mijn kruis. Ik zie de lol er niet zo van in. *Komt u maar?* Wegwezen, zul je bedoelen. Deurtje op slot, sleutel weggegooid.

'Je hebt het er druk mee, zie ik,' zeg ik, de vraag ontwijkend.

'De zaken gaan goed, inderdaad!' zegt ze terwijl ze trots een bosje strings in allerlei kleuren ophoudt. 'Maar u wilt niet weten wat ik er voor sommige klanten op moet zetten!' Ze vervolgt op fluistertoon: 'Sommige dingen moet ik zelfs opzoeken! Dat kan ik thuis niet doen, mijn oma zou een rolberoerte krijgen; ze is heel gelovig. Deze is wel leuk.' Ze grabbelt in het bergje stof en pakt er een turkooizen string uit met *Stoeipoes* erop. 'Deze is wel chic, vind ik,' zegt ze met een bewonderende blik op het ding. 'Leuk, toch?'

'Eh…' Voor ik iets kan zeggen begint de telefoon te rinkelen. Ze neemt op.

'Hallo Rilston,' zegt ze opgewekt terwijl ze de *Stoeipoes*-string snel rond haar wijsvinger laat draaien. 'Nee, dat is het andere Rilston, in Perthshire… Goed, hoor. Prettig verblijf!'

Ze legt de hoorn neer, en ik besluit haar de vraag te stellen die me al sinds mijn aankomst bezighoudt.

'Cassidy, gaat het wel… goed met het Rilston?' begin ik. 'Het is hier zo stil, en de helft van het meubilair ontbreekt en…' Ik kijk de verlopen lobby rond en zoek naar een tactvolle manier om het te verwoorden. 'Het ziet er niet meer zo uit als vroeger. Het hotel gaat toch niet...?'

Ik krijg het woord 'failliet' niet over mijn lippen.

'Ah.' Cassidy is duidelijk in voor een babbeltje en buigt zich over de balie heen. 'Het zit zo. Ze zitten inderdaad wat krap bij kas. Het personeel moest sterk inkrimpen. Niet echt, natuurlijk,' voegt ze er met een plotselinge schaterlach aan toe. 'Ik steek gelukkig nog boven de balie uit!'

Krimp. Dat verklaart een heleboel.

'Maar goed, ze zoeken dus investeerders voor de nieuwe strandhuisjes,' vervolgt Cassidy. 'Die willen ze eerst bouwen en daarna komt het hotel zelf aan de beurt. Het worden Hemelse Strandstudio's,' voegt ze er bewonderend aan toe. 'Eén en al glas, met een eigen bubbelbad op het terras.'

'Wauw,' zeg ik verbaasd. 'Ze worden... heel anders, dus.'

'O ja, u zou de bouwtekeningen moeten zien.' Cassidy knikt. 'Het wordt geweldig! Simon is trouwens bezig een borrel te organiseren voor alle investeerders,' vervolgt ze terwijl ze een volgende string onder de naaimachine legt. 'Of liever gezegd, potentiële investeerders. Daarom is hij een beetje gestrest.'

'Aha.' Ik knik en laat haar woorden even bezinken. 'Hij komt inderdaad wat nerveus over.'

'Simon neemt alles zo serieus.' Cassidy schudt meewarig haar hoofd. 'De arme ziel. We hebben laatst brand gehad. Ik zei: "Simon, maak je niet druk, het is maar een fikkie!" Maar hij zei: "Er hoort geen brand te zijn in een hotel. Dat is gevaarlijk!" Perfectionist, snapt u? O, en u bent uitgenodigd, hoor, voor die borrel,' zegt ze terwijl ze verdergaat met borduren. 'Ik draai straks de kaartjes uit.'

'Ik?' Ik kijk haar verbaasd aan. 'Maar ik ben geen investeerder.'

'Ze willen er ook een paar gasten bij hebben,' legt ze uit. 'Leven in de brouwerij. U moet wel komen, hoor! Er is champagne! Of nee, wacht. U wilt vast geen champagne, of wel?' Ze denkt even na.

81

'Onze kok Leslie wil vast met liefde een heerlijke boerenkoolcocktail voor je maken.'

'Geweldig.' Ik slik ongemakkelijk. 'Nou, ik zie wel. Tot later.'

Als ik aankom op het strand zie ik dat het er ook vandaag verlaten bij ligt. Met mijn voeten in het zand kijk ik een tijdje om me heen en loop dan door naar mijn strandhuisje. Ik gooi mijn wetsuit, matje, foamroller en rugzak op de grond en laat me op de bank vallen. Een hele tijd staar ik door het raam naar de zee zonder zelfs mijn jas maar uit te doen en wacht ik tot de drukte in mijn hoofd een beetje afneemt.

Weer een poos later wrijf ik in mijn gezicht om mezelf op te peppen. Goed. Het moest er maar eens van komen. Ik ga rechtop zitten, pak mijn bullet journal uit mijn rugzak en zoek mijn actielijstje voor vandaag op.

Dag 1: Zwemmen in natuurwater

Zwemmen in natuurwater. Juist. Ik kan niet wachten om een duik te nemen in dat ijskoude zeewater.

Dat verkwikkende zeewater, bedoel ik.

Ik leg mijn bullet journal neer en tuur door het raam naar de woeste zee. Ik probeer me in te beelden dat ik zo in de golven stap. Om te gaan zwemmen. In februari.

Na een korte blik op mijn zwarte wetsuit, die nu nog fris en droog op de vloer ligt, staar ik een hele tijd door het raam naar de dreigende zee. De golven beuken tegen het strand. De schelle kreten van de zeemeeuwen die door de lucht buitelen, klinken klaaglijk en alarmerend. Dit is heel wat anders dan het kalme blauw uit mijn jeugd.

Mijn wetsuit ligt hier naast me, zeg ik tegen mezelf. *Omkleden duurt hooguit vijf minuten. Het is gewoon een kwestie van dóén. Opstaan. Beginnen.*

En dan doorzetten.

De minuten verstrijken en het lukt me maar niet om in beweging te komen. Dat is gek, want ik wíl gaan zwemmen in natuurwater. Heel graag zelfs. Echt.

Dan krijg ik een ingeving. Ik heb tijd nodig om te acclimatiseren. Dus misschien moet ik het water eerst even gaan vóélen. Voor ik mijn wetsuit aandoe en een duik neem. Wat ik zeker van plan ben.

Terwijl ik over het strand naar de branding loop, slaat een bijtende wind tegen mijn gezicht. Ik ril en druk mijn jack dichter tegen me aan. Als ik bij de waterlijn ben aangekomen en er een baan zonlicht door de wolken heen prikt, zie ik het ineens weer een beetje zitten. Hier en daar glinsteren de golven en zie ik wat stukjes blauwe lucht. De branding lijkt minder woest.

Bovendien, straks heb ik een wetsuit aan, houd ik mezelf voor terwijl ik vooroverbuig om het water te voelen. Dus dat komt vast helemaal –

Nee. Néé.

Ik trek mijn hand weer uit het water en onderdruk een kreet. Dit meen je niet. Mijn huid voelt verbrand, zo koud is het water. Gruwelijk gewoon. Niet te doen. Geen denken aan, wetsuit of niet. Ik doe een paar stappen achteruit en kijk uit over de schuimende golven. Ik wrijf mijn koude hand warm en voel iets wat op verontwaardiging lijkt. Hoe kan ik nu 'acclimatiseren' als mijn lijf na drie seconden al begint af te sterven? Dat kan toch niet de bedoeling zijn? Waarom doen mensen dit?

Terwijl ik langzaam weer gevoel krijg in mijn hand bedenk ik dat ik gewoon niet de juiste spullen heb. Ik heb handschoenen van wetsuitspul nodig. En schoenen van wetsuitspul. En een hoody van wetsuitspul. En liefst ook zes wetsuits, om over elkaar heen aan te doen. Of nee, ik had een vlucht naar het Caraïbisch gebied moeten boeken. Dan was ik nu ergens waar het lekker warm is. Dan keek ik uit over een kalme, vriendelijke, uitnodigende zee en niet over een onaangename Britse zee met een gedragsprobleem.

Ik ben zo in gedachten verzonken dat ik niet merk dat er een hoge golf komt opzetten. Ik probeer nog weg te springen, maar het is te laat en het zeewater spoelt over mijn gympen heen. Woedend kijk ik omlaag. Nu zijn mijn voeten ijskoud.

'Rot toch een eind op!' hoor ik mezelf tegen de golven schreeuwen. 'Jullie zijn veel te koud, verdomme!'

Ik loop nog verder naar achteren en kijk van een veilige afstand naar de woelige zee, die steeds weer nieuwe golven aanvoert. De zee is altijd in beweging. Dat zou rustgevend kunnen zijn, maar daar merk ik op het moment niks van. Koud en chagrijnig moet ik erkennen dat ik teleurgesteld ben in mezelf, want ik durf te wedden dat Wetsuitvrouw nu in de golven met zeehonden aan het dollen zou zijn en, zoals je mag verwachten van een goddelijk schepsel als zij, de kou niet eens zou voelen.

Ik sla mijn armen over elkaar en kijk nors uit over zee. Zwemmen in natuurwater. Puh. Sinds wanneer is 'gewoon' zwemmen niet meer goed genoeg? Waarom moet er van alles meteen een díng worden gemaakt? De lat komt steeds hoger te liggen. Het kost allemaal zoveel moeite. Langzaam laat ik me op mijn hurken zakken en dan zit ik op het zand. Ik sluit mijn ogen, leun achterover en ga languit op mijn rug liggen.

Ik ben gewoon zo moe. Hondsmoe. Mijn lijf voelt zwaar en krachteloos, leeg zelfs. Het gebulder van de golven en het scherpe krijsen van de zeemeeuwen worden een brij van geluid die in mijn hersenen versmelt tot een verwarrend geheel. Ik kan niet zeggen dat ik lekker lig, maar ik heb geen puf om iets aan mijn houding te veranderen. Mijn ledematen liggen waar ze liggen. Straks krijg ik kramp. Nou, jammer dan. Of word ik meegesleurd door de zee. Dat zien we dan wel weer.

Zo blijf ik ongeveer een uur liggen. Ik val niet in slaap, maar ik merk dat ik me niet meer kan verroeren. Als ik na een tijdje tranen op mijn wangen voel, lukt het me zelfs niet om mijn hand op te tillen en ze weg te vegen. Ik ben volkomen krachteloos. Ik heb geen energie, kan me nergens toe zetten. Helemaal nergens toe.

Het duurt een eeuwigheid voor ik me weer kan verroeren. Ik wiebel met mijn benen. Ik voel me gedesoriënteerd en versuft. Schuldbewust besef ik dat ik vandaag, afgezien van 'op het strand liggen', niets heb bereikt. Ik wrijf een paar keer over mijn wangen tot ik weer een beetje wakker word en krabbel dan vermoeid overeind.

Ik sjok terug naar het strandhuisje en open de 20 stappenapp op mijn iPad. Kom op, Sasha. Je hebt één stap gemist, je gooit toch niet nu al de handdoek in de ring? Tijd om te 'aarden', wat dat in godsnaam ook moge zijn.

Wanneer je voetzolen direct in contact staan met de aarde, stroomt de natuurlijke elektrische energie je lijf binnen. Het stressniveau daalt, de bloedsomloop wordt gestimuleerd en lichaam en geest komen beter in balans.

Oké. Dat klinkt niet al te moeilijk.

Ik ruk mijn natte gympen en sokken uit en loop behoedzaam het strandhuisje uit. Met een vertrokken gezicht ga ik een eindje het strand op en blijf daar een tijdje staan. Ik probeer positief te blijven denken, maar mijn hersenen zeggen maar één ding: *koude voeten, koude voeten, koude voeten.* Mijn stressniveau daalt niet, maar stijgt, en mijn tenen beginnen al blauw aan te lopen.

Wat een onzin, dit. Aarden is dus ook al niks. Eens zien wat de volgende stap is.

Haastig ga ik het strandhuisje binnen, werp een blik in mijn bullet journal, pak mijn yogamat en doe slippers aan. Ik wil even bewegen. De 100 squats! Een echte stap. Iets waar ik trots op kan zijn. En misschien krijg ik het dan ook weer lekker warm.

Terwijl ik mijn matje uitrol op het strand, denk ik aan Wetsuit-vrouw van de app. In het filmpje van de 100 squats legt ze haar matje op een vlak en droog strand. Ze draagt een turkooizen sport-bh en een bijpassende legging. Haar paardenstaart danst glanzend in de zon terwijl ze met een sereen gezicht pompend op en neer beweegt.

Ik daarentegen sta er slonzig en verwaaid bij. Felle windvlagen tillen de hoeken van mijn matje op, wat echt enórm afleidt. Ik doe vijf squats en moet dan stoppen om het matje van mijn onderbenen af te pellen. Nadat ik de hoeken met stenen heb verzwaard, kan ik vijf squats doen en dan waaien de hoeken weer op. Dit gaat niet werken, zo – ik had dat matje beter binnen kunnen laten. Zonder erbij na te denken stap ik eraf om het op te pakken, maar het vliegt meteen weg over het strand. Shit.

'Kom hier!' schreeuw ik, en ik sprint er, struikelend over mijn slippers, achteraan. 'Stomme... rotwind...'

Met een wanhopige duik weet ik het matje eindelijk weer tegen de grond te drukken. De wind heeft er nog steeds vat op, maar met de nodige moeite lukt het me om het strak op te rollen. Met de rol onder mijn arm wend ik me naar de zee. Goed. Waar was ik?

Met de mat in mijn armen doe ik nog drie squats, iets trager dit keer. Na een korte pauze doe ik een vierde. Dan stop ik. Mijn benen doen pijn. Mijn dijen zijn op.

O, wie houd ik hier nou voor de gek? Ik ga geen honderd squats doen. Via mijn voetzolen krijg ik niets mee van het energieveld van de aarde. En wat het zwemmen in natuurwater betreft... ik ril al bij de gedachte. Dat zijn dus al drie missers.

Terneergeslagen draai ik me om en ik wil net teruggaan naar het strandhuisje als ik in de verte iemand over het strand mijn kant op zie komen. Een enkele, onherkenbare figuur die zich, net als Lawrence of Arabia, traag voortbeweegt over het zand. Ik knijp met mijn ogen en zie de schuifelende pasjes, die lange jas. Is dat... Herbert?

Ja. Dat is 'm. In dit tempo staat hij over zes weken voor mijn neus. Ik druk mijn matje extra stevig tegen me aan en haast me zijn kant op, begin zelfs te joggen als ik hem zie hijgen.

'Dag Herbert!' zeg ik als ik bijna bij hem ben. 'Gaat het?'

Het blijft even stil terwijl Herbert op adem komt. Dan zegt hij toonloos en met een beverige stem die nauwelijks boven de wind uit komt: 'Het management deelt u met spijt mede dat er op het ogenblik geen bediening is op het strand.'

'Aha,' zeg ik verbaasd. 'Ik had ook niet verwacht dat er bediening op het strand zou zijn.'

Is hij helemaal hierheen gekomen om me dat te vertellen?

Herbert trekt een vel papier uit zijn jaszak en tuurt er voor mijn gevoel tien minuten naar voor hij me aankijkt.

'Helaas is de biologische boerenkool nog steeds niet binnen. Kok Leslie heeft daarom een salade voor u bereid, die hopelijk bij u in de smaak zal vallen.'

'O, goed,' stamel ik. 'Bedankt.'

Herbert knikt en draait zich om. Hij is blijkbaar van plan om de lange, zware terugtocht over het strand te aanvaarden en ik ben er niet gerust op. Als hij zich verstapt en valt, wat dan? Of als de wind hem omverblaast? Zo'n broze man, het zou zomaar kunnen. Ik zie Herbert al languit en met wriemelende armen en benen in het zand liggen, als een kever die op zijn rug terechtgekomen is.

'Weet je wat, Herbert,' zeg ik vlug. 'Zal ik anders mee teruglopen naar het hotel? Het is nog een beetje vroeg voor de lunch, maar ik heb al best honger, dus mij maakt het niet uit.' Ik steek bemoedigend een arm uit. 'Laten we samen die kant op gaan!'

'Het zou fijn zijn als ik een ogenblik op uw arm zou mogen leunen,' zegt Herbert met zijn zachte stem. 'Heel even maar.'

Tegen de tijd dat we het hotel in zicht krijgen, moet ik Herbert weer zo'n beetje dragen. Ik begeleid hem naar de lobby en help hem voorzichtig in een grote bruine leunstoel met een prijskaartje eraan: 45 pond. De balie is onbemand en ik vraag me net bezorgd af of ik hem wel zo kan achterlaten als zacht gesnurk me geruststelt.

Ik heb geen zin in de dichtgetimmerde ramen. En aangezien mijn ontbijt bestond uit die meloenschotel heb ik honger als een paard. Ik loop dan ook meteen door naar de eetzaal, waar één enkele tafel is gedekt.

'Madame.' Nicolai, die roerloos bij het raam stond, komt tot leven. Hij trekt een stoel voor me naar achteren, schudt met sierlijke gebaren een servet voor me uit en legt het voorzichtig op mijn schoot. Hij schenkt mijn waterglas vol, legt mijn mes recht en geeft een paar korte rukjes aan het tafelkleed. Dan aarzelt hij. 'Madame geeft vast de voorkeur aan een salade,' stelt hij voor.

O god. Madame wil helemaal geen salade, madame heeft honger. Maar dat kan ik niet zeggen na alle moeite die ze hebben gedaan. 'Heel graag!' zeg ik met een brede glimlach. 'Dank je.'

Nikolai gaat weg en komt enkele minuten later terug met een bord vol kleurige schijfjes: losjes gerangschikte plakken gebakken wortel en bietjes en tomaat. Het ziet er eigenlijk prachtig uit. Uit een kannetje schenk ik wat dressing over de schijfjes, prik er eentje aan mijn vork en begin te kauwen. En ik blijf kauwen.

Ik ben gek op salades. Echt. Maar deze groenten zijn zacht en slap en ze vormen in mijn mond een vieze brij die ik maar niet kan doorslikken. Ik kauw en kauw maar door en ik neem een slokje water. Nicolai staat de hele tijd naar me te kijken, klaar om bij het geringste teken met een nederig 'Madame' naast me te komen staan. Hij schenkt mijn glas water elf keer bij en trekt elke keer even aan het tafelkleed. Het is niet de meest ontspannen maaltijd die ik ooit heb gehad.

Als ik het eindelijk opheb, leg ik mijn mes en vork bij elkaar en zucht eens diep. Ook Nikolai slaakt een zucht van opluchting – volgens mij was dit voor ons allebei een beproeving.

En dan nog iets: dit gerecht is alles bij elkaar goed voor zo'n twintig calorieën, als het dat al haalt. Ik ben nog steeds uitgehongerd.

'Hoe vond u de salade?' vraagt Cassidy, die energiek de eetzaal binnenkomt. 'Smaakte hij fantastisch? Eén en al superfoods,' voegt ze er trots aan toe.

Ik pers er een glimlach uit. 'Verrukkelijk, dank je!'

'Ik zal het tegen kok Leslie zeggen,' zegt Cassidy stralend. 'Dat zal hem goeddoen. Zijn moeder is pas gevallen, heeft haar heup gebroken, dus hij kan wel wat positiviteit gebruiken. Kunnen we verder nog iets voor u betekenen? U wilt waarschijnlijk geen toetje... Is er iets anders wat uw hart begeert?'

Ik weet precies wat mijn hartje begeert. Dat kan ik in een paar woorden uitleggen. Een wrap met falafel en halloumi, een reep chocola, een appel, een portie muesli met appel en kaneel en een blikje fris.

'Er is hier in de omgeving zeker geen Pret A Manger, denk ik?' vraag ik tussen neus en lippen door. 'Of wel?'

'Pret A Manger?' Cassidy denkt even na. 'Nee. De dichtstbijzijnde is in... Exeter, geloof ik. Maar daar wilt u toch niet naartoe?'

'Nee! Natuurlijk niet,' zeg ik, snel terugkrabbelend. 'Ik vroeg het alleen omdat ik hoopte dat hij er niet zou zijn. Ik hoopte juist dat er géén Pret was,' zeg ik met nadruk. 'Die ketens ook... Het worden er steeds meer, vreselijk.'

'Mee eens.' Cassidy knikt ernstig. 'O, voor ik het vergeet!' Ze steekt een hand in haar tas en haalt een flyer tevoorschijn. 'Red onze grotten!' Ze wappert met het papiertje. 'Ze willen de grotten van Stenbottom sluiten en daarom is er een actie gestart. Dus help ons alstublieft door de grot te bezoeken.'

'De grotten van Stenbottom?' Overspoeld door nostalgie pak ik de flyer aan. Daar gingen wij ieder jaar naartoe. Ik herinner me nog dat ik met een veiligheidshelm op mijn hoofd de ene na de andere metalen ladder op en af klom en bij het licht van een zaklamp die donkere, vochtige ondergrondse ruimten met stalagmieten bekeek. (Of waren het stalactieten? Nou ja, boeien.) Elk jaar stonden Kirsten en ik te dubben welke halfedelsteen we als souvenir zouden meenemen om thuis aan onze verzameling 'juwelen' toe te voegen. Volgens mij slingeren er zelfs nu nog bij mij thuis een paar rond.

'Er is nu een magische licht- en geluidsshow,' zegt Cassidy. 'Zal ik u aanmelden?'

'Ja!' zeg ik. 'Meld mij maar aan. Leuk.'

'Goed zo!' Ze klapt in haar handen. 'Ik zal het tegen Neil zeggen, die runt de boel daar. Dat zal hem goeddoen. En hoe was het in het strandhuisje vandaag?'

'Geweldig,' zeg ik, haar lach beantwoordend. 'Kan niet beter.'

'Yoga was het toch, waar u mee bezig was?'

O god. Ik hoop niet dat ze me al die tijd op het strand heeft zien liggen.

'Yoga, meditatie…' Ik maak een vaag handgebaar. 'Van alles… ik was gewoon lekker mindful bezig.'

'Te gek! Ik vroeg me alleen af, gaat u vanmiddag die kant weer op?' voegt ze er hoopvol aan toe. 'Want er wordt boven uw kamer aan de vloer gewerkt en het kan zijn dat het tussen twee en vijf een béétje lawaaiig is. Timmeren. En boren,' zegt ze met een blik op haar telefoon. 'Timmeren en boren en zagen. Dus mocht u een dutje willen doen…'

Timmeren en boren en zagen.

'Geen probleem,' zeg ik. 'Ik ga zo weer naar het strand.'

7

Die middag ga ik terug naar het strand, helemaal klaar voor een sessie 'manifesteren'. Ik heb weleens iets gelezen over manifesteren en eerlijk gezegd lijkt het me allemaal onzin, maar ik kan het allicht eens proberen.

Ik pak een pen en een kladblok uit mijn rugzak en klos vastberaden door het zand. De wind is wat afgezwakt en daardoor is het minder koud, dat scheelt. Ik weet al precies waar ik ga zitten. Net voorbij de strandhuisjes ligt een reusachtige, platte rots waar Kirsten en ik altijd heel graag op wilden klimmen. Maar telkens wanneer we een poging zouden wagen, was de rots al bezet door een van de rijkeluiskinderen uit de strandhuisjes – en ik weet dat het nergens op slaat, maar wij dachten dat die daar meer recht op hadden dan wij. Vandaag heb ik de rots voor mezelf. Helemaal voor mij alleen!

Ik klauter omhoog en installeer me boven op de rots – een meter of twee boven de grond – in een ruime holte. Mijn rug wordt ondersteund door een glad stuk steen dat in de loop der jaren helemaal afgesleten is. En nu weet ik het zeker: deze rots is geweldig! Hij zit net zo lekker als een luie stoel. Met een tevreden glimlach nestel ik me op het beste, comfortabelste plekje en slaak een gelukzalige zucht. Hier zou ik de hele middag kunnen zitten. Er is zelfs genoeg ruimte om mijn benen uit te strekken.

Goed. Manifesteren.

Op mijn telefoon zoek ik op wat de app zegt over 'manifesteren' en lees de tekst vluchtig door. Het komt erop neer dat je tegen het universum zegt wat je wilt, waarna het universum ervoor zorgt dat je het krijgt. Goeie deal, lijkt me. *Wees concreet*, raadt de app aan. *Wees concreet en noem details. Schrijf op waarmee je jouw leven wilt verrijken en visualiseer het vervolgens.*

Waarmee wil ik mijn leven verrijken?

O god. Wanneer ik in gedachten mijn bestaan overzie, moet ik mijn ogen sluiten voor het ene na het andere beschamende feit. Zou ik *Een ander leven* kunnen opschrijven?

Nee. Te vaag. Straks geven ze me een leven dat nog veel waardelozer is. Ik zie mezelf al in mijn eentje op een verlaten eiland staan en boos tegen het universum schreeuwen: 'Maar dít was niet de bedoeling!'

Het is oppassen geblazen als je gaat manifesteren, bedenk ik. En ze geven niet voor niets aan dat je concreet moet zijn. Stel dat je vraagt om een 'leuke vent' en het universum verstaat je niet goed en geeft je een 'leuke tent'? Goed opletten straks, en netjes schrijven. Ik werp nog een blik op mijn telefoon om te zien of er meer handige tips staan, en zie iets over inspiratie.

Kom je er niet uit, geef je ziel dan de kans zich uit te spreken. Zet je pen op het papier en noteer alles wat er in je opkomt.

Ik zet de punt van mijn pen op het papier, kijk uit over zee en schrijf dan, zonder dat ik erover had nagedacht: *Een wrap met halloumi en falafel.*

Nee. Doe niet zo gek. Dat is niet manifesteren, zo bestel je een lunch. Beschaamd scheur ik de bladzijde eruit en hoop maar dat het universum het niet gezien heeft. Goed. Nieuwe poging. Nu ga ik echt manifesteren.

Ik zet mijn pen weer op het papier, staar een tijdje naar de golven, probeer alle gedachten aan chocoladerepen uit te bannen en in plaats daarvan te denken aan iets wat ik diep vanbinnen wil.

Seks, schrijf ik op, waarna ik een tijdje verbaasd naar het kladblok kijk. Ik was niet van plan om dat op te schrijven. Waarom dacht ik daar nu ineens aan? Verlang ik eigenlijk wel naar seks?

Nee. Dat doe ik niet. Ik heb geen zin in seks en dat is nou juist het probleem. Ik ben seksueel uitgeblust en daar baal ik van. Hoe is dat zo gekomen? Ik genoot altijd van de seks met Stuart. In het begin in elk geval wel, maar het werd langzamerhand minder. We hadden vaak ruzie en dat helpt natuurlijk niet. Of hadden we ruzie omdat het met de seks niet goed zat? Al mijn herinneringen buitelen over elkaar heen en ik weet alleen dat ik me leeg voel. Mijn lichaam lijkt wel verdoofd. Er komen geen prikkels meer bij me binnen. Lekkere gast op tv: niks. Flirterige jongen bij Pret: niks. Seksscène op tv: niks. Het hele seksgebeuren komt nogal ongemakkelijk en zinloos op me over, al herinner ik me wel dat ik een tijdlang niks leukers kon bedenken dan dat.

Ik wil weer zín hebben in seks. Ik wil hevig verlángen naar seks. Ik wil die seksuele honger weer voelen.

Kirsten vond dat ik naar de dokter moest gaan, maar dat is minder eenvoudig dan je zou denken. Alsof ik daadwerkelijk een razend drukke huisartsenpraktijk lastig zou vallen met de vraag: mag ik een pil die ervoor zorgt dat ik weer naar seks ga verlangen? Maar goed, ik vond het eigenlijk wel prima dat ik naast al dat vergaderen en mailen niet ook nog tijd vrij hoefde te maken voor daten. Daarom heb ik het probleem even geparkeerd met de gedachte: komt vanzelf weer goed.

Maar wat nu als het niet vanzelf goed komt? Wat als het universum me kon helpen?

Anders gezegd: wat heb ik te verliezen?

Ik verander *Seks* in *Verlangen naar seks*. En dan voeg ik, ter verduidelijking, *libido* toe.

Hoe zou ik het anders aan het universum uit kunnen leggen? Want nu ik hier eenmaal aan begonnen ben, wil ik ook echt voor mezelf opkomen. Sterker nog, ik wil vooraan in de rij staan als het even kan. Na enig nadenken voeg ik nog een paar verduidelijkende termen toe:

Seksdrive. Seksuele fantasieën. Zin hebben in seks.

Dan bedenk ik dat 'verlangen naar seks' vrij nutteloos is als er niemand is om je lusten op bot te vieren. Dat moet ik het universum ook nog even laten weten.

Een man.

Nee. Dat moet ik wat preciezer verwoorden.

93

Een man met een pik.

Ik staar naar wat ik heb opgeschreven, kauw op mijn pen en vraag me opnieuw af of dit concreet genoeg is voor het universum. Voor mijn gevoel kan ik zelfs het onbeduidendste detail niet zonder risico weglaten. Ik hoor het universum al kraaien: *haha, je zei niet wát voor een man, of wel? Je zei niet wát voor een pik het moest zijn.*

Een sexy man met een goeie pik, schrijf ik met meer overtuiging. *Een grote, als het even kan.*

Nee, wacht. Klinkt dat te hebberig? Zal het universum me straffen? En nog iets, heb ik mijn wensen wel beleefd genoeg verwoord? Haastig kras ik *Een grote, als het even kan* weer door en zet in plaats daarvan *Omvang niet van belang, dank u.*

Dan bekruipt me een vaag schuldgevoel. Is dit werkelijk alles wat ik wil? Het klinkt vreselijk egoïstisch allemaal. Ik zou ook een nobeler doel moeten manifesteren, zoiets als wereldvrede. Dat krabbel ik er ook snel bij.

Wereldvrede.

Ik bekijk wat ik opgeschreven heb en vind het allemaal nogal gênant. Dit is stom. Ik vouw het velletje dubbel en stop het weg in de buidel van mijn hoody. Goed, genoeg gemanifesteerd. Misschien dan nu maar even mediteren. Ik focus op de waterlijn, kijk naar de golven die opkomen en weer wegebben, en probeer de schoonheid van de wereld op me in te laten werken.

Godsamme, ik heb honger. Ik heb honger als een paard. Een mens kan toch niet leven op meloen en salade? Mijn maag knort zo hard dat ik het ruisen van de zee bijna niet meer hoor.

Ik heb zin om terug te gaan naar het hotel, een theearrangement voor vier personen te bestellen en alles naar binnen te schoffelen. Toch maar niet. Nikolai zou me bij elke hap gadeslaan. En Cassidy zou uitroepen: 'Een theearrangement? Maar we dachten dat je altijd gezond at!' Bovendien wordt er getimmerd en geboord, en niet te vergeten gezaagd...

Goed. Nieuw plan.

Vastberaden klim ik van de rots af en loop ik door het mulle zand naar het strandhuisje, waar ik mijn rugzak pak. Ik was toch al van plan eens rond te kijken in het dorp en ik heb hier twee briefjes van twintig. Ik ga mezelf trakteren op een feestmaal.

Het is vreemd om weer terug te zijn in het dorp. Het ziet er met zijn smalle straatjes, schattige huisjes met puntdaken, winkels en cafés nog net zo uit als ik het me herinner… maar ontzettend doods. Er heerst een treurige, verstilde sfeer. In de zomervakanties van mijn jeugd zag je overal mensen en klonk er muziek. Het wemelde er van de toeristen en op elke straathoek verkochten ze schepnetten en opblaasbaar speelgoed in vrolijke kleurtjes. Surfers liepen met hun boards onder de arm terug naar hun vakantieadres, kinderen lieten bolletjes ijs op de grond vallen en zetten een keel op, en vaders dronken in de tuinen van de pubs een biertje. Het was zo druk in de smalle straatjes dat auto's er stapvoets reden, de felle zon weerkaatsend op het dak.

Vandaag zie ik geen felle zon, geen toeristen, niks. De winkels zijn uitgestorven en het miezert. Ik loop langs een rijtje pensions en ril bij de aanblik van de grauwe vitrages. Die zien er in het winterse licht extra troosteloos uit, en een ervan hangt zelfs half van de gordijnrails af.

De White Hart, de plaatselijke pub, is gesloten, anders was ik daar misschien wel even naar binnen gegaan voor een zakje chips. Papa kwam vroeger altijd graag in deze oude herberg en ik vertraag mijn pas. Ik zie hem nog aan de bar staan met zijn glas bier, waar hij overduidelijk van genoot. In gedachten verzonken blijf ik een tijdje staan, en dan voel ik een rilling langs mijn ruggengraat trekken. Kom op. Eten.

Het schattige snoepwinkeltje is er nog, maar tot mijn teleurstelling hangt er een bordje achter de deur: IN HET LAAGSEIZOEN GESLOTEN. De Tea Shoppe is ook tijdelijk gesloten. Dit is belachelijk. Kan ik dan nergens terecht voor een feestmaal?

Het dorp is wat chiquer geworden, merk ik als ik een straat vol galeries in loop. De ene is gespecialiseerd in aquarellen van zeegezichten, een andere in glazen sculpturen... en o mijn god! De bakkerij daar is open! Ik versnel mijn pas en val zo door de deur een warme, bedompte ruimte binnen waar het naar kaneel ruikt. Gretig bekijk ik het aanbod in de vitrine. Ik zie amandeltaart, grote muffins met glazuur, hartige scones, donuts, brownies... álles.

'Pardon?' Ik heb niet meteen door dat het meisje achter de toonbank het tegen mij heeft.

'O.' Ik kijk op. 'Hallo.'

'Sorry, maar ik ben even nieuwsgierig. Bent u de vrouw die in het Rilston logeert?' Ze kijkt me nieuwsgierig aan. 'De boerenkoolvrouw?'

De boerenkoolvrouw?

'Ik ben Bea. Ik ben een vriendin van Cassidy en zij heeft me alles over u verteld,' flapt ze er enthousiast uit. 'Hoe gezond u bezig bent. Salades en boerenkool en de hele dag door yoga op het strand. Nonisap – dat was nieuw voor me. Cassidy belde me om te vragen of wij dat hadden. Ik zei: nooit van gehoord! Wat doet dat met je, nonisap?'

O god. Dat verrekte nonisap. Weet ik veel waar dat goed voor is.

'Het is heel gezond,' zeg ik ontwijkend. 'Het is goed voor... van alles en nog wat.'

'Goed voor je noni?' Ze giechelt en bijt op haar lip. 'Sorry. Zo noemden Cassidy en ik onze... u weet wel.'

Ze kijkt richting haar kruis. 'Dat daar,' voegt ze eraan toe, voor het geval ik het nog niet snapte. 'Onze edele delen.'

'Aha. Ja. Ik snap 'm.'

'Maar zeg het eens. Wat kan ik voor u doen?' vraagt ze. Op dat moment klingelt het belletje bij de deur en komt er een meisje in een parka de winkel binnen. 'Paula! Dit is de boerenkoolvrouw.'

Bea kijkt me opgetogen aan en zegt dan: 'We hebben niet het gezondste aanbod ter wereld...' Ze kijkt vertwijfeld om zich heen. 'Ik weet niet wat ik u zou kunnen aanraden.'

'De speltscones zijn glutenvrij,' zegt Paula, die haar parka uittrekt.

'Nee, dat klopt niet,' zegt Bea.

'Nou, ze zijn in elk geval iets-vrij. Eet u vegan?' Paula kijkt me onderzoekend aan.

'Ze eet gezónd,' antwoordt Bea, voor ik iets kan zeggen. 'Dat is iets anders. Ooo, ik weet het al!' Haar gezicht klaart op. 'We hebben groenten in de koeling, voor de garnering. Daar kan ik u wel wat van geven. Ik kan daar wat van op een bordje doen, met een servetje erbij. Voor twee vijftig, is dat goed?'

O gód. Zou het heel gek zijn als ik nu nog zes donuts en een stuk amandeltaart bestelde? Nee, dat gaat niet. Dat zou te veel beroering geven.

Ik denk even na en zeg dan: 'Ik hou het even op mineraalwater als het goed is.' Bea knikt begripvol.

'Natuurlijk. Niet aan gedacht. Mineraalwater.' Ze steekt me een fles toe, neemt mijn geld aan en roept me voor ik de zaak verlaat nog na: 'Hopelijk komt het nog goed met het nonisap!'

Eenmaal buiten zucht ik een keer diep. Nu ben ik er klaar mee, ik moet éten inslaan. Bij een anoniem verkooppunt. Ik trek mijn schouders op, zet er flink de pas in en loop in een rechte lijn naar de andere kant van het dorp, waar de schattige huisjes overgaan in veel minder schattige betonbouw en garages en verwaarloosde flats. Ik herinner me vaag dat er aan deze kant van het dorp een supermarkt was, en...

Ja! Hij is er nog.

Het is een naargeestig winkeltje dat wordt bemand door een zwijgzame kerel in een bruin t-shirt. Geen verse etenswaren, alleen pakjes en potjes, maar dat maakt mij niet uit. Ik pak drie zakjes chips, chocoladekoekjes, een zakje gezouten pinda's, een fles wijn en een beker roomijs. Ik gooi nog een *Grazia*, een *Heat* en een *Best Dressed Celebrities* in mijn mandje, en toch ook nog een Mars, en ga dan naar de kassa. De man in het bruine t-shirt kijkt me strak aan, werpt een blik op mijn boodschappen, trekt rimpels in zijn voorhoofd, haalt zijn schouders op en begint alles te scannen. Ik prop zo veel mogelijk in mijn rugzak en doe de rest in een plastic zak. Zolang ik op de terugweg niemand tegenkom is het goed.

Ik betaal contant en terwijl de man me het wisselgeld geeft, tikt hij even zijn neus aan.

'Ik heb niks gezien,' zegt hij ernstig met een hoofdknikje naar mijn tas. 'Ik hou mijn mond. Het draait in het leven niet alleen om boerenkool.'

O, mijn god.

Weet dan echt iederéén het?

Met een gevoel alsof het hele dorp op me let, loop ik door de miezerige regen terug. Onderweg houd ik de buit onder mijn arm, waar al dat lekkers hopelijk niet te veel opvalt. Bij de eerste gelegenheid die zich voordoet, steek ik een parkeerplaats over richting de duinenrij die het dorp van het strand scheidt. Het zijn hoge, met taai helmgras begroeide zandheuvels met diep uitgesleten paadjes ertussen. Daar ziet niemand me.

In de duinen word ik ineens overspoeld door jeugdherinneringen. Hier speelden we altijd urenlang: we deden verstoppertje, lieten ons omlaag rollen, en we kletsten plukkend aan het helmgras over van alles en nog wat. Ik kies een paadje dat ik herken en terwijl ik het vertrouwde duin beklim, voel ik weer hoe fijn het was om op de top te staan en voor het eerst de zee en het strand te zien...

Dan hoor ik een zware mannenstem en ik schrik.

'Geachte Sir Edwin, ik wil graag mijn excuses aanbieden voor mijn gedrag van vorige week.'

Wacht eens. Ik ken die stem, of niet? Een lage stem met een on-geduldige ondertoon. Die stem heb ik eerder gehoord.

Ik denk een tijdje heel diep na, en dan weet ik het. Het is die gast uit de trein, die kerel met zijn surfboard. En hij klinkt al net zo gestrest en sarcastisch als toen. Hij zegt dat hij er spijt van heeft, maar het klinkt niet oprecht.

De stem vervolgt: 'Ik had niet zo tegen u mogen uitvaren tijdens de teamvergadering, ook al bent u een zelfingenomen, onuitstaanbare, bloedirri–'

Hij stopt abrupt en zucht diep. Ik rol met mijn ogen, sorry zeggen gaat hem zo te horen niet makkelijk af.

'Ik had tijdens de teamvergadering niet zo tegen u mogen uitvaren,' zegt hij nog eens. 'En ik had mijn koffiekop niet met zo'n harde klap op de vergadertafel mogen zetten dat de spetters in het rond vlogen en die contracten onleesbaar werden. Ik heb u als collega hoog zitten en wil u laten weten dat ik het voorval ten zeerste betreur. Ik neem een tijdje vrij om aan mezelf te werken. Ik zie ernaar uit u weer op kantoor te zien en bied u nogmaals mijn verontschuldigingen aan. Vriendelijke groet, Finn Birchall.'

Dan wordt het stil. Ik weet niet wat ik moet doen. Mijn ademhaling klinkt gejaagd, merk ik, terwijl ik met de tas vol lekkers op mijn borst tegen de zandheuvel leun. Ik hoop maar dat hij me niet ziet. Ik wil nu even niemand tegen de haren in strijken, en al helemaal geen opvliegend type als hij. En net als ik besloten heb om stilletjes terug te gaan, begint hij weer te praten.

'Beste Alan, bij dezen verontschuldig ik me voor mijn gedrag van vorige week. Ik had niet zo hard tegen de snoepautomaat mogen slaan terwijl jij naast me stond, en ik had ook niet moeten zeggen dat ik hem met een moker ging openbeuken.'

Wát heeft hij gedaan? Ik onderdruk een lach.

'Ik snap dat je geschrokken bent van mijn gedrag en bied je daarvoor mijn excuses aan. Ik neem een tijdje vrij om aan mezelf te werken. Ik zie ernaar uit je weer op kantoor te zien en bied je nogmaals mijn verontschuldigingen aan. Vriendelijke groet, Finn Birchall.'

Wat een gênante situatie. Dit is niet voor mijn oren bestemd, maar ik ben als aan de grond genageld.

Behoedzaam loop ik het zandpad nog een eindje verder af. Ik ken de weg hier. Bij de bocht, even verderop, is een duinpannetje waar we vaak speelden; wedden dat hij daar zit?

En ja hoor, even later vang ik een glimp van hem op. Ik had gelijk, het is de man uit de trein. Hij is lang, heeft donker haar en hij leunt met zijn rug tegen de rand van de duinpan en spreekt teksten in op zijn telefoon. Hij kijkt de andere kant op, dus ik zie alleen brede schouders in een North Facejack, een stukje oor, handen die de telefoon vasthouden en een hoekige kaak met stoppels. Terwijl ik zo sta te kijken, begint hij weer te dicteren, en ik hoor hem met schrik aan. 'Beste Marjorie, ik wil graag mijn excuses aanbieden voor mijn gedrag van vorige week. Ik had mijn irritatie over de dorre blaadjes die op mijn lunch dwarrelden niet mogen botvieren op de ficus in de kantoortuin. Daarnaast was het hoogst ongepast om te dreigen de plant met een kettingzaag te bewerken.'

Ik moet lachen en sla snel een hand voor mijn mond.

De man haalt zijn hand in een ruw gebaar door zijn haar, alsof hij zijn gedachten probeert te ordenen. Het is een sterke hand, en in gedachten zie ik deze hand een koffiekop met een klap op een vergadertafel slaan en een kettingzaag in een ficus zetten. Ik vraag me af wat voor werk hij doet. Iets met klanten. En collega's. God sta hen bij.

'Ik weet dat je erg op die ficus gesteld was en snap dat je bent geschrokken van mijn onbeheerste taalgebruik,' vervolgt hij. 'Ik bied je hierbij mijn excuses aan. Ik neem een tijdje vrij om aan mezelf te werken. Ik zie ernaar uit je weer op kantoor te zien en bied je nogmaals mijn verontschuldigingen aan. Vriendelijke groet, Finn Birchall.'

Hij stopt, werpt een blik op zijn telefoon, steekt die dan weg in zijn zak en zucht diep. Mijn zicht is beperkt, maar ik zie diepe denkrimpels op zijn voorhoofd. Ik durf nauwelijks te ademen. Dan komt hij half overeind, alsof hij weg wil gaan, en ik schrik. Shit. Shit! Waarom moest ik hem nou ook zo nodig bespieden? Wat als hij me betrapt? Dan slaat hij vast niet alleen met een koffiekop op tafel. Zou hij een kettingzaag bij zich hebben?

Zo geruisloos als dat gaat ren ik de heuvel af en duik ik aan de rand van het strand een volgende duinpan in. Hier, verstopt tussen twee hoge duinen, ziet hij me zeker niet. Ik durf nauwelijks adem te halen. Geen idee waar die kerel nu is, maar dat maakt ook niet meer uit. Hij heeft niet gemerkt dat ik hem afluisterde, en daar was het me om te doen.

Op mijn nieuwe verstopplek wacht ik een paar tellen, en dan kuier ik zo nonchalant mogelijk de steile duintop af en loop ik het strand op. Het is eb; het strand is breed en ligt er verlaten bij. De strandhuisjes zijn een heel eind verderop en ik begin die kant op te lopen. Ik moet me beheersen om niet steeds over mijn schouder naar die kerel te kijken. Daarmee zou ik mezelf alsnog verraden.

Het loopt allemaal goed af. Hij moet de andere kant op zijn gegaan, want op mijn wandeling langs het strand zie ik hem niet. Ik zie sowieso niemand.

Zonder verdere onverwachte ontmoetingen bereik ik het strandhuisje. Ik duw de deur achter me dicht, plof neer op de bank en trek een zak chips open. En o mijn god. Die eerste zoutige, vettige, knisperende hap is hemels. Hémels. Binnen de kortste keren heb ik de eerste zak verorberd, genietend van elke hap, en vervolgens prop ik een handvol pinda's naar binnen. Dat voelt goed. Dit is pas echt eten. Ik had honger, besef ik nu. Ik had honger als een paard.

Na een tijdje merk ik dat het allemaal wel erg zout is. Ik had ook wel een appel kunnen kopen.

Maar ik heb iets veel beters. Wijn.

Ik schenk een beetje in een mok met het logo van het Rilston Hotel, leun ontspannen achterover op de bank, sla de *Heat* open, adem diep in en dan langzaam uit. Het gaat lekker zo. Het gaat héél lekker zo.

Een fris wijntje, merk ik bij een tweede, grote slok. Op het wrange af. Op het etiket staat *Witte wijn*, zonder verdere informatie. Maar dat maakt mij niks uit. Wie zit er te wachten op uitgebreide, nutteloze informatie? Het is wijn. Punt uit.

En nu heb ik de stappen voor de rest van de middag helemaal op een rijtje. *1. Wijn drinken. 2. Chips eten. 3. Smullen van roomijs.*

4. *Lezen over beroemdheden tot mijn brein kookt.* 5. *Punt 1-4 herhalen.*
Of deze stappen leiden tot een 'betere versie van mezelf' betwijfel ik, maar ik weet wel dat mijn humeur er flink van op zal knappen. Die 'betere versie van mezelf' kan best nog even wachten. Nu ik er nog eens over nadenk, heb ik zelfs zin om tegen 'die betere versie van mezelf' te zeggen dat ze een eind mag oprotten.

Tegen vijven heb ik me door de hele beker roomijs, de helft van de wijn en alle tijdschriften heen gewerkt. Mijn tanden voelen ruw van de suiker, ik heb een parade van beroemdheden met onnatuurlijk grote borsten voorbij zien komen en ik voel me iets beneveld door de wijn. Een aangenaam, weldadig gevoel, dat licht wordt overschaduwd door het besef dat ik een jaarvoorraad aan rotzooi tot me heb genomen.

Nou ja. Jammer dan.

Het begint al donker te worden en ik voel er niets voor om in te dommelen op de bank en om drie uur 's nachts wakker te worden. Met tegenzin kom ik in beweging. Morgen ga ik verder met het stappenplan, neem ik me voor. Dan doe ik een paar squats en eet ik een paar hapjes taugé. Maar nu heb ik zin om tweeëntwintig uur te slapen, verder niks.

Bij terugkomst in het hotel is iedereen druk bezig in de lobby. Nikolai sleept, nogal bazig aangestuurd door Cassidy, met antieke stoelen, en Herbert heeft een Franse hoorn in zijn hand die zo te zien stamt uit 1843.

'We organiseren een concertje!' verkondigt Cassidy zodra ze me opmerkt. 'Om de gasten wat op te vrolijken. Het is volgende week, en vanavond houden we een repetitie. Herbert speelt op zijn hoorn en Nikolai gaat Poolse gedichten reciteren. Hij heeft beloofd ons na afloop te vertellen wat ze betekenen. Hebt u een leuke dag gehad?' vraagt ze. 'En wilt u het diner straks gebruiken in de eetzaal?'

'Ik denk dat ik vanavond roomservice wil,' zeg ik. 'Dank je.'

'Kok Leslie heeft een speciaal gerecht voor u uitgedacht,' zegt ze trots. 'Gepocheerde kipfilet, gestoomde spinazie en een cracker. Zonder boter, dat spreekt voor zich.'

'Geweldig,' zeg ik, en ik meen het. Na alle suiker die ik vanmiddag heb verorberd, klinkt kipfilet met spinazie eigenlijk best goed.

'En kunnen we u nog verleiden met een portie roomijs?' stelt Cassidy voor. 'Mag u van uzelf af en toe zondigen?'

Ik zie de beker roomijs weer voor me die ik net tot de bodem heb leeggelepeld. Ik word een beetje misselijk bij de gedachte. 'Nee, dank je,' zeg ik. 'Geen ijs.'

'Zelfs niet een enkel bolletje?'

'Zelfs niet een enkel bolletje,' zeg ik beslist.

'Bent u even gedisciplineerd,' roept Cassidy bewonderend uit. 'U eet zo gezond, daar kunnen wij allemaal nog wat van leren. O, dag Mr Birchall,' voegt ze eraan toe terwijl ze naar iemand opkijkt.

Mr Birchall? Wacht. Die naam ken ik. O god, laat het niet waar zijn...

Ik volg haar blik en verstijf van ellende. Op de trap naar de lobby zie ik de man die tegen snoepautomaten beukt, die ficussen met kettingzagen bewerkt en die peuters aan het huilen maakt. Hij is hier, in hetzelfde hotel als ik. Hij ziet er net zo ontspannen en benaderbaar uit als de voorgaande keren, maar niet heus.

'Ms Worth.' Simon komt haastig de lobby binnengelopen, even gestrest als altijd. 'Duizendmaal sorry. Ik vind het zo vervelend. Ik weet niet hoe ik het heb.'

'Wat is er dan?' vraag ik verbaasd.

'We hebben nog steeds geen biologische boerenkool weten te vinden.' Hij schudt mistroostig zijn hoofd. 'Er kwam vandaag wel wat groente binnen, maar die was helaas verlept. Kok Leslie heeft in plaats daarvan spinazie gebruikt, maar wij nemen de volledige kosten van uw diner op ons, dat spreekt voor zich.'

Ik twijfel of ik in lachen zal uitbarsten of dat ik hem zal vertellen dat hij vreselijk overdrijft. Hoe kan hij nou ooit geld verdienen als hij de hele tijd maaltijden weggeeft?

'Het is niet nodig om mij een gratis maaltijd te geven,' zeg ik beslist. 'Spinazie is prima.'

'Uw vriendelijke reactie wordt gewaardeerd, Ms Worth,' zegt Simon met een stijf hoofdknikje. 'Dit strookt niet met de hoge eisen die we aan onszelf stellen in het Rilston. Uw PA benadrukte dat u enkele heel specifieke wensen had. Biologische boerenkool. Gojibessen. Nonisap.'

'Wauw,' zegt Finn Birchall. 'Klinkt gezellig!'

Hij staat op de onderste tree en trommelt met zijn vingers op de trapleuning terwijl hij wacht tot Nikolai eindelijk opzijgaat. Waar bemoeit die man zich eigenlijk mee?

'O, Ms Worth eet helemaal niks gezelligs,' verzekert Cassidy hem. 'Nog geen koekje gaat erin! Ze eet zo verstandig! Mijn vriendin Bea zei dat u vandaag in de bakkerij was en alleen een flesje mineraalwater kocht. Nikolai, ga eens aan de kant voor Mr Birchall!' voegt ze eraan toe tegen Nikolai, die met een stoel in zijn handen om zich heen staat te kijken. 'Zet die stoel maar gewoon ergens neer. Kan ik u ergens mee helpen, Mr Birchall?'

'Ik heb een heel specifieke wens,' zegt Finn Birchall. 'Ik hoop dat je me daarmee kunt helpen. Ik wil graag een dubbele whisky met ijs.'

Steekt hij nou de draak met me? Ik kijk hem kwaad aan en hij kijkt onbewogen terug.

'Natuurlijk!' zegt Cassidy, die eventuele steken onder water niet opmerkt. 'Neem gerust plaats aan de bar.'

'Ik ga hier persoonlijk zorg voor dragen,' zegt Simon, die zowat naar voren springt. 'Ik schenk de whisky eigenhandig in. Ik hoop dat alles naar wens is, Mr Birchall. En mag ik nogmaals mijn excuses aanbieden voor het feit dat uw kamer bij aankomst in gebruik bleek te zijn als kaasopslag? Dit voldoet niet aan de hoge standaard die wij in het Rilston hanteren.'

Ik onderdruk een glimlach terwijl ik vanuit een ooghoek naar Finn Birchall kijk. Bespeurde ik nou een glimpje humor op zijn gezicht?

Nee, dat beeld ik me vast in.

'Zeg, ik móét jullie natuurlijk even aan elkaar voorstellen,' zegt Cassidy, terwijl Simon zich naar de bar haast. 'Sasha Worth, dit is Finn Birchall. Jullie hebben allebei een eigen strandhuisje.'

Ik kijk haar geschrokken aan. Wat?

'Jullie zijn de enige twee gasten die er gebruik van maken,' kwettert Cassidy. 'Het is vast leuk om op het strand wat gezelschap te hebben.'

Leuk? Met toenemende ontzetting laat ik het rampzalige nieuws tot me doordringen. Ik had het hele strand voor mezelf. Dat beviel me perfect. En nu moet Mr Nijdig er zo nodig bij komen. Ik weet dat mijn ongenoegen duidelijk zichtbaar is – en hij vindt het zo te zien ook geen denderend nieuws.

'Zal ik jullie twee huisjes naast elkaar geven?' stelt Cassidy opgewekt voor. 'Dan zijn jullie buren!'

'Nee!' roep ik schel voor ik er erg in heb.

'Nee!' zegt Finn Birchall tegelijkertijd, en als we elkaar aankijken, is duidelijk dat we het dáár dan tenminste over eens zijn.

'Als het niet hoeft…' voeg ik er beschaamd aan toe. 'Het lijkt me beter als…'

'Veel beter.' Hij knikt.

'Ah, u bent natuurlijk bezig met uw yoga en zo,' zegt Cassidy, alsof ze mijn reactie nu snapt. 'Ms Worth is hier om aan haar gezondheid te werken,' legt ze uit aan Finn Birchall. 'We hebben hier nog nooit zo'n gezonde gast gehad! Ze eet alleen salade en is de hele dag mindful bezig op het strand!'

Finn Birchall denkt er duidelijk het zijne van. 'Klinkt fantastisch,' zegt hij, met een gezicht dat zijn afgrijzen nauwelijks verhult.

'Dat is het ook,' kaats ik terug. 'Echt fantastisch.'

Jeetje, die kerel is echt onuitstaanbaar.

'Ik kan me indenken dat u lekker de ruimte wilt hebben…' Cassidy denkt even na. 'Dan geef ik u strandhuisje nummer 8, Mr Birchall. Zo ver mogelijk bij Ms Worth vandaan. Er zitten zes lege huisjes tussen.'

'Bedankt,' zegt Finn Birchall droogjes. 'Heel prettig.'

Zijn toon ergert me een beetje. Zijn hele gedrag, trouwens. Alsof ik hém zo graag in mijn buurt wil hebben.

'Ik vind het ook prettig,' deel ik snibbig mee. 'Misschien nog wel prettiger.'

Cassidy heeft onze interactie licht geamuseerd gadegeslagen en nu geeft ze Finn Birchall de sleutel van zijn strandhuisje.

'Zo, die is voor u,' zegt ze. 'De sleutel van huisje 8. En zal ik jullie eens iets zeggen?' vervolgt ze geruststellend terwijl ze eerst mij en dan hem aankijkt. 'Het strand is zo groot, jullie merken vast niet eens dat de ander er is.'

8

De volgende ochtend word ik wakker met een hoofd waarin van alles rondspookt. Stomme gedachten. Geen helpende gedachten, maar stress over het werk. Ik krijg geen vat op de kolkende stroom en kan alleen maar denken aan kantoor.

Hoe langer ik weg ben bij Zoose, hoe meer ik inzie hoe slecht de afdeling Marketing wordt geleid. Asher is net een jochie dat met vuurwerk speelt. Hij houdt van flitsende knalmomenten, maar wat zijn de plannen voor de lange termijn? Welke lijnen stippelt hij uit? Welke waarden hangt hij aan?

En waar is Lev, verdorie? Je kunt niet steeds maar excuses blijven maken en denken dat het bedrijf gewoon doorgroeit. Je moet een visie uiteenzetten, leiderschap tonen, zichtbaar zijn op de werkvloer...

Mijn ademhaling klinkt gejaagd, merk ik. Mijn hart bonst. Over drie weken ga ik weer terug naar kantoor. Als ik daaraan denk, voel ik een mengeling van afschuw en tegenzin. Dit is het tegenovergestelde van ontspannen en opladen.

Maar echt.

Ik pak mijn bullet journal erbij, sla het open en werk mijn notities uit de trein verder uit. Dat lucht behoorlijk op. Het is net alsof je alle redenen opschrijft waarom je je ex haat en de lijst dan in de prullenbak smijt. Ik teken een schematische weergave van hoe de afdeling Marketing er volgens mij hoort uit te zien. Daaronder krabbel ik de ene na de andere opmerking.

Medewerkers zijn zo overwerkt dat alles begint vast te lopen.
Het lijkt wel of de verschillende afdelingen vergeten zijn dat ze bij een en hetzelfde bedrijf horen. Het ondersteunend personeel ondersteunt niemand. De helpdesk helpt niet.

Met een zucht kijk ik mijn aantekeningen nog eens door. Goed. Nu moet ik weer rustig worden. *Bedankt, brein, voor de input. Hier kan ik even mee vooruit.*

Maar mijn brein tolt maar door. Het wil helemaal niet stoppen. Ik kan zó nog duizend woorden opschrijven. Wat moet ik nu doen? In de hoop inspiratie te vinden werp ik een blik op Wetsuitvrouw. Zou zij een baan hebben? Kan zij haar baas ook niet uitstaan? Worstelt zij ook met dit soort dingen? Of is het haar werk om er met een surfboard op het strand geweldig uit te zien? En is dit de enige vraag die zij zich stelt: in welke wetsuit zal ik mijn prachtige lijf vandaag eens steken? Pff, sommige mensen hebben echt een luizenleventje...

Nee. Stop. Als ik niet uitkijk, zit ik mezelf straks de hele dag de put in te praten. In gedachten mopperen op Wetsuitvrouw zal me niet verder helpen. Kan zij er iets aan doen dat ze er zo fris en opgeruimd uitziet? Ik sla de eerste bladzijden van het bullet journal op en verruil heel bewust die gestreste aantekeningen over mijn werk voor de positiviteit, de stickers en de goede voornemens die ik voorin vind.

En nu ga ik de vijf stappen voor vandaag opschrijven. Hup. Geen smoesjes.

1. Mediteren.

Ja. Een goed begin. Ik ga op die rots zitten en over zee uitkijken tot het geluid van de golven de chaos in mijn hoofd oplost.

2. 100 squats.

Die schrijf ik nog niet af. Een paar squats moet toch wel lukken?

3. Verbinden met de natuur.

Dit geeft het immuunsysteem een oppepper.

4. Dansen alsof er niemand naar je kijkt.

Blijkbaar geeft dit je immuunsysteem ook een oppepper. (Wat geeft het immuunsysteem géén oppepper? Antwoord: een halve fles wijn en een beker roomijs.)

5. Een strandwandeling maken.

Officieel heb ik gisteren al gewandeld, hoewel ik betwijfel of Wetsuitvrouw vindt dat 'naar de winkel lopen om zoete troep in te slaan' ook telt. Nog een wandeling dan maar.

Ik zet onder elke stap een dikke streep en wil er net een paar passende stickers naast plakken als mijn telefoon gaat. Het is mama. 'Ha mam,' zeg ik. 'Ik ben net in mijn bullet journal bezig.'

'Goed zo, meisje!' zegt ze opgetogen. 'En? Voel je je al iets beter? Minder gestrest?'

Ik denk terug aan al dat verwoede gekrabbel over Zoose, het bonzen van mijn hart, de drang om eens lekker tegen iemand uit te varen. Hmm. Niet echt.

'Ja,' zeg ik beslist. 'Stukken minder.'

'O, goed zo! Ben je de zee al in geweest? Volg je de stappen uit de app?'

'Zo'n beetje,' zeg ik met gekruiste vingers. 'Ik geef er een eigen draai aan.'

'Nou, want ik las vandaag een artikel in een blad over gezondheid,' zegt mama op de indringende toon die ze gebruikt voor Belangrijke Informatie. 'Weet je wat bepalend is voor je welzijn? Je darmen!' Ze brengt het zelfverzekerd. 'Ze zeggen dat negentig procent van de burn-outs wordt veroorzaakt door ongezonde darmflora.'

Ik staar vertwijfeld naar mijn telefoon. Hoeveel procent? Wie heeft er meegewerkt aan dit onderzoek? Het lijkt me namelijk hoogst onwaarschijnlijk. Maar voor ik iets over de onderzoeksresultaten kan zeggen, is mama alweer aan het afronden. 'Maar goed, ik heb het al geregeld in een telefoontje naar de receptie. Ze weten dat je dringend kefir en gefermenteerde kool nodig hebt.'

Daar schrik ik wel een beetje van. Gefermenteerde kool?

'Ik had een reuzebehulpzaam meisje aan de lijn,' dendert mama door. 'Toen ik zei dat ik jouw PA was, verzekerde ze me dat ze er werk van zou maken. Ik heb het ook met haar over reflexologie gehad, en daar zou ze eens naar informeren. Het Rilston heeft wel stijl,' voegt ze er goedkeurend aan toe. 'Niks is te gek. Leggen ze je lekker in de watten? O, wat ik helemaal vergeet te vragen... hebben ze jou een kamer aan zee gegeven?'

'Ja,' zeg ik na een korte blik op het afgetimmerde raam. 'Ja, dat hebben ze gedaan. Helemaal prima. Ze hebben me zelfs bloemen gestuurd,' voeg ik eraan toe, en ik kijk naar het boeket dat gisteravond werd bezorgd. Op het kaartje staat *Duizendmaal sorry voor de ondermaatse service, we schamen ons dood.*

'Geweldig!' zegt mama. 'Lieverd, ik moet ophangen. O, ik heb Dinah gesproken.'

'Dínah?' Ik staar naar mijn telefoon.

Dinah is een vriendin, ik ken haar al eeuwen. Maar ik heb haar al eeuwen niet gesproken. Ze is altijd vrolijk en heeft haar baan als advocaat opgezegd om doula te worden. Ze is me heel dierbaar, maar ik geloof dat ik haar een beetje ontlopen heb. Ik kon het niet opbrengen om 'aan' te staan en vrolijk te zijn, en ik had ook geen zin om te gaan zitten snotteren. Ik geloof dat ik nu begrijp hoe iemand langzaam kan veranderen in een kluizenaar.

'Ik wilde je graag een verrassing toesturen,' legt mama uit, 'en ik dacht dat zij wel zou weten wat ik voor je moest kopen. We kwamen uit op badolie met lavendelextract. Hè... dat is nou geen verrassing meer. Maar lieverd, Dinah wist nergens van! Ze moest het hele verhaal van mij horen.'

'Ik weet het,' piep ik. 'Ik was van plan haar te bellen.'

'Lieverd, voor je vriendinnen hoef je toch niets achter te houden. Ze willen er voor je zijn!'

'Ik weet het,' zeg ik. 'Dag, mam.'

Ik verbreek de verbinding en voel tranen in mijn ogen prikken. Ik weet niet waarom ik niks van me heb laten horen aan Dinah. Of aan mijn andere vriendinnen. Omdat ik... me een beetje schaam, denk ik. Zij kunnen het leven aan. En ik niet.

Maar goed. Daar ga ik nog aan werken. Nu eerst iets eten.

Bij de ingang van de eetzaal verstijf ik als ik Finn Birchall aan een tafeltje zie zitten.

'Morgen,' zegt hij afgemeten.

'Morgen,' antwoord ik al net zo afgemeten.

Cassidy komt aangesneld. 'Goedemorgen! Ik hoop dat u heerlijk geslapen hebt! U gaf eerder aan dat u lekker de ruimte wilt hebben. Daarom hebben we jullie zo ver mogelijk uit elkaar gezet. Ms Worth, uw tafeltje is hier.'

Ze brengt me naar de andere kant van de eetzaal en gebaart naar een stoel. De afstand tussen mij en Finn Birchall kan niet groter, dat moet ik haar nageven. Het ziet er zelfs bespottelijk uit.

'Bedankt.' Ik glimlach naar haar. 'Dat waardeer ik zeer.'

'Ik had vanochtend uw PA Erin nog aan de telefoon,' zegt Cassidy met iets van ontzag in haar stem. 'Die begint al vroeg, of niet? U zet haar goed aan het werk!'

'Ze is heel... energiek,' stamel ik.

'Ik heb alle dingen waar ze om vroeg netjes genoteerd...' Cassidy kijkt op een lijstje en er verschijnen denkrimpels op haar voorhoofd. 'Ik wilde alleen nog even vragen... welke soort kefir wilt u precies?'

O god. Mama bedoelt het goed, hoor, maar ik schaam me dood. Ik zou echt niet weten wat ik moet zeggen over de kefir. Dat is toch van die slappe yoghurt?

'Maakt niet uit,' zeg ik alsof ik er alles van weet. 'Biologische kefir, als het kan. Biologisch is altijd beter.'

'Uiteraard,' zegt Cassidy gedwee. 'De gefermenteerde kool kan nog héél even op zich laten wachten. Maar uw biologische boerenkool is gelukkig eindelijk binnen! Kok Leslie maakt er nu meteen een smoothie van! Die ziet er heel gezond uit,' voegt ze er bemoedigend aan toe. 'Echt groen en lekker lobbig.'

'Geweldig!' Ik hoop dat het een beetje enthousiast overkomt. 'Ik kan niet wachten!'

'Uw PA zei verder dat u op zoek bent naar een reflexoloog,' vervolgt Cassidy na een blik op haar lijstje, 'en daar ben ik mee bezig.

In de zomermaanden hebben we hier onze eigen reflexoloog, een aardige vrouw, heel holistisch en zo, maar zij werkt in de winter bij de Burger King in Exeter. Dus zij is momenteel niet beschikbaar...'

Cassidy ziet dat Finn Birchall een hand opsteekt en kijkt zijn kant op. 'Mr Birchall!' roept ze door de zaal. 'Wat kan ik voor u doen?'

'Mag ik rechtstreeks iets aan je vragen?' informeert hij droogjes. 'Of zal ik mijn PA naar de receptie laten bellen? Werkt het hier zo?'

Ik voel dat ik bloos. Ahum. *Ik snap hoe je over me denkt.* Heel even overweeg ik om te zeggen dat het mijn moeder was die belde, en niet mijn PA. Maar die gedachte roept meteen ook weerstand op. Waarom zou ik daarover beginnen? Het is een vrij land, toch? Als ik een PA wil hebben, dan mag ik dat.

De ironie ontgaat Cassidy volledig. 'O nee!' zegt ze welgemeend. 'U mag me alles vragen, Mr Birchall.'

'Ik wil graag een zwarte koffie.' Hij kijkt even opzij naar mij. 'Als het handiger is, dan kunnen mijn mensen dat ook regelen met die van jullie. Dat is zó geregeld. En dan geef ik het ook meteen even door aan het hoofd Personeelszaken.'

Haha. Heel grappig.

'O, nee!' zegt Cassidy met wijd opengesperde ogen. 'Vraag het maar gewoon aan mij, hoor.' Ze kijkt hem stralend aan. 'Een zwarte koffie, komt voor elkaar. En Nikolai komt zo jullie bestellingen voor het ontbijt noteren.'

Ik steek mijn kin in de lucht en negeer Finn Birchall zo nadrukkelijk mogelijk. Ik nip van mijn water. Even later komt Nikolai naast me staan met de menukaart in zijn hand en een glas op een zilveren dienblaadje. Het bevat een of andere felgroene substantie die naar algen ruikt.

'Smoothie van boerenkool,' zegt hij met een trotse ondertoon.

Mijn maag trekt zich samen. Het ziet er ondrinkbaar uit. Afschuwelijk.

'Dank je!' zeg ik zo opgewekt mogelijk. Nikolai geeft me de kaart en wijst behulpzaam de meloenschotel aan.

'Madame wil graag meloenschotel,' zegt hij vol overtuiging. 'Meloenschotel, net als gisteren.'

O god. Ik kan maar beter gewoon ja zeggen.

'Ja, graag.' Ik pers er een glimlachje uit. 'Eén keer de meloenschotel. Dank je.'

'Hoe smaakt de smoothie van boerenkool?' Nikolai gebaart enthousiast naar het groene slijm en ik baal. Ik kan er met geen mogelijkheid onderuit. Nu moet ik wel proeven.

Ik neem een slokje en krijg meteen braakneigingen. Het smaakt naar moeras. Ik heb nog nooit moeras gedronken, maar instinctief weet ik dat moeras precies zo smaakt.

'Heerlijk.' Het lukt om nog eens te glimlachen. 'Perfect! Wil je de kok namens mij bedanken?'

Nikolai is tevreden en steekt dan de eetzaal over naar Finn Birchall.

'Sir. Kan ik iets betekenen?'

'Ja, graag.' Hij knikt. 'Twee eieren, dubbel gebakken graag. En spek, toast van zuurdesembrood, boter, jam, sinaasappelsap en een stapel pannenkoeken.' Hij wacht even als hij ziet dat Nikolai nog druk aan het schrijven is en vervolgt dan: 'Met ahornsiroop. En nog een zwarte koffie.'

Bij het horen van deze opsomming begint mijn maag wanhopig te knorren, maar ik probeer mijn gezicht in de plooi te houden.

'Smoothie van boerenkool, sir?' Nikolai gebaart richting mijn glas. 'Biologische boerenkool, heel gezond?'

Finn Birchall walgt ervan, dat zie ik. 'Nee. Dank je.'

Met tegenzin neem ik nog een slokje van de smoothie met boerenkool en ik moet bijna kokhalzen. Wat zit daar in vredesnaam in?

Nikolai verlaat de eetzaal en wij wachten in stilte op ons eten. Ik probeer me te ontspannen, maar dat lukt op de een of andere manier niet. Die Finn Birchall heeft iets onuitstaanbaars. Is het omdat hij de hele tijd met zijn vingers op tafel trommelt? Is het omdat hij er zo moordlustig uitziet? *Het is maar ontbijt, hoor!* wil ik hem toeroepen. *Wat doe je nou moeilijk!*

Hij is gespannen, besef ik. Hij is gespannen en zijn spanning slaat over op mij. Ik vond het veel fijner toen ik nog alleen was met Nikolai die elke drie seconden 'Madame' tegen me zei. Eindelijk komt Nikolai terug en ik slaak een zucht van verlichting. Eerst zet hij een bord meloen voor me neer. Dan gaat hij terug naar de keuken, om vervolgens binnen te komen met het legendarische feestmaal dat de kok heeft bereid voor Finn Birchall.

Ik krijg zowat een flauwte. De aanblik van al dat lekkers. En de géúr. Spek. Eieren. Pannenkoeken. Een hele berg toast. Stevig, warm, heerlijk eten, rijkelijk overgoten met ahornsiroop.

Als ik moet toekijken hoe hij dat allemaal naar binnen werkt, zak ik nog in elkaar van de honger. Haastig werk ik de zielige plakjes meloen weg, neem een paar slokken kruidenthee en bekijk de smoothie van boerenkool met kinderlijke tegenzin. Kan ik van tafel gaan en het glas gewoon laten staan? Nee. Niet na alle moeite die ze ervoor hebben gedaan.

Zal ik het stiekem in een plantenpot gieten? Nee. Ze hebben hier geen planten in potten.

Dan krijg ik een goede ingeving. Ik wenk Nikolai naderbij.

'Hoi,' zeg ik. 'Ik moet ervandoor, ben ik bang. Zou je hier een smoothie to go van kunnen maken?'

Weer boven op mijn kamer ga ik op het bed zitten en staar naar het behang tot ik wat ben gekalmeerd. Dan pak ik mijn spullen en steek het gazon over naar het strand, met mijn smoothie in een papieren beker in mijn hand. De buitenlucht doet fris aan, maar ik zie een paar stukjes blauwe lucht en de eerste krokussen komen al door het gras heen. Dit wordt een fijne dag, zeg ik tegen mezelf. Ik ben vastbesloten om alles vanaf vandaag echt anders te gaan doen, en positief denken hoort daar ook bij.

Onderweg stel ik me voor hoe goed het mediteren straks zal gaan. Ik ga in kleermakerszit op de rots zitten. Ja. Ik ga kalm uitkijken over zee. Ja. Ik ga me laten inspireren door het geluid van de branding.

Já. Ik heb het allemaal zo helder voor ogen dat ik, zodra de rots in beeld komt, geschrokken blijf staan.

Finn Birchall zit op de rots. Míjn rots.

Ik versnel mijn pas, been het strand over en ga naar mijn strandhuisje, dat van alle huisjes het dichtst bij de rots ligt. Ik bedoel maar. Ik weet dat rotsen van niemand zijn, maar als die rots van íemand was, dan zou ik het zijn. Hoe kan het trouwens dat hij hier nu al is?

Hij kijkt niet eens opzij als ik zijn kant op kom. Hij leunt achterover in de comfortabele holte van de rots, net zoals die rijkeluiskinderen van vroeger. En ik kan het niet helpen, maar ik voel de verontwaardiging in me opvlammen.

Diep vanbinnen zegt een stemmetje tegen me: *Het is maar een rots.* En: *Maak je niet druk, Sasha.* Maar een andere, minder rationele stem zegt: *Wat is dít oneerlijk, gisteren had ik het strand helemaal voor mij alleen.*

Ik nader de rots van opzij en zie hem daar boven zitten. Met een norse blik staart hij voor zich uit richting zee, nog altijd trommelend met zijn vingers. Is hij aan het mediteren? Het lijkt er niet op, tenzij zijn mantra is: *Rot allemaal maar een heel eind op.*

Kan een eenvoudige groet er zelfs niet af?

'Hallo,' zeg ik, een beleefd gebaar om mijn subtiele passieve agressie te maskeren.

(Oké, misschien is het niet erg subtiel. En misschien probeer ik het ook niet te maskeren.)

Aanvankelijk reageert hij niet eens. Dan draait hij zijn hoofd opzij en kijkt hij me met donkere, harde ogen aan.

'Ik dacht dat we elkaar met rust zouden laten?'

'Doen we ook.' Ik schenk hem een nog beleefdere, minachtende glimlach. 'Zeker. Gewoon een beleefde groet. Vergeet alsjeblieft dat ik iets heb gezegd.'

'Het spijt me dat ik niet naar beneden spring, je een hand geef en je boven uitnodig voor een kopje thee,' zegt hij met een stem waar het sarcasme van afdruipt. 'Maar ik ben hier niet om gezellig te doen.'

'Ik anders ook niet.' Ik doe mijn armen over elkaar. 'Ik ben hier voor de rust. Daarom was ik ook zo blij dat het strand leeg was. Tot nu toe, dan. Dus.' Ik kijk een ogenblik zijn kant op en zie aan zijn gezicht dat hij begrijpt wat ik bedoel. Dan staart hij weer nors uit over zee.

'Goh, het spijt me dat ik zo'n stoorzender ben,' zegt hij met een schouderophalen dat aangeeft dat het hem helemaal niet spijt.

'Geen probleem. Leuke rots,' zeg ik met een hoofdknikje naar de steenklomp.

'Yep.'

'Gisteren heb ik op die rots zitten mediteren.'

'Fijn voor je.'

Hij wendt zijn blik weer richting zee; ons gesprek is duidelijk ten einde. Nou, hij kan de boom in. Ik heb die rots heus niet nodig. Ik ga vandaag aan mezelf werken en ben niet van plan me van hem iets aan te trekken.

Maar hij zit daar wel. Hij zit daar en het lukt me niet hem te negeren.

Vanaf die hoge rots kan hij het hele strand overzien, bedenk ik terwijl ik met mijn matje en hoelahoep door het mulle zand waad. Ik probeer me voor hem af te sluiten en loop naar de waterlijn. Ik gooi mijn matje neer en neem, met mijn gezicht richting zee gewend, in kleermakerszit plaats. Ik doe een poging tot mediteren. *Rust in je hoofd,* zeg ik beslist tegen mezelf terwijl de golven uitrollen op het strand. *Rust in je hoofd. Focus op het geluid van de* –

Zou hij naar me kijken?

Als ik terloops de omgeving in me opneem, kijk ik hem per ongeluk recht aan. Ik bloos en wend haastig mijn blik weer naar zee. Verdorie.

Wat kan het mij eigenlijk schelen of hij naar me kijkt?

Niks. Het maakt me niks uit. Maar het is een onwelkome afleiding dat er nog iemand op het strand is. Ik voel zijn ogen in mijn rug prikken. Of zo lijkt het in elk geval. Hoe dan ook, ik zak niet weg in een ontspannen trance. Dit werkt niet.

Ik doe een paar halfslachtige rekoefeningen en vraag me dan af of het beter zou zijn om aan de honderd squats te beginnen. Maar dat is nog erger. Daar wil ik echt geen pottenkijkers bij hebben. En welke kant moet ik op kijken als ik daarmee bezig ben? Als ik hem mijn rug toekeer, ziet hij mijn kont op en neer gaan. En als ik zijn kant op kijk, dan lijkt het alsof ik kleine buiginkjes naar hem maak. Ik kijk vluchtig rond om te zien of hij is weggegaan, maar nee. Hij zit nog steeds op die rots. Nou zeg!

Ongemakkelijk kom ik overeind, rol mijn matje op, hang de hoelahoep over mijn schouder en besluit verder te gaan met *Stap 3*. *Verbinden met de natuur.* Om mijn geheugen op te frissen open ik de app op mijn telefoon en zoek ik de tips op, die worden opgeleukt met twee foto's van Wetsuitvrouw. Op de ene speelt ze met een dolfijn, die haar vrolijke lach lijkt te beantwoorden. Op de andere is ze zo te zien in een regenwoud, waar ze eerbiedig een hand tegen de stam van een enorme boom legt.

De natuur is zo oud als de aarde zelf en kan de getroebleerde geest tot rust brengen. Dieren zijn instinctief geneigd tot helpen en verbinden. Planten hebben een helend effect. Maak gebruik van die kracht. Stel je open voor de natuur en ervaar het weldadige effect daarvan op lichaam en geest.

Ik ben niet razend enthousiast, maar vooruit. Ik doe mijn telefoon terug in de zak van mijn parka en laat mijn blik over het strand glijden voor wat natuurimpressies. Er zweven zeemeeuwen door de lucht en ik probeer ze te volgen, maar ze zijn te ver weg om een connectie met ze aan te kunnen gaan. En wat ik me afvraag: zijn zeemeeuwen instinctief geneigd tot helpen en verbinden? Zoals ik ze ken, zijn ze instinctief geneigd om je eten te pikken en kloDders poep op je schouder te gooien.

Ik kijk naar de golven, maar ik heb al geprobeerd om naar de golven te kijken. Oké. Wat is er nog meer te zien?

Zeewier? Ik aarzel, maar dan ga ik naar een pluk zeewier toe en bekijk het warrige hoopje vanboven. Het is bruin en glibberig en ziet er nogal onaantrekkelijk uit. Ik vraag me af of het iets voor me doet. Er loopt een krabbetje over het wier heen en ik hurk neer om het wat beter te bekijken. *Hallo krab*, zeg ik in gedachten, maar de krab lijkt dit niet op te merken. *Hallo krab*, denk ik nog een keer, maar dan verdwijnt het beestje tussen twee slierten zeewier.

Dan richt ik mijn aandacht op een zeeslak. Ik staar een tijdje naar de schelp en vraag me af of je open kunt staan voor een slak. *Dag slak*, probeer ik dapper. In een opwelling draai ik het slakkenhuisje om, en zie dan dat er geen slak in zit. De schelp is leeg. Dit is stom. Dit is belachelijk. Waar ben ik nou mee bezig? Ik zwem niet met dolfijnen in een turkooizen zee, ik ben op een koud Engels strand en hurk neer bij zeewier om me 'open te stellen' voor een dode zeeslak. Nee, bedankt. Wat is het volgende programmapunt?

Ik sta op, schud mijn benen los en voor ik er erg in heb, dwaalt mijn blik weer af naar de rots. Argh. Nee-hee. *Kijk nou niet de hele tijd naar hem, Sasha*, zeg ik streng tegen mezelf. Wat is er toch met me aan de hand? Ik ben hier niet om naar een jongen op een rots te staren. Ik ben geen dertien meer. Ik ben hier om aan mezelf te werken. Met een resoluut gebaar trek ik mijn telefoon uit de zak van mijn parka en zoek in de app de volgende stap op: *Dansen alsof er niemand naar je kijkt.*

Bij deze stap staat veel tekst en er worden allerlei bronnen vermeld. Ze leggen uit welke bewegingen je maakt bij de twist en de floss. Er is een filmpje van Wetsuitvrouw die onbezorgd danst in een verlaten bos. De app geeft een paar adviezen: *Word de ster in je eigen videoclip. Ben je op een drukke plek, filter al die mensen dan weg! Voeg aan je dansmoves ook hupsjes toe en gebruik de hoelahoep. Trek je niks aan van al die mensen, geniet gewoon van het dansen. Je bent Beyoncé! Je bent Shakira! Voor je het weet, ben je verslaafd aan dit euforische gevoel.*

Er staat zelfs een playlist bij. Ik tik de lijst aan en doe mijn oortjes in. Ik luister even naar de pompende beats en probeer me eraan over te geven. Dan beweeg ik me heupwiegend zijwaarts over het zand en wacht op een euforisch gevoel.

Als dat uitblijft, ga ik heupwiegend en zwaaiend met mijn armen de andere kant op. Maar nog steeds geen euforie, alleen acute schaamte. Mijn tenen blijven door mijn flinke gympen de hele tijd haken in het zand en ik voel me helemaal geen Beyoncé of Shakira. (Ik heb een parka aan. Hoe kan ik me dan Shakira wanen?) Misschien is ongeremd dansen niks voor mij, denk ik na een tijdje. Zou het helpen als ik een specifieke dans uitkies, zoals de floss? Ik maak wat flossachtige bewegingen – en krijg daar meteen enorme spijt van. Die floss krijg ik nooit onder de knie, en trouwens, dat is de stomste dans ter wereld.

Opnieuw dwaalt mijn blik af naar de rots, en weer kijkt hij mijn kant op. O gód.

Misschien is het beter om te gaan hoelahoepen. Ik negeer hem nadrukkelijk en stap in de roze hoepel, breng hem naar heuphoogte, geef het ding een flinke zet en breng mijn heupen in beweging. De hoepel ploft meteen in het zand. Ik probeer het nog eens. Weer valt de hoepel op de grond.

Een vluchtige blik op de rots vertelt me dat hij nog steeds zit te kijken. Wacht, zie ik hem nou láchen?

Oké. Even voor de duidelijkheid. Als er hordes mensen op het strand waren, zou ik rustig gaan mediteren, mijn squats doen, dansen, met de zeemeeuwen kletsen, álles. Ik zou me volkomen vrij voelen.

Maar er zijn geen hordes mensen. Er is maar één kerel, die op een rots zit en mij bespiedt. Ik kan niet 'dansen alsof er niemand naar me kijkt', want er kijkt wel iemand naar me. Híj daar.

Geërgerd storm ik over het strand naar de rots. Hij leunt nu achterover, staart naar de lucht en verroert geen vin als ik dichterbij kom.

'Hai,' zeg ik. 'Vraagje. Hoelang was je van plan daar te blijven zitten?'

'Is het strand niet groot genoeg voor je?' zegt hij zonder me ook maar aan te kijken.

'Dat zei ik niet. Ik vroeg je iets.'

'Geen idee.' Hij haalt zijn schouders op. 'Hoelang was je van plan daar beneden te blijven?'

'Geen idee,' flap ik er zomaar uit.

Verdomme. Niet bepaald een gevatte reactie. Dat blijkt eens te meer als hij niet eens de moeite neemt om erop te reageren.

Een patstelling.

'Nou, veel plezier nog,' zeg ik met een vinnige ondertoon, en ik been weg richting mijn strandhuisje.

Zodra de deur dicht is, plof ik neer op de bank en ruk ik een zak chips open. In een troostrijke verdwazing die maar een paar keer door licht schuldgevoel wordt verstoord, eet ik hem helemaal leeg. Ik weet dat een work-out op het strand gegarandeerd leidt tot een gevoel van euforie. Maar eerlijk gezegd vind ik die staat stukken makkelijker te bereiken door het eten van deze salt & vinegar-chips. Dat zouden ze nou eens in die app moeten zetten. Misschien heeft Wetsuitvrouw ze gewoon nog nooit geproefd.

Als de chips op zijn en ik de allerlaatste zoute kruimeltjes van mijn vingers heb gelikt, lees ik alle horoscopen in mijn roddelbladen. Die had ik gisteren nog overgeslagen. De volle beker met de smoothie van boerenkool staat op de grond en ik bekijk hem vol afschuw. Misschien kan ik dat spul beter weggooien. Maar de smoothie is zo dik dat de gootsteen vast verstopt raakt als ik de beker daarin leegschenk. Aan de andere kant, als ik het buiten doe, dan kan het zijn dat Mr Onuitstaanbaar ziet dat ik hem niet opgedronken heb en krijg ik een sarcastische opmerking naar mijn hoofd.

Ik laat hem gewoon nog even staan, besluit ik. Niemand die het ziet. Dit strandhuisje is mijn veilige plek. Zo veilig dat ik ook de laatste zak chips openmaak en mezelf begin vol te proppen. Ik maak geloof ik niet zo makkelijk verbinding met de natuur. Maar verbinding maken met koolhydraten gaat me uitstekend af.

Als de zak leeg is, blijf ik nog een hele tijd op de bank hangen, zonder iets te ondernemen. Er zweven wat stofdeeltjes door de lucht en ik volg ze met mijn blik, maar dan spreek ik mezelf streng toe. *Kom op, je kunt hier niet de hele dag blijven zitten.* Behoedzaam steek ik mijn hoofd om de deur van mijn strandhuisje en zie dat de rots nog steeds bezet is. Hij zit daar nog steeds uit te kijken over zee. En nu neemt hij een slok… Is dat whísky?

Ik sluip het terras op met het idee om snel het huisje in te duiken als hij opzijkijkt. Ja. Het is whisky. Hij heeft een fles en een glas en… zijn dat pinda's? Ik ben een klein beetje verontwaardigd omdat hij daar een soort bar heeft ingericht. Hoe komt hij aan een fles whisky? Hij is dus naar beneden gekomen, haalde die fles ergens vandaan en nam vervolgens weer positie op de rots. Als ik wat beter had opgelet, had ik zijn plek kunnen inpikken.

Alsof hij mijn ogen in zijn rug kan voelen, draait hij zich om en betrapt me erop dat ik naar hem kijk. Kak. Haastig doe ik net alsof ik op het terras mijn kuit sta te rekken. En nu zijn mijn hamstrings aan de beurt. Rekken, rekken, rekken, lalala, ik doe net of ik hem niet zie…

'Is er iets?' roept hij.

'Nee, hoor. Helemaal niet,' roep ik terug. 'Geniet van het uitzicht. Geniet van je whisky.' Het woord 'whisky' geef ik een scherpe klank mee, waarom weet ik ook niet. Ik ben niet anti-whisky. Dus waarom zei ik dat dan zo? Ik begrijp niet waarom ik me zo vreemd gedraag in het bijzijn van deze man.

'Doe ik, dank je.' Hij neemt een slok. 'Wil je ook wat?'

'Nee, bedankt,' zeg ik beleefd.

'Daar was ik al van uitgegaan.' Hij kijkt me neutraal aan. 'Het was een grapje.'

O. Haha. Ik wil net een gevatte opmerking terugkaatsen als ik opschrik van een brullend geluid. Is dat een motor? Op het strand?

Vol ongeloof zie ik een motor over het strand onze kant op racen. Is dat een pízzabezorger? De motor rijdt naar de rots en stopt, waarna een man een pizza uit zijn box pakt en dan omhoogkijkt naar Finn.

'Finn Birchall, rots bij de strandhuisjes, het strand van Rilston Bay?'

'Dat ben ik.' Finn knikt.

Mijn kin hangt op de grond als ik zie hoe Finn zijn pizza aanneemt en betaalt. Wat een steengoed idee. Een pizza laten bezorgen. Waarom heb ik daar niet aan gedacht? De motor rijdt brullend terug. Finn kijkt naar beneden en ziet mijn stomverbaasde blik.

'Sorry, neem je aanstoot aan pizza?' snauwt hij. 'Ik weet niet zeker of hij biologisch is, even kijken welke toppings ik heb besteld…' Hij doet net of hij op de bon kijkt. 'O ja, pepperoni met extra gifstoffen. Zal wel niet, dan.'

'Ik neem geen aanstoot aan pizza,' zeg ik op ijzige toon. 'Het boeit me sowieso niet wat jij eet.'

'Meen je dat nou?' kaatst hij terug. 'Mij hou je niet voor de gek. Elke keer dat ik opkijk, word ik aangegaapt door een heilig boontje, vraag je me hoelang ik hier nog blijf zitten of geef je me het gevoel dat ik op jouw rots zit.' Hij kijkt me strak aan. 'Wat het niet is. Waarom mag ik verdomme niet gewoon rustig op het strand zitten?'

Heilig boontje? Er borrelt woede in me op. Ik ben geen heilig boontje!

'Natuurlijk mag je dat, ik ben gewoon aan mezelf aan het werken,' zeg ik kalm. 'Ik had gehoopt vanochtend op de rots te kunnen mediteren, maar ga je gang. Blijf lekker de hele dag zitten.'

'Dank je. Ga ik doen. Je hebt er geen last van als ik naar het cricket luister, toch?' vraagt hij, en hij gebaart naar het boxje naast zich.

'Nee hoor, totaal niet.' Ik glimlach vriendelijk. 'En jij hebt er geen last van als ik oerkreten uitstoot, of wel?'

'Mij best.'

Hij pakt een stuk pizza uit de doos en als ik een vleug van de pepperoni opvang, krimpt mijn maag jaloers ineen. Zo te ruiken is het een goddelijke pizza. Ik zou hem willen vragen waar hij hem heeft besteld. Hij is knapperig, goed gebakken, met lekker veel uien en verse kruiden…

'Shit!' roept Finn geschrokken uit, en ik schrik me rot. Vanuit het niets maakt een grote zeemeeuw een duikvlucht en trekt de pizzapunt zomaar uit zijn hand. 'Stomme schijtvogel!' schreeuwt Finn. 'Geef mijn eten terug!' Met een hand boven zijn ogen kijkt hij kwaad omhoog naar de dief. 'Kom terug, stuk verdriet!' Ik proest het uit en hij werpt me een woedende blik toe. 'Wacht. Vind je dat grappig?' 'Heel grappig.' Ik knik. 'Want ik heb gevoel voor humor.' Finn is even van zijn stuk gebracht en nu ik het laatste punt heb gescoord, maak ik me vlug uit de voeten. En ook omdat ik nog drie zeemeeuwen zie aankomen die het op hem hebben gemunt. Dit wordt nog een hele toestand.

'Fijne plek voor een picknick,' zeg ik luchtigjes, en ik draai me om. En het wórdt een hele toestand. Met maaiende armen probeert Finn de zeemeeuwen die hem aanvallen en krijsend rond zijn hoofd vliegen te verjagen. Hij scheldt en schreeuwt, maar het helpt allemaal niet, het zijn er te veel.

Dank jullie wel, zeemeeuwen, zeg ik in gedachten terwijl ik het allemaal door het raam van mijn strandhuisje zie gebeuren. Hebben ze me toch gehoord! Die meeuwen vingen op wat ik van ze nodig had en handelden daarnaar.

Dan geeft Finn zich eindelijk gewonnen. Hij klautert van de rots af en slaagt erin het restant van de pizza en de fles whisky buiten het bereik te houden van de hongerige zeemeeuwen, die hij ondertussen stevig verwenst. Even later hoor ik voetstappen op het plankenpad dat voor de huisjes langs loopt, gevolgd door het dichtslaan van een deur. Hij is weg. Ha!

Ik kan nu niet meteen zijn plek innemen. Dan lijkt het net of ik hem wil laten zien dat ik gewonnen heb, en dat zou kinderachtig zijn. Ik weet me wel tien seconden te beheersen, verlaat dan mijn strandhuisje, loop nonchalant naar de rots toe en klim erop. Ik installeer me in de holte en zucht tevreden. Eindelijk. Rust. De zeemeeuwen zijn weg. Het is stil. Het is perfect. Complete rust. Alleen het ruisen van de golven en een zacht briesje en –

Wacht even. Was dat een regendruppel?

Ik tuur omhoog naar de lucht en voel een druppel in mijn oog landen. Nee toch. Néé. Stomme rotnatuur. Stomme, stomme rotnatuur. Die zou toch een weldadig effect op me moeten hebben? Nou ja, het maakt eigenlijk niet uit. Ik geef me niet zomaar gewonnen. Ik kan echt wel wat hebben. Ik trek de capuchon van mijn parka over mijn hoofd en probeer als de regenbui echt doorzet nog wat dieper weg te duiken in de holte van de rots. Het is goed, houd ik mezelf voor terwijl de regendruppels op mijn capuchon kletteren. Het geeft niks dat mijn spijkerbroek nat wordt en dat mijn handen bevriezen. Ik merk alles op. De rots, de regen, de –

Ik hoor een geluid en in een reflex kijk ik met een ruk opzij, waardoor al het water van mijn capuchon in mijn gezicht stroomt. Terwijl ik de regen probeer weg te vegen, zie ik Finn in de deuropening van zijn strandhuisje staan, kurkdroog, met een paraplu in zijn ene hand en de whiskyfles in de andere. We zeggen geen van beiden een woord. Ik tuur door de regen kwaad zijn kant op en zie dat hij zijn lachen nauwelijks kan inhouden.

'Ik had verwacht wat oerkreten te horen,' zegt hij.

'Ik zit te mediteren,' antwoord ik stijfjes.

'Ah. Nou, veel plezier.'

Hij loopt verder over het plankenpad en ik kijk hem geërgerd na tot hij weg is en wend mijn blik dan weer richting zee. *Kom op, Sasha. Mediteren.*

Ik focus op de golven, adem de vochtige, zware lucht diep in. Ik probeer in het hier en nu te zijn en dankbaarheid te voelen voor alles wat ik in mijn leven heb.

Er is regen in mijn leven. En ik ben dankbaar voor de regen, want...

Een felle windvlaag bezorgt me koude rillingen en ik kijk uit over het verlaten strand. O, wie houd ik nu eigenlijk voor de gek? Ik heb zin in een kop thee. Het is mooi geweest.

9

Na een kop thee, een lang warm bad en een nog langer middag-slaapje voel ik me heel wat meer mens. Het heeft de hele middag geregend, dat weet ik omdat ik de regen tegen de houten planken voor mijn raam hoorde slaan. Maar tegen een uur of drie werd het geroffel zachter en volgens mijn weerapp is het nu helder, met kans op zon.

Ik trek droge kleren en mijn andere parka aan, loop door de ver-laten lobby heen en ga naar buiten. Het is een heerlijke, heldere middag. De regen is opgehouden en een waterig zonnetje schijnt zo fel in de plassen dat ik na het schemerduister in mijn kamer mijn ogen tot spleetjes knijp.

Vastberaden en in een flink tempo doorkruis ik het dorp met de-zelfde bestemming als gisteren. In het smoezelige kruidenierszaakje sla ik eens goed in: koekjes, pinda's en een krentencake. De kassa wordt bemand door dezelfde man als gisteren, en als ik mijn bood-schappen betaal, knikt hij me veelbetekenend toe, alsof we oude vrienden zijn.

'Binnenkort ga ik naar de cash-and-carry,' zegt hij op zachte toon, terwijl ik de boodschappen in mijn binnenzak prop. 'Laat maar weten als ik iets kan meenemen. Wat dan ook.'

'Dank je.' Ik praat al even zacht als hij. 'Misschien.'

Hij buigt zich over de toonbank en zegt nog zachter. 'Een hele doos Club-wafels, twintig pond.'

Club-wafels! Die heb ik niet meer gegeten sinds... ja, sinds wan-neer? Waarschijnlijk op mijn laatste vakantie hier. Terry deelde die dingen altijd uit na de surfles en bij de herinnering loopt het water me in de mond.

'Ja, doe maar,' zeg ik, en instinctief kijk ik om me heen of iemand het heeft gehoord. 'Sinaasappelsmaak, graag.'

'Club-wafels, sinaasappel.' De man knikt en tikt tegen de zijkant van zijn neus. 'Komt voor elkaar. Zal ik ze afgeven bij het hotel?'

'Nee,' zeg ik. 'Ik kom ze wel halen.'

'Prima. Na vijven.' Ik geef hem een briefje van twintig pond en hij kijkt naar de deur, waardoor twee vrouwen binnenkomen. 'Ik hou mijn mond.'

Op weg naar de uitgang voel ik mijn telefoon trillen. Ik pak hem uit mijn zak en de naam op het scherm vrolijkt me meteen op.

Ik neem op. 'Hallo! Hi Dinah. Hoe is het met je?'

'Hoe is het met mij?' O, wat houd ik toch van dat Ierse accent. 'Het gaat fantastisch. Maar ik maak me om jou wel een beetje zorgen, Sasha. Jij rent tegenwoordig tegen muren aan, hoor ik?'

Ik schiet in de lach en voel de spanning uit mijn lijf wegtrekken. Wat een feest om die stem weer te horen. Waarom heb ik haar nou zo lang niet gebeld?

'Ik snap ook niet wat er gebeurde,' geef ik toe. 'Ik was even de weg kwijt. Het is de schuld van het hoofd Werkgeluk. Van haar moest ik 357 e-mails beantwoorden én een zonnig humeur hebben.'

'Een zonnig humeur!' zegt Dinah snuivend. 'Op het werk heb je als vrouw maar één doel voor ogen. Je bent volledig gefocust op die ene taak. Die vraagt al jouw concentratie. Zo'n zware klus kun je lichamelijk en geestelijk alleen aan met voldoende rust en liefdevolle ondersteuning. Je zou zo'n dokter ook! Ik bedoel, hoofd Werkgeluk!'

Sinds Dinah haar roeping als doula gevonden heeft, benoemt ze alles in termen van het geboorteproces. Het kan dus gebeuren dat ze tegen je praat alsof ze het tegen een barende vrouw heeft. Wat soms nog verrassend behulpzaam is ook.

'Zeg, maar waar hang jij uit?' vraagt ze nu. 'Ik hoorde dat je ergens aan zee zit?'

'Ik probeer een beetje uit te rusten. En gezond te doen.' Ik kijk naar de pinda's en de cake in mijn boodschappentas. 'Het gaat met vallen en opstaan, laten we het daar maar op houden.'

'Dat gaat helemaal goed komen,' zegt Dinah beslist. 'Je bent sterker dan je denkt. Geloof in jezelf. Hoe staat het met je libido?'

Dinah weet al dat het daar droevig mee is gesteld en ze heeft me zelfs een keer een foldertje meegegeven: 'Weer aan seks beginnen'. Voor vrouwen na de bevalling, met allerlei handige tips over pijnlijke tepels. (Heel nuttig, maar niet heus.)

'Ik loop er nog steeds niet echt warm voor,' zeg ik schoorvoetend. 'Het is een beetje alsof je naar een schaal kippenpootjes kijkt terwijl je net gegeten hebt.'

'Kippenpootjes!' Dina barst in lachen uit en ik grinnik van de weeromstuit een beetje mee. 'Nou, met een burn-out kan ik me dat best voorstellen. Je hebt een seksuele burn-out. Dus een vakantieliefde zit er niet in?'

'Er is hier een man,' geef ik toe. 'Best een lekker ding. Maar de kans dat hij iets zou willen beginnen met een vrouw die gruwt van seks lijkt me niet zo groot.'

'Dat lijkt mij ook,' zegt Dinah.

'En bovendien is hij niet aardig. Hij deed gemeen tegen een peuter.'

'Nee!' roept Dinah boos. 'Oké. Laat die maar schieten, dan. En niet gewanhoopt, het komt allemaal vanzelf weer goed. Dat lijf van jou kan alles aan, Sasha. Je lichaam weet wat het moet doen. Vertrouw daar maar op.'

'Dinah! Ik ben niet aan het bevallen, hoor,' breng ik haar grinnikend in herinnering.

'Nou, dat is misschien helemaal niet zo'n gek idee!' antwoordt ze gevat. 'De geboorte van een heel nieuwe Sasha.'

We kletsen nog een tijdlang over van alles en nog wat, maar in die hele tijd denk ik steeds weer aan dat ene zinnetje. *De geboorte van een heel nieuwe Sasha.* Misschien kan dat best. Wie weet gaat me dat lukken.

Als ik een halfuur later ophang voel ik me een ander mens. Eén gezellig gesprek met een vriendin heeft wonderen gedaan. Ik voel me lichter. Energieker. Zelfverzekerd. Sterk. Ik mag best wat meer vastberadenheid tonen. Pit.

In een impuls loop ik door naar de kleine, verlaten parkeerplaats naast de supermarkt, zet mijn boodschappentas op de grond en recht, met Dinahs advies in gedachten, mijn rug. *Je bent sterker dan je denkt. Dat lijf van jou kan alles aan, Sasha. Je lichaam weet wat het moet doen.* Ik voel een gedrevenheid die ik nog niet van mezelf kende. Pure wilskracht. Ik ben geen slapjanus. Ik laat me niet uit het veld slaan. Jammer dan als mijn transformatie zich niet afspeelt in de setting van een prachtig strand maar op een sneue parkeerplaats. We kunnen niet allemaal een pittoreske epifanie hebben. Soms is het gewoon een ingeving. En mijn ingeving vertelt me dat ik die verdraaide honderd squats hier ga doen. Hier, ja. En wel nu meteen.

Ik adem een keer diep in en uit en begin. *Kom op, Sasha. Je kunt het.* Ik doe er tien. Een korte rustpauze. Ik doe er nog tien. Een iets langere pauze, dan nog tien. Na vijftig squats neem ik een oppeppende snack en geef ik mijn spieren wat rust, en dan ga ik verder. Ik hijg en mijn dijen branden, maar ik heb me nog nooit zo lekker gevoeld. Mijn benen konden die squats makkelijk aan; het zat gewoon tussen de oren.

Het duurt gênant lang voor ik de honderd bereik. Ik doe er steeds een paar en las dan een korte pauze in. Maar dan bereik ik, puffend en met een rood hoofd, mijn doel. Het is me gelukt! Ik heb honderd squats gedaan!

Ik laat me op de grond zakken en hijg een tijdje uit. De nieuwsgierige blikken van een man in een bestelbusje negeer ik. Dan hobbel ik met trillende benen de parkeerplaats af en loop ik door naar het strand. Dat gesprekje van zo-even over Club-wafels heeft me in een nostalgische stemming gebracht. Ik ga eens kijken hoe de Surf Shack erbij staat.

Als ik het houten gebouwtje in het oog krijg, maakt mijn hart een sprongetje. Er hing altijd zo'n fijne sfeer rond de Surf Shack. Dit was het middelpunt van het strand, hier gebeurde het. Hier zag je je vrienden en bleef je uren hangen. En Terry was de koning. Elke dag weer verzamelden zich groepjes kinderen op het strand. Ze hadden zin in de les. Ik weet nog precies hoe de warming-up altijd ging: rennen op de plaats, een paar rek- en strekoefeningen, armzwaaien. Ervaren surfers, allemaal oud-leerlingen van Terry, deden vaak met ons mee. Ze lachten en maakten geintjes met Terry, die net deed of hij boos werd en ze dan een 'stelletje profiteurs' noemde.

De volwassen surfers waren altijd relaxed en ontzettend aardig voor de kinderen. Ze prezen je als het goed ging en leefden mee als je weer eens zeewater had gehapt. Papa ging zelf nooit surfen, maar hij kwam vaak kijken om ons aan te moedigen. Hij maakte dan altijd een praatje met Terry. Ze konden het goed met elkaar vinden, papa en Terry. Misschien is dat een van de redenen waarom ik zoveel fijne herinneringen heb aan deze plek.

Als ik dichterbij kom, zie ik dat het niet meer het gebouwtje van vroeger is. Het is nog steeds een houten huisje, maar steviger gebouwd. En er hangt een ander bord op de gevel. Wat dacht ik ook? Degene die het bedrijf van Terry overnam, heeft de hut vernieuwd. Op de deur hangt een bordje: GESLOTEN. SURFBOARD HUREN? BEL ONDERSTAAND NUMMER. En dan een mobiel telefoonnummer.

In een reflex draai ik me om en kijk naar de zee, die vanmiddag vrij vlak is. Als er meer golven zijn, komt de eigenaar misschien wel en dan gaat de surfschool open. Maar nu is het gewoon een stil, verlaten huisje op een uitgestorven strand.

Of wacht...

Getver. Het strand is niet leeg, ik zie Finn naderen. Hij draagt een gevoerd jack en heeft een zonnebril op. En hij heeft gezien dat ik hem heb opgemerkt, dus ik kan me niet omdraaien, dat zou raar zijn. Ik hoop maar dat hij verder loopt.

Maar dat doet hij niet. Hij nadert me tot een meter afstand en blijft dan staan, zet zijn zonnebril op zijn hoofd en kijkt een paar tellen zwijgend naar het houten gebouwtje. Precies wat ik daarnet deed.

'Sorry dat ik je nu alweer stoor,' zegt hij na een tijdje op dat overdreven beleefde toontje waar ik me mateloos aan erger. 'Vroeger, als kind, had ik hier altijd surfles. Ik wilde eens zien hoe de hut erbij stond.'

'Echt?' zeg ik voor ik er erg in heb. 'Ik ook.'

'Had jij vroeger ook les van Terry?' Het klinkt argwanend en daar baal ik van. Maar wat wil hij nou zeggen? Dat het hem verbaast dat ik surfles kreeg, of dat ik surfles kreeg van Terry?

'Nou, ik ging in elk geval niet naar Pete Huston,' zeg ik uit de hoogte, wat me een waarderend lachje van Finn oplevert.

'Blij dat te horen. Anders hadden we verder alle contact moeten vermijden.'

Ik heb zin om iets snibbigs te zeggen in de trant van *dat zou ik helemaal niet zo erg vinden*, maar iets weerhoudt me daarvan. Hij heeft surfles gehad van Terry. Hij hoort bij Team Terry. En ik merk dat het me ietsjes voor hem inneemt. Een heel klein beetje.

Nu bekijkt hij me alsof hij me voor het eerst ziet. 'Je komt me niet bekend voor,' verkondigt hij na een tijdje. 'Kwam je hier vroeger vaak?'

'Ja!' antwoord ik stijfjes, want dit klinkt toch wel een beetje beledigend. 'En ik herken jou ook niet.'

'Ik ben zesendertig.' Hij bekijkt me wat beter, alsof hij aan mijn sproeten probeert af te lezen hoe oud ik ben. 'Jij lijkt me… een jaar of dertig?'

'Drieëndertig.'

'Kwam je hier elk jaar?'

'Tot mijn dertiende. Maar in de periode daarvoor elk jaar, ja. Waarschijnlijk waren we hier steeds net in andere weken.'

'Dat moet dan wel.' Hij kijkt weer naar de Surf Shack. 'Terry Connolly,' zegt hij na een poos. 'Wat een man. Bijna alles wat ik aan levenslessen heb meegekregen, komt bij Terry vandaan.'

'Ik snap wat je bedoelt,' zeg ik, enigszins verbaasd dat we het ergens over eens zijn. 'Ik heb gevraagd of Terry nog surfles geeft, maar hij is blijkbaar met pensioen.' Hij heeft zijn bedrijf verkocht.' 'Ik weet het.' Finn knikt. 'En bij het hotel zeiden ze dat Sandra drie jaar geleden overleden is.' Hij vertrekt zijn gezicht. 'Dat had ik niet verwacht.'

'Het is jammer, maar zo gaan die dingen. En Petes zaak is zelfs opgedoekt.' Ik kijk opzij naar de plek waar, een paar meter verderop, altijd het strandhutje van Surftime stond.

'Hij is er na een ongeluk mee gestopt,' zegt Finn. 'Er was iets mis met een van zijn kajaks. Een jongetje verdronk bijna, en later bleek dat Pete daar schuld aan had.'

'Ik weet het,' zeg ik. 'Ik was op het strand toen het gebeurde.'

'Hé, ik ook.' Finn fronst en denkt even na. 'Dus... we zijn hier wel tegelijkertijd geweest.'

In de stilte die hierop volgt, verwerk ik de nieuwe informatie. Al die jaren geleden waren wij hier allebei, op ditzelfde strand. Herinner ik me hem nog? In gedachten ga ik al Terry's leerlingen na, op zoek naar een jongetje zoals Finn. Maar er komt geen herinnering bovendrijven.

'Wij zijn de dag erna uit Rilston vertrokken,' zeg ik na een tijdje, en hij knikt.

'En wij waren toen net aangekomen. De eerste dag van de vakantie, en de badmeesters sturen iedereen het water uit. Ik zat toen zelfs in een andere kajak. Ik probeerde nog naar hem toe te zwemmen om te helpen, maar ze riepen me terug naar het strand.' Hij rolt met zijn ogen. 'Echt een geweldig begin van de week.'

'Wij gingen bowlen,' vertel ik. 'Zijn jullie hier nog gebleven?'

Hij knikt. 'Het was niet niks.'

'Dat weet ik,' zeg ik vlug. 'Ik herinner het me nog.'

Ik probeer net zo beslist over te komen als hij. Maar eerlijk gezegd herinner ik me niet zoveel van die dag, behalve dat er een boel heisa was. Er werd geschreeuwd, op het strand stonden groepjes mensen naar zee te wijzen en de strandwachten renden heen en weer. Ik weet niet eens of mijn herinneringen wel betrouwbaar zijn; misschien heb ik me die hollende strandwachten wel ingebeeld. Toen papa hoorde dat hij ziek was, stond ons leven ineens zo op zijn kop dat de rest er niet meer toe deed.

'Kan best dat we elkaar ook in andere jaren hier hebben gezien,' zegt Finn, en ik knik weer.

'Zou kunnen, alleen wisten we het niet.'

De energie tussen ons is veranderd. We bekijken elkaar met iets meer interesse.

'En? Surf je nog steeds?' zeg ik.

'Soms. Jij?'

'Eén of twee keer sinds die tijd.' Ik haal mijn schouders op. 'Sliep jij als kind in het Rilston? Hadden jullie een strandhuisje?'

Ik reken er zo op dat hij me nu gaat vertellen dat hij een van die vervelende rijkeluiskinderen uit de strandhuisjes was dat ik verbaasd opkijk als hij zijn hoofd schudt.

'Mijn tante woonde in het dorp, en elke zomer kwam de hele familie hier bij elkaar. Maar toen zij naar Cornwall verhuisde, gingen we vanaf toen altijd daarnaartoe. Mijn nicht is teruggekeerd naar Devon, zij woont nu even buiten Campion Sands. Ik ben bij haar op bezoek geweest voordat ik naar Rilston kwam.' Hij knijpt zijn ogen samen. 'En jij? Sliep jij dan in zo'n strandhuisje?'

'Nee!' zeg ik met een schrille lach. 'Wij logeerden nooit in het Rilston Hotel. Wij zaten altijd in een pension.'

'En wat brengt jou hier, zo buiten het hoogseizoen?' Hij gebaart naar het verlaten strand. 'Veel is hier niet te doen als je niet voor het surfen komt.'

Die vraag had ik niet verwacht en het duurt even voor ik een antwoord klaar heb.

'Ik had gewoon zin om op vakantie te gaan,' weet ik dan eindelijk uit te brengen. 'Jij?'

'Hetzelfde verhaal.' Ik kan zijn blik niet goed peilen. 'Gewoon, even een vakantie.'

Liegbeest. Die kerel is een enorm liegbeest! Hij is niet op vakantie, hij is weggestuurd van zijn werk om 'aan zichzelf te werken'.

Maar ja, ik ben ook een liegbeest. Voor mij is dit ook geen gewone vakantie.

Het gesprek valt stil, alsof we geen van beiden nog iets kwijt willen over dit onderwerp.

'Nou... geniet nog van je wandeling,' zeg ik na een tijdje.

'Jij ook.'

Ik draai me om en loop over het strand van hem weg, een beetje van mijn stuk gebracht door ons gesprek. Het heeft allerlei herinneringen bij me opgeroepen, aan Terry, aan onze vakanties hier en zelfs aan de ziekte van mijn vader. En vaag dringt ook de notie tot me door dat deze kerel misschien niet zo'n ellendeling is als ik eerst dacht.

Hoog tijd voor wat chocola, besluit ik, en ik steek een hand in mijn zak om een Galaxy te pakken. Wanneer ik de reep tevoorschijn haal, vliegt er een velletje papier de lucht in, en ik doe een halfslachtige poging het te vangen voor het door een windvlaag gegrepen wordt. Drie seconden later dringt het met een schok van afgrijzen tot me door dat het mijn manifestatie is. Mijn manifestatie over seks. Zwart op wit. En die waait nu over het zand richting Finn. Het gênantste wat ik in mijn hele leven opgeschreven heb, zweeft vrolijk op de wind over het strand.

Als het zijn kant op fladdert, krimpt mijn hart ineen. Het zou wat zijn als hij het opraapt en leest! Nee. Dat gaat niet gebeuren. Stel je niet zo aan, Sasha.

Maar het zou kunnen, als hij zo iemand is die zwerfafval opraapt. Stel dat hij het uit de lucht plukt en leest wat erop staat, dan weet hij dat ik het geschreven heb...

Oké, dit mag niet gebeuren. Ik moet dat velletje in handen krijgen.

Als een bezetene ren ik terug over het mulle zand, mijn blik strak op het stuk papier gericht. Maar vrijwel meteen besef ik hoe stom dit is, want Finn merkt mijn fanatisme op. Hij spot het papiertje en roept:

'Wacht maar, ik pak het wel!' Met een grote sprong, alsof hij een lot uit de loterij ziet liggen, drukt hij het met zijn voet tegen de grond en buigt zich voor ik iets kan zeggen voorover om het te pakken. 'Nee! Niet doen... Dat is vertrouwelijk!' schreeuw ik met afgeknepen stem. 'Vertróúwelijk!' Maar mijn stemgeluid komt niet boven de wind uit. Het velletje ligt al opengevouwen in zijn hand, er prijkt een lichte frons op zijn voorhoofd...

En... het is gebeurd. Het ergst denkbare is gebeurd. Hij heeft het gelezen. Dat zie ik aan zijn gezicht. Hij spert zijn ogen open, zijn mondhoeken krullen op. Hij heeft zojuist mijn intiemste gedachten over seks gelezen.

Bedankt, Wetsuitvrouw.

Als ik hem heb bereikt, probeer ik uit alle macht iets zinnigs uit te brengen.

'Dat is gewoon iets...' Ik schraap mijn keel. 'Het is niet... Nou ja. Bedankt.'

Zonder iets te zeggen steekt Finn me het papier toe. Hij vermijdt angstvallig mijn blik, maar mij houdt hij niet voor de gek. Ik weet dat hij het heeft gelezen. Ik had groot geschreven en zoiets lees je in vijf tellen. Terwijl mijn blik over mijn eigen handschrift glijdt, schaam ik me zo dat ik het liefst in het zand zou willen wegzakken.

Seksdrive. Seksuele fantasieën. Zin hebben in seks.
~~Een man met een pik.~~ Een sexy man met een goeie pik. ~~Een grote, als het even kan.~~ Omvang niet van belang, dank u.

Wereldvrede.

Moet ik dit nu uitleggen? Nee, dat gaat niet. Zoiets kun je niet uitleggen.

'Dank je,' zeg ik zacht.

'Geen probleem,' zegt hij beleefd.

Het ergste is nog dat hij geen enkele sarcastische opmerking heeft gemaakt, hij heeft me zelfs niet aangekeken. Dat geeft aan dat hij zo tactvol is om het onderwerp te vermijden. O god, dit is onverdraaglijk, ik moet íéts zeggen...

'Ik was een liedje aan het schrijven,' bedenk ik ineens. 'Het is een... songtekst.'

Finn trekt een wenkbrauw op en ik zie hem in gedachten nagaan wat er ook alweer precies stond.

'Dat wordt wel wat,' zegt hij na een tijdje. Dan steekt hij bij wijze van groet een hand op en zet koers richting de duinen. En ik blijf staan, met bonzend hart, verlamd door schaamte.

Geloofde hij dat, van het liedje? Nee. Natuurlijk niet.

O god, waarom moest ik dat velletje papier ook laten wegwaaien? En waarom moest hij nou zo nodig op het strand zijn? Bij die laatste gedachte begint mijn hoofd zo te koken dat ik een wanhopige kreet slaak. Wat zou het fijn zijn als hij hier niet was, als hij niet de hele tijd overal opdook en me tegen de haren in streek. Zonder hem zou ik me veel beter kunnen ontspannen. Zou ik het naar mijn zin hebben. Waarom moet hij nou zo nodig ook hier zijn?

Terneergeslagen loop ik terug. Ik baal, ik schaam me dood en ik heb een rothumeur. Ik denk ook nog na over het gesprek dat ik met Finn over vroeger had. Zou ik hem vroeger, als kind, hebben gekend? Van gezicht op zijn minst?

In een opwelling bel ik Kirsten. Die weet het vast en zeker nog.

'Sasha!' Op de achtergrond klinkt een kinderprogramma op tv. 'Hoe is het met je? Mama vertelde me over de kefir en de reflexologie. Je hebt het druk!'

'Tja,' zeg ik. 'Best wel.'

'Hoe voel je je?' Ze vervolgt op zachte toon. 'Gaat het al wat beter? Nu je de hele dag die frisse zeelucht opsnuift?'

'Het gaat wel, hoor,' zeg ik. 'Vandaag heb ik bijna de hele dag geslapen. Van zwemmen in natuurwater is het nog niet gekomen. Niet tegen mama of Pam zeggen.'

'Je kunt me vertrouwen,' zegt Kirsten. 'Maar je weet dat veel slapen een symptoom van de menopauze is. Misschien moet je dat toch eens onderzoeken.'

'Ik lach me dood.' Ik rol met mijn ogen. 'Maar aan frisse zeelucht geen gebrek. Alles goed verder. Er is iets heel toevalligs – herinner jij je een jongen die Finn Birchall heet?'

'Ja.'

Zo'n stellig antwoord had ik niet verwacht. Ze zegt gewoon meteen ja.

'Nou, die is hier. Ik kan me hem helemaal niet herinneren.'

'Hij was er een paar jaar achter elkaar. Het zou zomaar kunnen dat we bij elkaar in de surfles zaten. Woont hij in Rilston?'

'Nee, hij zit in het hotel. Wij zijn zowat de enige twee gasten.'

'Aha.' Ze denkt even na. 'Ahá. Is hij een beetje galant?' Ze bedoelt: ben je van plan met hem naar bed te gaan? Kirsten en ik houden er een eigen theorie op na. Volgens ons is bij de keuze voor een man één criterium heel belangrijk: hij moet galant zijn. Naar bed gaan met een botterik is in feite een vorm van zelfbeschadiging. We hebben zelfs een grappig motto bedacht: *Niet galant, aan de kant!*

'Ik doe niet meer aan seks, weet je nog?'

'Daar zou je voor naar de dokter gaan, weet je nog?'

'Jaja,' poeier ik haar af. 'En bovendien, deze gast en ik zijn zowat aartsvijanden. Hij is bloedirritant en vervelend en ik heb met eigen ogen gezien dat hij een peuter aan het huilen maakte. Zonder ook maar een spoortje van schaamte.'

'Oké.' Kirsten lacht. 'Nou, zo te horen hoef ik me geen zorgen te maken. Maarrr…' Ze zet een stem op alsof ze een strafrechter is. 'Is hij een beetje lekker?'

'Hij is… niet vervelend om naar te kijken,' erken ik.

'Bouw?'

'Goed gebouwd.' Ik denk terug aan zijn lange, gespierde bovenlijf. 'Best lekker. Voor zover dat mogelijk is bij een bloedirritante, arrogante kerel.'

'Nou, hou je koppie erbij en ga niet op een onbewaakt moment met hem naar bed,' instrueert Kirsten me. 'Een onvriendelijk type kun je nu niet gebruiken. Nooit, trouwens,' verbetert ze zichzelf. 'Nooit.'

Wat bazelt ze nou? Ga niet op een onbewaakt moment met hem naar bed? Waar ziet Kirsten me voor aan?

Ik rol met mijn ogen. 'Het gaat me vast en zeker lukken om niet op een onbewaakt moment met hem naar bed te gaan,' zeg ik. 'Meer dan beleefdheden zullen we niet met elkaar uitwisselen en dat is dat.'

10

Beleefdheden. Dat moet lukken.

De volgende ochtend denk ik, op weg naar de eetzaal, na over een paar neutrale gespreksonderwerpen. Ik kan hem vragen of hij het wandelpad langs de kust al heeft geprobeerd, of hij weet wat voor weer het vandaag wordt... Maar zodra ik de eetzaal binnenkom, merk ik dat er iets mis is. Finn zit met een ongekend kwaaie kop aan zijn tafeltje, terwijl Nikolai daar vlakbij bezig is met een gezicht dat op huilen staat. Zijn wangen zijn bleek en ik zie zijn handen trillen.

'Goedemorgen,' zeg ik voorzichtig, en Finn reageert met een vage grom.

Wat is hier gebeurd?

Terwijl ik stilletjes plaatsneem op mijn stoel, zet Nikolai een rekje toast op Finns tafel.

'Toast van zuurdesembrood,' zegt hij met trillende stem. 'Sir, met mijn excuses voor de vergissing. Sorry voor het witbrood.' Hij buigt deemoedig het hoofd. 'Het was een vergissing.'

Ik kijk hem ontsteld aan. Waar komt deze nederige bekentenis vandaan?

'Geen probleem,' snauwt Finn, en ik kijk nieuwsgierig zijn kant op. Hij kijkt nors en klemt zijn kaken strak op elkaar. De arme Nikolai beweegt zich zowat knipmessend achterwaarts.

Is het Finns schuld dat Nikolai is veranderd in een bibberend hoopje ellende?

Natuurlijk is het zijn schuld, dat blijkt uit alles. Hij heeft die arme, lieve Nikolai laten kennismaken met de bullebak Finn Birchall. Hij heeft geschreeuwd, met zijn vuist op tafel geslagen of heeft zich op een andere manier misdragen. Vanwege een rekje toast!

Ik schud mijn servet open en kook van woede. Ik had het die eerste keer al goed gezien, die man is een monster. Wie denkt hij verdorie wel dat hij is? Zo tegen mensen tekeergaan, dat kan toch niet? Alsof de normale omgangsvormen niet voor hem gelden! Niks beleefd. Beleefd gaat uit het raam.

Ik werp Finn een ziedende blik toe, maar hij is bezig op zijn telefoon en gaat daar helemaal in op. Als Nikolai bij mijn tafeltje komt staan, glimlach ik naar hem. Hopelijk biedt het enig tegenwicht tegen Finns onbeschofte gedrag.

'Goedemorgen, Nikolai! Hoe gaat het?'

'Goedemorgen, Madame,' zegt hij, nog steeds met onvaste stem.

'Madame wenst weer de meloenschotel?' vervolgt hij, en ik glimlach vriendelijk terug, al word ik naar bij de gedachte aan nog meer meloen.

'Inderdaad. Voor mij graag de meloenschotel, dank je. En toast, alsjeblieft. Wat voor toast dan ook,' voeg ik eraan toe, met een veelbetekenende ondertoon in mijn stem. 'Over sommige dingen moet je gewoon niet moeilijk doen.' Ik kijk kwaad richting Finn, die het niet lijkt te snappen. Denkt hij nou echt dat ik niet weet wat er is voorgevallen? 'Toast is toast,' vervolg ik. 'Het maakt totaal niet uit welk brood ervoor wordt gebruikt. Tenzij je een ongehoorde zeurpiet bent. Dank je wel, Nikolai. Ik waardeer het allemaal zeer.'

'Wenst Madame ook een smoothie van boerenkool?' stelt Nikolai voor, en ik knik enthousiast.

'Graag! Ik heb echt zin in een smoothie van boerenkool! Wel graag to go,' voeg ik eraan toe. 'Als het kan.'

Een paar minuten later staat Finn op en terwijl hij de eetzaal verlaat, knikt hij me nors toe. Ik ontbijt in stilte en bedenk onder het eten wat ik allemaal tegen hem zou willen zeggen. Als hij soms dacht hiermee weg te komen, dan heeft hij het mooi mis. Stiekem vind ik het helemaal niet erg dat ik nu een goede reden heb hem eens flink de waarheid te zeggen.

Na het ontbijt maak ik me haastig klaar voor de dag die voor me ligt. Ik loop de trap af met een rugzakje vol lekkers en marcheer dan richting de strandhuisjes. Daar aangekomen zie ik dat Finn al op het strand is. Hij tuurt ingespannen naar iets in het zand. Hebbes. Deze kans laat ik niet lopen.

'Ik zou graag even met je willen praten als dat kan,' zeg ik snibbig als ik hem op een paar meter ben genaderd. Hij reageert niet. Ik weet niet waar hij naar kijkt, maar het moet intrigerend zijn. Tweede poging. 'Hallo? Ik wilde het even met je hebben over vanochtend. Ik zit met wat vragen.'

Dan beweegt hij eindelijk zijn hoofd.

'Moet je dit zien,' zegt hij.

Afleidingsmanoeuvre. Goh, onverwacht.

'Nee, dank je,' zeg ik. 'Ik wil het even hebben over wat er tijdens het ontbijt is voorgevallen.'

'Nee, maar echt,' zegt hij. 'Kijk even.'

Godsamme.

Met een zucht zet ik mijn rugzak op het terras. Dan loop ik door het zand zijn kant op. Het zal wel drijfhout zijn of een dode vis waar iets raars mee is, denk ik. Maar als ik zie waar hij naar kijkt, valt mijn mond open. Een fles champagne in een rubberen wijnkoeler onder een stevig plastic zeil dat met een paar keien is vastgezet. Die champagne is op zichzelf al verbazingwekkend, maar er staat ook een tekstje bij. In grote, met kiezels gemarkeerde letters staat het volgende geschreven:

VOOR HET STEL OP HET STRAND. BEDANKT.

Het duurt even voor ik iets zeg. 'Wauw. Wat raar, dit.'

'Inderdaad.' Finn snapt er duidelijk ook niets van.

'Is dat echte champagne?' Ik doe een stap naar voren. 'Mogen we eraan komen?'

'Het is geen plaats delict, hoor!' Finn lacht, en stopt dan abrupt. 'Of nou ja, misschien toch wel.'

'Die fles is van glas.' Ik bekijk het praktisch. 'Als hij breekt, dan krijgen mensen scherven in hun voet. Dat is gevaarlijk.' Dan lees ik het bericht nog eens. 'Wat wordt hier nou mee bedoeld?'

'Dat weet alleen het stel op het strand, lijkt me,' zegt Finn.

Ik draai me om, alsof dat mysterieuze stel achter ons staat, maar het brede strand ligt er net zo verlaten bij als anders.

'Tja. Wat moeten we hier nu mee?'

'Ik ga naar Cassidy,' zegt Finn. 'Vragen of zij weet wat dit te betekenen heeft.'

'Laat mij maar,' werp ik tegen. Ik pak mijn telefoon om een foto te maken van het bericht. 'Het is beter als ik ga, denk je ook niet?'

Ik kijk Finn aan en verwacht dat hij beschaamd zijn ogen neerslaat of me misschien zelfs vertelt wat er vanochtend is gebeurd, maar hij fronst.

'Waar slaat dat nou weer op?'

God, hij heeft echt geen gréíntje zelfkennis.

'Volgens mij kan ik beter overweg met het personeel dan jij,' zeg ik vinnig. 'Dat denk ik.'

'Dat denk jij?' herhaalt hij ongelovig.

'Dat denk ik, ja.'

'Nou, ik denk dus dat ík dit beter kan afhandelen. Dan hoeven we niet te wachten tot jouw PA heeft gebeld. We kunnen rechtstreeks met het personeel praten. Wist je dat? Dat doen alle gewone, normale mensen.'

Ik weet niet wat ik hoor. Zit hij me nou belachelijk te maken?

'Ik weet tenminste hoe je netjes met personeel omgaat,' zeg ik op ijzige toon. 'En dat kun je niet van iedereen zeggen.'

'Netjes?' Hij lacht hardop. 'Dat zegt de vrouw die haar PA elke ochtend allerlei vergezochte verzoeken laat doorgeven? Kefir! Boerenkool! Reflexologie! Om zeven uur 's ochtends! Ik weet niet hoeveel je die PA van jou betaalt, maar het is sowieso te weinig.'

Ik ben geschokt. Ziet hij me echt zo?

Nou ja, wat maakt het mij eigenlijk uit? Ik ben hem geen verklaring

141

schuldig. Toch ga ik ertegenin. 'Jij weet helemaal niets over mij.'

'Dacht je dat?' werpt hij tegen. 'Ik weet dat jij een prinsesje bent dat iedereen voor zich laat rennen. Jij bent zo idioot fanatiek met je gezondheid bezig dat je wit wegtrekt als je een suikerklontje ziet. Of een fles drank. En bij alle andere leuke dingen. Sorry, maar we stellen niet allemaal zulke hogen eisen op het gebied van voeding en beweging en algehele perfectie als jij,' voegt hij er sarcastisch aan toe. 'Het moet lastig voor je zijn om mensen in je buurt te hebben die minder perfect zijn dan jij.'

Wekte deze man eerst vooral ergernis bij me op, nu begin ik te koken van woede. *Prinses? Idioot fanatiek?*

'Huh? Ik, idioot fanatiek? Omdat ik niet de hele dag op het strand whisky zit te zuipen en pizza's loop te bestellen?'

'Ik heb liever whisky en pizza dan kikkerkots,' kaatst hij terug, met een hoofdknikje naar de smoothie van boerenkool die ik in mijn hand heb.

Kikkerkots is zo'n treffende omschrijving van de smoothie dat ik even met mijn mond vol tanden sta.

'Nou, ik schreeuw tenminste niet tegen het personeel!' zeg ik kattig, een tactiekwijziging die Finn in de verdediging drukt.

'Schreeuwen tegen het personeel? Waar heb je het over?'

'Vanochtend,' zeg ik. 'Die arme Nikolai kreeg door jouw toedoen zowat een zenuwinzinking.'

Ik verwacht een schuldbewuste reactie van Finn, maar hij staart me onbewogen aan.

'Waar heb je het over?' zegt hij nog eens.

'O, hou toch op!' roep ik geërgerd uit. 'Ik weet dat je tegen hem hebt geschreeuwd of iets lelijks hebt gezegd, of… weet ik veel. Heb je tegen de muur gestompt? Met stoelen gegooid? Je kettingzaag erbij gepakt? Ik weet alleen dat je hem bang hebt gemaakt. Ik mag dan kikkerkots drinken, maar ik ben in elk geval geen sociopaat met een kort lontje.'

Op Finns voorhoofd verschijnt een kloppend adertje. Hij zegt niet meteen iets terug, maar ik zie dat hij zijn vuisten balt. Als hij zijn mond opendoet, klinkt zijn stem beheerst maar gespannen.

'Doe je dat wel vaker? Mensen lukraak van allerlei dingen beschuldigen? Of vind je dat gewoon een leuk tijdverdrijf in je vakantie?'

'Ontken het nou maar niet,' zeg ik verontwaardigd. 'Nikolai had het niet meer. Er kwam haast geen woord meer uit!'

'Dat kan best zo zijn.' Finn kijkt me vastberaden aan. 'Maar wat heb ik daarmee te maken?'

Méént hij dit nou? Wie denkt deze gast nou voor de gek te houden? Ik zie dat hij moeite heeft zich te beheersen. Zijn lichaamshouding verraadt grote beroering. In een poging zijn emoties de baas te blijven ademt hij door zijn neus in en uit.

'Luister, ik weet hoe het zit. Oké?' zeg ik ongeduldig, voor ik heb kunnen bedenken of dit nou wel zo slim is. 'Ik weet wat er bij jou op het werk is gebeurd. Ik hoorde jou in de duinen al die brieven dicteren.'

Finn verbleekt van schrik en even voel ik me schuldig, maar het is te laat. Hier had hij over na moeten denken voor hij zo gemeen deed tegen Nikolai. 'Ik weet dat je niet gewoon op vakantie bent. Ik weet dat je hier bent om "aan jezelf te werken".' Ik sla mijn armen afkeurend over elkaar. 'Maar je werkt helemaal nergens aan! Je drinkt whisky en gaat tekeer tegen een arme ober die geen vlieg kwaad doet!'

Met een zwierige beweging wend ik me af en ga ik op weg naar mijn strandhuisje, maar tot mijn ontzetting komt Finn achter me aan. Als ik bij mijn voordeur ben aangekomen, staat hij vlak achter me. Ik draai me om en wil hem vriendelijk vragen me met rust te laten, maar ik krijg geen woord over mijn lippen. Hij kijkt me woedend aan. Het lijkt wel of hij een halve meter is gegroeid. Heel intimiderend. Ik bekijk hem van top tot teen, alsof ik hem voor het eerst zie. Brede borstkas. Sterke armen. Krachtige kaak, nog strakker dichtgeklemd dan zo-even. Mijn ledematen beginnen te trillen.

'Moet jij eens horen, mevrouw Vitaminefreak van het Jaar,' zegt hij vlak. 'Ik heb er genoeg van.'

'Ga je nou lopen dreigen?' Ik slik.

'Dit is geen dreigement!' zegt hij nijdig. 'Ik leg jou alleen de regels nog een keertje uit. Misschien zijn de alledaagse omgangsvormen bij jou een beetje weggezakt doordat jouw PA alles voor je regelt. Of misschien krijg je door dat dieet van jou wel gewoon te weinig calorieën binnen. Ben je daarom de kluts een beetje kwijt.'

'Dus ík zou de omgangsvormen niet in ere houden?' herhaal ik vol ongeloof. 'Ik? Dit meen je niet! Jij was anders degene die in de trein een peuter aan het huilen maakte!'

Hij schrikt enorm, dat zie ik aan alles. Finn voelt zich duidelijk betrapt.

'Ik was een beetje gestrest,' zegt hij bij wijze van verdediging.

'Gestrest?' kaats ik terug. 'We zijn allemaal gestrest!'

Dan ga ik haastig mijn strandhuisje binnen. Ik trek de deur met een klap achter me dicht, opgelucht dat ik van hem af ben. Maar hij klopt direct op de deur, zo hard dat ik ervan schrik.

'Toe maar, hoor, steek je kop maar in het zand!' Hij is door de houten deur heen goed te verstaan, zijn stem klinkt alleen wat gedempt. 'Jij denkt dat je alles weet, maar dat is niet zo! En trouwens, het gaat je niets aan waarom ik hier ben.'

Nu voel ik me een beetje schuldig, want hij heeft gelijk – maar dat kan ik natuurlijk niet toegeven.

'Dit gesprek is afgelopen!' roep ik terug door de deur. 'Afgelopen!'

'Het is niet afgelopen! Je kunt me niet de les lezen en dan zomaar wegrennen!'

'Ik las jou niet de les!' roep ik terug. 'Ik lees nooit mensen de les! Ik zeg gewoon wat ik zie!'

'Nou, dit had je anders niet gezien, of wel soms?'

Ik gil van schrik als de deur wild openzwaait. Met bonzend hart doe ik een stap achteruit. Gaat hij me uitschelden? Gaat hij met dingen gooien? Gaat hij me slaan? Daar staat hij, in de deuropening, met een kwaaie kop. Hij houdt een arm omhoog, de mouw is opgerold en... wacht even.

Wat is dat?

Op zijn pols zit een rode plek die al pijn doet als ik er alleen maar naar kíjk. De wond ziet er naar en rauw uit. Hij wil me iets duidelijk maken, besef ik.

'Wat is er met jou gebeurd?' vraag ik geschrokken, maar Finn lijkt het niet op te merken. Hij staat zwijgend en roerloos voor me, met opengesperde ogen. Het duurt even voor ik het begrijp, en ik krijg een hartverzakking als ik besef waar hij naar kijkt. Ik draai me om, volg zijn blik, en slik als ik het tafereel met zijn ogen overzie. De roddelbladen. De wikkels van chocoladerepen. De verkreukelde chipszakken. De lege ijsbeker. De wijnfles. De kartonnen doos met alle tissues die ik tijdens mijn huilbui heb gebruikt. En – als bewijsstukken in een rechtszaal – twee niet-opgedronken smoothies van boerenkool.

Ik probeer een grappige opmerking te bedenken in de hoop er een stijlvolle draai aan te geven… maar dat lukt niet. Ik heb geen stijl. Geen laagje vernis. Niets om me achter te verschuilen.

Dit ben ik.

'Sorry,' zegt Finn uiteindelijk, op een andere, vreemd klinkende toon. 'Ik had niet zomaar mogen binnenvallen. Het spijt me.'

Ik wil tegen hem zeggen dat het niet erg is, maar voor ik iets kan zeggen, is hij vertrokken en doet hij de deur achter zich dicht. Ik zucht diep en breng langzaam mijn vuisten naar mijn voorhoofd. Er komt geen geluid uit mijn keel. Er is ook geen geluid dat zou passen bij deze situatie.

Het lijkt wel of ik een eeuwigheid zo blijf staan. Mijn hoofd tolt. Het geschreeuw. De aanblik van die rode plek op zijn huid. De schaamte. Even overweeg ik te vertrekken. Gewoon mijn tas inpakken, uitchecken en teruggaan naar Londen. Alles beter dan deze man weer onder ogen moeten komen.

Maar dat zou stom zijn. En er zijn belangrijker zaken. Waarom was die wond niet verzorgd en afgedekt?

Na een heel diepe zucht stap ik resoluut naar buiten. Finn zit op het terras voor zijn strandhuisje. Hij schrikt op als hij me ziet en kijkt argwanend mijn kant op.

'Hoe kom je aan die wond op je arm?' vraag ik op de man af.

'Nikolai heeft er hete koffie op gemorst.'

'O god!' Ik sla een hand voor mijn mond. 'Nee!'

'Hij is nogal nerveus,' zegt Finn met een wrang, waterig lachje. 'Bibberige handen. Niet zo'n beste combinatie bij het serveren van warme dranken.'

'Dus daarom deed je zo kortaf. Toen je dat zei over de toast.' Ik zucht een keer diep nu alles op zijn plek valt. En ook Finn wordt zo te zien van alles duidelijk.

'Aha. Oké. Nu begrijp ik waar je het over had. Ik sprak op die manier tegen hem omdat het behoorlijk veel pijn deed. Vriendelijker kon ik op dat moment niet tegen hem zijn. Vooral als je bedenkt dat hij ook mijn bestelling voor het ontbijt niet goed had doorgegeven. Hij was een beetje van slag, denk ik.'

In gedachten speel ik het tafereel in de eetzaal nog eens af, en ik moet zeggen dat ik het nu beter begrijp. Geen wonder dat Nikolai er zo gekweld uitzag.

'En over dat voorval in de trein…' Finn kijkt gekweld. 'Ik weet het. Dat was niet best. Ik was overgevoelig voor geluid, en dat drukke kind werkte op mijn zenuwen. Ik kreeg er hoofdpijn van en ik sloeg door. Fout, ik weet het.'

Ik laat zijn woorden bezinken en ik geloof dat ik hem begrijp; ik heb er zelf ook weleens zo doorheen gezeten dat ik geen enkel geluid meer kon verdragen. Ik heb met hem te doen. Niet dat hij het recht had om zo grof en kortaf te doen, maar nu begrijp ik het tenminste.

Dan ben ik ineens weer in het hier en nu.

'Maar wacht. Waarom zit je hier nog? Waarom heb je niemand naar je arm laten kijken? Je hebt de wond niet eens verbonden!'

'Ik heb hem onder de koude kraan gehouden. Het gaat wel, hoor.'

Finn zwaait ongeduldig met zijn arm en ik rol met mijn ogen.

'Het gaat helemaal niet. Die wond moet worden afgedekt, straks raakt hij nog ontstoken. Dat zou pas echt vervelend zijn.'

Ik klink net als mijn moeder, dat weet ik. Maar het gaat vanzelf. Bij het zien van die aangetaste huid voel ik rillingen langs mijn ruggengraat gaan. 'Wij gaan nu naar het hotel,' zeg ik beslist, 'voor wat broodnodige eerste hulp. Wacht even, misschien heb ik wel een pleister...' Ik steek een hand in mijn zak en haal er iets uit, maar het is geen pleister. Het is de wikkel van een chocoladereep.

Finn kijkt naar de wikkel en dan naar mij, maar hij wendt haastig zijn blik af. Er valt een korte stilte.

'Je hebt gelijk,' zeg ik, en ik probeer mijn toon luchtig te houden. 'Een eerste indruk klopt niet altijd.'

'Ik had... bepaalde vooroordelen over jou,' zegt Finn bedrukt en met afgewende blik. 'Daarvoor wil ik graag mijn verontschuldigingen aanbieden. Het spijt me ook heel erg dat ik heb geschreeuwd. En gevloekt.'

'Je hebt niet gevloekt,' zeg ik.

'Echt niet?' Finn trekt even zijn wenkbrauwen op. 'Wat gek, want ik wilde het wel.'

Ik schiet in de lach, maar Finn kijkt ernstig. Hij ziet er aangeslagen uit. Gekweld.

'Het spijt me dat ik me zo heb misdragen,' zegt hij. Het is duidelijk een zinnetje uit het officiële script en ik zucht. Ineens leef ik ontzettend met hem mee. Het valt niet mee om de hele dag door excuses aan te moeten bieden.

En ik kan het weten.

'Het is goed, hoor,' zeg ik, veel vriendelijker nu. 'Je hoeft je tegenover mij niet officieel te verontschuldigen. Maar toch bedankt. En ik wil ook sorry zeggen. Ik ben te ver gegaan. Ik noemde jou ten onrechte een...'

Mijn stem sterft weg. Heb ik hem echt een sociopaat met een kort lontje genoemd?

'Ik ben ook over de schreef gegaan,' antwoordt hij vlug. 'Ik heb ongepaste opmerkingen gemaakt waar ik nu erge spijt van heb. Je hebt vast een heel fijne band met je PA en de hoogte van haar salaris gaat me niets aan.'

O jee, hoog tijd om dit verzinsel uit de wereld te helpen.

'Luister, ik moet je iets vertellen,' zeg ik. 'De vrouw die elke ochtend naar de receptie belt, is mijn PA helemaal niet. Het is mijn moeder.'

'Je móéder?' Hij lijkt even de kluts kwijt te zijn. 'Aha. Oké. Waarom...?'

'Nee.' Ik schud mijn hoofd. 'Nee... laten we het daar maar niet over hebben.' Als hij me aankijkt, zie ik dat hij nu medelijden voor míj voelt. Ik wend haastig mijn blik af. Hij kijkt dwars door me heen. Hij ziet de echte, onhandige Sasha. De Sasha die met het leven worstelt. En ik betwijfel of ik dat aankan.

'Kom op.' Ik verschuil me achter een praktische, kordate houding. 'Nu eerst die wond verzorgen. En niet tegensputteren,' voeg ik eraan toe als hij zijn mond opendoet. 'Ik ga er persoonlijk voor zorgen dat de boel niet ontstoken raakt.' Als ik me omdraai, hoor ik Finns telefoon zoemen. Hij kijkt op het scherm en zucht geërgerd.

'Heb jij die app van het hotel gedownload?' vraagt hij. 'Want ik word er gék van. "We zien dat je op het strand bent,"' leest hij hardop voor. '"Wist je dat koningin Victoria dit strand ook weleens heeft bezocht? Beeld je maar eens in hoe dat geweest moet zijn." Ik bedoel, wat een onzin.' Hij kijkt weer naar mij. 'Moeten ze ons nou echt lastigvallen met deze nonsens?'

'Ik heb de app op stil gezet,' biecht ik op. 'Gisteren. Toen ik werd uitgenodigd voor de viering van 4 juli, Onafhankelijkheidsdag.'

'Ze wilden het vieren met een barbecue. Ik kreeg die uitnodiging ook! In februari! Het moet niet veel gekker worden.'

Hij klinkt zo verontwaardigd dat ik moet grinniken, en dan schiet hij ook in de lach.

Hij tikt op het scherm van zijn telefoon. 'Notificaties gedempt,' zegt hij tevreden.

Als we de lobby binnenkomen, is Cassidy druk aan het werk op haar computer. Bij het zien van de brandwond op Finns arm slaakt ze een ontstelde kreet en stopt ze met typen.

'Mr Birchall! Wat is er gebeurd?'

'Een ongeluk zit in een klein hoekje,' zegt Finn achteloos. Bij het horen van deze tactvolle verklaring glimlach ik goedkeurend naar hem. 'Ik kreeg wat warm water op mijn arm. Valt mee, hoor. Maar heb je misschien een pleister voor me?'

'Ik ben bedrijfshulpverlener!' zegt Cassidy stralend. Ze buigt voorover en pakt een plastic doos onder de balie vandaan. 'Hé, kijk nou!' roept ze uit als ze de verbandtrommel openmaakt. 'De sleutel van kamer 54. Die hebben we overal gezocht!'

Terwijl zij Finns arm verbindt, besluit ik de tekst op het strand ter sprake te brengen.

'Cassidy, we vonden een fles champagne in het zand,' begin ik. 'Pal voor de strandhuisjes.'

'Champagne?' herhaalt ze afwezig.

'Op het strand,' bevestigt Finn.

'Had iemand die daar achtergelaten?' vraagt ze terwijl ze een stuk pleistertape afknipt.

'Nee, het leek eerder alsof het een cadeautje was. Nou ja, dat dachten wij tenminste. Wij snappen het ook niet.'

'Voor wie dan? Zat er een briefje bij? Net te laat voor Valentijnsdag!'

'Er stond iets in het zand geschreven,' leg ik na een lichte aarzeling uit. 'Er stond "Voor het stel op het strand. Bedankt."'

'Het stel op het strand,' herhaalt Cassidy bedachtzaam. 'Het stel op het strand...' Dan richt ze zich op, kijkt van mij naar Finn en steekt dan triomfantelijk haar wijsvinger uit.

'Jullie zijn het stel op het strand! Die fles is voor jullie!'

'Maar wij zijn geen stel,' zeg ik.

'Totaal niet,' zegt Finn instemmend.

'Géén stel,' benadruk ik nog eens. 'Integendeel. Dus wij kunnen het niet zijn.'

Cassidy kijkt ons neutraal aan. 'Nou, jullie zijn met z'n tweeën,' legt ze behulpzaam uit. 'En jullie zijn de hele dag op het strand. Ik weet zeker dat de champagne voor jullie is.'

'Maar dat is niet logisch,' werp ik tegen. 'Wie wil ons nou champagne geven? En er stond "Bedankt". Waarom zou iemand ons bedanken?' Op mijn telefoon zoek ik de foto van het bericht op en als ik die haar laat zien, verandert haar gezichtsuitdrukking.

'O, aha!' zegt ze. 'Het is er zo een. Het lijkt op een bericht van Mavis Adler,' vervolgt ze, alsof dat iets verduidelijkt.

'De wat?'

'De kunstenares hier uit de buurt? Je weet wel, die van het schilderij *Jeugdliefde*. Het zoenende stelletje. Er hangt een reproductie in de bibliotheek. Ik ben het eerlijk gezegd wel een beetje beu zo langzamerhand.' Ze rolt met haar ogen. 'In de zomer komen hier altijd drommen fans die net doen of zij het stel zijn. Een fotografe uit het dorp, Gill, heet ze, verdient een fortuin met het fotograferen van toeristen die elkaar op die plek kussen. Bizar.'

'Aha,' zeg ik verbaasd. 'Dat schilderij ken ik wel. Maar wat heeft dat hiermee te maken?'

'Nou.' Cassidy leunt naar voren, duidelijk van plan een sappige roddel met ons te delen. 'Een jaar of vijf geleden had Mavis Adler een expositie. Die bestond niet uit schilderijen, maar uit berichten op het strand. Ze wilde daarmee protesteren tegen milieuvervuiling. Kijk maar.' Cassidy zoekt op haar eigen telefoon iets op en draait dan het scherm mijn kant op. Ik zie twee foto's van teksten die erg lijken op het bericht van vanochtend. Diepe, met kiezels gemarkeerde letters in het zand vormen tekstjes als STOP MET OLIE en HOUD DE AARDE GROEN.

'Wauw,' zegt Finn, die over mijn schouder meekijkt. 'Indrukwekkend.'

'Ja,' zegt Cassidy. 'Ze maakte er een stuk of tien en nam er foto's van, die later een tentoonstelling vormden. Ze hoopte dat haar tekstjes net zo beroemd zouden worden als *Jeugdliefde*. Maar dat gebeurde niet. Beetje pijnlijk.' Cassidy trekt een gezicht. 'Iedereen zei dat ze gewoon weer een verliefd stelletje moest schilderen, maar dat wilde ze niet.'

Finn haalt zijn schouders op. 'Ik geloof dat kunstenaars altijd hun hart willen volgen.'

'Ja, dat geloof ik ook.' Ze legt haar telefoon weg. 'Maar goed, mensen gingen haar nadoen en begonnen ook berichten op het strand te schrijven. Er waren ook vrij platte teksten bij.' Ze grinnikt luid. 'Een vriend van me schreef iets heel grappigs over onze vroegere schooldirecteur, maar die kon er de lol niet van inzien.' Ze lacht weer en bijt dan op haar onderlip. 'Nee, dat was niet zo'n succes. Maar goed, de gemeente stak er een stokje voor. Er kwamen verbodsborden op het strand en toen was het snel afgelopen.'

'Juist,' zeg ik. 'En nu begint er ineens weer iemand te schrijven?'

'Het lijkt er wel op.' Ze knikt. 'En champagne weg te geven. Wie zou dat nou kunnen zijn? O, is het misschien Herbert?' Haar gezicht klaart op. 'Hij vindt jullie zulke fijne gasten. Ja toch, Herbert?'

Ze zegt dat laatste op luide toon, maar Herbert, die even verderop schijnbaar comateus in een luie stoel hangt, reageert niet. 'Ach... hij heeft niets gehoord, de schat. Hij slaapt niet, hoor, hij heeft gewoon een Herbert-momentje,' verzekert ze ons. 'Hij had het druk vandaag! Eerst moest hij de Bergens helpen uitchecken met al die golfclubs, en daarnet heeft hij twee enorme koffers van pas aangekomen gasten gesjouwd. Leren koffers, allebei loeizwaar.'

'Vanaf het station?' vraag ik verschrikt.

'Vanaf de voordeur,' legt Cassidy uit. 'Hij was uitgeput, de schat. Ik zal hem eens vragen naar die champagne.' Ze maakt Finns verband af, legt de schaar neer en doorkruist de lobby.

'Herbert!' roept ze vlak voor zijn gezicht. 'Heb jij dit aardige stel champagne gebracht?'

'We zijn geen stel,' zegt Finn stijfjes, maar Cassidy hoort het niet. Herbert tilt met moeite zijn hoofd iets op van de rugleuning van de stoel, alsof hij zijn laatste woorden gaat uitspreken. Ze buigt zich voorover om het zwakke gefluister op te vangen.

'Hij zegt dat hij het niet was,' vertelt ze. Ze richt zich weer op. 'Nou ja, het heeft wel iets, zo'n mysterieuze fles champagne op het strand. Maar wacht eens, misschien was de fles wel voor onze nieuwe gasten. Jullie zijn wel een stel, toch?' zegt ze opgewekt tegen een man en vrouw van middelbare leeftijd die vanuit de eetzaal de lobby betreden. De vrouw, die een bril draagt en lang steil haar heeft, verstijft zichtbaar.

'Een stel?' herhaalt ze met een snik in haar stem. Ze kijkt opzij naar de man, die met een ongemakkelijk gezicht zijn handen in de zakken van zijn spijkerbroek steekt. Voor een stel dat net aan hun vakantie begonnen is, komen ze nogal gespannen over.

'Mr en Mrs West, dat klopt toch?' zegt Cassidy.

'Nog wel,' zegt Mrs West na een korte stilte. Ze kijkt opzij naar haar man, die zijn blik afwendt, alsof hij niet alleen Cassidy's vriendelijke ogen en de aanblik van zijn partner wil vermijden, maar het hele gesprek. Mrs West lijkt geschokt, alsof hij haar een stomp heeft verkocht. Dan knikt ze, met samengeknepen lippen, alsof deze situatie bevestigt dat het leven één groot tranendal is.

Cassidy dringt aan. 'We vroegen ons alleen af of jullie een fles champagne hadden besteld.'

'Champagne!' Mrs West klinkt geërgerd. Ze probeert te peilen of Cassidy haar in de maling neemt. 'Champagne? Waarom zouden wij champagne bestellen?'

'Misschien ook niet,' haast Cassidy zich te zeggen. 'Maar er was een fles met een kaartje waarop stond "Voor het stel op het strand", en –'

'Het stel op het strand?' onderbreekt Mrs West haar. 'Mag ik jou in alle eerlijkheid iets zeggen? Wij wéten niet of we nog een stel zijn.'

O jee. Mijn ogen schieten naar Mr West. Hij staat er roerloos bij, alsof zijn ergste nachtmerrie werkelijkheid wordt. Wat misschien ook wel zo is.

'We hopen er tijdens deze vakantie achter te komen,' vervolgt Mrs

West, die mistroostig haar dunne armen om haar bovenlijf slaat. 'We zullen zien.'

Ze draagt haar trouwring nog, valt me op. Maar ik zie ook dat haar knokkels wit zijn.

'Ik begrijp het,' zegt Cassidy, duidelijk van haar stuk gebracht. 'Nou, dat zal zich vast vanzelf wel wijzen. Hopelijk gaat het…' Ze maakt haar zin niet af, alsof ze niet goed weet hoe ze het moet verwoorden. 'En mocht het zo zijn dat jullie liever… aangrenzende eenpersoonskamers wensen, dan kunnen we dat zonder extra kosten…'

'Wat krijgen we nu!' Mr West valt uit tegen zijn vrouw. 'Wat heb jij haar verteld over ons seksleven?'

'Ik hoefde niks te zeggen, het is zo ook wel duidelijk!' antwoordt ze met nerveuze, hoge stem.

Ik kijk opzij naar Finn, die net als ik zijn gezicht vertrekt. Wij hadden niets gemerkt. Niemand had het door. Maar het lijkt me niet het juiste moment om dit aan Mrs West te vertellen. Er valt een ongemakkelijke stilte, die alleen wordt onderbroken door het zachte snurken van Herbert.

'Nou!' Cassidy schraapt haar keel. 'Goh. Dat is… ik wens jullie een aangenaam verblijf, ondanks de… Dus…' Ze schraapt nogmaals haar keel. 'Willen jullie nog altijd om acht uur dineren?'

'Acht uur is goed,' zegt Mrs West overdreven beleefd. 'Dank je.'

Zwijgend en als aan de grond genageld kijken we die twee na als ze de trap op gaan, en pas als ze uit het zicht zijn, ontspan ik een beetje. Ik had niet gemerkt dat ik mijn adem al die tijd had ingehouden.

'Een heerlijk stel,' zegt Cassidy, die zich dan lijkt te bedenken. 'Of… nou ja. Ik had beter niet over die aparte kamers kunnen beginnen.' Ze kijkt berouwvol. 'Het is alleen dat je mensen een zo aangenaam mogelijk verblijf toewenst.'

'Volgens mij is die man het beste af in een kamer alleen,' zegt Finn. 'Of liever nog, in een ander land.'

'De lieverds. Echt jammer dat onze reflexoloog er nu niet is,' voegt Cassidy er treurig aan toe. 'Zij doet ook relatietherapie. Dat pakte goed uit voor de Walkers nadat hij was vreemdgegaan met het jetskimeisje. Maar zoals ik al zei, zij werkt nu bij de Burger King. Nou ja…' Haar gezicht klaart op. 'Nu ik jullie toch spreek, wil ik graag een paar activiteiten noemen die we de komende tijd voor onze gasten organiseren. De uitnodiging voor het concert in de lobby hebben jullie al ontvangen. Via de app!' zegt ze als ze mijn neutrale blik ziet. 'Ik heb hem net verstuurd! Check jullie telefoon maar!'

Finn en ik wisselen een veelbetekenende blik.

'Ik probeer mijn telefoon niet te gebruiken,' zeg ik. 'Digitale detox. Kun je het me misschien ook vertéllen?'

'Uiteraard,' zegt Cassidy. 'Kijk eens.' Ze reikt me een uitnodiging aan voor een *Uniek concert in onze lobby, met Herbert Wainwright op hoorn en andere acts.*

'Leuk!' Ik probeer enthousiasme in mijn stem te leggen. 'Ik ga kijken of het lukt.'

'Geweldig! En nu de grotten. Jullie zijn aangemeld voor vanmiddag om twee uur. Samen,' voegt ze er met een blik op Finn aan toe. 'Veel plezier!'

'Samen?' herhaal ik verbaasd.

'Ja, jullie hadden allebei gezegd dat het jullie leuk leek, en dit is het enige beschikbare tijdstip. Sterker nog, jullie zijn de enige twee bezoekers.' Cassidy vervolgt op zachte toon: 'Ze gaan speciaal voor jullie open.'

Ik kijk even naar Finn.

'Heb jij er bezwaar tegen?' vraagt hij snel. 'Want ik laat het zo schieten als jij liever in je eentje naar de grotten wilt.'

'Nee, nee,' zeg ik stijfjes. 'Ik blijf toch liever hier. Ga jij maar, veel plezier.'

'Goh, zijn jullie even beleefd,' roept Cassidy bewonderend uit. 'Maar waarom gaan jullie nou niet allebei? Die grotten zijn zo ruim; je kunt elkaar makkelijk vermijden. Ik weet dat jullie dat doen,' voegt ze er veelbetekenend aan toe. 'Elkaar vermijden. Ik heb er in het systeem een aantekening van gemaakt.'

'We doen ons best.' Ik knik.

'Dat is dan geregeld,' zegt Cassidy. 'En ik kan een taxi voor jullie bestellen. Tenminste, als jullie het niet erg vinden om samen te gaan?' voegt ze eraan toe. 'Ik kan ook twee taxi's vragen.'

O, mijn god. Wat moeten ze daar wel niet denken als wij in konvooi aan komen rijden?

'Nee hoor, dat is niet nodig,' zeg ik, met een vlugge blik opzij om Finns reactie te peilen. 'Wij kunnen prima samen in een taxi. Ja, toch?'

'Dan kijken we gewoon elk uit ons eigen raam,' stemt Finn droogjes in. 'Ik zal stilzitten en mijn mond houden. Het zou fijn zijn als jij hetzelfde deed.'

Hij kan behoorlijk grappig uit de hoek komen, merk ik. Er zit humor onder dat norse, humeurige voorkomen.

'Goed. Als dit alles was, dan ga ik nu even naar de keuken,' zegt Cassidy terwijl ze achter de balie vandaan komt. 'Was leuk jullie te zien. En zal ik eens wat zeggen? Jullie lijken wel een stel,' zegt ze bedachtzaam. 'Maar dat zijn jullie niet. Grappig, toch?'

'Nou,' zeg ik met gloeiende wangen. 'Het is...'

Geen idee hoe die zin zou moeten eindigen.

'Heel grappig,' zegt Finn.

Voordat Cassidy de lobby uit is, roep ik haar haastig nog iets na. 'Wacht, voordat je weggaat: wat doen we nou met die champagne op het strand? Weet je zeker dat die niet van het hotel komt? Want het is glas. We kunnen die fles daar niet laten staan. Wat zullen we ermee doen?'

Cassidy kijkt achterom. Ze haalt haar schouders op en zegt met een uitgestreken gezicht: 'Opdrinken?'

11

Finn doet wat hij heeft beloofd en zit tijdens de rit naar de grotten zwijgzaam naast me. Als hij al ademt, dan hoor ik er niks van. Ik kijk stug de andere kant uit, net zo stil en stijf als hij, en net zo onbenaderbaar. Maar naarmate we dichterbij komen, voel ik de kalmte uit me wegglijden. Deze weg heb ik in jaren niet gezien en hij doet me zo sterk aan papa denken dat het pijn doet.

Hij vond de grotten helemaal het einde. Als we daarheen gingen, bleef mama meestal achter om een dutje te doen, maar papa vond niets leuker dan samen ondergronds te gaan en ons uit te leggen hoe rotsformaties ontstaan. 'Kijk,' zei hij elk jaar weer, met een enthousiaste glans in zijn ogen in het schemerduister daar beneden. 'Deze rots is wel duizend jaar oud. Bijna net zo oud als ik!'

En elk jaar maakten we, licht gegeneerd, dezelfde suffe foto in de Regenbooggrot, onze lievelingsgrot. Gisteravond zocht ik de foto's nog eens op om erdoorheen te bladeren. Het verstrijken van de tijd is op de foto's duidelijk zichtbaar. Papa staat er elk jaar even enthousiast en een klein beetje sullig op. Hij lijkt nauwelijks ouder te worden, al wordt wel zijn haar steeds iets dunner. Kirsten en ik veranderden in een jaar tijd echter razendsnel. Op de eerste foto ben ik nog een peuter en kom ik maar tot papa's knieën. Tegen de tijd dat ik twaalf ben, reik ik al tot zijn schouder.

Nu zou ik tot bij zijn oren komen en hem bijna recht aan kunnen kijken. En zijn haar zou inmiddels grijs zijn. Hij is nooit grijs geworden. Papa zal altijd zesenveertig blijven.

Er rolt een traan over mijn wang en beschaamd veeg ik hem af. Ik hoop dat Finn het niet heeft gezien, maar hij is opmerkzamer dan ik dacht, want hij vraagt zachtjes: 'Gaat het?'

'Mijn vader nam ons hier vroeger elk jaar mee naartoe. Toen hij nog leefde. Daar dacht ik aan.' Ik pers er een glimlachje uit. 'Maar het gaat wel, hoor.'

De taxi komt tot stilstand en ik ga druk op zoek naar contant geld – we willen de kosten van de rit per se delen. Tegen de tijd dat we allebei op straat staan, heb ik mijn emoties weer onder controle, maar Finn kijkt me bezorgd aan.

'Is er kortgeleden iemand –' Hij breekt zijn zin af. 'Ik wil mijn neus niet in jouw zaken steken, maar ben je hier om te rouwen?'

'Nee, mijn vaders dood is al jaren geleden. Ik ben hier om… een andere reden.' Er valt een stilte en het lijkt me beter om het hierbij te laten. Toch voel ik om de een of andere reden de neiging om hem in vertrouwen te nemen. Finn heeft die zooi in mijn strandhuisje gezien, hij weet dat er iets aan de hand is; dan kan ik hem net zo goed het hele verhaal vertellen. 'Ik kon mijn werk niet meer aan,' leg ik uit zonder hem aan te kijken. 'Ik had erge last van stress. Het werd me allemaal te veel en… Nou ja, de dokter zei dat ik er even tussenuit moest. En daarom…' Ik spreid mijn armen uit. 'Daarom ben ik nu hier.'

Finn is even stil. 'Huh, ik ook. Ik ben op mijn werk uit mijn vel geknald –' Hij stopt met praten. 'O, maar dat had je al gehoord.'

'Weet je, daar wilde ik nog sorry voor zeggen,' zeg ik schuldbewust. 'Het was niet mijn bedoeling om je af te luisteren. Ik zag jou in de duinen en ik… voor ik er erg in had, hoorde ik wat je allemaal zei.'

Dat is niet waar. Ik had door kunnen lopen zodra ik merkte dat het vertrouwelijk was, en dat weet hij ook. Maar hij maakt er geen punt van.

'Het was ook niet zo snugger om e-mails te dicteren in de duinen,' zegt hij met een wrang lachje.

'Ik ken sowieso niemand die e-mails dicteert,' zeg ik eerlijk, en dan wordt zijn lach nog breder.

'Dat doe ik als ik het lastig vind de juiste toon te vinden. En daar had ik toen heel veel moeite mee.' Hij haalt zijn schouders op. 'Maar goed, wat ik op mijn werk heb uitgehaald, is geen geheim. Als je jezelf op het werk voor schut zet, dan weet in no time iedereen het.'

'God, ja, inderdaad. Ze hebben op mijn werk ook vast vaak over mij geroddeld. Wat ik heb gedaan was zo erg...' Ik verberg mijn gezicht achter mijn handen. 'Ik schaam me dood.'

'Jij hebt jezelf vast en zeker niet zo belachelijk gemaakt als ik,' werpt Finn tegen.

'O, reken maar van wel. Wat ik deed was duizend keer erger.' Ik lach en vertrek tegelijkertijd mijn gezicht. Als ik er nog aan denk hoe ik op straat wegrende voor Joanne krimp ik van schaamte ineen. Waar sloeg dat op? Waarom stopte ik niet gewoon om het rustig met haar te bespreken? Ik merk dat ik langzamerhand wat meer overzicht begin te krijgen. 'Maar goed.' Ik zucht. 'Laten we maar naar binnen gaan. Er wordt vast op ons gewacht.'

We kijken allebei naar de ingang van de grotten, waarboven een groot, verweerd houten bord hangt met de tekst: DE GROTTEN VAN STENBOTTOM, CAFÉ, IJSJES, SNOEP! Dit bord hing er vroeger ook al.

'Ben je hier onlangs nog geweest?' vraag ik aan Finn.

'Nee, in geen jaren.'

'Ik ook niet. Het zal wel erg veranderd zijn.'

Maar zodra we binnen zijn, merk ik dat dit niet zo is; het ziet er allemaal nog exact hetzelfde uit als toen. Hetzelfde houten loket, dezelfde stenen vloer, dezelfde koele atmosfeer. Het loket wordt bemand door een man met rood haar en pretlichtjes in zijn ogen, die opveert zodra hij Finn en mij aan ziet komen.

'Welkom bij de grotten van Stenbottom!' roept hij uit. 'Red onze grotten!'

'Red onze grotten!' horen we nog een keer, en ik knipper verbaasd met mijn ogen als ik schuin achter hem nog iemand zie staan, een vrouw met een smal gezicht en een grote bos donkere krullen.

'Ik ben Neil Reeves, de beheerder,' gaat de man verder, 'en dit is Tessa Connolly, assistent-manager. Van harte welkom bij de magische licht- en geluidsshow, die hopelijk voor jullie allebei een heel bijzondere ervaring zal zijn.'

'Dank je!' zeg ik, enigszins overdonderd door zijn enthousiasme.

'Connolly,' zegt Finn nadenkend. 'Familie van Terry Connolly?' 'Tessa is Terry's dochter,' zegt Neil. 'Ja toch, Tessa? Ze is een beetje verlegen,' voegt hij eraan toe. 'Kruipt niet zo makkelijk uit haar schulp. Tessa, doe eens een stapje naar voren en begroet onze gasten!'

Ik heb te doen met Tessa, die aarzelend in het licht komt staan en een pluk haar uit haar gezicht duwt.

'Terry is mijn vader,' bevestigt ze.

'We vroegen ons iets af... woont hij nog hier?' vraagt Finn. 'Hij heeft ons allebei leren surfen. Ik ben Finn Birchall en dit is Sasha Worth. Wij hebben heel dierbare herinneringen aan jouw vader.' Hij kijkt me van opzij aan en ik knik.

'Heel dierbaar,' zeg ik. 'Hij was zo'n inspirerende leraar.'

'Er ging niemand boven Terry,' zegt Neil instemmend. 'Hij heeft mij ook leren surfen. Ons allemaal, dus.'

'Het gaat goed met mijn vader,' zegt Tessa met zo'n zachte stem dat ik haar nauwelijks kan verstaan. 'Naar omstandigheden.'

'Welke omstandigheden?' vraagt Finn.

'Hij is zichzelf niet meer,' zegt Tessa met een gekwelde blik. 'Hij is niet... zoals jullie je hem herinneren.'

'Nee, het gaat al een tijdje niet zo goed met Terry,' valt Neil haar ernstig bij. 'Nu al zo'n... drie jaar, denk ik, hè?' Hij kijkt naar Tessa, die knikt. Haar gezicht verraadt dat dit hele gesprek een kwelling voor haar is.

'Het spijt me dat te horen.' Finn is duidelijk geschrokken. 'Doe hem maar de groeten van ons. We hadden het er pas nog met elkaar over dat hij zo'n uitzonderlijk goede leraar was. En een goed mens.'

'Dank je.' Tessa knikt. 'Ik zal het tegen hem zeggen. Bedankt.'

Het viel me op dat haar gezicht tijdens het gesprek verstrakte, en nu staat ze er handenwringend bij.

'Tessaatje, zou jij even twee koppen koffie willen halen?' zegt Neil, waarop Tessa meteen verdwijnt in de achterkamer.

'Sorry,' zeg ik. 'Hebben we haar van streek gemaakt? We wisten niet dat Terry ziek was.'

'Geeft niet. Ze is gewoon een beetje verlegen, onze Tessa,' zegt Neil op vertrouwelijke toon. 'Ze klapt soms dicht. Ze wil de opleiding tot bedrijfsleider gaan doen, maar zodra ze klanten ziet, wordt ze stil of duikt ze weg. Het is een beetje lastig…' Hij kijkt bezorgd, maar zet dan weer een vrolijk gezicht op. 'Maar dat komt echt wel goed, hoor! En gelukkig babbel ik juist heel makkelijk met bezoekers. Sterker nog, ik weet van geen ophouden!'

Hij schuift twee kaartjes over de houten toonbank. 'Jullie hebben vast zin in de tour. Twee tickets voor de magische licht- en geluidsshow. Helmen vind je aan jullie linkerhand, koptelefoons bij de prijs inbegrepen.'

'Koptelefoons!' zeg ik vol ontzag. 'Die waren er vroeger niet.'

'Ah, ja. Dat is nieuw, inderdaad,' zegt Neil vol trots. 'Het "geluid" is een toevoeging aan de tour.'

'En wat is het "magische licht"?' vraagt Finn.

'Is er een lichtshow?' vraag ik gretig.

'Zeker weten!' Neil knikt. 'Dat gaat helemaal vanzelf. Pak een zaklamp uit de mand en schijn ermee op de eeuwenoude ondergrondse rotsformaties – een magische ervaring!'

Finn en ik wisselen een verbaasde blik.

'Is dat vernieuwend?' vraagt Finn. 'We kregen toch vroeger ook al zaklampen mee?'

'Deze zaklampen zijn uit de kunst,' zegt Neil zonder blikken of blozen. 'Batterijen met een eeuwige levensduur. Het komt nog maar zelden voor dat er eentje mee stopt.'

'Aha,' zegt Finn met een geamuseerde blik. 'Dat klinkt goed.' Hij kijkt mij aan. 'Zullen we?'

Even later dalen Finn en ik de steile stenen trap af naar de grotten. We hebben allebei een helm op en een zaklamp in onze hand.

Via de koptelefoon hoor ik jarentachtigsynthesizermuziek en bij de onderste trede van de trap klinkt er ineens een stem. 'Welkom in de eeuwenoude, mysterieuze… grotten van Stenbottom!' Het is de stem van Neil, dat hoor ik meteen. Hij klinkt alsof hij een tovenaar is in Dungeons & Dragons en hij heeft de schuif voor galm duidelijk helemaal opengezet. Er klinken wat houterige elektronische tonen en dan roept hij uit: 'Ik ben de Meester van de Grot!', waar ik vreselijk om moet lachen.

Ik kijk naar Finn, die geluidloos 'Meester van de Grot' zegt en daar zo'n grappige kop bij trekt dat ik weer in lachen uitbarst.

Ik druk op 'stop' en zeg: 'Ik geloof dat ik niet zo'n behoefte heb aan de geluidsshow.'

'Mee eens.' Finn drukt ook op het knopje en laat het licht van zijn zaklamp door de rotsige holte glijden. 'Best gaaf, dit, vind je niet? Ik was het een beetje vergeten.'

Ik was het ook vergeten. Terwijl we via het smalle paadje afdalen naar de eerste grote grot ben ik diep onder de indruk, een gevoel dat ik hier als kind nooit had. Het is zo oud allemaal. Zo spectaculair. Zo rúím. Aan weerszijden van het pad rijzen grillige rotsformaties op. Het bleke kalksteen boven onze hoofden weerkaatst het licht en als ik er met mijn zaklamp op schijn, zie ik dat het prachtig glinstert.

Eerlijk is eerlijk, het ís een magische lichtshow.

Finn kijkt vol ontzag om zich heen en dat doet me plezier. Ik was bang dat hij misschien uitleggerig zou zijn, maar hij heeft nog niks gezegd. Voor mijn gevoel staan we urenlang om ons heen te kijken en na een tijdje merk ik dat mijn ademhaling vertraagt. Mijn hoofd wordt helder. Ik word zo in beslag genomen door de aanblik van al die vreemde en prachtige rotsen dat ik nergens anders aan denk. Misschien ben ik dan nu eindelijk verbonden met de natuur.

Na een hele poos komen we op precies hetzelfde moment weer in beweging, alsof we bovennatuurlijk met elkaar verbonden zijn.

We gaan op weg naar het spectaculairste onderdeel van de tour, de Regenbooggrot. Die heeft roze met gele wanden en kleine poeltjes waar bronwater in staat. Ik kijk om me heen en neem de kleurrijke glinstering in me op. Ongemerkt slaak ik een diepe, tevreden zucht. Finn grijnst.

'Echt mooi, hè,' zegt hij.

'Ik kwam hier vroeger elk jaar,' zeg ik, 'maar volgens mij had ik niet door hoe bijzonder dit is.'

'Dat heb ik ook. Als kind besef je zulke dingen nog niet.'

'En er is verder helemaal niemand!' Ik strek mijn armen wijd uit en gebaar naar de echoënde grot. 'Het was hier in de zomer altijd tjokvol. Iedereen stond foto's te maken.'

'Laagseizoen.' Finn haalt zijn schouders op. 'Het laagseizoen bevalt mij prima.'

Ik neem plaats op een metalen bankje, leun achterover en kijk hoe een stroompje roze water gestaag in een rotspoel drupt. Na een tijdje volgt Finn mijn voorbeeld. Aan de andere kant van de grot gaat hij zitten op het enige andere bankje dat er is. Zo zitten we een tijdje zwijgzaam bij elkaar, en langzaam dringt tot me door hoe fijn dit voelt. Op het strand zaten we elkaar in de weg, maar in deze grot helemaal niet.

'Ik heb die fles champagne meegenomen,' zegt Finn na een tijdje. 'Voordat er ongelukken gebeuren.'

'Echt?' Ik ga rechtop zitten.

'Veiligheid boven alles.' Zijn ogen glinsteren. 'Of misschien was ik bang dat iemand anders het zou doen.'

'Dus daarom deed jij het maar.'

'Niemand anders maakte er aanspraak op.' Hij haalt zijn schouders op. 'En nu is hij van ons.'

'Hij is niet van ons!' Ik probeer verontwaardiging in mijn stem te leggen, maar ik moet lachen en hij grijnst terug.

'Ik stel voor dat we de fles openmaken. Dat wilde ik vast even bij je in de week leggen. Laten we hem vanavond gewoon opdrinken.'

Ik geef niet meteen antwoord, want ik wil niet meteen door de knieën gaan. Misschien heeft hij wel een punt: als wij die champagne niet opdrinken, wie doet het dan?

Na een tijdje komen we – alsof het afgesproken is – weer tegelijk overeind en vervolgen we onze weg naar de Beeldengrot, gevolgd door de Watervalgrot. Nadat we een trap met vijfduizend, of hoeveel het er ook zijn, treden hebben beklommen, zijn we weer bovengronds. 'Ik heb echt géén conditie!' zeg ik hijgend bovenaan de trap. 'Dat zegt iedereen!' roept Neil opgewekt als hij me ziet. 'Dat was vast wel leuk, hè? Het zou fijn zijn als jullie een positieve recensie achterlaten op Tripadvisor.'

'Ik vond het geweldig,' zeg ik naar waarheid. 'Ik ga vijf sterren geven.'

'Heel leuk, inderdaad,' zegt Finn, die achter mij ook de laatste trede bereikt. 'Steengoed geluid. Sfeerverhogend.'

'Ah, mooi.' Neil straalt. 'Je moet een beetje creatief zijn, hè? Zeg, voor jullie gaan, wil ik nog even onze nieuwe Mysterieuze Grot laten zien.' Hij gebaart naar een kleine stenen wensput. 'Tessa, leg jij even uit wat de bedoeling is? Het is eigenlijk een verkapte collectebus,' vervolgt hij op fluistertoon. 'Red onze grotten!'

Tessa komt uit de houten kiosk tevoorschijn en stelt zich verlegen naast ons op.

'Welkom bij de Mysterieuze Grot,' zegt ze zacht, starend naar de grond. 'Werp een donatie in de wensput en noteer een vraag die je bezighoudt op een briefje. De Grotgeest zal je helpen met het antwoord.' Ze geeft ons allebei een stukje papier en knikt naar een beker waar potloden in staan.

'Hier, een kleine bijdrage.' Ik gooi een briefje van vijf in de put. 'Maar ik zou niet weten wat ik op moest schrijven.'

'Gewoon, iets grappigs!' roept Neil vanuit de kiosk. 'Maakt niet uit wat! Ik schreef: "Waarom verdwijnen al mijn sokken in de wasmachine?" Ik wacht nog steeds op antwoord!'

Terwijl ik naar mijn papiertje staar, dienen zich wel een paar vragen aan, maar die kan ik hier toch moeilijk stellen. Ik werp een steelse blik op Finn, die zo te zien ook worstelt met de opdracht. Maar dan klaart zijn gezicht ineens op.

'Ik heb het!' zegt hij, en hij pakt een potlood. 'De perfecte vraag. De enige vraag die ertoe doet, kan ik wel zeggen. *Voor wie is die champagne nou eigenlijk bestemd?* Hij leest hardop mee terwijl hij zijn vraag heel netjes opschrijft. Hij laat het papiertje in de wensput vallen en geeft me dan een knipoog. 'Als we vanmiddag voor vijven antwoord krijgen, overhandigen we de fles aan de rechtmatige eigenaar. En anders drinken wij hem leeg.'

Om vijf uur krijg ik een berichtje van Finn, het eerste sinds we bij de grotten nummers hebben uitgewisseld.

> Geen antwoord op mijn vraag. Champagne op het strand? Ik heb zelfs glazen mee (plastic).

Als ik dit lees verschijnt er prompt een glimlach op mijn gezicht. Haastig trek ik mijn parka aan, en dan aarzel ik een moment. Zal ik lippenstift opdoen, vraag ik me af. Maar dat idee laat ik meteen varen, want niemand ziet me hier behalve Finn. En ik moet het er anders vanavond ook weer af halen.

Hij zit al op het strand als ik aan kom lopen. Er ligt een donkerblauwe glinstering over de zee en ver weg, aan de horizon, werpt de ondergaande zon een fraaie roze gloed over de wolken. Met elke minuut die verstrijkt, kleurt de hemel iets dieper blauw.

'Wauw,' zeg ik terwijl ik naast hem ga zitten. 'Net op tijd voor de zonsondergang.'

'Een mooie,' zegt Finn met een hoofdknikje, en hij schenkt me een glas champagne in. 'Proost.'

'Proost.' Ik kijk hem aan en hef mijn glas. 'Op onze buit.'

'Mochten de rechtmatige eigenaren zich nog aandienen, dan kopen we wel een nieuwe fles voor ze,' zegt hij kalm. 'Maar ondertussen genieten wij van champagne en een fraaie zonsondergang. Mij hoor je niet klagen.'

'Mij ook niet.' Ik neem een slok en sluit mijn ogen als de heerlijke belletjes door mijn keel glijden. Dit is heel wat beter dan die witte wijn uit het onderste schap.

Een tijdlang zitten we zo naast elkaar. We drinken van onze champagne zonder iets te zeggen en kijken uit over zee. Dit is echt een pluspunt van Finn, bedenk ik. Hij heeft niet de hele tijd de behoefte iets te zeggen, en de stiltes voelen nooit ongemakkelijk. Het is nu bijna helemaal donker en wanneer aan de hemel de eerste lichtpuntjes verschijnen, kantel ik mijn hoofd achterover om naar de sterren te kunnen kijken.

'Nog een beetje?' zegt Finn, en ik steek mijn glas uit.

'Weet jij iets over het heelal?' vraag ik terwijl hij me bijschenkt.

'Ik totaal niet.'

Finn schenkt ook zijn eigen glas nog eens vol en kijkt dan een tijdje op naar de sterrenhemel. 'Dat daar is de Augurk,' zegt hij, wijzend met zijn champagneglas. 'En daar heb je de Grasmaaier.'

Ik lach en wijs met mijn eigen glas een willekeurig sterrenbeeld aan. 'En kijk, daar is het Surfboard.'

'Huh.' Finn glimlacht waarderend, dat kan ik in het schaarse licht nog net zien. 'Gek om Terry's dochter te ontmoeten,' zegt hij. 'Ik had haar nog nooit eerder gezien.'

'Ze was meestal bij haar moeder, daar komt het door,' vertel ik hem.

Ik was zelf ook nieuwsgierig naar Tessa, en daarom heb ik eerder Kirsten al geappt, die me vertelde wat zij wist.

'Terry en zijn eerste vrouw Anne waren gescheiden, en Tessa was maar een deel van de zomer in Rilston,' leg ik uit. 'Dat heb ik van mijn zus. Zij zijn ongeveer even oud.' Ik pak mijn telefoon erbij en lees hem voor wat Kirsten schreef. '"Ze was alleen enorm verlegen. Ze deed niet mee met de surflessen en was het liefst achter de schermen bezig."'

165

'Nou, er is sindsdien niet veel veranderd, of wel?' zegt Finn, die een slok champagne neemt. 'Het blijft apart dat Terry zo'n bedeesde dochter heeft terwijl hijzelf zo'n uitbundig type was.'

'Misschien heeft het een wel met het ander te maken. Het kan haar reactie zijn op zo'n aanwezige vader. Ik moet de hele tijd denken aan die lessen van hem – al moet ik bekennen dat mijn herinneringen door elkaar lopen. Ik weet niet meer wat er in welk jaar gebeurd is.'

'Dat heb ik ook,' zegt Finn instemmend. 'Ik heb miljoenen geweldige herinneringen. De eerste golf die ik pakte...' Hij grijnst van oor tot oor. 'Wat voelde dat goed. Het leek wel of ik vloog. Een beetje zoals de eerste keer dat je seks hebt. Dan denk je ook: wat voelt dit geweldig, hadden jullie me dit niet wat eerder kunnen vertellen?'

'Een goed bewaard geheim,' zeg ik lachend.

'Ja.' Hij knikt en zegt droogjes: 'Alleen surfers weten het.'

Ik lach weer. 'De eerste keer dat ik een golf pakte, wist ik zeker dat ik onderuit zou gaan.'

'Maar dat gebeurde niet,' zegt Finn. 'En ik wed dat Terry op het strand stond om je een high five te geven.'

'Natuurlijk stond hij daar.' Ik glimlach, sla mijn armen om mijn knieën en denk terug aan die tijd. 'Weet jij nog wat hij altijd zei na de warming-up? Dan wees hij naar de zee en zei: "Hup, het water in."'

'Natuurlijk weet ik dat nog,' zegt Finn. 'Het was alsof hij ons zijn zegen gaf: "Hup, het water in."'

'En: "Er komt altijd een nieuwe golf, een nieuwe kans",' zeg ik, terugdenkend aan een ander motto van Terry. Finn knikt.

'"Als je steeds naar boven kijkt, mis je de golf."'

'"Die wipe-out ben je zo weer vergeten."'

'"Niet de hele dag blijven twijfelen."' Finn doet Terry's hese stem na. '"Gewoon die golf pakken."'

'"Maak je niet druk om de zee!"' Ook ik probeer Terry na te doen. '"De zee maakt zich zeker niet druk om jou!"'

Finn lacht. 'De zee maakt zich zeker niet druk om jou.'

'En: "Pak die golf."' Ik kijk Finn van opzij aan. 'Weet je die nog? "Kinderen, vergeet vooral niet te genieten. Pak die golf."'

'Pak die golf.'

'Pák die golf.'

Ik hef mijn glas naar Finn, die naar me lacht en zijn eigen glas heft. Als we allebei een slokje nemen en kijken naar de donkere golven die rustig breken op het strand, voelt het als een eerbetoon aan Terry.

'Maar vertel eens,' zegt Finn als we onze glazen weer laten zakken. 'Hoe heb jij jezelf op het werk belachelijk gemaakt?'

'O nee!' Ik schiet van schrik in de lach. 'Dat ga ik jou echt niet vertellen.'

'Oké, snap ik.' Hij is even stil en vervolgt dan: 'Maar het kan niet erger zijn dan wat ik heb gedaan.'

In gedachten hoor ik weer wat hij toen in de duinen dicteerde. *Ik had niet zo tegen u mogen uitvaren tijdens de teamvergadering... ik had mijn koffiekop niet met zo'n klap op de vergadertafel mogen zetten dat de spetters in het rond vlogen en die contracten onleesbaar werden... niet zo hard tegen de snoepautomaat mogen slaan... ongepast om te dreigen de plant met een kettingzaag te bewerken...*

'Mag ik eerlijk tegen je zijn?' zeg ik.

'Ja, hoor.'

'Jij lijkt me niet het soort man dat met zijn koffiekop op tafel slaat, waardoor de spetters in het rond vliegen en contracten onleesbaar worden. Of die dreigt een ficus in stukken te hakken.'

'O, jawel, hoor,' zegt Finn met een lichte frons. 'Dat ben ik wel.'

'Je hebt sinds je hier bent nog niet één keer met een koffiekop op tafel geslagen.'

'Dat komt doordat ik niet boos ben geweest. Ik ben nu niet ge-strest. Als het misgaat... dan lijkt het wel of er kortsluiting ontstaat in mijn hoofd.' Hij slaakt een diepe, bijna wanhopige zucht. 'Ik ben er niet trots op. Vroeger vloog ik nooit uit de bocht.'

'Wat is er dan gebeurd?'

'Ik zat… in een…' Hij is even stil, zijn ogen krijgen een duistere glans. 'Ik verkeerde in zwaar weer. Gaf te veel van mezelf. Sliep te weinig. Ik kwam erachter dat ik niet zo onoverwinnelijk was als ik mezelf altijd had wijsgemaakt. Je weet dat het goed mis is als je secretaresse een interventie organiseert.' Hij sluit zijn ogen en wrijft met zijn vuist over zijn voorhoofd. 'En als je tegen snoepautomaten gaat slaan. Niet bepaald een hoogtepunt in mijn leven.'

'Dat heb ik nou altijd al eens willen doen, een beuk verkopen aan een snoepautomaat,' zeg ik, en hij lacht.

'Nou, zo leuk is het eigenlijk niet.'

'Wat doe je voor werk?'

'Managementconsultant. Jij?'

'Ik doe marketing voor Zoose.'

'Daar heb ik van gehoord.' Hij knikt. 'Ik werk bij Forpower Consulting, waar jij zeker nog nooit van hebt gehoord. We zitten in een heel specifiek deel van de markt. We adviseren bedrijven die groene energie produceren.'

'En hoe kwam het dat je… wat gaf je het laatste zetje?'

Er valt een stilte en hij ziet er terneergeslagen uit.

'Weet ik niet precies,' zegt hij na een tijdje met verstikte stem. 'Er speelden een paar dingen, denk ik.' Hij weidt er niet over uit. Hier trekt hij blijkbaar de grens, denk ik.

'Nou, jij rende tenminste niet weg van je werk om je aan te melden bij een klooster,' zeg ik in een poging hem op te beuren.

'Een klóóster?' Hij is duidelijk stomverbaasd.

'Ik weet het!' Eventjes begraaf ik mijn gezicht in mijn handen. 'Er raakte bij mij een steekje los. De werkstress werd me te veel en ik wist niet wat ik met mezelf aan moest. Non worden leek me de beste oplossing.'

'Non worden.' Hij lacht kort en droog. 'Leuk bedacht. Vond je het niet jammer van…?' Zijn stem gaat iets omhoog en ik weet precies waar hij op doelt.

'De seks?' Ik kijk even opzij. 'Daar doe ik niet meer aan. Geen probleem dus.'

'Oké,' zegt hij na een vrij lange stilte. 'Da's duidelijk.'

Natuurlijk is het hem duidelijk. Hij heeft mijn 'songtekst' gelezen. Er valt weer een stilte, een vreemde dit keer, waarin ik bedenk dat ik zojuist aan deze man mijn diepste geheimen heb verteld. Op een strand. Terwijl ik hem nauwelijks ken.

Maar op de een of andere manier schrik ik er niet van. Finn voelt veilig en betrouwbaar. En het allerbelangrijkste: hij snapt het. Hij weet hoe ik me voel. Wat een enorme opluchting om iemand te ontmoeten die iets vergelijkbaars heeft meegemaakt.

'Maar non worden bleek dus toch niet de oplossing?' informeert hij.

'Ze moesten me niet.' Ineens zie ik de humor hiervan in, en ik begin te schateren. 'Toen ons hoofd Empowerment en Werkgeluk me kwam halen, vluchtte ik het klooster uit. Even later knalde ik met mijn hoofd tegen een stenen muur en belandde ik in het ziekenhuis.'

'Ze nam haar taak heel serieus,' zegt Finn, 'jullie hoofd Werkgeluk.'

'Je had moeten zien hoe ze achter me aan rende.' Ik klap weer dubbel van de lach. 'Ze dacht dat ik helemaal van het padje af was. Niet geheel onterecht, geloof ik.' Ik haal mijn schouders op en veeg mijn ogen droog. 'Ik was de weg een beetje kwijt. Maar goed, nu leef ik dus in zonde.'

'Net als ik,' zegt hij zacht.

'De twee zondaars.' Ik tik mijn champagneglas tegen het zijne en we nemen allebei een slok.

'Ik vroeg me af of je hier was vanwege een nare relatiebreuk,' zegt Finn.

'Nou ja, een breuk met mijn werk.' Ik denk even na. 'Nee, het was geen breuk. Eerder een flinke ruzie. We hebben het nog niet uitgepraat.'

'Hm.' Finn knikt. 'Maar jij hebt tenminste niet met je koffiekop op tafel geslagen en al je collega's van je vervreemd.' Hij kijkt weer zo treurig. 'Ik denk alsmaar aan wat ik heb gedaan en dan eh… dan denk ik: was ík dat?'

'Ik heb dan misschien niet geschreeuwd, maar ik heb letterlijk vijf maanden achter elkaar hetzelfde avondeten gehaald bij Pret A Manger,' biecht ik op. 'Echt elke avond. Iets te eten uitkiezen was al te veel voor me, laat staan zelf iets klaarmaken.'

'Echt?' Zijn mondhoeken krullen iets op. 'Wat kocht je dan? Wacht, ik ga raden. Iets warms. Een panini.'

'Bijna. Wrap met halloumi, reep chocola, appel, muesli met appel en kaneel, blikje fris.' Ik dreun mijn bestelling op. 'Elke avond.'

'Lekker, hoor.' Hij is even stil. 'Geen smoothie van boerenkool?'

'Hou op!' Ik lach. 'Dat zei ik toch al? Dat is mijn moeder. Zij denkt dat ik er dankzij een app weer helemaal bovenop kom.'

Finn trekt zijn wenkbrauwen op. 'Dat moet dan een goeie app zijn.'

'Ik zal het je laten zien,' zeg ik, en ik pak mijn telefoon erbij. Ik zoek het plaatje met Wetsuitvrouw op met daarboven de tekst: *Lekker in je vel in 20 stappen.*

'Ik probeer net zo te worden als zij,' leg ik uit.

Finn bekijkt Wetsuitvrouw een tijdje en fronst dan zijn wenkbrauwen. 'Waarom wil je haar zijn?'

'Nou, kijk dan!'

'Ik kijk naar haar.' Finn haalt zijn schouders op. 'Ik snap het nog steeds niet.'

'Ik vind haar dus geweldig,' geef ik toe, terwijl ik mijn telefoon weer van hem aanneem. 'Ik wil haar zijn, maar ik haat haar ook een beetje. Ik denk dat er niet één onbeantwoorde e-mail in haar inbox zit. Ik denk dat zij 's ochtends met een serene glimlach wakker wordt en denkt: met welke dolfijn zal ik vandaag eens gaan zwemmen?' Ineens merk ik hoe negatief dit moet klinken. 'Ik heb alleen maar lelijke dingen over haar gezegd, dat is niet zo aardig,' zeg ik beschaamd.

'Niks mis mee, hoor,' zegt Finn. 'Mopper lekker verder. Ik weet er ook wel een paar. Ik vind dat ze er niet uitziet. Dit is het soort vrouw waar ik jou eerst voor hield: uit de hoogte en oppervlakkig. Twintig stappen, nou vraag ik je. Echt? Waarom nou weer twintig, om te beginnen. En niet negentien?' Hij knikt naar de app. 'En werken die tips een beetje?'

'Sommige,' zeg ik, omdat ik toch een beetje voor mezelf moet opkomen. 'Ik heb een paar squats gedaan. Hoe bevalt het om elke dag zes flessen whisky te drinken?'

'Touché,' zegt Finn na een kort moment van stilte. 'Dat weet ik nog niet, maar ik hou je op de hoogte.'

'Nou, hetzelfde geldt voor smoothies van boerenkool. Als ik er ooit eentje wegkrijg, tenminste.' Ik sla mijn ogen ten hemel. 'Wat een bagger.'

'Ik wist het!' zegt Finn triomfantelijk. 'Wat staat er nog meer op de lijst?'

Ik geef hem mijn telefoon en hij leest de twintig stappen door.

'Tja, je zóú dit allemaal kunnen doen,' zegt hij als hij uitgelezen is. 'Of je zou een beetje lol kunnen hebben. Je bent op vakantie, of niet soms? Dan wil je toch leuke dingen doen?'

'Daar heb je wel gelijk in.' Ik kijk uit over het donkere strand en lach. 'Ik zou een zandkasteel kunnen bouwen.'

'Goed idee,' zegt Finn enthousiast. 'Dat doe je op het strand. Zandkastelen bouwen.'

'En kiezelkastelen,' zeg ik terwijl er een herinnering opborrelt. 'Wij bouwden elk jaar een kiezelkasteel in Kettle Cove, ken je dat?'

'Daar gingen wij ook vaak heen.' Hij knikt. 'We hadden een leuke-dingen-lijstje dat we altijd afwerkten.'

'Wij ook!' roep ik uit. 'Grotten, surfen, thee met scones... fish-and-chips.' Ik kijk hem aan.

'Zeker, fish-and-chips! Wie eet er op vakantie nou geen fish-and-chips?'

Ineens ga ik helemaal op in een herinnering aan de keer dat ik voor de viswinkel op een muurtje fish-and-chips zat te eten. Ik zwaaide met mijn benen en keek trots omlaag naar mijn nieuwe rode sandalen. Hoe oud was ik toen? Een jaar of tien, denk ik. Ik was met mijn ouders en mijn zus, ik had zout in mijn haar, de zon scheen en ik had een portie frietjes. Wat een heerlijk leventje. Echt heerlijk. Was dat omdat ik toen hier was of omdat ik tien jaar oud was? 'Kan een mens ooit weer zo gelukkig worden als in zijn kinderjaren?' zeg ik, uitkijkend over zee. 'Is het mogelijk om net zo intens van het leven te genieten als vroeger?'

'Goeie vraag,' zegt Finn na een lange stilte. 'Ik hoop het. Misschien op een iets andere manier, maar...' Hij haalt zijn schouders op. 'Ik hoop het echt.'

Het is nu zo donker dat ik in het maanlicht alleen nog vaag zijn glinsterende ogen zie, het wit van zijn tanden. Het begint aardig koud te worden en ik ril. Heel even overweeg ik om voor te stellen om samen in de eetzaal te dineren... maar nee. Dat zou een beetje veel worden.

'Zeg, het was heel gezellig, maar ik ga er nu vandoor,' zeg ik in plaats daarvan. 'Ik heb een afspraak met roomservice en een lang, warm bad.'

'Dat is goed. Ik blijf nog even hier.' Hij grijnst. 'Maar wees niet bang, ik zal geen champagne meer drinken. Ik steek er wel een lepel in, dan blijven de bubbels goed tot morgenavond.'

'Oké.' Ik kom overeind en wankel even als een van mijn gympen achter een zandhoopje blijft haken – maar goed dat het donker is. 'Nou, fijne avond verder.'

'Jij ook. Zie je morgen.'

Ik heb zin om hem weer te zien, merk ik. Ik verheug me erop morgen gezelschap te hebben op het strand.

'Leuk.' Ik glimlach. 'Tot dan.'

12

De volgende ochtend is Finn al in de eetzaal als ik beneden kom voor het ontbijt. Ik zwaai vriendelijk naar hem en neem dan aan de andere kant van de ruimte plaats aan mijn tafeltje. Nog geen tien seconden later staat Nikolai naast me met een smoothie van boerenkool op een zilveren dienblaadje. Ik weet mijn gezicht zo te plooien dat ik er blij uitzie. 'Wauw, Nikolai. Meteen al een smoothie van boerenkool. Dat was... snel.'

Nikolai geniet van het compliment en ademt in. 'Wenst Madame –'

'Eieren,' zeg ik voor hij verder kan gaan.

'Een gekookt ei?' stelt Nikolai voor. 'En meloenschotel?'

'Nee, roerei van twee eieren, graag.' Ik lach vriendelijk naar hem. 'En verder spek, worstjes, pannenkoeken met ahornsiroop en een cappuccino, alsjeblieft. Laat de meloenschotel maar achterwege. Dat is het,' zeg ik tot besluit, aangezien die arme Nikolai ineens verlamd schijnt te zijn.

Verbouwereerd schrijft hij mijn bestelling op en gaat dan naar Finns tafeltje toe.

'Nikolai!' roept Finn goedgemutst uit als Nikolai bij hem is komen staan. 'Fijn dat je er vanochtend weer bent. Ik hoop dat het goed met je gaat. Ik wil vanochtend graag de meloenschotel. Dat is alles.'

'Een... meloenschotel?' herhaalt Nikolai. Zijn ogen schieten mijn kant op en weer terug naar Finn alsof hij denkt dat het een geintje is.

'Klopt.' Finn knikt. 'En een zwarte koffie. Dank je. Detox,' voegt hij er met een blik naar mij aan toe terwijl Nikolai zich omdraait. Ik trek spottend mijn wenkbrauwen op.

'Detox? Of antikaterontbijt?'

'Maakt het iets uit?' vraagt hij met een brutaal lachje. 'Geniet van je smoothie van boerenkool. Hij ziet er heel... amfibisch uit.'

'Bedankt.' Ik lach poeslief terug. 'Ga ik zeker doen.' Maar vertel eens even. Gebruik jij de rots vandaag?'

'Hmm.' Finns gezicht licht een ogenblik op. 'Wel als ik er als eerste op kom.'

Ik snap wat hij bedoelt. Ik krijg een shotje adrenaline en onderdruk de neiging om te giechelen. Vandaag ben ik als eerste bij die rots, let maar eens op. Ik ren hem er zo uit.

Zodra ik uitgegeten ben, snel ik naar boven om mijn spullen te pakken. Finn zat nog aan zijn tweede kop koffie toen ik de eetzaal verliet, dus ik ben zeker eerder op het strand dan hij. Ik poets mijn tanden, pak mijn iPad en trek, hollend door de gang, mijn parka aan.

Op het strand aangekomen zie ik Finn zitten op het terras voor zijn strandhuisje. Néé! Hoe kan dat nou? Zo onopvallend mogelijk sluip ik over het strand naderbij en begin dan te rennen. Finn kijkt geschrokken op en voor ik het weet, springt hij over de balustrade van zijn terras op het zand en sprint naar de rots.

'Van mij!' schreeuw ik, en ik ren schaterend over het strand achter hem aan. 'Míjn rots! Wegwezen!'

'Van mij!' roept hij al even vastberaden. 'Ik was hier het eerst!'

Ik ren op de rots af en het voelt alsof ik weer acht jaar ben en tikkertje speel. Ik probeer me langs Finn te werken door een arm uit te strekken en dan klimmen we tegelijkertijd naar boven. Ik stoot mijn knie en gooi mezelf met een vrij onelegante zwaai in de holte.

'Gewonnen,' zeg ik hijgend. 'De rots is van mij!'

'Hé, kom eens kijken!' roept Finn uit, die is blijven steken op een lager deel van de rotspartij.

'Leuk geprobeerd.' Ik knijp mijn ogen tot spleetjes, niet van plan om van mijn plek te komen. 'Je dacht toch niet dat ik daarin trap?'

Ik wacht op een gevatte reactie, maar hij lijkt het te hebben opgegeven.

'Moet je zien,' zegt hij. 'Nog een bericht.'

'Wát?'

Ik richt mijn hoofd op en zie dat er nieuwe woorden in het zand geschreven staan, die ook dit keer met kiezels zijn gemarkeerd. Naast het bericht ligt een bos bloemen.

VOOR HET STEL OP HET STRAND. MET VEEL DANK. 18/8

'Wat is dit nou weer?' zeg ik zachtjes, en ik schuif een eindje opzij zodat Finn naast me in de holte van de rots past. 'Bloemen?'

'Ja, bloemen. En wat heeft die datum te betekenen?'

'Is het kunst?' zeg ik, denkend aan wat Cassidy ons heeft verteld. 'Is er soms een nieuwe expositie?'

'Zou kunnen.' Finn haalt zijn schouders op. 'Maar waarom hebben we de kunstenaar dan nog niet gezien? Ik heb ook niemand foto's zien nemen, jij?'

Mijn been wordt een beetje afgekneld door de rots en terwijl ik hierover nadenk, schuif ik iets opzij. Finn gaat, heel attent, ook wat aan de kant zodat we elkaar niet aanraken.

'Oké, 18 augustus. Dat duurt nog wel even.' Ik vertrek mijn gezicht en denk diep na. 'Zou het iets te maken hebben met de sloop van de strandhuisjes? Ze worden weggehaald en vervangen door Hemelse Strandstudio's. Misschien is het een bericht om de klanten van het eerste uur te bedanken? Of de investeerders? Zou een stel op het strand er geld in hebben gestoken?'

'Die zou je toch niet op deze manier bedanken,' zegt Finn stellig terwijl hij iets typt op zijn telefoon.

'Het zou kunnen,' werp ik tegen, meer om hem tegen te spreken dan vanuit overtuiging. 'Misschien is 18 augustus de datum waarop de studio's weer opengaan. Dat kan ook 18 augustus volgend jaar zijn,' voeg ik eraan toe als ik bedenk hoelang het zou duren om de huisjes neer te halen, nieuwe te bouwen en die in te richten. 'Nou ja, welk jaar dan ook, dit is een publiciteits –'

Finn onderbreekt me. 'Het heeft te maken met het ongeluk.'

'Wat?'

'Het kajakongeluk. Ik heb net gegoogeld op die datum en op "Rilston Bay" en ik vond een aantal nieuwsberichten.' Hij richt zijn hoofd op en we kijken elkaar aan. 'Dit gaat over het ongeluk. Dat gebeurde op 18 augustus.'

Er trekt een tinteling langs mijn ruggengraat. Het begint nu een beetje griezelig te worden.

'Is het dan een eerbetoon?' Ik kijk opzij naar het bericht. 'Een monument? Maar er is toen niemand overleden. Er waren zelfs geen gewonden, toch?'

'Voor zover ik weet niet.'

'Ik bedoel, het jochie dat in de kajak zat, met hem was toch niks aan de hand?'

'Dat dacht ik ook. Ik bedoel, hij was geschrokken en had een tijd in het koude water gelegen, maar...' Finn haalt zijn schouders op en weet zo te zien ook niet wat hij ervan moet vinden.

We bekijken allebei het tekstje nog eens. Ik heb nog nooit in mijn leven ergens zo weinig van gesnapt.

'Wie heeft hem gered?' vraag ik na een plotselinge ingeving. 'Zou dat het zijn? Was het een stel op het strand?'

'Het was een man, dacht ik.' Finn scrolt omlaag op zijn telefoon. 'Ja. "Andrew Ilston, een alerte vader van drie kinderen, bracht James Reynolds in veiligheid."'

'James Reynolds.' Ik knik. 'Dat was hem. Ik was die naam vergeten. Ken jij hem? Kreeg hij ook les van Terry?'

Finn schudt zijn hoofd. 'Volgens mij was hij hier maar één dag. Er was toen een hele groep dagjesmensen, en die wilden allemaal het water op. Daarom waren ineens alle kajaks nodig en kreeg James Reynolds er een die beschadigd was en die nooit verhuurd had mogen worden.'

'Aha.' Ik laat dit even op me inwerken. 'Ik geloof niet dat ik ooit het hele verhaal heb gehoord.'

'Nou.' Finn haalt zijn schouders op. 'Het is al een tijd geleden.'
Zonder erover na te denken spring ik van de rots af om het bericht
wat beter te bekijken. Finn komt achter me aan.

VOOR HET STEL OP HET STRAND, lees ik weer. 'Wélk stel op het
strand?'
Ik kijk om me heen om te zien of er toevallig een stel aan komt
lopen dat zegt: 'Ah, dit gaat over ons.' Maar het strand ligt er net zo
winderig en verlaten bij als anders. Er is geen sterveling te zien, laat
staan een stel op wie dit zou kunnen slaan.
'Volgens mij heeft dit toch iets met jou te maken.' Ik keer me weer
om en kijk Finn aan. 'Jij vertelde dat je die dag in een andere kajak
zat. En dat je naar hem toe gezwommen bent om hulp te bieden.
Dat kan toch geen toeval zijn. Misschien denkt James Reynolds wel
dat je zijn leven hebt gered.'
'Maar ik heb zijn leven niet gered!' werpt Finn tegen. 'Ik ben niet
eens bij hem in de buurt gekomen. En ik ben geen stel. Dat met die
datum kan ook toeval zijn.'
'Nee, joh. Kom op, kijk naar de feiten.' Ik ga het op mijn vingers
na. 'Jij was die dag op het strand en je probeerde hem te redden.
En nu liggen er bloemen op het strand naast een bedankbriefje. Die
móéten wel voor jou zijn.'
'Zoals ik al zei, ik ben geen stel,' zegt Finn. Hij rolt met zijn ogen.
'En trouwens, als hij iemand zou bedanken, dan zou het Andrew
Ilston zijn. Ik denk niet dat de puzzelstukjes in elkaar passen. Geef
het maar op.'
Hij bukt, raapt een van de kiezelsteentjes op, bekijkt het even en
legt het dan terug. 'Als het íéts is, dan is het kunst. Dit hier is waar-
schijnlijk vijf miljoen pond waard.'
'Kunst.' Ik kijk omhoog en denk er heel anders over. 'Dit kun je
toch geen kunst noemen!'
'Nou, zullen we het er maar op houden dat we er nooit achter
zullen komen?' stelt Finn voor.
'Nee,' antwoord ik koppig. 'Ik weet zeker dat het verband houdt

met het ongeluk. Misschien weet James Reynolds dat jij hier verblijft. Hij weet dat je hebt geprobeerd hem te helpen en... Ja! Hij denkt dat jij hem samen met iemand anders probeerde te redden.'

'Wie dan?' vraagt Finn meteen.

'Helper onbekend. Maar hij denkt dat jullie tweeën hem wilden redden.' Ik wijs naar het bericht. 'Vandaar "het stel op het strand".'

Ik wist wel dat ik een plausibele theorie kon bedenken als ik maar goed genoeg mijn best deed.

'Dat is klinkklare onzin,' zegt Finn recht voor z'n raap. 'Hoe weet hij nou dat ik hier ben?'

'Omdat... hij je gezien heeft.' Ik draai om mijn as en neem de omgeving in me op. 'Hij heeft je herkend. Misschien is hij hier wel!'

'Denk je dat hij zich schuilhoudt achter de strandhuisjes?'

'Wie weet!' Ik tuur een ogenblik naar de aftandse gebouwtjes en pak dan mijn telefoon erbij. 'Ik ga hem opzoeken en dan vraag ik het gewoon. Hij zit vast wel op Facebook.'

Finn kijkt me aan. 'Wat? Ga je contact met hem zoeken, zomaar ineens?'

'Waarom niet?' zeg ik terwijl ik Facebook open. 'Daar zijn sociale media nou juist voor. Om mysteries op te lossen.'

'Ik wist niet dat je zo'n speurneus was,' zegt Finn, duidelijk geamuseerd. 'Is dat een hobby van je?'

'Mijn laatste zaak,' zeg ik, druk typend. 'Ik verheugde me op een rustige oude dag, maar nu dit gebeurd is...'

'Ik snap het.' Finn knikt. 'Nu word je er weer in gezogen.'

'Precies.'

'En wat ben ik, jouw maat?'

'Hmm, even denken,' zeg ik afwezig, terwijl ik door een hele reeks profielen scrol van mensen die James Reynolds heten. 'Misschien ben jij wel de agent op het bureau die zegt: "Waarom wordt die oude zaak heropend? Hebben we niks beters te doen?"' Ik kijk op met samengeknepen ogen en steek een wijsvinger uit naar Finn.

'Wat waarschijnlijk betekent dat jij dit bericht geschreven hebt. En dat er een lijk onder ligt.'

'Heel goed!' zegt Finn waarderend. 'Goed om te weten dat ik de moordenaar ben. Ik vraag me wel iets af… wie heb ik vermoord? En waarom richt ik daar steeds zo de aandacht op?' Hij gebaart naar het bericht. 'Een beetje een onlogische zet. Ik had het lichaam beter gewoon kunnen begraven zónder er in het zand een bericht bij te schrijven. Dan had niemand iets vermoed.'

'Goed punt,' erken ik. 'Gelukkig hoef ik niet te snappen hoe het allemaal in elkaar steekt. Dat vertel je me straks zelf bij de ontknoping in een lange monoloog.' Ik lach naar hem. 'Ik ben erg benieuwd. Hopelijk kom je met een goed verhaal. En géén losse eindjes, hoor.'

'Uiteraard.' Hij houdt zijn gezicht in de plooi en knikt. 'Hoewel, er moet nog één los eindje overblijven, een raadsel voor de internetspeurders.'

Ik schiet in de lach. 'Je bent goed, zeg.'

Finn haalt zijn schouders op. 'Ik kijk ook tv, hoor.'

Heel even denk ik dat hij me nu gaat vertellen welke series hij volgt en dat ik die ook moet kijken en dat hij drie van de vier plotwendingen al had zien aankomen en dat hij de verhaallijn uitvoerig gaat navertellen en dat hij dan zegt dat het geen spoiler is, terwijl het dat zeker wel is. Maar hij houdt zijn mond en dat vind ik fijn. Finn is echt veel minder irritant dan veel andere mannen, bedenk ik ineens. Dit lijkt misschien niet echt een compliment, maar het is er wel een.

Ik scrol nog even verder, maar Facebook laadt traag en ik klak geërgerd met mijn tong.

'James Reynolds al gevonden?' vraagt Finn, en ik schud van nee.

'De dekking is weggevallen. Ik zoek hem straks wel op. O, kijk.' Ik wijs naar een groot wit schip dat een eind verderop op zee verschenen is, en als vanzelf lopen we die kant op om het te bekijken.

'Het is duidelijk dat ik de moordenaar ben,' vervolgt Finn, terwijl we verder wandelen, met passen die heel natuurlijk een gelijk ritme aannemen. 'Dus het is logisch dat ik dat zou zeggen om je op een dwaalspoor te brengen. Maar ik heb nóg een theorie.'

'O ja?' Ik kijk geïntrigeerd op.

'Je moeder zit hierachter.' Hij gebaart naar het bericht achter ons. 'Zij doet dit om jou af te leiden.'

'O, mijn god.' Ik barst in lachen uit. 'Heb je mijn moeder weleens ontmoet? Dit is écht iets voor haar, inderdaad.'

'Als ze om zeven uur 's ochtends het hotel kan bellen om smoothies van boerenkool te regelen, dan kunnen een paar berichten op het strand er volgens mij ook makkelijk bij.'

'Ik weet bijna zeker dat ze op een congres in Leicester is,' zeg ik met spijt in mijn stem, 'maar anders zou ik honderd procent zeker weten dat je gelijk hebt.'

Heel even vraag ik me af of mama het kan zijn. Maar geheimzinnige berichten is niet haar stijl, en hetzelfde geldt voor het achterlaten van cadeautjes op het strand.

Zoiets frivools zou ze niet zo gauw doen, praktisch als ze is.

We bereiken de waterlijn en staan daar een tijdje te kijken naar het schip, dat haast onmerkbaar langs de baai vaart. Eigenlijk voel ik me een beetje zoals dat schip, bedenk ik. Ik ben op de goede weg. Vandaag voel ik me beter dan gisteren. Gisteren voelde ik me beter dan toen ik met Joanne achter me aan door de stad rende. Deze koers moet ik aanhouden.

Ik vraag me af of hetzelfde geldt voor Finn en ik kijk even opzij. De wind speelt met zijn donkere haar, hij heeft zijn ogen strak op de horizon gericht, zijn blik is moeilijk te peilen. Hij heeft lachrimpeltjes bij zijn ogen, valt me op. Dit is een gezicht dat graag en veel lacht, al was daar de laatste tijd misschien niet veel aanleiding toe.

Als hij merkt dat ik naar hem kijk, beantwoordt Finn mijn blik – en ik schraap haastig mijn keel.

'Ik bedacht net dat ik me elke dag iets beter voel. Heb jij dat ook?'

'Zeker.' Hij knikt. 'En mij lukt het zelfs nog zonder die 20 stappen-app.' Zijn ogen lachen. 'Wat staat er voor vandaag op de planning?'

'Yoga op het strand,' antwoord ik. 'En voor je daarop ingaat, ik weet niets van yoga. Het lijkt wel alsof iedereen de yogamemo heeft gehad behalve ik. Van de ene op de andere dag ligt de hele wereld op een yogamat behalve ik.'

'Precies!' Finn knikt instemmend. 'Dat gevoel heb ik ook! Op mijn werk deed niemand aan yoga, en toen ineens wel. Ze waren allemaal heel verbaasd dat ik dat niet deed.' Met gespeelde schrik trekt hij zijn wenkbrauwen hoog op. '"Wát? Doe je niet aan yóga?"'

'Precies!' Ik lach. 'Maar goed, ik heb de wereldwijde proefles yoga dus gemist. Te druk bezig met mails beantwoorden, denk ik. Maar het staat op mijn lijstje. Dus binnen nu en een paar minuten zul je mij op één been zien staan. Niet lachen.'

'Ik was niet van plan je uit te lachen,' zegt Finn kalm. 'Ik was van plan te vragen of je daar gezelschap bij zou willen hebben.'

'Gezelschap?' Ik staar hem achterdochtig aan. 'Bedoel je nou… bedoel je dat je yoga zou willen doen?'

Mr Whisky-en-pizza wil yoga doen?

'Waarom niet?' Hij haalt zijn schouders op. 'Ik ben wel benieuwd wat er nou zo bijzonder aan is.'

Ik heb in mijn hele leven nog nooit zó gelachen. We zetten mijn iPad rechtop tegen de grote rots, leggen mijn yogamatje neer en een handdoek voor Finn en volgen Wetsuitvrouw, die ons een reeks bewegingen voordoet. Of nou ja, volgen… we verbazen ons over haar, verwensen haar en schelden op haar.

'Dat ga ik niet doen,' zegt Finn om de tien seconden. 'En dat ook niet. Rot op.' Hij tuurt naar het scherm en zucht van ongeloof. 'Oké, Sasha, probeer jij deze maar eerst. Als jij geen been breekt, wil ik ook wel een poging wagen.'

'Hoe kan het dat zij niet omvalt,' zeg ik hijgend, met mijn handen plat op mijn matje. 'Het heeft toch verdacht veel weg van Twister.'

'Ze heeft stiekem superlijm op haar handen gedaan,' zegt Finn. 'En nog iets, ze is niet echt. Ze is een yogabot.'

Dan is het eindelijk tijd voor de cooldown. In kleermakerszit luisteren we naar Wetsuitvrouw, die ons vertelt hoe goed we het hebben gedaan. Ze zegt dat het nu tijd is om languit te gaan liggen en te ontspannen.

'Oké, dit kan ik,' zegt Finn, die zich uitstrekt op zijn handdoek. 'Van mij hadden ze hier wel mee mogen beginnen.'

'Ssst,' zeg ik. 'Je verstoort mijn chakra's.'

Eerlijk gezegd voelt het heel ontspannend om zo op het strand te liggen en naar de bleekgrijze lucht te kijken en die tinkelende geluidjes te horen. En ik vind het dan ook best jammer als de instructievideo eindigt.

'Dank je wel voor het leuke yogafeestje,' zegt Finn, terwijl we allebei met moeite weer overeind komen. 'Mag ik jou dan uitnodigen voor een glaasje whisky later vanmiddag?'

'Ik ben niet zo'n fan van whisky,' zeg ik met een verontschuldigend lachje. 'Maar ik kan anders wel wat van onze gestolen champagne nemen?'

'Geweldig!' zegt Finn, die hier duidelijk mee ingenomen is. 'We hebben een date – wacht.' Hij bemerkt zijn vergissing. 'Sorry. Een afspraak.'

Hij kijkt moeilijk en ik krijg een knoop in mijn maag. Ik wil niet dat er iets van ongemak tussen ons in hangt. Zou hij denken dat ik hem ongelooflijk onaantrekkelijk vind? Het ligt niet aan hem, het ligt aan mij, en dat meen ik echt. Ik ben degene met wie iets mis is.

Zal ik het hem anders gewoon uitleggen? De rest weet hij toch ook al. Hij heeft mijn verfrommelde tissues gezien, de wikkels van mijn chocoladerepen, al die gestoorde troep van mij, en hij heeft geen commentaar gegeven en me niet uitgelachen. Misschien is het juist goed als ik hem in vertrouwen neem.

'Ehm...' begin ik aarzelend. Mijn hartslag versnelt iets, want dit is best gênant. 'Eh, ik had je al verteld dat ik niet meer aan seks doe.'

'Juist,' zegt Finn, die me geschokt aankijkt. 'Ja, ik bedoel... het was niet mijn be–'

'Dat weet ik. Maar ik zou het je graag wat beter uitleggen.'

Hij is zo te zien stomverbaasd over mijn openhartigheid. Net zo stomverbaasd als ik. Het is alleen dat hier, onder die weidse hemel, alle geheimpjes en gênante dingen onbeduidender en onschuldiger lijken. Je hart luchten op het strand voelt veilig. Het lijkt wel of alles wat je zegt meteen wegwaait richting zee en dan voorgoed verdwenen is.

'Het is behoorlijk verontrustend.' Ik laat me weer op mijn yogamatje vallen, dan kan ik tenminste praten zonder hem te hoeven aankijken. 'Het lijkt wel of mijn lijf is uitgeschakeld. Daarom schreef ik... die dingen op dat velletje papier. Het was geen songtekst. Ik was aan het manifesteren. Blijkbaar kun je verandering in je leven brengen door je doelen en verlangens op te schrijven. En dat is waar ik naar verlangde. Ik wil weer... ik wil weer tot leven komen.'

Hierna valt er een lange stilte. Ik staar recht omhoog naar de lichtgrijze hemel en voel de wind langs mijn wangen strijken. Het is niet te bevatten dat ik me zojuist blootgegeven heb aan iemand die ik nauwelijks ken. Maar ik voel geen schaamte. Ik ben volkomen rustig.

'Het zou zomaar kunnen dat je weer tot leven komt,' zegt Finn na een lange stilte. 'Zodra je je er niet meer druk om maakt.'

'Misschien.' Ik knik en denk hierover na. 'Ik bedoel, vroeger was er niks mis met me. Vroeger had ik gewoon een seksleven. Maar nu...'

'Niet meer?'

'Een paar dagen geleden probeerde een kerel bij Pret met me te flirten en ik zei tegen hem dat ik seks niet zo aanlokkelijk vond. Ik zei dat seks niet meer is dan langs elkaar wrijvende geslachtsdelen.'

De herinnering is zo vreselijk dat de tranen me in de ogen springen als ik dit vertel. Of moet ik huilen van de lach? Of is het opluchting, omdat ik hier eindelijk met iemand over durf te praten?

'Langs elkaar wrijvende geslachtsdelen,' herhaalt Finn, duidelijk van zijn stuk gebracht.

'Ik weet het.' Mijn stem begint te trillen, maar weer weet ik niet of

ik lach of huil. 'En ik zei het hardop, in het bijzijn van alle klanten.'
Ik sla een hand voor mijn gezicht. 'Langs elkaar wrijvende geslachtsdelen.' Nu barst ik echt in lachen uit, ongeremd. De tranen stromen
langs mijn wangen en dan begin ik vreselijk te hoesten.
'Gaat het?' vraagt Finn geschrokken.
'Nou, duidelijk niet,' piep ik. Ik ga weer rechtop zitten en hoest
nog een paar keer om mijn longen leeg te krijgen en kalmeer dan
weer een beetje. 'Ik ben duidelijk nogal de kluts kwijt. Jij vraagt je
nu natuurlijk af hoe je zo snel mogelijk bij deze gek uit de buurt
kunt komen. We kunnen elkaar de rest van onze tijd hier uit de weg
gaan, als je dat wilt.'
'Ik wil jou niet uit de weg gaan!' Hij lacht. 'Maar echt. Wie ben
ik om jou de maat te nemen? Ik ben zelf ook de kluts kwijt.'
'Ben jij de weg kwijt?' Ik kijk hem van opzij vol ongeloof aan.
'Hoe dan? Ik bedoel, ik weet dat je hier bent, en wat er is gebeurd
bij jou op kantoor... maar je komt rationeel over. Geen eigenaar-
digheden. Geen vreemd gedrag.'
Er valt een stilte en Finn klemt zijn kaken opeen. Ik begin zijn
gezichtsuitdrukkingen te herkennen en dit is een verdedigings-
mechanisme. Zo kijkt hij als ik me op glad ijs begeef. Ik neem me
voor een minuut of vijf mijn mond te houden en dan een heel ander
onderwerp aan te snijden.
Maar dan begint hij, tot mijn verbazing, zacht te vertellen. 'Ik
word elke nacht om drie uur wakker. Ik ben gestrest over –' Zijn
stem stokt en ik zie in zijn ogen dat hij denkt aan iets naars of een
pijnlijke herinnering. 'Er zijn een paar vervelende dingen gebeurd.
En ik ben boos op mezelf.' Hij valt weer stil en schudt gekweld zijn
hoofd. 'Het is doodvermoeiend, dit gevoel.'
'Val je uiteindelijk wel weer in slaap?' vraag ik voorzichtig.
'Het is lang geleden dat ik voor het laatst een nacht heb door-
geslapen.' Hij kijkt me even bedroefd aan en opnieuw vallen me
de donkere kringen onder zijn ogen op. Die zag ik daar al steeds,
en ik dacht dat zijn gezicht er gewoon zo uitzag, maar nu snap ik

dat hij moe is. Dat hij al langere tijd doodmoe is.

'Heb je geprobeerd... er iets op te vinden?' zeg ik, me ervan bewust hoe zwak dit klinkt.

'Ja, verschillende dingen.' Hij knikt.

'En heb je geprobeerd om er met iemand over te praten?'

Finn geeft geen antwoord en maakt alleen een onbestemd geluidje.

Na een tijdje voel ik aan dat hij er verder niks over gaat zeggen. En eerlijk is eerlijk, naar zijn maatstaven is hij al best openhartig geweest.

'Wat een lekker stel zijn wij!' Ik probeer luchtig te klinken en slaag daar bijna in.

'Ik weet het.'

'Maar gelukkig hebben wij yoga.' Ik strek me weer uit op mijn matje en kijk naar de lucht. 'Yoga is goed voor alles.'

'Amen.' Finn gaat op zijn handdoek liggen en dan zeggen we allebei niets meer.

Als ik even later opzijkijk, zie ik dat hij zijn ogen dicht heeft en dat hij heel rustig ademt. Ik hoop dat hij in slaap gevallen is. Hij moet bekaf zijn als hij elke nacht om drie uur wakker wordt.

Geruisloos strek ik mijn benen uit en tuur ik omhoog naar de voorbijtrekkende wolken. Ik voel me op de een of andere manier lichter, bijna optimistisch. Ik heb zojuist stap 18 van mijn programma afgewerkt, bedenk ik. *Lucht je hart bij iemand die je vertrouwt.* En nu voel ik me beter, precies zoals Wetsuitvrouw had beloofd. Ik herinner me het advies nog dat de app gaf: *Bescherm jezelf en denk goed na voor je iemand in vertrouwen neemt. Geef je alleen bloot in een veilige omgeving. Twijfel je, bel dan een van de hulplijnen hieronder of ga naar ons onlineforum.*

Maar ik heb geen hulplijn of forum nodig. Ik heb iemand die ik vertrouw vlak bij me in de buurt.

13

Die middag kijk ik weer op mijn gemak rond in het dorp. Het begint al een beetje een gewoonte te worden: eerst maak ik in een aardig tempo een strandwandeling en daarna verken ik de nauwe kronkelstraatjes en laantjes en tuur ik in alle etalages. Maar vandaag worden er geen chips gekocht, prent ik mezelf in. Nee, echt niet.

Ik loop over het strand naar de Surf Shack en daar voorbij, naar de plek waar Surftime vroeger stond. Het gebouwtje staat er niet meer, maar dit is de plek waar het ongeluk begon. Op deze plek huurde James Reynolds die beschadigde kano. Eens zien of ik hier een aanwijzing kan vinden.

Terwijl ik staar naar het lege stuk strand waar vroeger Surftime stond, denk ik terug aan Pete, de eigenaar. Nu ik hem bekijk vanuit het perspectief van een volwassene weet ik dat hij er goed uitzag. Hij was lang en zag er stoer uit met zijn donkere baard en die rij oorbelletjes. Kirsten en ik huurden weleens een bodyboard bij hem als Terry er geen meer had. Je zou zeggen dat we stiekem een beetje verliefd op hem waren, maar dat was niet zo. En dat gold niet alleen voor ons. Er was iets met hem, en al lachte hij nog zo breed, die lach leek niet echt.

Het moet ook niet makkelijk zijn geweest om altijd maar tegen Terry op te moeten boksen, denk ik om hem een eerlijke kans te geven. Pete probeerde net zo te zijn als Terry, maar hij had het niet in zich. Hij was ongeduldig, dat herinner ik me nog wel. Hij had weinig geduld met klanten die vragen hadden. Hij snauwde tegen kinderen die hun wetsuit niet aan kregen. Als je zijn leerlingen op het strand bij de warming-up bezig zag, leek het alsof ze de bewegingen afraffelden. Het verbaast me eerlijk gezegd niet dat hij het met de veiligheid kennelijk niet zo nauw nam.

Ik leun tegen een houten paal, pak mijn telefoon erbij en bel eerst mama en dan Kirsten, die geen van beiden opnemen. Ik had het kunnen weten, ze hebben het allebei zo druk. Daarom stuur ik hun een foto van het tweede bericht en typ dan:

Dag allebei! Wat maken jullie hier nu van? Dit schreef iemand op het strand. Het is de datum van dat kajakongeluk. Wat herinneren jullie je daar nog van? Was er op een of andere manier een stel bij betrokken?

Ik druk op 'versturen' en bedenk dan dat ik ook een kleine update had moeten geven. Ik stuur er nog een berichtje achteraan:

Hier alles goed. Voel me geweldig, zoveel beter. Vandaag yoga gedaan op het strand!! Xxx

Ik loop door de duinen, steek de grote parkeerplaats over en ga het dorp in. Zonder doel dwaal ik rond en kijk of ik leuke cadeautjes zie om mee naar huis te nemen. Bij zowat alle winkeltjes zijn fotolijsten van drijfhout te koop. Zou Kirsten dat mooi vinden? Of is het iets in de categorie 'leuk aan zee, maar in Hackney slaat het nergens op'?

Zo scharrel ik een tijdje op mijn gemak rond, tot een grote print van *Jeugdliefde* mijn aandacht trekt. Ik steek de straat over om het werk te bekijken. Er staat een bordje bij: GESIGNEERDE PRINT. WIJ ZIJN ER TROTS OP HET ENIGE VERKOOPPUNT VAN MAVIS ADLER IN RILSTON TE ZIJN. Onder het schilderij zijn mokken, portemonnees, linnen tassen en kalenders te zien waarop *Jeugdliefde* is afgebeeld. Naar mijn mening doet dit wel een beetje afbreuk aan het werk zelf. Maar ja, dit soort spullen verkoopt natuurlijk goed.

Door die berichten op het strand voel ik me een beetje verbonden met Mavis Adler, en ik bekijk *Jeugdliefde* nog eens goed, misschien wel voor het eerst. Ik weet niks over kunst, maar dit is een heel kleurrijk schilderij. Het zand, de rotsen, de schaduwen, alles is uitgevoerd

187

in warme tinten oker en kobalt en... wat de chique naam voor rood ook is. Er zit zelfs wat rood in de schaduwen en de wolken. Er gaat een warme gloed uit van het werk. Het is een intrigerend kunstwerk, je blijft ernaar kijken. Daarom is het vast ook zo geliefd. En de lichaamstaal van het zoenende jonge stel zorgt ervoor dat je die twee een beetje benijdt. Hij heeft zijn arm om haar middel geslagen. Zij houdt haar hoofd iets achterover. Hun gezichten zijn niet afgebeeld, maar je ziet wel haar lange, jonge benen en het shortje dat ze draagt. En aan zijn achterhoofd zie je zo dat hij ook een tiener is.

Ik heb nooit zo nagedacht over dit schilderij, dat ik kende als 'dat plaatje op de ansichtkaarten'. Nu ik het wat beter bekijk, vind ik het eigenlijk best mooi. Misschien koop ik wel zo'n tas.

Er klinkt een belletje als ik de deur van de galerie openduw, waarna ik word begroet door een vrouw. Ze heeft grijzend haar en draagt een drukke top in allerlei blauwtinten en een wijde linnen broek met daaronder drie paar sokken in klompen. Op haar borst prijkt een houten badge waarin de naam JANA is gebrand.

'Ik zag je kijken naar *Jeugdliefde*,' zegt ze met een vriendelijke glimlach. 'Mocht je interesse hebben, Mavis Adler heeft een nieuwe expositie. Vanaf volgende week zaterdag. Een interessante nieuwe collectie.'

Ik kan moeilijk zeggen dat ik alleen interesse heb voor dat ene schilderij, dus neem ik de flyer van haar aan en lees wat erop staat. Even later kom ik op een idee.

'Allemaal nieuwe kunst?' Ik kijk op.

'Allemaal nieuwe kunst.' Jana knikt.

O, mijn god! Ik ben officieel de beste inspecteur van ons tweeën. Ik win. De berichten op het strand zijn dus wél kunst en wij zijn de enigen die ervan weten omdat wij in de huisjes verblijven.

'Vertel eens,' zeg ik in een zo goed mogelijke imitatie van een zelfverzekerde tv-detective, 'bestaat het nieuwe werk van Mavis Adler soms uit een reeks teksten op het strand?'

'Nee,' zegt Jana.

Ik frons en ben even uit het veld geslagen. 'Nee?'

'Nee,' zegt ze weer. 'Jij denkt aan haar vorige collectie, *Strand-gesprekken*, waarvoor ze het strand in Rilston Bay gebruikte.'

'En waar bestaat de nieuwe tentoonstelling uit?'

'Het zijn sculpturen, gemaakt van natuurlijke en door mensen gemaakte materialen. Hier, kijk maar eens.' Ze slaat een catalogus open die op een van de vitrines ligt. 'Mocht je interesse hebben in een catalogus, ze kosten twintig pond,' voegt ze eraan toe.

'Aha,' zeg ik, en ik hoop maar dat ik niet al te gierig overkom. 'Nou... misschien.'

Ik blader het boek door en zie foto's van enorme, aan elkaar ge-laste metalen balken die vreemde figuren vormen. In sommige is ook drijfhout verwerkt, en een ervan staat op een grote rol touw, maar het is mij niet duidelijk of het touw onderdeel uitmaakt van het kunstwerk of niet. Daarom kijk ik hoe het heet, maar er staat *Zonder titel* bij.

'Geweldig!' zeg ik als ik de catalogus heb doorgebladerd. Jana lijkt te verwachten dat ik nog iets zeg, dus ik zoek naar wat meer tekst. 'Heel krachtig. Rauw. Heel indrukwekkend, die... die... vormen. Heel anders dan *Jeugdliefde*. En *Strandgesprekken*.'

'Ja.' Jana glimlacht. 'Haar nieuwe werk is mogelijk nog uitdagen-der dan alles wat ze hiervoor heeft gedaan. Maar wel heel bijzonder.' Ze steekt haar kin naar voren, alsof ze me uitdaagt hiertegenin te gaan.

'Zeker!' zeg ik haastig. 'Heel bijzonder. En? Heeft ze ooit meer schilderijen gemaakt in de trant van *Jeugdliefde*?'

'Nee.' Jana's glimlach verstijft. 'Nee, dat heeft ze niet. Maar ze werkt aan een nieuw, geheim project dat *Titan* heet. We zijn allemaal reuzebenieuwd wat dat is.'

Ik zie verderop een infobord staan met daarop HET VERHAAL ACH-TER *JEUGDLIEFDE* en een heel stel krantenartikelen over het 'tienerstel-letje dat de kunstwereld veroverde'.

'Nooit geweten dat die twee echt bestonden!' roep ik uit, en ik lees vluchtig een paar alinea's over het stel. Ze heten Gabrielle en Patrick. 'Wacht, zijn ze getrouwd? Wat romantisch!'

'Het is breed uitgemeten in de pers,' zegt Jana, alsof ik een beetje dom ben. 'Er is een documentaire over ze op tv geweest.'

'O. Die heb ik dan gemist.'

Ik bekijk de foto van een stuk in de *Daily Mail* waarop het tweetal is afgebeeld op hun trouwdag, en ineens heb ik een idee.

'Ze zou een vervolg kunnen schilderen!' Ik draai me enthousiast om naar Jana. 'Ze zou die twee kunnen schilderen zoals ze eruitzagen op hun trouwdag en het werk dan *Eeuwige trouw* kunnen noemen. En als ze kinderen hebben, dan zou ze *Gezinsleven* kunnen schilderen. Dat zou iedereen geweldig vinden! De mokken zijn dan niet aan te slépen.'

In mijn hoofd werk ik al een hele marketingstrategie uit. Hashtags, foto's, samenwerkingen, evenementen, de grootste digitale presentatie ooit...

Dan knipper ik met mijn ogen en kom ik terug in het moment. Ik sta versteld van mezelf en stel verbaasd vast dat mijn hoofd weer tot leven gekomen is. Ik dacht dat het niks meer zou worden met marketing, met mijn werk, met alles. Zo zie je maar. Ik kan het nog.

'Ja,' zegt Jana met een glimlach die nog strakker lijkt vastgepind. 'Zoiets is de afgelopen jaren al door diverse mensen gesuggereerd. Maar Ms Adler heeft besloten niet verder te gaan met *Jeugdliefde*. Wij staan uiteraard achter de artistieke keuzes die zij maakt en we zijn opgetogen over de nieuwe weg die ze is ingeslagen.'

Ik bijt op mijn lip en heb een beetje medelijden met Jana. Ze zou natuurlijk een móórd doen voor een prachtig nieuw romantisch doek van Mavis Adler, maar in plaats daarvan moet ze doen alsof ze die metalen bouwsels prachtig vindt. Die roestige gevaartes zijn vast een krachtig statement, maar het lijkt me niet dat iemand daar een etui van wil.

Ik keer terug naar mijn eerste vraag. 'En je weet zeker dat ze momenteel geen berichten op het strand schrijft?'

'Ik weet het niet.' Jana spreidt haar handen. 'Het zou kunnen. Ze is nu uiteraard in Kopenhagen.'

'Kopenhágen?' Dit haalt mijn hele theorie onderuit. Ze kan niet in Kopenhagen zijn en tegelijkertijd berichten op het strand schrijven.

Maar nu ik erover nadenk, was dat de hele tijd eerder Finns theorie dan de mijne. Dus ik win nog steeds.

'Over twee dagen is ze weer hier, en dan is er een speciaal evenement in de balzaal van het Rilston. Ms Adler zal dan *Titan* onthullen,' voegt ze er gewichtig aan toe.

'Wauw!' zeg ik, want dit vraagt natuurlijk om een reactie. '*Titan*!'

'Precies. Een bijzondere gebeurtenis. Er is ook een receptie, ik weet niet of je interesse hebt? Je kunt alles hier lezen.' Ze knikt naar de flyer in mijn hand. 'En nu laat ik je rustig rondkijken, hoor.'

Ik dwaal door de galerie en bekijk aquarellen en overmaatse aardewerken vazen. Daarna ga ik terug naar de giftshop, waar negentig procent van de koopwaar is gebaseerd op *Jeugdliefde*, aangevuld met een paar ansichtkaarten van de berichten op het strand. Ik pak een *Jeugdliefde*-tas en ga naar de kassa.

'Een goede keuze,' zegt Jana terwijl ze het prijsje scant. 'Wil je er een catalogus voor de nieuwe expo bij?' Ze strekt haar hand naar de stapel uit, alsof het al zeker is dat ik er een ga kopen. Ik kerm in stilte, o gód. Nu moet ik wel bekennen dat ik enorm krenterig ben.

'Ehm, alleen de tas graag.' Ik schraap mijn keel. 'Over de catalogus... denk ik nog even na.'

'Natuurlijk!' zegt ze, terwijl ze het boekwerk omstandig teruglegt. 'Geen probleem.'

Het valt me op dat er achter haar een grote stapel catalogussen op de vloer staat. Blijkbaar denkt iedereen er net zo over als ik. En dat geeft me een slecht gevoel. Maar niet zo slecht dat ik twintig pond ga neerleggen voor foto's van metalen bouwsels waar ik nooit meer naar ga kijken.

Als ik weer buiten sta, pak ik mijn telefoon om te zien of mama of

Kirsten heeft gereageerd op mijn appjes, maar er zijn geen berichten. Daarom zet ik maar weer koers richting zee.

Terwijl ik in ferme pas langs de vloedlijn loop, steekt er een felle wind op en algauw waait het zand over het strand. Ik blijf even staan om ernaar te kijken, want het ziet er een beetje spookachtig uit. Het losse zand wordt in sierlijke lijnen en patronen over het strand geblazen. Het lijkt wel of de grond onder mijn voeten beweegt.

Ik film het schouwspel een tijdje om het straks aan Finn te laten zien en vervolg dan mijn wandeling. Mijn blik is gericht op de Surf Shack, het enige bouwwerk op dit deel van het strand. Terwijl ik naderbij kom, voel ik regendruppels op mijn gezicht, en ik rol met mijn ogen. Niet te doen, dit weer. Net als je denkt dat het wel meevalt, begint het weer te gieten. Toch geniet ik wel van deze pittige wandeling, de frisse lucht, de harde wind, het dansende zand, de roepende zeemeeuwen hoog in de lucht. En weer maak ik contact met mijn omgeving, bedenk ik. Echt goed! Ik wist wel dat ik het k–

Dan wordt mijn gedachtestroom ineens ruw onderbroken. Ik blijf staan en denk nergens meer aan. Wat zie ik dáár?

Op het terras voor de Surf Shack staat een figuur die me eerst niet opviel, maar nu zie ik hem heel goed. Het is Terry. Terry is terug op zijn vaste plek en strekt zijn armen uit alsof hij een groepje leerlingen naderbij wenkt.

Huh…?

Ik loop door, steeds sneller, en het laatste stuk naar de Surf Shack leg ik op een drafje af.

'Hallo!' roep ik gretig uit als ik er bijna ben. 'Hi Terry! Misschien ken je mij nog, ik ben Sasha.'

Hij draagt een wijde ribbroek en een fleecetrui en niet de surf-short die ik me herinner, maar ik heb hem natuurlijk ook nooit in de winter gezien, of zelfs in zijn vrije tijd. Ik ken hem alleen van op het strand, zongebruind, gekleed op het geven van surflessen en klaar voor alles wat de dag mocht brengen.

Nu ik hem van dichtbij zie, schrik ik een beetje, want ik zie dat niet alleen zijn kleren anders zijn dan vroeger. Zijn gezicht is smaller, zijn haar witter en pluiziger. Zijn benen zijn dunner, dat zie ik aan de los vallende broekspijpen. Zijn handen zijn benig geworden. En ze trillen een beetje, zie ik. Hij maakt een broze indruk. Terry Connolly ziet er broos uit.

Hij is ook een stuk ouder, houd ik mezelf voor. Ik doe mijn best niet te schrikken van zijn voorkomen. Natuurlijk is hij veranderd, ik heb hem twintig jaar niet gezien. Wat had ik dan gedacht? Maar vanbinnen ben ik ontzet en een beetje verdrietig en wou ik dat Terry er nog net zo uitzag als vroeger. Sterke, breedgeschouderde Terry, die de zee als zijn broekzak kende. Net als het strand. Levenskunstenaar Terry.

'Hi Terry!' zeg ik weer, en hij draait zijn hoofd mijn kant op alsof hij me voor het eerst opmerkt. Zijn wangen zijn ingevallen en ik zie diepe groeven langs zijn mondhoeken. Hij heeft geen stoppelbaardje meer maar is gladgeschoren, en dat geeft zijn uitstraling iets zachts, iets kwetsbaars. De blik in zijn blauwe ogen vervaagt even en vlamt dan weer op, alsof hij ineens weer weet wie ik ben.

'Kom je voor een surfles?' vraagt hij. Zijn stem klinkt zwakker dan vroeger, maar ik hoor nog wel iets van zijn vroegere pit. 'De eerste les begint om tien uur. Heb je al weleens gesurft?'

'Ik ben het, Sasha.' Ik stap het terras op in de hoop dat hij me even met zijn onrustige ogen opneemt. 'Als kind heb ik nog les van jou gehad!'

'Tien uur,' herhaalt Terry met een hoofdknik. 'Heb je een surfboard nodig? Dan moet je bij Sandra zijn, zij kan je er eentje geven.' Hij werpt een blik over zijn schouder, alsof hij verwacht te zien dat de deur open is, dat Sandra achter haar tafel staat en dat er kinderen in wetsuits in en uit lopen.

Maar Sandra is al drie jaar dood.

'Oké,' zeg ik, en ik slik. 'Oké, dat zal ik doen.'

Terry kijkt uit over het verlaten strand en lijkt verbaasd. 'Nog niet zoveel leerlingen.'

'Nee,' stamel ik. 'Nee, het is nog stil.'

Mijn buik trekt zich samen. Ik weet niet wat ik moet zeggen. Ik weet niet hoe ik moet reageren.

'Je moet dat zo wel uittrekken!' Hij gebaart grinnikend naar mijn parka. 'Surfen met een jas aan, dat gaat niet!'

'Ik… ik zal hem voor de les uitdoen,' zeg ik.

'Dat is goed. Dat is goed.' Hij knikt vaag. 'Beginnersles zeker?'

'Ik eh… ja. Ik ben een beginner.'

'Jij wordt een goede surfer!' zegt hij bemoedigend. 'Dat zie ik zo.' Dan lijkt hij weer verward en dwalen zijn ogen weer over het strand. 'Maar waar blijven de anderen? Ze zijn allemaal te laat! Ga ze maar even halen, ja?'

'Ik… eh…'

'Sandra, hoeveel heb ik er voor de eerste les?' roept hij, en hij lijkt echt een antwoord te verwachten. Hij gaat over het terras naar de dichte deur, kijkt er een volle minuut aandachtig naar en schudt dan niet-begrijpend zijn hoofd. 'Waar die nou gebleven is,' stamelt hij na een tijdje. 'Ach, nou ja.'

Hij kijkt me aan en dan verdwijnt de vage blik uit zijn ogen. 'O, jíj bent het!' roept hij ineens geestdriftig uit.

'Ja!' zeg ik opgelucht. 'Ik ben het, Sasha! Ken je mijn zus Kirsten nog? Wij kwamen altijd –'

'Zeg, ik moest jou indelen bij de beginners,' zegt Terry, die niet lijkt te horen wat ik allemaal zeg. 'De les van tien uur. Ik weet dat je al vaker hebt gesurft, maar…' Hij valt verbaasd stil. 'Zeg eens, waar is je surfboard? Je moet wel een plank hebben!'

Ik weet niks te zeggen. Ik ben geschrokken en verdrietig. Terwijl ik naar Terry's vriendelijke, belangstellende gezicht kijk, voel ik twee tranen over mijn wangen rollen. Toen Tessa zei dat haar vader zichzelf niet was, dacht ik…

Eerlijk gezegd dacht ik niks. Ik zag het niet voor me. Ik wilde dat Terry altijd precies zo zou blijven als ik me hem herinnerde.

Nu heeft Terry mijn tranen opgemerkt en schudt hij treurig zijn hoofd.

'Ach jee! Je hebt het te kwaad, hè? Nou, luister,' zegt hij terwijl hij bij me komt staan. 'Luister, luister, luister.'

Ademloos wacht ik op wat er komen gaat. Zo begon hij elke peptalk. 'Luister, luister, luister,' zei hij dan, gevolgd door een wijze les. Maar hoe kan hij me hiermee helpen? Dat kan hij toch niet? Een paar tellen lang weet Terry zo te zien ook niet hoe hij verder moet gaan. Maar dan klikt er blijkbaar toch weer iets in zijn brein en lacht hij vriendelijk naar me.

'Je bent van je board gevallen. De zee wilde even met je spelen, dat is alles. Maar vergeet dit nooit.' Hij draait een slag en wijst naar de grijze golven. 'Niet opgeven, hoor, je moet het gewoon nog leren. Je moet nog leren omgaan met de zee, en leren omgaan met jezelf. Met wat je vandaag hebt gedaan, of het nou lukte of niet, heb je ervaring opgebouwd. Ervaring! En die heb je nodig. Alles wat je doet is leerzaam, daar kom je nog wel achter. Zeg, en heb je je bezeerd? Schrammen of blauwe plekken opgelopen?' Zijn blik blijft hangen bij de vage rode plek die ik opliep toen ik tegen die muur aan knalde. Hij klakt met zijn tong. 'Doet dat pijn?'

'Nee, het doet geen pijn,' haast ik me te zeggen. 'Het is al geheeld.'

'Goed zo!' Hij kijkt tevreden. 'Dus we hoeven alleen daarbínnen nog wat te fixen.' Hij tikt tegen zijn slaap.

'Dat zou ik heel fijn vinden,' zeg ik. 'Eerlijk waar.'

'Weet je wat jij zou moeten doen?' Hij buigt iets naar voren, zijn blauwe ogen ineens gefocust en scherp. 'Vertrouw op jezelf. Geloof in jezelf. Kun je dat, denk je?'

'Ik... oké.' Mijn stem klinkt verstikt. 'Ik zal het proberen.'

'Lieve help.' Terry speurt met zijn ogen het strand weer af, alsof hij probeert te ontdekken waarom ik van streek ben. 'Luister, luister, luister,' begint hij weer. 'Ik weet dat je vriendinnen je hebben uitgelachen. En daar zal ik ze op aanspreken. Maar vergeet dit nooit: iedereen is die wipe-out zo weer vergeten. Eerlijk waar! Ze onthouden de keren dat het je wél lukte!' Er twinkelen pretlichtjes in zijn blauwe ogen. 'Ze weten nog dat het je lukte om een golf te pakken en te blijven staan tot je weer bij het strand was. Ik heb gezien dat je het kunt,' voegt hij er bemoedigend aan toe. 'Ik weet dat je het kunt.'

Ik kan me niet bewegen. Ik kan niets terugzeggen. Zijn woorden raken, diep vanbinnen, een snaar.

'En weet je,' voegt Terry er met nadruk aan toe. 'Wil je weten waarom je door die golf werd opgeslokt?'

'Ja,' zeg ik. Ik wil dolgraag weten waarom. 'Zeg het maar, waarom viel ik van mijn plank?'

'Omdat je het hebt geprobeerd,' zegt Terry eenvoudigweg. 'Je hebt het geprobeerd, lieverd. En dat kan lang niet iedereen zeggen.' Hij steekt zijn hand omhoog voor een high five, en als ik zachtjes zijn hand aantik, omvat hij de mijne met zijn droge, broze vingers. 'Geloof in jezelf. Je hebt het in je.'

'Bedankt, Terry.' Er glijden nog twee tranen over mijn wangen, en ik veeg ze weg. 'Voor… alles. Alles.'

'Graag gedaan!' Terry kijkt opgewekt en een tikkeltje verward. 'Heel graag gedaan. Je hebt goed gewerkt vandaag!' Met een vage blik in zijn ogen, alsof hij even de draad kwijt is, vervolgt hij op besliste toon: 'Je mag je surfboard op het strand laten liggen of tot de les van morgen zelf bewaren. Maar laat het dan wel even aan Sandra weten. O, hallo!'

Een stevige vrouw komt met een warme glimlach over het strand onze kant op.

'Kom je mee, Terry?' roept ze, en ze wuift even vriendelijk naar mij. 'Hallo. Ik ben Deirdre.'

'Hi,' zeg ik. Hopelijk ziet mijn gezicht er niet al te behuild uit. 'Ik ben Sasha. Ik ken… ik ken Terry nog van vroeger.'

'Je had zeker surfles van hem, of niet?' zegt ze.

'Klopt. Ik had hem twintig jaar niet gezien. Tot vandaag.'

'Ah.' Ze kijkt me aan met een droevige, begripvolle blik. 'Hij is een beetje veranderd. Maar hierbinnen is de oude Terry er nog, hè, lieverd? Zin in een kopje thee? En Tessa komt straks ook nog langs!'

Terry knikt gedwee en neemt haar uitgestoken hand in de zijne.

'Hij is wel vaker op het strand te vinden, dus als je hem nog eens wilt zien…' voegt ze eraan toe terwijl ze hem meevoert.

'Bedankt,' zeg ik gretig. 'Dat zou ik leuk vinden. Zeker. Dag Terry. Leuk je te zien.'

'Wat je dus nooit moet vergeten…' antwoordt Terry ingespannen, alsof we midden in een gesprek zaten. 'Vergeet nooit…' Hij dwaalt af en blaast zijn wangen bol, alsof hij van zichzelf baalt.

'Maak je niet druk, Terry,' zegt Deirdre geruststellend. 'Geen haast. Neem rustig de tijd.'

Even blijft het stil en horen we alleen de golven en de wind, maar dan lijkt Terry zich te herinneren wat hij wilde zeggen.

'Vergeet niet te genieten.' Hij kijkt me met zijn pientere blauwe ogen aan en heel even zie ik een glimp van de oude Terry. 'Geniet van elk moment. Want als je dat niet doet, wat heeft het dan voor zin? Geniet van elke golf.'

'Ik weet het.' Ik knik en glimlach, al zijn mijn ogen weer vochtig. 'Geniet van elke golf.'

'Zo is het,' zegt Deirde rustig. 'Zij gaat de zee in. En wij gaan een stukje taart eten. Dag, hoor.' Ze lacht naar me. 'Leuk om nog een leerling van Terry te ontmoeten. Jullie zijn met zovelen, we komen er altijd wel eentje tegen! Hij moet heel wat lessen gegeven hebben.'

'Nou,' zeg ik, 'dat klopt.'

Over zijn schouder lacht Terry vriendelijk naar me en dan loopt hij met Deirdre mee. Overspoeld door een wirwar aan gedachten en herinneringen laat ik me zakken op het terras van de Surf Shack.

14

Die avond heb ik met Finn afgesproken voor een drankje. Ik ben nog altijd vol van mijn nieuwtje.

'Ik heb Terry gezien.' Zodra ik hem met de fles champagne en de glazen op zijn terrasje zie zitten, gooi ik het eruit.

'Térry?' Finns gezicht klaart op, net zoals het mijne deed, en ik weet al dat het nieuws hem net zo hard zal raken als mij. En inderdaad trekt hij een somber gezicht als ik hem vertel hoe fragiel en verward Terry overkwam.

'We hadden het misschien wel kunnen verwachten...' zegt hij na een hele tijd. 'Terry heeft zelf dus ook een paar wipe-outs meegemaakt. We dachten dat hij onoverwinnelijk was, maar dat is dus niet zo.'

'Weet je wat hij vanmiddag tegen me zei?' Er speelt een subtiele glimlach om mijn mondhoeken. '"Iedereen is die wipe-out zo weer vergeten. Ze onthouden de keren dat het je wél lukte!"'

'Nou, dat klinkt dan toch wel weer als de goeie ouwe Terry.' Finn grijnst. 'Eindigde hij met "Hup, het water in"?'

'Ja!' Ik ga naast hem zitten. 'Dat is dus het gekke! Een deel van de tijd was hij ook gewoon Terry. Hij zei al die vertrouwde Terry-dingen en gaf me zowat een surfles, maar... het was niet echt.'

'Hij moet daar heel gelukkig geweest zijn.' Finns ogen staan zacht. 'De hele dag op het strand, al die kinderen leren surfen; iets wat hij zelf het allerliefste doet.'

'Lijkt mij ook.' Ik knik. 'En wij hebben geluk gehad dat hij ons heeft lesgegeven.'

'Amen.' Finn krijgt lachrimpeltjes naast zijn ogen. 'Ik herinner me nog een voorval met een jongetje dat in een bepaald jaar in mijn groepje zat. Na de eerste lesdag besloot zijn moeder dat hij moest gaan midgetgolfen in plaats van surfen.' Finn schiet in de lach. 'Terry ging uit z'n plaat. Niet omdat hij gebrek had aan leerlingen, maar omdat hij het er niet mee eens was. Alsof het eerste gebod luidde: "Gij zult surfen."'

'Dat heb ik hem geloof ik weleens horen zeggen.' Ik grijns naar Finn.

'Op dat moment leverde ik net mijn surfboard in,' vervolgt Finn, 'dus ik stond in de Surf Shack en ik hoorde Terry die vrouw in het kantoortje de waarheid zeggen. Hij zei: "Ik laat jouw kind de hémel zien. Wie kan surfen bezit de sleutel van de hemelpoort. Begrijp je dat? De hémelpoort. En jij doet je zoon liever op midgetgolf?"'

'En wat zei dat kind?' vraag ik gretig.

'Dat stond er een beetje beschaamd bij. Hij had bij een wipe-out natuurlijk water in zijn neus gekregen en vond dat niet zo leuk. Dat joch had vermoedelijk niet eens met surfen willen beginnen.'

'En dit jaar wint hij de Masters,' zeg ik. Finn lacht.

'Het is hem gegund.' Hij neemt een slok van zijn drankje en staat dan op. 'O, helemaal vergeten! Wacht even.'

Hij gaat zijn strandhuisje binnen en komt terug met iets knisperends in zijn handen. 'Ik heb borrelhapjes gehaald.'

'Bietenchips?' lees ik verbaasd op de zak.

'Heel gezond!' zegt Finn, duidelijk met zichzelf ingenomen. 'En mogelijk oneetbaar,' voegt hij er nonchalant aan toe. 'Het is de moeite van het proberen waard, of niet?' Hij trekt de zak open, biedt mij de chips aan en proeft er dan zelf ook een.

We kauwen in stilte en kijken elkaar aan.

'Niet slecht,' zeg ik na een tijdje.

'Niet best,' zegt Finn.

'Nee. Niet best ook.'

'Het leven is te kort voor karton met bietensmaak,' zegt Finn beslist. 'Als je chips eet, dan moet je het goed doen.'

'Je klinkt net als Terry,' zeg ik lachend.

'Mooi zo,' zegt Finn. 'Weet je het even niet? Denk dan: wat zou

Terry doen? Terry zou zeggen: "Eet die chips gewoon op en geniet ervan."' Finn vouwt de zak bietenchips dicht en legt hem weg. Dan zegt hij: 'Zoals ik al eerder zei, ik heb al Terry's levenslessen goed onthouden.'

Over mijn glas tuur ik nieuwsgierig naar Finn. Eerst vond ik deze kerel een zeldzaam onuitstaanbaar stuk vreten. Maar hoe meer we met elkaar praten, hoe beter het tussen ons klikt. Hoe beter ik hem begrijp. Hoe meer ik herken. Ik merk dat het me boeit wat zijn mening over de dingen is. Ik vind dat hij vaak heel wijs uit de hoek komt. En dat kan ik van niet zoveel mensen zeggen. We zwijgen allebei een tijdje en ik staar omhoog naar de donkere, met sterren bezette hemel. Zou ik al die tijd gewoon een vriend nodig hebben gehad?

Een uur later is de champagnefles leeg en zit ik te rillen. Tijd om naar binnen te gaan.

'Nog een keer roomservice kan ik echt niet aan,' zeg ik terwijl we teruglopen naar het hotel. 'Vanavond ga ik in de eetzaal zitten.'

'Ik ook,' zegt Finn. 'Ik heb zelfs een tafeltje gereserveerd.'

'Je hebt een tafeltje gereserveerd?' Ik begin te grinniken. 'Was je bang dat ze volgeboekt waren?'

'Macht der gewoonte,' erkent Finn. 'Ik belde naar beneden en vroeg: "Heb je voor het diner nog een tafeltje vrij?" Cassidy is een halfuur bezig geweest om in het systeem te komen, en weet je wat ze toen zei? "Ik denk dat we wel een plekje voor u kunnen vrijmaken, Mr Birchall."'

'Een plekje vrijmaken?' Ik barst weer in lachen uit. 'Een plekje vrijmaken in die uitgestorven eetzaal?'

'Misschien verwachten ze een paar grote groepen vanavond,' zegt Finn met een kort schouderophalen. 'Zou kunnen. Heb jij morgen iets te doen?' vraagt hij achteloos.

'Nog niet over nagedacht. Hetzelfde als vandaag, waarschijnlijk.'

'Ik vroeg me af...' zegt hij terwijl hij de achterdeur van het hotel openduwt. 'Lijkt het je leuk om morgen naar Kettle Cove te gaan?

We zouden een eind langs het kustpad kunnen wandelen.'
'Dat lijkt me heel leuk,' zeg ik, en ik kijk hem stralend aan. 'Geweldig idee.'

We staan inmiddels voor de deur naar de eetzaal en ik knipper verbaasd met mijn ogen. De ruimte is nog leger dan eerst, want een deel van de tafels en stoelen is verdwenen; alleen aan de deukjes in de vloerbedekking is nog te zien waar ze stonden. Afgezien van de zogenaamde tafel in de erker staan er nog maar drie tafels in de enorme ruimte. Je hebt mijn tafeltje aan de ene kant en dat van Finn aan de andere kant. Midden in de eetzaal staat een tafel voor twee, waaraan de Wests zitten, die zo te zien een ongelooflijk ongemakkelijk samenzijn beleven.

'Wauw.' Ik neem de nieuwe opstelling met verbazing op. 'Wat is hier gebeurd?'

'We hebben wat meubilair verkocht!' zegt Cassidy monter. Ze komt van achteren op me toegelopen in een felrood jasje dat niet zou misstaan bij een stewardess. 'Via eBay! Driehonderd pond verdiend! Niet slecht, hè? Wilde u in de eetzaal dineren vanavond, Ms Worth?'

'Als je... een plekje vrij hebt?' zeg ik met een vlugge blik naar Finn. 'Ik heb niet gereserveerd, ben ik bang.'

'Hmm...' Cassidy kijkt bedachtzaam de verlaten eetzaal rond. 'Ja, dat moet wel lukken. Tafeltje voor één, toch? En Mr Birchall, u hebt al een plekje geboekt.'

'Het leek me verstandig om te reserveren,' zegt Finn droog, en ik bijt op mijn lip.

'Uitstekend!' zegt Cassidy op serieuze toon. 'U wilt een plekje zo ver mogelijk bij Ms Worth vandaan,' vervolgt ze tegen Finn. 'Dat is voor jullie allebei heel belangrijk. Ik wijs jullie erop dat onze nieuwe, verbeterde indeling ervoor zorgt dat jullie nog verder uit elkaar zitten dan eerst. Maar liefst tien meter! En hopelijk draagt deze verandering bij aan een nog aangenamere dinerervaring. Het was een ideetje van Simon.'

Ik kijk ongemakkelijk opzij naar Finn, die net zo verbaasd is als ik. Het lijkt een eeuwigheid geleden dat we elkaar op het strand niet konden luchten of zien.

'We hoeven niet per se mijlenver uit elkaar te zitten…' begin ik aarzelend, en op hetzelfde moment zegt Finn: 'Zo belangrijk is het ook weer niet…'

'Geen moeite, hoor!' Cassidy veegt onze opmerkingen van tafel. 'Bij het Rilston nemen we de wensen van onze gasten heel serieus. We willen het hun in alle opzichten naar de zin maken. En voor jullie tweeën houdt dat natuurlijk in dat de tafeltjes ver uit elkaar staan!' Ze kijkt me stralend aan. 'Als u mij wilt volgen, Ms Worth? Nikolai komt zo dadelijk ook hierheen, hij assisteert Simon met een onverwachte noodsituatie. In een van de hotelkamers bleek een vos te wonen.'

Mijn blik schiet naar Finn en ik moet mijn lippen op elkaar persen om niet te schateren.

'Ik snap dat zoiets niet optimaal is,' zegt Finn ernstig. 'Bon appétit,' zegt hij vervolgens tegen mij.

Samen met Cassidy steek ik de krakende, met tapijt bedekte vloer van de eetzaal over naar mijn vaste tafeltje, dat nu een kilometer bij dat van Finn vandaan lijkt te staan. Onderweg glimlach ik even naar de Wests. Mrs West knikt me toe en wendt dan met opeengeklemde kaken haar blik af. Mr West zit er stijfjes bij. Hij komt doodongelukkig en verkrampt op me over en het doet me verdriet die twee zo te zien lijden. Ik neem plaats aan mijn tafeltje en wuif even naar Finn, die aan het zijne zit. Ik krijg een ingeving en pak mijn telefoon om hem een berichtje te sturen.

Het voelt alsof we examen moeten doen!!!

Zijn antwoord laat nog geen seconde op zich wachten:

Inderdaad. Maar we kunnen nog steeds spieken. Hadden ze onze telefoons maar moeten innemen, de sukkels.

Ik grinnik en sla het menu open, dat ik al ken van de roomservice. Er staan zo te zien geen nieuwe gerechten op, behalve *Specialiteit van de kok: lamsrug voor twee personen.'*

Daar heb ik eigenlijk best zin in. Ik denk even na en pak mijn telefoon erbij en schrijf weer iets aan Finn:

Lijkt het je wat om de lamsrug te delen?

Hij antwoordt al snel:

Uitstekend idee.

Ik steek mijn duim naar hem op en hij reageert door zijn glas te heffen. Nikolai is nog nergens te bekennen. Vermoedelijk verzet de vos zich tegen zijn uitzetting.

Aan hun tafel in het midden voeren de Wests kortaf en op vijandige toon een fluisterend gesprek. Zo nu en dan vallen ze stil en kijken dan om zich heen om te zien of er soms iemand meeluistert. Op die momenten kijk ik, ten teken dat ik niet geïnteresseerd ben, ingespannen naar mijn telefoon. Ik zoek Kettle Cove op om te zien of ze niet toevallig gesloten zijn of iets, en klik dan op 'attracties in de omgeving'.

'Het gaat niet alleen om de seks!' Mrs West verheft haar stem en ik voel een golf van schaamte. Juissst. Níet hun kant op kijken nu. Ik buig me overdreven over mijn telefoon om deze boodschap uit te stralen: *ik ben even heel druk aan het googelen en merk niets van jullie echtelijke ruzie.*

Eigenlijk is de website die ik vind best interessant. Er blijkt een nieuwe tokkelbaan te zijn in de buurt van Kettle Cove, en bij het lezen van de omschrijving krijg ik ineens heel veel zin om daarheen te gaan. *Voel de adrenaline door je lijf gieren terwijl je op volle snelheid over Kettle Cove vliegt en het waanzinnige uitzicht aan je voorbij ziet trekken.*

Ik bekijk het filmpje zonder geluid en voel zelf al zowat een kick als ik een vrouw in een speciaal tuigje op grote hoogte over een grote, glinsterende waterpartij zie zoeven. Dit lijkt niet alleen fantastisch, maar het staat ook nog eens op mijn lijst van 20 stappen. *Nummer 11. Doe iets avontuurlijks. Jaag een stoot adrenaline door je lijf. Ga bungeejumpen, tokkelen of kijk gewoon een enge film. Alles mag, zolang het je zintuigen maar wakker schudt.*

Mijn zintuigen kunnen wel een flinke por gebruiken. In een opwelling sta ik op en steek ik de eetzaal over naar Finns tafel. Als ik onderweg de Wests passeer, glimlach ik opgelaten naar die twee. Hun gesprek is stilgevallen. Mrs West vouwt met haar magere vingers haar servet op en schudt het dan weer los. Mr West staart strak naar boven, alsof hij geïnteresseerd is in het sierpleisterwerk op het plafond.

'Je komt op bezoek!' roept Finn uit als ik er bijna ben. 'Welkom aan deze kant van de ruimte.'

'Leuk hier,' zeg ik, en ik kijk met gespeelde verwondering rond. 'Moet je zien, ik heb een leuke tokkelbaan ontdekt. Het is vlak bij Kettle Cove.'

Finn bekijkt de website en spert zijn ogen open als hij het filmpje ziet.

'Tof!' zegt hij uiteindelijk. 'Is-ie open?'

'Ik zal even kijken. Als het zo is, zal ik dan kaartjes kopen?'

'Ja! We gaan dit doen.'

Ik ga terug naar mijn tafel en doe bij het stille tafeltje van de Wests extra mijn best om de vloer niet te laten kraken.

'Sorry,' mompel ik, al zou ik niet precies weten waarom, en Mrs West lacht moeizaam naar me.

Even later staat Finn op van zijn tafeltje en komt naar het mijne toe. Hij trekt zich, in tegenstelling tot mij, niets aan van de Wests, die nog steeds in een ijzig stilzwijgen verwikkeld zijn. De vloer kraakt hevig bij elke stap als hij zelfverzekerd de eetzaal oversteekt. Hij richt met luide stem het woord tot mij.

'Oké, nog een ideetje. Wat zeg je van thee met scones na afloop? Of is dat voor jou te ongezond?'

'Nee!' zeg ik lachend. 'Ik móét minstens één keer thee met scones bestellen als ik in Devon ben. Dat is wettelijk verplicht.'

'Inderdaad,' zegt Finn. 'Verplichte kost. Ik zoek wel een adresje in de buurt van Kettle Cove, goed?'

'Wij gingen geloof ik weleens naar een tentje dat The Tea Kettle heette.'

'Ja. Dat ken ik. Ik zal kijken of het nog bestaat. En als Nikolai nog komt, dan bestel ik de lamsrug voor ons.' Hij salueert en gaat dan terug naar zijn plek.

Even later bedenk ik dat we ook een paar bijgerechtjes moeten bestellen. Ik spring op en probeer bij de oversteek de krakende vloerdelen te vermijden. Maar dan schraapt Mrs West zo nadrukkelijk haar keel dat ik blijf staan.

'Sorry voor het storen,' zeg ik bedeesd. 'Ik wilde mijn vriend nog even iets vragen.'

'Ik heb een idee: waarom nemen jullie onze tafel niet? Dan nemen wij die van jullie,' zegt Mrs West afgemeten en met zachte stem. 'Wij hebben elkaar toch niets te melden en dan hoeven jullie niet steeds heen en weer te lopen.' Als ze haar handtas en omslagdoek pakt, kijk ik haar ontsteld aan.

'Hayley!' roept Mr West uit.

'Nou, het is tochzo,' zegt ze, en haar ogen staan ineens vol tranen. 'Wat hebben wij elkaar nou nog te vertellen?'

'Dit vind ik echt bespottelijk,' moppert hij.

'We zijn hier om de boel te redden. Dan helpt het toch niet om zwijgend tegenover elkaar te gaan zitten?'

'Tja, wat wil je dat ik zeg?' barst Mr West ongelukkig uit. 'Sorry voor alles wat ik verkeerd heb gedaan sinds de tijd voor ik jou leerde kennen? Ik heb al gezegd dat het me spijt, Hayley. Het geeft geen zin om dat te blijven doen.'

'Je zegt het wel, maar je meent het niet!' antwoordt ze met schrille stem, en dan verbergt ze haar gezicht achter een tissue.

'Ik weet niet meer wat ik ervan moet vinden,' zegt Mr West bedrukt. 'Ik zie het niet meer zitten.' Hij gebaart vaag richting Finn en mij. 'En het kan me ook niet schelen of zij het horen.'

Hij loopt kwaad de eetzaal uit en Hayley kijkt hem na met een gezicht dat steeds roder aanloopt. Dan slaakt ze een verontwaardigd kreetje en gaat achter hem aan. Even later hoor ik haar roepen: 'Ade! Adrian!'

Finn en ik blijven een paar tellen roerloos staan. Dan wend ik me voorzichtig tot hem.

'Oef,' zeg ik zacht.

'Dat was…' Hij schudt verbijsterd zijn hoofd.

'Wat zou er misgegaan zijn?' Ik trek een gezicht. 'Die twee zagen er doodongelukkig uit.'

Het geruzie doet wat met me. Het gaat mij niet aan, maar ik moet me beheersen om niet achter ze aan te rennen en hun een knuffel te geven. Ik vraag me af of het zou helpen en ik besluit deze ingeving zeker niet te delen met Finn. Die zou me waarschijnlijk vierkant uitlachen.

'Zullen we hun tafel overnemen?' zegt Finn, die meteen in de praktische stand schiet. 'Veel handiger, daar heeft ze gelijk in.'

'Nee!' Ik schud mijn hoofd. 'Stel dat ze het goedmaken en terugkomen? Dan zitten wij aan hun tafel.'

'Góédmaken?' Finn lacht schamper.

'Het zou toch kunnen! Volgens mij is Hayley daar wel voor in. Zij holde achter Ade aan. Als ze niet van plan was om het goed te maken had ze hem gewoon laten gaan.'

'Interessant,' zegt Finn. 'Maar wil híj het goedmaken?'

'Twijfelachtig,' geef ik toe. 'Maar we kunnen hun tafel beter vrijhouden, voor het geval dat.' Ik aarzel en kijk eerst naar Finns tafel, dan naar de mijne. 'Maar wacht even, het is veel gezelliger als we…'

'Bij elkaar gaan zitten?' zegt Finn luchtig. 'Makkelijker dan die appjes over en weer. Zullen we onze tafels bij elkaar zetten?'

'Ja, dat doen we.' Ik knik. 'Ik haal die van mij, jij de jouwe.'

Voorzichtig trekken we onze tafels van de rand van de eetzaal naar binnen. Mijn wijnglas en bestek wiebelen onderweg, maar ik ben vastbesloten het te halen zonder iets te verliezen of om te gooien. Vanuit zijn deel van de eetzaal legt Finn een vergelijkbare route af. Als ik opkijk, zie ik dat hij zijn wijnglas van tafel heeft gehaald.

'Niet valsspelen!' zeg ik.

'Gewoon handiger.'

Ergens in het midden, zo'n drie meter bij de tafel van de Wests vandaan, komen we bij elkaar. We schuiven onze tafeltjes tegen elkaar aan, leggen het bestek op zijn plek en dumpen een van de vaasjes met bloemen. Finn haalt zijn wijnglas op en schuift mijn stoel aan.

'Mevrouw.'

'Dank je!'

Hij gaat tegenover mij zitten op zijn eigen stoel en ik wil net rondkijken in de hoop Nikolai te spotten als een kreet van ontzetting door de eetzaal schalt.

'Mr Birchall!' Ik kijk achterom en zie Simon in de deuropening staan. Met verschrikte, wijd open ogen staart hij naar Finn en mij.

'Mr Birchall, Ms Worth, ik weet niet wat ik zie. Ik schrik hier erg van. Het is me een raadsel hoe het zo vreselijk mis kon gaan. Het personeel weet dónders goed dat jullie zo ver mogelijk bij elkaar vandaan wensen te zitten –'

'Het is goed, hoor!' zeg ik vlug, maar hij lijkt het niet te horen.

'Hier in het Rilston doen we ons uiterste best om –' Hij maakt zijn zin niet af.

'Cassidy! Wat is dit?' Hij gebaart wild naar ons. 'Wat zie ik nou?'

Als Cassidy ons samen aan tafel ziet zitten, laat ze bijna de karaf water vallen die ze kwam brengen.

'Ik weet het niet!' zegt ze verbaasd. 'Dit is niet mijn schuld! Ik heb ze mijlenver uit elkaar gezet. Mijlenver!' Op dat moment komt Nikolai aangelopen en ze richt haar pijlen op hem. 'Nikolai, heb jíj de tafels verschoven?'

'Nee!' Nikolai schrikt er erg van als hij ons zo ziet. 'Nee, nee, nee!'

'Nou, haal ze weer uit elkaar. En snel een beetje!' sist Simon met een giftige ondertoon. 'Mr Birchall, Ms Worth,' zegt hij, iets harder nu. Hij komt een stap dichterbij en zegt: 'Mijn excuses voor dit ongelukkige misverstand. Ik stel voor dat jullie aan de bar een drankje van het huis bestellen terwijl wij de tafels op een betere wijze arran–'

'We willen graag zo blijven zitten,' onderbreekt Finn hem kalm. 'Aan dezelfde tafel. Als dat mag?'

'Wij waren het,' voeg ik eraan toe, met een gebaar naar het meubilair. 'Wij hebben de tafels tegen elkaar aan geschoven.'

'Dus jullie…' Simon kijkt in verwarring van mij naar Finn en weer terug. 'Júllie hebben dat gedaan?'

'Ik hoop dat het goed is,' zegt Finn. 'We zagen niemand, dus we konden niet overleggen en hebben het toen maar gewoon gedaan.'

'Maar waarom willen jullie bij elkaar zitten?' flapt Cassidy eruit. 'Jullie zijn geen stel. Jullie kunnen elkaar niet uitstaan!' Ze knijpt met haar ogen. 'Of zijn jullie wel een stel?'

Het woord 'stel' bezorgt me een nanoseconde lang vlinders in mijn buik en ik knipper met mijn ogen. Wacht. Wat gebeurt hier? Waar komen die vlinders vandaan?

O, mijn god.

Ben ik… zou het kunnen dat… bestaat de kans dat ik, zomaar ineens, zin heb in seks? Kom ik eindelijk weer tot leven? Word ik wakker?

Snel probeer ik een seksscène voor me te zien, voor de gein, om mezelf te testen. Kom op. Wat is er nou sexy? *Twee naakte lichamen. Die copuleren.*

Argh. Nee. Fout woord.

Die geslachtsgemeenschap hebben.

Argh. Ook een fout woord.

Ik roep allerlei seksueel getinte beelden op, maar ze lijken allemaal verkeerd en te afstandelijk. Misschien ben ik toch nog niet helemaal ontwaakt. Maar ik voelde íéts, dat is zeker. Zou het dan heel misschien toch goed komen?

'Nee, we zijn geen stel,' legt Finn geduldig uit. 'We zijn gewoon twee gasten die het gezellig met elkaar hebben en die zin hadden om te kletsen. Toch, Sasha?'

'Zeker!' zeg ik met een grijns van oor tot oor. 'Niks meer, niks minder.'

'Aha!' weet Simon eindelijk uit te brengen, op een toon die aangeeft dat hij er helemaal niets van begrijpt. 'Goed. Eet smakelijk.'

15

Wat kan ik toch genieten van die frisse zeelucht. De laatste dagen vind ik alles zo heerlijk voelen en ruiken en smaken, besef ik. Van de wind tot mijn nieuwe, natuurlijke douchegel. Mijn zintuigen komen tot leven, ik heb meer energie, alles voelt gewoon goed. Nog geen libido te bekennen, maar dat maakt me niet zoveel uit, want ik ben een gezonde, evenwichtige persoon met een rijk leven op het gebied van beweging, lol en vriendschap. Ik app elke dag met Dinah en elke uitwisseling met haar bezorgt me een brede glimlach.

Het allerfijnste is nog dat ik bij het ontwaken niet meteen word meegezogen in een wilde stroom aan gedachten over Zoose. En ik hoef ook niet meer boos en schuimbekkend notities van meer dan duizend woorden neer te pennen. Ik bedenk niet meer de hele tijd wat ik tegen Joanne wil zeggen. Ik speel niet meer constant in gedachten die film af met de meest gênante voorvallen op kantoor. Dat heb ik allemaal losgelaten. Eindelijk. Ik doe daar wel wat mee als ik weer aan het werk ga. Tot die tijd denk ik er niet meer aan.

Ik weet niet wat het meest geholpen heeft: de squats, de lange nachten, de zeelucht, of gewoon Finns gezelschap. Het is nu een week geleden dat we onze tafels bij het diner tegen elkaar aan schoven, en sindsdien hebben we elke dag samen iets ondernomen. Ik heb me hees geschreeuwd toen ik over de boomtoppen vloog op die tokkelbaan. We hebben een wandeling gemaakt over het kustpad. We hebben het piepkleine Museum voor Curiosa uit het Kustgebied in Campion Sand bezocht, waar we de slappe lach kregen en dat voor de bejaarde beheerder probeerden te verbergen. We hebben genoten van de zalige picknicks die kok Leslie voor ons heeft gemaakt. We hebben zelfs een keer een kommetje gefermenteerde kool gedeeld (die verrassend lekker smaakte).

Vandaag hebben we over de rotsen geklauterd, waarbij ik een scheur in mijn spijkerbroek maakte en Finn met zijn beide gympen in een ondiepe poel stapte. We hebben samen genoten van een uitgebreide thee met scones. En nu slenteren we langs het water in Kettle Cove, met knerpende kiezels onder onze voeten. Het is een zachte middag en er hangt zelfs al een vleugje voorjaar in de lucht.

'Chocolaatje?' vraagt Finn, en hij haalt een doosje uit zijn zak. Ik lach.

'Er kan niks meer bij. En ongelóóflijk trouwens dat je die hebt meegenomen.'

De chocolaatjes lagen vanochtend op het strand voor onze huisjes, met een bericht erbij dat sterk leek op het vorige: VOOR HET STEL OP HET STRAND. NOGMAALS DANK. 18/8. Er is elke dag een nieuwe boodschap en ik heb me er al bijna bij neergelegd dat ik er niets van snap. Ik weet alleen dat het geen kunst is, dat wéét ik gewoon.

'We moeten zo wel aan de terugweg beginnen,' zeg ik met een blik op mijn horloge. 'Als we nog op tijd terug willen zijn voor het eten.'

'Tenzij…' Finn kijkt me met pretogen aan. 'Fish-and-chips op het strand en dan een taxi terug naar Rilston?'

'Ja!' roep ik uit. 'Maar ik zit zo vol, ik heb geen plek voor fish-and-chips.'

'Je krijgt vanzelf trek,' zegt Finn stellig, 'zodra je die zaak binnenkomt en de geur van azijn opsnuift.'

'Fish-and-chips op het strand,' zeg ik verlekkerd. 'Beter dan een dag op kantoor.'

'Stukken beter,' zegt Finn knikkend. Hij is even stil en zegt dan: 'Nu je er zelf over begint… ik wilde je al een tijdje iets vragen.'

'O ja?' Ik kijk op.

'Uit je verhalen maak ik op dat je erg ongelukkig was bij Zoose. Waarom heb je nooit een andere baan gezocht? Waarom bleef je hangen tot je het daar echt niet meer uithield?'

'Omdat een nieuwe baan zoeken doodvermoeiend is,' leg ik uit.

'Dat is een baan op zich. Je moet kansen creëren, je moet solliciteren, je moet sprankelen…'

'Jij sprankelt,' zegt Finn meteen.

'Nee, hoor.' Ik lach schamper.

'Werd je nooit benaderd door headhunters?'

'Jawel, maar ik ging er nooit op in.'

'Hoezo niet?'

'Geen tijd, geen energie.'

'Hmm.' Finn denkt even na. 'Wil je de marketing dan vaarwelzeggen? Iets heel anders gaan doen?'

'Nee!' zeg ik, en het verbaast me hoe fel ik klink. 'Marketing is geweldig. Je bent creatief bezig. Zoekt naar oplossingen. Het is leuk. Of nou ja, dat kan het zijn. Het is mijn vák,' zeg ik met overtuiging.

'Juist.' Finn grinnikt.

'Mijn vorige baan was in hetzelfde vakgebied. Ik had het daar enorm naar mijn zin. Maar Zoose… Zoose vond ik helemaal het einde.'

'Goed dan, andere vraag,' vervolgt Finn kalm. 'Waarom holde je maar door en door tot je zo moe was dat je zelfs geen puf meer had om een andere baan te zoeken? Waarom bleef je maar ja zeggen?'

'Omdat…' Ik zucht als ik eraan terugdenk. 'Er was zoveel te doen en er was niemand anders die al die taken op zich kon nemen. Zo was het nu eenmaal bij Zoose. Chaotisch.'

'Dan weiger je. Je zegt nee.'

'Dat had niets uitgemaakt. Je krijgt er gewoon meer werk bij.'

'Dan dreig je met weggaan. Je laat taken liggen en legt uit waarom je geen tijd had om ze af te werken. Je stelt grenzen en bewaakt die ook.'

Het lijkt wel of hij een taal spreekt die ik niet ken. Ik kijk hem aan en zeg: 'Zo ben ik niet.'

'Maar het zou wel beter voor je zijn.' Hij kijkt me ernstig aan. 'Het klinkt nu net alsof je jezelf niet belangrijk vindt, alsof je geen invloed hebt op je omgeving. Als het moest, zou je dan ontslag kunnen nemen? Kun je het een tijdje uitzingen tot je iets beters gevonden hebt?'

Ik voel de paniek opvlammen, maar ik slik het ongemak weg. 'Weet ik niet. Ik ben iemand die graag op safe speelt. Ik doe alles, maar dan ook alles om niet in de problemen te raken.'

'Dus uit angst voor het onbekende neem je genoegen met een middelmatig leven?'

Ik schrik van Finns woorden. Een 'middelmatig leven', dat klinkt vreselijk. Maar hij heeft vermoedelijk wel gelijk.

'Ik heb mijn zaakjes altijd goed voor elkaar,' zeg ik, mijn ogen strak vooruit gericht. 'Financieel gezien.'

'Dus je banksaldo is op peil.'

Hij legt de nadruk op het woord 'banksaldo', en ik weet precies wat hij bedoelt. Mijn banksaldo mag dan in orde zijn, maar dat kun je van de andere facetten van mijn leven niet zeggen.

'Ik weet dat het beter zou zijn om te stoppen,' hoor ik mezelf zeggen. 'En ik ga het ook doen. Echt waar. Ik ga weg.'

Weer hoor ik mezelf iets zeggen wat ik niet had verwacht. Licht verontrust staar ik naar de hemel, die al donker begint te worden. Ga ik mijn baan opzeggen? Ga ik het echt doen?

Een vreemd, onstuimig gevoel welt op in mijn binnenste. Het heeft veel weg van... blijdschap. Het is euforie, vreugde, vrijheid.

Was ik daar soms al die tijd naar op zoek?

'Ik kan mijn baan opzeggen als ik dat wil.' Hierna begin ik met gierende uithalen te lachen. 'Ik kan er gewoon mee stoppen.'

'Ja. Dat klopt.' Finn knikt. 'Die macht heb je.' Hij buigt iets naar voren en geeft mijn hand een kneepje. 'Je hebt zoveel te bieden, Sasha. Je bent gewild. Geloof me maar.'

'En Zoose is...' Ik wacht even en zoek naar een treffend woord. 'Zoose is disfunctioneel.'

'Vertel eens wat meer over Zoose,' zegt Finn, en ik schiet in de lach.

'Ik meen het,' dringt hij aan. 'Ik ben consultant. Ik ben gek op verhalen over disfunctionele bedrijven. Daar slaap ik goed op.'

Dus ik steek van wal. Ik vertel hem over het tekort aan personeel, de onlogische keuzes, de onderlinge spanningen… alles. Ik beschrijf Asher. Ik beschrijf Lev. Ik beschrijf Joanne. Ik merk dat ik alles met heel andere ogen bezie nu ik een tijdje weg ben.

'Klinkt rommelig,' zegt Finn als ik uitverteld ben. 'Dit zie je vaker bij start-ups, vooral als ze te snel groeien. Succes is geweldig, maar het brengt ook risico's met zich mee. En dat met die incompetente broer…' Hij schudt meewarig zijn hoofd. 'Het zal er vermoedelijk op uitdraaien dat jullie oprichter zijn broer moet uitkopen om hem weg te krijgen. Hij moet daar niet te lang mee wachten, zeg dat maar tegen hem.'

'Zal ik doen.' Ik lach. 'Volgende keer dat ik hem spreek.'

'Goed zo.' Finn knikt alsof ik het echt van plan ben. 'En nu: zin in fish-and-chips?'

Omdat er een groep kinderen in de viswinkel staat, biedt Finn aan om naar binnen te gaan. Ik geef hem een tientje en wacht buiten op hem, gezeten op het muurtje waar ik als kind van tien ook al op zat. Toen was ik heel gelukkig, en zo voel ik me nu ook. Het onbekende voelt spannend, maar ook goed.

Ik zou mijn baan kunnen opzeggen. Nee, dat station ben ik al gepasseerd: ik gá mijn baan opzeggen. Wanneer zal ik het doen? Hoe zal ik het doen? Moet ik hier nog wat langer over nadenken?

Ik sluit mijn ogen en ga in gedachten alle stappen na, en dan doe ik mijn ogen open.

Nee. Ik hoef er niet langer over na te denken. Genoeg nagedacht, gewacht, stilgestaan. Ik weet dat mama heeft gezegd dat ik nu geen grote beslissingen moet nemen, maar ik heb geen keus. Er moet iets gebeuren. En wel nu meteen.

Met trillende handen pak ik mijn telefoon erbij, zoek ik het e-mailadres van het hoofd Personeelszaken bij Zoose op, Tina Jeffrey, en begin ik te typen.

Beste Tina,

Ik zeg mijn baan als hoofd Speciale Aanbiedingen op. Volgens mij heb ik nog genoeg vakantiedagen staan om de opzegtermijn te dekken en ik zal dan ook niet terugkeren op de afdeling.

Met vriendelijke groet,
Sasha Worth

Zonder mezelf de tijd te gunnen voor reflectie til ik mijn duim op en druk ik op 'versturen'. En als Finn verschijnt met de fish-and-chips en twee colaatjes kijk ik op en pers ik er een glimlach uit.

'Ik heb mijn baan opgezegd.'

'Wat?' Hij blijft stokstijf staan en staart me aan. 'Wat zeg je nu?'

'Ik heb het gedaan. Terwijl jij in de rij stond voor fish-and-chips heb ik het hoofd Personeelszaken een mailtje gestuurd.'

'Wauw!' Hij trekt zijn wenkbrauwen op. 'Dat was snel.'

'Ik weet het!' Ik probeer extra positiviteit in mijn stem te leggen, want onder mijn lach dringt de paniek al naar de oppervlakte. Er razen talloze vragen door mijn hoofd: had ik moeten wachten, moet ik het aan mijn moeder vertellen, wat zal iedereen ervan vinden?

Maar bovenal vraag ik me bezorgd af of ik zojuist een enorme vergissing heb begaan waar ik de rest van mijn leven spijt van zal hebben.

Maar ik wil me niet laten regeren door angst. Ik ben vastbesloten de zenuwen, het doemdenken, de twijfels te verdringen. Ik heb spaargeld. Ik heb ervaring. Ik heb een cv. Ik vind heus wel een nieuwe baan.

'Gaat het?' vraagt Finn.

'Ja!' zeg ik in de hoop dat het overtuigend klinkt. 'Ja.' Na een korte stilte voeg ik eraan toe: 'Over een tijdje wel, ja.'

'Het is niet niks om je baan op te zeggen.' Hij komt naast me zitten. 'Zoiets vergt moed.'

'Ik had geen keus.' Nu ik er in de verleden tijd over praat, voelt het al iets minder eng, merk ik. 'Ik moest wel.'

Finn reikt me mijn fish-and-chips aan en ik pak meteen een frietje en steek het in mijn mond. 'Je hebt er goed aan gedaan om te vertrekken. En doe ermee wat je wilt, maar het lijkt me goed om nog even te wachten met solliciteren. Financieel is dat ook niet nodig,' voegt hij er voor de volledigheid aan toe.

'Klopt, ik kan het wel even uitzingen.' Ik knik en eet van mijn frietjes. 'Voorlopig.'

'Goed zo. En als je eraan toe bent, dan kan ik je in contact brengen met een paar headhunters. Je hoeft het maar te vragen, ik help je graag. Jij vindt zo een nieuwe baan,' voegt hij er stellig aan toe. Hij voelt vast aan dat ik hier zelf nog niet zo zeker van ben, want hij vervolgt: 'Jij gaat zeker een geweldige baan vinden.' Finn gebaart naar de donkere zee. 'Weet je nog wat Terry altijd zei? Er komt altijd een nieuwe golf, een nieuwe kans.'

'Dat herinner ik me nog.' Ik lach. 'En bedankt voor je steun. Zonder dat gesprek met jou had ik het niet gedurfd. Dankzij jou snap ik mezelf veel beter.'

'Je vleit me,' zegt Finn, met lachrimpeltjes in zijn ooghoeken. 'Ik weet zeker dat je er zelf ook wel uit gekomen was. Maar leuk dat je het zegt.'

Wat is hij toch aardig, denk ik. Hij is verstandig. Hij heeft geen bijbedoelingen. Terwijl we daar zo zitten en in alle rust genieten van onze fish-and-chips en de colaatjes, voel ik me overweldigend aangetrokken tot deze sterke, aardige man die dingen ziet waar ik blind voor ben en daar zijn mond over houdt tot ik hem om zijn mening vraag.

'En hoe zit het met jou?' vraag ik, omdat het wel zo fijn is als we elkaar steunen. 'Hoe is het bij jou op het werk?'

'O.' Finn haalt zijn schouders op en zijn gezicht gaat weer op slot. Alsof hij er niet over wil praten en zich niet kan indenken dat het onderwerp mij boeit.

'Ga jij straks terug?' dring ik aan. 'Werk jij ook bij een disfunctioneel bedrijf?'

'Niet zo erg als dat van jou.' Hij schudt zijn hoofd. 'Er spelen heus wel wat dingen, maar... Nee. Het lag niet aan het bedrijf. Ik wil er blijven werken. Maar ik had...' Hij laat zo'n lange stilte vallen dat ik mijn adem inhoud. 'Ik had andere problemen,' zegt hij na een hele poos. 'Er was wat anders aan de hand.'

Terwijl hij dit zegt, verandert zijn gezichtsuitdrukking. Zijn gezicht oogt ineens somber en vermoeid, en ik zie het ook aan zijn wenkbrauwen, zijn ogen. Heel even lijkt het of het hem allemaal te veel wordt.

Ik kijk Finn geschrokken aan. Het voelt alsof ik niets kan zeggen waar hij iets aan heeft. Ik heb geen idee waar hij mee zit; ik kan alleen zien dat hij er zwaar onder gebukt gaat. Maar hoe kan ik hem helpen als hij me verder niets vertelt?

'Ik kan goed luisteren,' begin ik. 'Je kunt het me vertellen. Wat het ook is.'

'Dank je.' Hij schenkt me een waterig lachje. 'Maar ik denk niet dat het me helpt bij... Toch bedankt.'

Hij neemt me niet in vertrouwen en dat doet me ontzettend veel pijn. Tegelijkertijd weet ik hoe belangrijk het bij zulke dingen is dat de timing klopt. Misschien is hij gewoon te moe om het erover te hebben.

'Zou het helpen als je er met iemand over praatte?' stel ik voor. 'Een therapeut.'

'Dat zeiden ze op mijn werk ook al.' Finns gezicht vertrekt.

'Wat bedoel je?'

'Ze hebben me weggestuurd met twee opdrachten. Neem een tijdje vrij en ga in therapie. Doe ik dat niet, dan mag ik niet terugkomen.'

Ik ga rechtop zitten en kijk hem aan. 'En? Ben je inmiddels in therapie?'

'Nog niet,' zegt Finn, die mijn blik vermijdt. 'Er is een vrouw. Ze heeft me een paar keer gebeld en iets ingesproken.'

'Heb je teruggebeld?'

Finn blijft verdacht stil en ik knijp mijn ogen tot spleetjes; ik begin geloof ik te begrijpen wat er gaande is.

'Je hebt haar nog níét teruggebeld?'

'Ga ik nog doen,' zegt Finn afhoudend.

'Wanneer dan?'

'Weet ik niet. Maar ik ga het doen.'

'Ga je het uit de weg?' zeg ik vol ongeloof. 'Wil je geen professionele hulp aannemen?'

'Jawel!' roept Finn uit. 'Het is alleen...' Hij maakt zijn zin niet af en wrijft in zijn gezicht. 'Ik ben er nog niet aan toe.'

Hij steekt zijn kop in het zand. Hij is ondergedoken in Rilston Bay en wijst de therapie af die hij nodig heeft om de boel weer op de rit te krijgen.

'Wat heb je tegen therapie?' zeg ik, en Finn kijkt me met zoveel afgrijzen aan dat ik moet lachen. 'Oké. Maar goed, je moet haar bellen.'

'Ik weet het.' Finn haalt het doosje chocolaatjes tevoorschijn. 'Ga ik nog doen. Hier, neem er eentje.'

'Je kunt me niet omkopen met chocola,' zeg ik terwijl ik er een pak. 'Hier kom je bij mij niet mee weg. Ik laat niet los, hoor. Want dat doe je als je –'

Opgelaten val ik stil. Ik steek het chocolaatje in mijn mond en vraag me af wat ik nu precies ging zeggen.

Dat doe je als je om iemand geeft.

Het scheelde weinig of ik had Finn verteld dat ik om hem geef.

Wat helemaal niet erg was geweest, houd ik mezelf voor. Het is ook zo. Ik hoef me niet opgelaten te voelen. Ik geef om Finn. Ik bedoel, niet op die manier, natuurlijk... Niet op die manier...

Maar... op wat voor manier dan wel?

Hoe zít het eigenlijk tussen ons?

Ik werp een vluchtige blik op zijn stoere kaaklijn, dat stoppelbaardje, en dan voel ik warmte, gecombineerd met...

Wacht even.

Maar echt... wacht even.

Wat heeft dat onrustige gekriebel te betekenen? Waar komt dat licht pulserende, tintelende gevoel vandaan? Ik dacht dat ik dat voorgoed kwijt was geraakt. Het voelt net als de vlinders die ik eerder in mijn buik had, maar dan met tien vermenigvuldigd. Ik kan het haast niet geloven. Er ontstaat een warme gloed in mijn binnenste, eindelijk! Het voelt als het opflakkeren van het waakvlammetje van een oud fornuis. Er staat nog niks in brand, maar kil en doods is het daarbinnen ook niet meer.

Mijn hele lijf is wakker. Mijn ademhaling zit hoog in mijn borst. Ik ben me hyperbewust van Finns dijen die naast de mijne op het muurtje rusten. Ik vang een vleugje aftershave op. Hoe zou zijn huid aanvoelen, hoe zou het zijn om met hem te zoenen? Wanneer ik nog eens naar hem kijk, maakt mijn maag een sprongetje en knipper ik vol ongeloof met mijn ogen. Heb ik nou zin in seks?

Nee. Neeee. Rustig aan, moppie. Er is nog niks gebeurd; ik heb geen idee wat ik nou eigenlijk wil.

Maar toch. Toch. O, mijn god. Ik heb zin in seks. En nu?

Later die avond nemen we een taxi terug naar het Rilston. Finns ontspannen houding vertelt me dat hij niets heeft gemerkt van mijn ontwaakte seksuele verlangens. Alleen ik ben gevoelig voor de statische energie tussen ons, hij niet. Alleen ik kijk steeds even kort opzij, hij niet. Voor mij is alles veranderd, voor hem niet.

Om een uur of tien komen we aan bij het hotel. We gaan naar binnen, de lobby ligt er verlaten bij. Een buitenstaander die ons samen de krakende trap op zag lopen, zou denken dat we een stel zijn dat gaat slapen.

'Waar is jouw kamer eigenlijk?' vraag ik bovenaan de trap. Best raar dat ik dit niet weet, maar het was eerder niet zo van belang. En dat is niet veranderd, houd ik mezelf streng voor. Het is nog steeds niet van belang.

'Nog een trap omhoog,' zegt Finn. 'En dan een stuk of zes gangen door. Het is een doolhof hier.'

'Echt, hè?' Ik lach. Dan zoemt mijn telefoon, en ik haal hem uit mijn zak om er een blik op te werpen. Kirsten stuurt me foto's van haar kinderen, die ik straks ga bekijken, en er is een mail van de afdeling Personeelszaken van Zoose. Met bijlage. Mijn hart begint te bonzen en instinctief kijk ik op naar Finn.

'Alles goed?' vraagt hij.

'Een e-mail van Zoose.' Ik open hem en mijn gedachten schieten alle kanten op. Misschien is die bijlage wel een brief van Joanne... of Asher?

Maar nee.

'Een standaardbrief in reactie op mijn ontslagmail,' zeg ik nadat ik de brief vluchtig gelezen heb. 'Iemand heeft hem gelezen en heeft gewoon op "verzenden" gedrukt.'

'Die is nog laat aan het werk.' Finn trekt zijn wenkbrauwen op.

'Overwerken is heel normaal bij Zoose, dat had ik geloof ik al verteld. Nee... dit méén je niet,' zeg ik bij het zien van de laatste alinea. 'Moet je dit horen. "We vinden het erg jammer dat je weg-gaat, maar we willen laten zien dat we om je geven. Op dit formulier kun je ons laten weten waarin we tekortgeschoten zijn. Want het zijn vaak de kleine dingen die het hem doen."' Ik kijk weer op, kokend van woede. 'Kleine dingen. Kleine díngen?'

'Je moet hun nodig eens vertellen welke "kleine dingen" ze anders moeten doen,' zegt Finn met een geamuseerd lachje. 'Maar echt, zeg gewoon alles wat je ook aan mij hebt verteld. Hou je vooral niet in. Waarom zou je? Dan hou jij er in elk geval een goed gevoel aan over.'

'Oké.' Ik knik bedachtzaam en stel in gedachten al een e-mail op. 'Oké. Dat ga ik doen. En nogmaals... bedankt. Het was een belangrijke dag. En een fijne.'

'Vind ik ook.' Finn knikt.

Er heerst volkomen stilte in het hotel en de lampen zorgen voor een magisch spel van licht en schaduw. In een impuls kantel ik mijn hoofd, alsof we gaan zoenen – en dan, net op tijd, schreeuwt mijn brein: *Wat doe je nóú?* Ik herpak me haastig en laat me op mijn hurken zakken om mijn schoenveter te strikken, wat nergens op slaat.

'Nou!' Ik kom weer overeind. 'Nou. Slaap lekker.'

'Slaap lekker.'

En dan gaat hij de trap op. Ik kijk hem na en vraag me af wat hij nu denkt. Heeft hij iets gemerkt? Wat zou hij van ons vinden? Niets, waarschijnlijk.

16

De volgende ochtend zijn mijn pas ontwaakte seksuele verlangens er nog steeds. Ze zijn zelfs sterker geworden. Finn is aantrekkelijk, denk ik terwijl ik in bed naar het plafond lig te staren. Hij is lekker. Goddelijk. Als ik me voorstel dat hij me kust, begint mijn hele lijf te tintelen, alsof iemand me streelt. Alsof iemand in mijn oor fluistert: 'Wij gaan het fijn hebben samen.'

Het zal er alleen nooit van komen, want ik heb werkelijk alles gedaan om Finn af te schrikken. Ik heb hem niet laten merken dat ik hem leuk vond. Ik heb hem verteld dat ik niet meer aan seks doe. Ik heb dit zelfs onderstreept door te beweren dat seks niet meer is dan 'langs elkaar wrijvende geslachtsdelen'.

Lekker, Sasha. Fantastisch.

Wat moet ik doen? Wat moet ik aan met deze overweldigende, fonkelnieuwe gevoelens?

Lieve Lita, ik heb een fijne platonische vriendschap, maar ineens heb ik ontzettend veel zin om met hem te zoenen. Het probleem is dat ik eerder tegen hem heb gezegd dat seks niet meer is dan 'langs elkaar wrijvende geslachtsdelen'.

Lieve lezer, dit gaat 'm echt niet worden. Als ik jou was zou ik het klooster in gaan.

Ik kan mezelf wel voor m'n kop slaan. Wat ben ik stom geweest. Ik had kalm en sereen moeten overkomen, alle mogelijkheden moeten openhouden. Waarom kon ik niet gewoon mijn mond houden? Waarom begon ik nou over geslachtsdelen? Ik baal dat ik mijn woorden niet kan terugnemen. Want Finn is leuk. Hij is goddelijk. Waarom heb ik dat nu pas door?

Zal ik avances maken?

Nee. Ik maak geen avances, dat kan leiden tot ongemakkelijke situaties. Argh. Het zou echt zonde zijn om onze fijne, waardevolle vriendschap te verpesten met een onhandige kus.

Maar ik vind hem zo aantrekkelijk.

Zou ik echt willen beginnen met een kus? Of zou ik liever eerst nonchalant een arm om die prachtige, gespierde rug slaan?

Wat een wilde gedachten ineens. Niet te geloven, ik ben ontwaakt. Ik was al die tijd verdoofd. Een seksloos wezen. Volkomen uitgeblust. Maar nu…

Ik lig te woelen in bed en probeer te bedenken hoe seks ook alweer gaat. Het is zo lang geleden. Zo ontzettend lang.

Zou ik nu wel interesse hebben in die jongen van Pret, vraag ik me af. Bij wijze van proef denk ik even aan hem, maar… nee. Hij is het niet voor me. Finn wel. Finn, met al zijn tegenstrijdigheden die ik nog wil ontdekken. Zijn gekke bekken en zijn aanstekelijke lach. Zijn sterke lijf en zijn vriendelijke stem. Zijn wijsheid en zijn blinde vlekken. Zijn lippen, die vol zijn en toch mannelijk, die lachen en toch sterk zijn.

Hij heeft mooie tanden, denk ik dromerig terwijl ik ontspannen in de kussens leun. Dan valt mijn oog op de klok en schiet ik haastig overeind. Het is al laat, tijd voor het ontbijt. En dan eens zien of er een nieuw bericht op het strand is achtergelaten. En hallo zeggen tegen Finn. En, het allerbelangrijkste, normáál doen.

Bij het ontbijt zie ik hem niet, dus ik werk gauw een kommetje muesli en een cappuccino weg en loop dan naar het strand. Ik heb mijn haar net als Wetsuitvrouw in een paardenstaart en ik heb iets meer make-up op dan anders. (Iets meer dan niks, dus.)

'Er is er weer een!' roept Finn me toe als ik aankom. Ik loop snel zijn kant op en zie hem neerkijken op een nieuw, met kiezelstenen geschreven bericht.

VOOR HET STEL OP HET STRAND. NOGMAALS DANK. 18/8

Dit keer gaat de boodschap vergezeld van vruchtencake in een blik dat is verpakt in plasticfolie.

'Wie zit hier toch achter?' vraagt Finn bozig terwijl hij het strand afspeurt. 'Wat is dit? Er moet toch een antwoord zijn? Ik word hier gek van.'

'Anders ik wel!' Ook ik kijk goed om me heen, neem de zee en het verlaten strand in me op. Er is geen enkel teken van leven, maar toch heb ik het gevoel dat er iemand naar ons kijkt.

'En, heb je die mail nog gestuurd aan Zoose?' vraagt Finn.

'O. Ja, dat heb ik gedaan. Ben er gisteravond nog bijna drie uur mee bezig geweest,' zeg ik. 'Het was een kort nachtje.'

'Alles gezegd wat je wilde zeggen?'

'Ja.' Ik rol met mijn ogen. 'Ik heb ze niet gespaard.'

'Goed zo!' Hij lacht waarderend naar me en ik speur zijn gezicht af, op zoek naar… iets anders. Maakt niet uit wat precies. Een teken. Een sexy glinstering in zijn oog. Maar ik zie niks. Hij bekijkt me met een vriendelijke, open en platonische blik. Zo platonisch als maar kan.

Maar! Komt dit doordat ik heb gezegd dat ik niet meer aan seks doe? Zou hij daarom de boot afhouden, zelfs al vindt hij me – misschien, heel misschien – wel aantrekkelijk? Ik vervloek mezelf hartgrondig omdat ik per ongeluk dat papiertje liet vliegen. Ik vraag me af hoe ik mijn fout goed kan maken. Ik zou een nieuwe manifestatie kunnen doen. En dan zou ik schrijven: *Lief universum, bedankt voor het verhoogde libido, heel fijn. Alles werkt naar behoren! Dan heb ik nu, zoals eerder aangegeven, alleen nog een man nodig. Die Finn heet.*

Dat briefje zou ik door de wind laten meenemen en Finn zou het oprapen… hij zou het lezen… naar me opkijken met ogen waarin een brandend verlangen opflakkert… we zouden elkaar omhelzen… zijn lippen zouden…

Ik krimp ineen. Nee. Nee. Dit zou helemaal niet gebeuren. Vreselijk idee.

'Hoor eens,' zeg ik vlug, in een poging mezelf tot de orde te roepen. 'Heb jij nog plannen voor vandaag?'

'Nee, niks.' Finn trekt zijn wenkbrauwen op. 'Lukt het een beetje met de twintig stappen?'

'Ik heb nog geen nonisap gedronken. En ik moet die twee dagen vasten nog inplannen... Ik weet niet of je daaraan mee wilt doen?'

'Absoluut niet,' zegt Finn met gespeeld afgrijzen. 'Zullen we anders stenen op de golven laten ketsen?'

We gaan samen naar de zee en keilen een paar steentjes, maar de golven worden door de wind vrij hoog opgezwiept en dat maakt het lastig. Ik wil net voorstellen om naar binnen te gaan als ik de Wests zie aankomen.

'Hallo!' zeg ik opgewekt, en Finn steekt een hand in de lucht.

'Hi,' mompelt Adrian. Hayley houdt het bij een stijf lachje. Ze komen naar de waterlijn en kijken zwijgend uit over zee. Ik wissel veelbetekenende blikken met Finn. Een paar minuten staan we ongemakkelijk met zijn vieren bij elkaar, en dan mompelt Hayley iets tegen Adrian. Ze groet me met een hoofdknik en daarna lopen ze van ons weg.

'Jeetje, zeg.' Zodra ze buiten gehoorsafstand zijn, blaast Finn zijn adem uit. 'Wat knettert het tussen die twee.'

'Vreselijk.' Ik kijk ze na, hun ellende weerspiegeld in twee stijve ruggen. 'Wat zou er toch zijn gebeurd? Is een van de twee soms vreemdgegaan? Of zijn ze gewoon niet meer verliefd?'

'Volgens mij houdt hij nog wel van haar,' zegt Finn langzaam. Zij merkt het niet, maar hij kijkt op een bepaalde manier naar haar. Dat viel me bij het avondeten op.'

'Ik geloof dat zij ook nog van hem houdt,' antwoord ik, gefascineerd door de trippelende vogelpasjes waarmee Hayley over het strand wandelt. 'Ze holde achter hem aan. Als ze het niet meer zag zitten, had ze hem laten gaan.'

'En ze wandelen samen,' voegt Finn eraan toe, die ook hun kant op kijkt. 'Zie je dat, hij houdt steeds even in om op haar te wachten.'

'Samen maar apart. Ze raken elkaar niet aan.'

We volgen ze nog een tijdje en kijken dan weer uit over zee. Aan de horizon rijst gestaag de ene na de andere golf op. In gedachten hoor ik Terry's stem: E*r komt altijd een nieuwe golf, een nieuwe kans.* En dan Finns stem, die gisteravond tegen me zei: *Jij gaat zeker een geweldige baan vinden.*

Ergens wacht er een nieuwe baan op mij, daar moet ik op vertrouwen. Daar ga ik achteraan. Ik staar naar het punt waar de golven ontstaan, probeer hun kracht te peilen, probeer de baan te visualiseren die er voor me is, als ik er maar in geloof. Dan krijg ik een idee. Ik kijk opzij naar Finn, die precies hetzelfde doet.

'Zullen we gaan surfen?'

'Geweldige golven!' zegt hij tegelijkertijd. 'En zal ik jou eens iets vertellen? De Surf Shack is open. De eigenaar is er, ik zag hem tijdens mijn wandeling. Je kunt een board bij hem huren als je er eentje nodig hebt. Ik heb mijn eigen bij me.'

'Weet ik,' zeg ik, waarop hij beschaamd zijn ogen neerslaat. Hij is nu zoveel relaxter dan de driftige kerel in de trein die uitviel tegen een peuter. Ik besluit hem er niet meer mee te plagen. 'Beetje vroeg voor een wandeling, of niet?' vervolg ik.

'Nog voor het ontbijt.' Hij knikt. 'Ik heb de zon zien opkomen.'

'Slaap jij dan nooit?' zeg ik met een lach, maar dan besef ik dat het niet grappig is. Hij heeft slaapproblemen. 'Maar goed, dank voor de tip. Ik ga een plank huren.'

'Een wetsuit heb je zelf, toch?'

'Eh... ja,' zeg ik, en voor het eerst vraag ik me af of surfen wel zo'n goed idee is. 'Ik bedoel, ik heb het nog niet gepast. En ik heb al in geen jaren gesurft. Misschien is het beter als jij gaat surfen terwijl ik met een kop koffie toekijk.'

'Kom op, dat meen je toch niet?' Finn staart me aan. 'Moet je die zee zien. Kijk nou eens!' Hij gebaart naar de golven en precies op dat moment breekt een brede baan zonlicht door de wolken heen en krijgt de branding een fonkelende blauwe glans. 'We hebben het strand zowat voor onszelf. Er zijn mooie golven. De zon schijnt. We hebben surfboards. Je krijgt de sleutel van de hemelpoort in je hand gedrukt... en jij drinkt liever een kop koffie?' Hij doet me zo aan Terry denken dat ik in de lach schiet.

'Goed dan, ik ga mee surfen.'

Oké. Redenen waarom ik me beter niet aan surfen kan wagen in aanwezigheid van de gast op wie ik sinds kort verliefd blijk te zijn:

1. Ik moet een wetsuit aan waarin ik er niet uitzie als Wetsuitvrouw maar als 'Sasha die zich in een wetsuit heeft geperst'.
2. Ik ben het surfen helemaal verleerd.
3. Bij elke poging een golf te pakken donder ik van mijn board.
4. Na elke mislukte poging kleven er slierten haar aan mijn gezicht.
5. Finn kan surfen.
6. Heel goed zelfs.

Maar aan de andere kant:

1. Terry had gelijk. Er gaat niks boven surfen.

Een eindje uit de kust, achter de branding, zit ik op mijn board. Onder me voel ik het vertrouwde rijzen en dalen van de zee. Ik kijk achterom en speur de horizon af. De rest van de wereld bestaat niet meer voor me. Ik denk alleen nog maar aan golven. Aan golven, niets dan golven.

Finn surft beter dan ik. Veel beter. Een paar keer gingen we voor dezelfde golf, maar hij pakte hem en surfte soepel door tot aan het strand. En ik was net te laat of te vroeg, of ik kwam niet overeind. Of ik viel van mijn plank, belandde onherroepelijk in 'de wasmachine' en spoelde even later sputterend aan in de ondiepe golfjes bij de waterlijn.

Maar ik geef niet op. Ik hoor Terry zeggen: *Er komt altijd een nieuwe golf, een nieuwe kans.* Vergeet de golven die je hebt gemist. Er komt altijd een nieuwe golf. Je hoeft alleen maar de goede kant op te kijken.

'Let op de golven!' bulderde hij als hij zag dat we met elkaar kletsten of ons beklaagden over het zeewater in onze neus en de horizon niet scherp genoeg in de gaten hielden.

Focus, daar ontbrak het in mijn leven de laatste tijd ook aan. Ik had de goede kant op moeten kijken en me niet zo moeten verliezen in al die schermen en e-mails, in mijn middelmatige leventje met al die remmingen. Als ik mijn blik op de horizon had gericht, dan had ik talloze golven opgemerkt waar ik naartoe had kunnen peddelen. En weer hoor ik Terry, die zich schor schreeuwde om tot ons door te dringen: *Kom op jongens, peddelen! Peddelen als een gek! Sneller!*

Finn staat weer op zijn board en ik zie hem naar het strand glijden, met zijn voeten wijd uit elkaar, zijn benen sterk en onwrikbaar. Hij pakt golven die mij volledig zijn ontgaan. Eventjes voel ik me een enorme mislukkeling, maar dan geef ik mezelf een Terry-waardige peptalk. Finn heeft twee jaar geleden nog gesurft op de Canarische Eilanden, vertelde hij me toen ik een board ging halen. En voor mij is het, wat zal het zijn, tien jaar geleden?

Een heel eind verderop zie ik een veelbelovende golf opkomen. Ik tuur ingespannen achterom om te zien of hij de moeite waard is. Bij surfen draait het om inschattingen maken, om ervaring. Je moet de golven lezen. Het is jaren geleden dat ik op een surfboard achterom zat te kijken. Ergens in mijn hoofd moet er toch wat zijn blijven hangen, want langzamerhand komt het terug. Het opkomen en uiteenspatten van de golven. Ook de woorden die bij surfen horen komen weer bovendrijven. En vooral herinner ik me de misleidende trucjes van de zee: golven die veelbelovend lijken en uiteindelijk volledig inzakken, en machtige golven die uit het niets lijken te ontstaan, maar er toch aldoor al waren.

Want dat is ook zoiets: je moet niet alleen de golven kunnen lezen, het vergt ook moed en gevoel voor timing om er eentje te pakken. Je moet weten wannéér je ervoor moet gaan. De golf die ik in de verte zag, is volledig ingezakt. Maar nu is er een nieuwe in de maak. Dit kon hem weleens zijn! Er gloort altijd hoop aan de horizon. Daarom wil je altijd maar doorgaan met surfen. Ik was vergeten hoe verslavend het is. Op zee vergeet je de tijd, je hele leven. Ik wil deze golf pakken, de rest doet er niet toe. Als ik vanavond in bed lig en mijn ogen sluit, dan kan ik de golven nog voelen. Dat weet ik nu al.

Oké. Die tweede golf is een serieuze. Hij komt eraan, het is een goeie golf, een snelle. Instinctief begin ik te peddelen. Mijn hele wezen is gefocust op wat me te doen staat. Mijn spieren branden maar ik houd vol, en nu zwelt de golf onder me op. In een uiterste krachtsinspanning druk ik me op en verwens ik mezelf omdat ik niet elke ochtend naar de sportschool ga. Mijn hele lijf protesteert, maar dan sta ik op mij plank en daar ga ik! Ik pak een golf!

O, mijn god, ik vlieg. Ik ben in de hemel. Mijn surfboard scheert zo snel over het water dat ik naar adem hap. Mijn voeten staan scheef en ik zou weinig punten scoren voor stijl, maar ik doe het toch maar mooi, ik pak een golf... En dan komt het strand in zicht. Nog altijd sta ik overeind, hijgend en met een extatische grijns op mijn gezicht.

Ik spring van mijn board en neem het onder mijn arm. Dan kijk ik stralend op naar Finn, die op het zand op en neer staat te springen.

'High five!' Hij slaat tegen mijn hand en pakt hem even vast, net als Terry altijd deed.

'Het is me gelukt!'

Ik zweef van geluk. Ik vloog over het water, maakte gebruik van de zwaartekracht, de elementen en mijn spierkracht. Die combinatie. En nu wil ik mijn hele leven niks anders doen dan keer op keer zo over de golven scheren.

Ik snap hélemaal dat mensen hun hele hebben en houden opgeven om dit te kunnen doen.

'Heb je ooit overwogen om je baan op te zeggen en de hele dag te gaan surfen?' zeg ik in een opwelling tegen Finn. 'Want…' Ik spreid mijn armen en gebaar naar de golven, het strand, het uitzicht. 'Ik bedoel…'

'Elke keer dat ik surf.' Hij grijnst terug. 'Heel even zie ik zo'n ideaal surfleventje helemaal voor me. En dan ben ik terug in de realiteit.'

'De realiteit.' Ik rol met mijn ogen.

'Maar deze droom hoeft niet meteen te eindigen. We kunnen de hele middag nog surfhelden zijn, *bro*.' Hij geeft me weer een high five en ik lach.

'Bro.'

'Pak die golf.'

'Pak die golf!'

En dan waden we allebei met onze boards nog eens het schuimende, bruisende water in. Van mij mag deze middag eeuwig duren.

Een hele tijd later ben ik zo moe dat het echt niet meer gaat. Na een laatste, geweldige golf sta ik met trillende benen op het strand. Finn neemt zijn board onder zijn arm en komt naar me toe. Zeewater drupt uit zijn haar in zijn gezicht en zijn grijns is aanstekelijk.

'Het is mooi geweest,' zeg ik.

'Ik stop er ook mee.' Hij knikt. 'We kunnen morgen nog eens gaan als we willen. Kijk, het wordt hier nog druk.' Met een hoofdknikje gebaart hij naar een stel andere surfers die een eindje verderop aan komen lopen: twee tienerjongens, een vrouw van onbepaalde leeftijd en een kerel die er vermoedelijk ouder uitziet dan hij is. De vrouw ziet ons kijken en steekt een hand op. Ik zwaai terug.

'Wat ís dit,' zeg ik droogjes tegen Finn. 'Die lui verpesten de rust hier.'

'Totaal.' Finn knikt. 'Vroeger waren er hooguit twee andere mensen op het strand. Meer niet.'

'Ik weet nog dat ik hier kwam en dat er dan maar één andere bezoeker was,' zeg ik. 'Dat waren nog eens tijden.'

'Nou!' Hij lacht en laat zijn board naast het mijne op het zand vallen.

De zon danst op de turkooizen golven in het ondiepe deel van de baai. Het lijkt wel zomer. Finn ziet het ook en zegt dan vol ongeloof tegen mij: 'Sorry, maar zijn we nu ineens in het Caraïbisch gebied?' 'Het lijkt er wel op,' antwoord ik met een glimlach.

Ik laat me op mijn hurken zakken en strek dan mijn benen uit in het ondiepe, kristalheldere water. Ik heb geen puf meer om te surfen, maar ik kan de magie van de zee nog niet vaarwelzeggen. Er stroomt zo'n vrij en licht gevoel door me heen, straks zweef ik van puur geluk een eindje de lucht in. Ik weet niet of het komt door het surfen, de zon, de zee of doordat Finn bij me is, maar mooier wordt het leven niet. Mijn spieren branden; mijn gedachten zijn euforisch. Dat was kortgeleden wel anders.

Het opgetogen gevoel maakt plaats voor een nauwelijks te beteugelen verlangen naar Finn. Dit gevoel herken ik, ik wéét het weer. Ik wil hem, en wel nu meteen, denk ik. Dan knipper ik zo verbijsterd met mijn ogen dat ik bijna hardop begin te giechelen. Ik ben normaal! Ik heb mijn gevoel terug! Ik verlang naar het volledige pakket. Een wilde vrijpartij, met geslachtsdelen en al.

Als Finn naast me komt zitten, begin ik hevig te blozen. O god. Hij ziet eruit als een surfgod in zijn zwarte wetsuit, pakt golven die te hoog zijn voor mij, tilt zijn surfboard moeiteloos op en geeft me high fives. En nu moet hij ook nog eens zo nodig pal naast me komen zitten, met zijn spieren en zijn brede borst en zijn glimlach. Heeft die man enig idee wat hij met me doet?

Mijn armen willen hem dolgraag omhelzen. Mijn lippen snakken ernaar de zijne te kussen. Mijn… mijn álles verlangt naar hem. Kijk die handen dan. Stel je eens voor wat hij daar allemaal mee kan.

Stáár niet zo naar hem, Sasha. In godsnaam.

Maar wat moet ik dan doen? Er woedt een bosbrand in mijn lijf. De vlammen vreten aan me. Ik brand van verlangen, ik word gek als ik dit nog veel langer moet verduren. Mijn lichaam is ontwaakt, dat weet ik nu zeker.

Ik richt mijn ogen strak op de zee en weet niet wat ik met mezelf aan moet. In mijn huidige, opgewonden staat lijkt werkelijk alles suggestief. Ik leun nonchalant achterover op het zand, maar richt me dan toch maar weer op. Want straks denkt hij nog…

Wat denkt hij dan?

Sasha heeft zeker zin in seks, moet je zien hoe ze op haar ellebogen steunt.

Dat denkt hij niet. Ik lijk wel gek. Maar, o god, als hij dat nou eens wél dacht…

En nu dat luikje in mijn hersenen eenmaal openstaat, komen de fantasieën goed op gang. Finn die teder mijn kin omvat, Finn die me kust met die sterke en toch zachte mond van hem. Finn en ik die ons in de golven laten vallen, waar het water bruisend en golvend om onze naakte lichamen speelt…

Nee, wacht. Te snel. Even terugspoelen.

Finn die traag de rits van mijn wetsuit omlaagtrekt en kusjes geeft op de vrijgekomen huid. O god, ik word al duizelig bij de gedachte. Er trekt een rilling door mijn lijf en ik ga verzitten op het zand.

'Gaat-ie?' vraagt Finn.

'Prima!' piep ik, ervan overtuigd dat hij exact weet wat ik denk. 'Prima.' Ik tover ergens een normale, vrolijke glimlach vandaan. Zoals een vrouw glimlacht die níét wordt verteerd door gestoorde seksuele fantasieën over haar platonische vriend. 'Het is ongelooflijk,' voeg ik eraan toe. 'De zee. De blauwheid.' Vaag, maar ja.

De blauwheid? Is dat wel een woord?

Finn laat het gelukkig schieten. Het lijkt erop dat er ook het nodige door hem heen gaat. Behoorlijk diepe gedachten als ik de groeven in zijn voorhoofd zo zie. Misschien neemt hij me straks eindelijk in vertrouwen, denk ik. O god. Misschien grijpt straks alles in elkaar, de ontboezemingen en de pracht van de zee en de epische seks in een enorm grote, bulderende… oven.

Of bedoel ik bulderende golf?

Nou ja, iets groots.

'Uitkijken over zee is goed voor… van alles en nog wat.' Zijn stem klinkt een beetje hees, van de whisky of omdat hij over het geruis van de zee heen probeert te komen.

'Mee eens.' Ik knik. Een golf spat op mijn benen uiteen en sleept als hij zich terugtrekt een paar keitjes mee. 'De zee is prachtig. Hypnotiserend.'

'Liefdesverdriet. Burn-out. Relatiebreuk. Achterlijke bazen. Hij helpt bij welk probleem dan ook. Je hoeft alleen maar een tijdje zo te blijven zitten en…' Hij zucht. 'Een paar keer goed te zuchten.'

'Ik dacht dat je zou gaan zeggen "veel whisky te drinken",' zeg ik, en Finn schatert. Daarna kijkt hij zwijgend voor zich uit, alsof hij in gedachten wat dingen op een rijtje zet. Dan vervolgt hij op zachte toon: 'Ik wilde mezelf verdoven. Maar misschien was het beter geweest om wel van alles te voelen. Hoe het met me ging. Hoe ik vroeger was.'

Ik zeg niets, verroer me niet, durf nauwelijks adem te halen. Ik hoop dat hij verdergaat, dat hij me nog meer vertelt. En na een minuut of twee doet hij zijn mond weer open.

'Ik denk dat ik die therapie vermijd omdat ik bang ben voor wat ik dan zal aantreffen. Ik ben een redelijk standaard man, maar met iedereen is wel iets mis, toch?'

'Ja,' zeg ik zacht. 'Iedereen heeft wel iets.'

'En het zou vreselijk zijn als ik me liet gaan bij zo'n zielenknijper…' Hij rilt. 'Als ik moest huilen. De controle verloor. En wat zou er gebeuren als ik uit mijn slof schoot tegen hem of haar? Als ik uit de bocht vloog, net als op mijn werk?' Hij kijkt moeilijk. 'Wat zou ik dan met mezelf aan moeten?'

Maakt hij zich dáár druk om? Ach, mijn lieve, aardige, kwetsbare Finn. Achter die façade van kalmte gaan allerlei angsten schuil. En hij is wél galant en voorkomend, verzeker ik Kirsten in gedachten. Zeker weten.

'Het komt wel goed,' zeg ik gemeend, en ik waag het om mijn

hand lichtjes op zijn arm te leggen. 'Je weet je kalmte heus wel te bewaren. En als er toch iets misgaat, dan zit je tegenover een ervaren professional. Je dacht toch niet dat zij nog nooit een gestreste vent een ficus hebben zien mollen? Ze hebben waarschijnlijk een paar extra ficussen staan waarop jij je mag uitleven. Ze hebben zelfs een speciale ficuskamer ingericht. Neem je kettingzaag mee.'

Finn gooit zijn hoofd in zijn nek en buldert van de lach. Hij legt zijn hand op de mijne. 'O, Sasha,' zegt hij met een glimlach. 'Ik ben zo blij dat ik hier met jou ben, dank je wel. Zonder jou zou het lang zo goed niet met me gaan. Jij bent mijn burn-outmaatje.'

Burn-outmaatje. Kan een burn-outmaatje ook een seksmaatje worden?

Ja. Ja, dat kan denk ik wel.

'O god!' kaats ik met een schrille piepstem terug. 'Nee. Ik moet jóú bedanken.'

Mijn ademhaling is op hol geslagen. Mijn ledematen trillen. Ben ik eigenlijk wel in de goede mindset voor seks? Want ik voel me een beetje hyper.

'Als je maar lang genoeg uitkijkt over zee, dan zou je haast gaan geloven in manifesteren,' zeg ik om tijd te rekken. 'Hier ervaar ik een enorme… hoe moet ik het zeggen… aanwezigheid.' Ik spreid mijn armen, gebaar naar de hele oceaan. 'Alsof de zee al onze problemen wil oplossen.'

Finn knikt. 'Ik snap wat je bedoelt. Terry had een rotsvast vertrouwen in de zee. Hij dacht dat alle antwoorden in de golven besloten lagen. Misschien is dat ook wel zo.'

Wil je me helpen, vraag ik in stilte aan de zee. *Alsjeblieft. Los mijn problemen op. Stuur een enorme golf naar het strand, die Finn en mij zo uit balans brengt dat onze gezichten zo dicht bij elkaar komen dat we elkaar wel móéten kussen. Toe dan… toe dan…*

Maar de volgende golf die het strand bereikt, is juist nogal krachteloos. Hij brengt Finn en mij niet dichter bij elkaar. Hij probeert het niet eens. Hij glijdt kalmpjes ruisend over mijn benen en weet wat

hij tegen me zegt. Hij zegt: *Dit moet je zelf oplossen, schat.*
De zee is wijs.

'Er is in elk geval een goede ontwikkeling... eh... gaande.' Ik slik moeizaam, dwing mezelf verder te gaan. 'Er is in mij iets ontwaakt. Mijn... eh... Mijn... libido.' Dat laatste woord fluister ik, maar ik weet dat Finn het heeft gehoord, want hij kijkt me verbaasd aan en wendt dan haastig zijn blik af. In zijn nek zie ik een spiertje trekken.

Er valt een lange stilte. Een vrij lange, gênante stilte. Zo lang zelfs dat ik overweeg weg te kruipen onder het zand en nooit meer met Finn of met wie dan ook te spreken. Mijn lichaam wordt verteerd door schaamte. Als hij op zo'n ontboezeming had gehoopt, als hij me stiekem leuk vond en wachtte op een teken, dan had hij inmiddels wel gereageerd. Maar er gebeurt niets.

'Geweldig,' zegt hij na een hele tijd, en ik voel het bloed uit mijn gezicht wegtrekken naar mijn voeten.

Dit klinkt niet goed. Helemaal niet goed. Het klinkt alsof hij het fijn voor me vindt dat mijn haperende auto toch wil starten. Alsof hij totaal niet in mij is geïnteresseerd.

Tenzij... Tenzij! In mijn binnenste voel ik hoop opwellen. Hij is wél geïnteresseerd, hij vindt me wél aantrekkelijk, maar hij is bang dat ik hem zie als een seksueel roofdier. Dat zou zomaar kunnen. Het is nog maar zo kort geleden dat hij zich op zijn werk zo misdroeg. Natuurlijk loopt hij op eieren. Natuurlijk houdt hij zich in. Ik moet hem subtiel duidelijk maken dat ik in ben voor een ongecompliceerde, zinderende affaire. Dat ik hem wil en dat er geen problemen van zullen komen. Subtiel. Maar duidelijk. Hij moet weten waar hij aan toe is. Ja. Subtiel, duidelijk, ongecompliceerd.

Maar niet zielig of bezitterig.

Of wanhopig.

'Dus!' Mijn stem vliegt onvast iets omhoog. 'Nu kan ik gewoon...' Ik kuch een paar keer. 'Ik denk dat ik een onbezorgde... nou ja, ik zou de draad weer willen oppakken. Niet serieus of zo. Gewoon een, eh...

leuke affaire.' Ik besluit met een vreselijk lachje. 'Een dezer dagen.'
'Goed idee,' zegt Finn na een korte stilte, zonder zijn hoofd te
draaien.

Goed idee? Wat betekent dat?

'Nou ja, je weet wel.' Weer zo'n vreemd lachje. 'Gewoon een...
Het is zomaar iets wat bij me opkwam.'

'Hm-hm.' Finn knikt.

'Nou. Dus. Eh...'

Ik wrijf over mijn neus. Dit is het onwerkelijkste gesprek van mijn
hele leven. Ik geloof dat ik mijn mond maar even houd. Emigreren
is ook geen slecht idee.

Een hele poos zit ik zwijgend en met tintelende wangen naast hem
op het zand. Ik vraag me af hoelang we hier nog zo moeten zitten
zonder elkaar aan te kijken, zonder er verder nog iets over te zeggen.
Dan zucht Finn een keer diep.

'Ik doe niet meer aan betekenisloze seks,' zegt hij op zo'n bestudeerd kalme toon dat ik weet dat hij hem in zijn hoofd heeft ge-
repeteerd. In een opwelling draai ik mijn hoofd opzij en kijk ik hem
per ongeluk aan. Dan wend ik met gloeiende wangen mijn blik weer
af. Hij voelt zich duidelijk opgelaten, en eerlijk gezegd zou ik nu in
rook willen opgaan.

'Goed zo,' zeg ik met iets van scherpte in mijn stem. 'Verstandig.
Begrijpelijk. Heel begrijpelijk.'

Hoe komt het dat ik het gevoel krijg dat er achter die opmerking
een heftig verhaal schuilgaat? Een verhaal dat hij niet met mij wil
delen?

'Ja,' zegt Finn. 'Dus.'

Ik wil nog een nietszeggende opmerking maken, maar als ik terugdenk aan het ongemak op zijn gezicht laat ik het maar zitten. Genoeg. Er rolt weer een golf over mijn voeten en ik ril; we zitten al
veel te lang in de zee. Tot nu toe hielden hoop en seksuele fantasieën
me warm, maar nu voel ik me zo koud en beschaamd en stijf dat ik
die wetsuit vast nooit meer uit krijg.

236

'Ik denk dat ik mijn surfboard maar ga terugbrengen,' zeg ik in een poging ontspannen over te komen. 'Ik ben kapot. Maar het was wel heel leuk.'

'Laat mij dat maar doen,' zegt Finn, die soepel overeind springt.

'Doe niet zo gek!' werp ik tegen, maar hij heeft mijn board al onder zijn arm.

'Oké. Nou, bedankt,' zeg ik, omdat ik die plank moeilijk weer van hem kan afpakken.

'Geen probleem.' Hij lacht kort en loopt dan weg over het strand. Met flinke passen. Snelle passen. Haast alsof hij niet meer bij me in de buurt wil zijn.

Nee. Alsof hij niet meer bij me in de buurt wil zijn.

Met een leeg gevoel kijk ik hem na. Ik heb het verprutst. We waren vrienden. Hij was mijn burn-outmaatje. Er was een bijzondere vriendschap tussen ons ontstaan. Maar nu kijkt hij me niet meer aan.

Complimenten, Sasha. Briljant.

17

Twee uur later is het nog altijd droevig met me gesteld. Het viel inderdaad niet mee om mijn klamme, rillende lijf uit die wetsuit te wurmen, hupsend door mijn strandhuisje en rukkend aan het neopreen. Tegen de tijd dat ik eindelijk naar buiten kwam, was Finn al verdwenen. Ik haastte me terug naar het hotel en verheugde me op een lang, warm bad en roomservice. Maar in de lobby zag ik Cassidy, die bezig was versleten gouden stoeltjes in rijen neer te zetten. Op elke zitting legde ze een concertprogramma neer. Ze groette me en riep: 'Ik heb voorin een plekje voor u gereserveerd! En een grapefruitsap, want u wilt denk ik geen cava? U komt toch wel, hè?'

Ik kon niet zo snel een smoes verzinnen en zegde daarom toe. En nu zit ik dus op een goudkleurig stoeltje en luister ik naar Nikolai, die in het Pools gedichten voordraagt. Finn is nergens te bekennen. Die was waarschijnlijk zo slim om de lobby te vermijden. Het publiek bestaat uit overwegend ouderen, vermoedelijk uit het dorp. De enige die ik herken is Terry's dochter Tessa, die in dezelfde rij zit als ik. Eerder had ik het gevoel dat ze af en toe mijn kant op keek, bijna alsof ze zin had om te kletsen. Maar toen ik naar haar glimlachte, beet ze op haar onderlip en wendde ze haar blik af. Die meid is echt verlegen.

Ik kijk het programma vluchtig door en onderdruk een zucht. Na Nikolai krijgen we Herbert op de hoorn, en daarna de 'zeer gewaardeerde verhalenverteller Dickie Rathbone, die ons zal vermaken met avonturen uit zijn jaren bij de koopvaardij'. Ik neem een slokje grapefruitsap en kijk op als er iemand naast me plaatsneemt.

O jeetje, het is Hayley. Ze wordt door Cassidy naar haar stoel begeleid en heeft hier zo te zien net zoveel zin in als ik.

'Ik had een stoel voor u bewaard!' fluistert Cassidy luid in haar oor. 'Hotelgasten krijgen de beste plekken. Zonder extra kosten!' Ondertussen gaat Nikolai stug door in het Pools. Als hij ineens luid begint te snikken, voel ik me al net zo ongemakkelijk als hij. Het was echt beter geweest als ze voor een vertaling hadden gezorgd. Onopvallend werp ik een blik op Hayley, die er stijfjes bij zit. Het valt me op dat ook haar ogen een beetje vochtig zijn. Ze ziet me kijken en reageert geërgerd, dus ik kijk gauw weg en richt mijn blik op Nikolai, die er zwierig een einde aan breit en met een buiging het aarzelende applaus in ontvangst neemt.

'Nikolai, dat was geweldig!' zegt Cassidy, die vanavond de optredens aan elkaar praat. 'En kun je nu vertellen waar het gedicht over ging?' Ze kijkt bemoedigend naar Nikolai, die zijn gezicht dept met een zakdoek.

'De meneer, hij vindt haar lief,' verklaart hij met een nog door emoties verstikte stem. 'Maar zij niet houdt van hem.'

Het blijft stil, want iedereen verwacht dat hij verdergaat, maar hier blijft het bij.

'Nou!' roept Cassidy uit. 'Jouw voordracht liet niemand onberoerd, Nikolai. Dank je wel, hoor. En dan is er nu een korte pauze, terwijl Herbert zijn hoorn erbij pakt. Geniet van jullie drankjes.' Ze vraagt om applaus en Nikolai buigt een paar keer. Hij maakt een afgematte, vermoeide indruk, alsof hij net Hamlet heeft gespeeld.

Ik nip van mijn sapje, en dan zie ik Finn de lobby in komen, vergezeld door Adrian. Ze hebben beiden een glas in hun hand, whisky zo te zien, en te oordelen aan hun gloeiende gezichten is het niet hun eerste drankje.

'Mr Birchall!' Cassidy verwelkomt hem met luide stem. 'En Mr West! Net op tijd! Er is plek voor jullie op de eerste rij. Of –' Ze vervalt in stilte wanneer de twee mannen neerploffen op de achterste rij, een heel eind bij Hayley en mij vandaan. 'Dat kan natuurlijk ook.'

Ik durf Finn niet aan te kijken. Ik durf niet eens zijn kánt op te kijken. Hij is natuurlijk meteen de bar in gedoken om het ongemak te verdrijven dat hem plaagt sinds een van de hotelgasten zich aan hem opdrong.

'Leuk idee, een concert,' zegt Hayley, en ik schrik op.

'Ja.' Ik knik.

'Al snapte ik helemaal niets van dat gedicht.'

'Ik ook niet,' geef ik toe. 'Hij bracht het met passie, dat wel.'

'Inderdaad,' zegt Hayley stijfjes. 'Nou. Passie.' Ze laat een stilte vallen en zegt dan: 'Ik ben Hayley, trouwens. Mijn man heet Adrian. Dat heb je die avond misschien wel opgevangen.'

'Ik ben Sasha,' geef ik aan. 'Leuk om nu echt kennis te maken.'

Hayley omklemt haar glas stevig en ze trilt over haar hele lijf. Ze straalt een en al ellende uit. Eén klein duwtje en ze loopt helemaal leeg, gok ik.

'Ik heb de föhn, trouwens,' begin ik voorzichtig. 'Mocht je die nodig hebben.'

'Ik ga nooit op reis zonder mijn Dyson, dank je,' zegt Hayley, die knipperend met haar ogen haar glas naar haar mond brengt.

Och jee. Ik vind het echt sneu voor haar. Ze ziet er doodongelukkig uit. Zou het goed zijn om haar een persoonlijke vraag te stellen? Zou ze het fijn vinden om eens haar hart te luchten? Maar stel nu dat ze me afsnauwt? En als ze eenmaal op gang is, neemt ze vermoedelijk geen blad voor de mond.

Als ze me afsnauwt, dan is dat maar zo. Ik kan allicht een poging wagen.

'Ik geloof dat je het moeilijk hebt en dat spijt me voor je,' zeg ik zacht.

Hayley draait haar hoofd met een ruk opzij. Ze wil weten of ik een grapje maak, maar als ze mijn ernstige blik ziet, lijkt er in haar iets te breken.

'Ja. Ik heb het moeilijk.' Ze knikt een paar keer, zonder haar ogen van haar glas af te halen. 'Heel moeilijk.' Ze zwijgt even en ik probeer iets opbeurends te bedenken, maar dan gaat ze verder. 'Je verwacht niet dat je na twaalf jaar huwelijk aan je vriendinnen moet vragen of ze een goede echtscheidingsadvocaat weten. Ben jij getrouwd?' vervolgt ze, voordat ik de kans heb gehad te reageren.

'Nee.'

'Verstandig,' mompelt ze, haar gezicht strak. 'Verstandige meid.'

'Nou, het is nog nooit zelfs maar een mogelijkheid geweest,' begin ik, maar ik merk dat Hayley volledig opgaat in haar eigen gedachten. 'Wat moeten we nou met de bánk?' roept ze ineens gekweld uit, en dan vallen er twee tranen op haar schoot. 'Want die hebben we samen uitgezocht en dit model wordt niet meer gemaakt.' Met betraande ogen neemt ze een slok van haar cava. 'Terwijl een van de bruidsmeisjes je haar staat te föhnen, kun je toch niet vermoeden dat je je twaalf jaar later afvraagt wie de bank mag houden. Nee, toch?'

'Waarschijnlijk niet, nee,' antwoord ik zwakjes.

'Nee. Zoiets verwacht je niet.' Ze zwijgt een ogenblik en vervolgt dan: 'Mijn bruidsmeisje was een professionele kapster. Voor het geval je je dat afvroeg. Via haar kon ik die Dyson met korting krijgen.'

'Aha.' Ik knik. 'Leuk.'

Hayley kijkt nu achterom naar de achterste rij, waar Adrian diep in gesprek is met Finn.

'Hij lijkt het er niet moeilijk mee te hebben,' zegt ze bitter. 'Maar ja, zo is hij gewoon. Hij haalt zijn schouders op of zegt sorry. Maar legt hij ooit iets uit?'

'Wat zou hij dan moeten uitleggen?' vraag ik voor ik er erg in heb.

'Alles. Alles! Ik heb geen idee wat er in hem omgaat!' Weer vallen er tranen op haar schoot. 'Neem nou het volgende: je vraagt je man – een professionele timmerman, nota bene – vriendelijk om wat schapjes op te hangen. Hij belooft het te zullen doen, maar doet het vervolgens niet. Een jaar lang vraag je er geregeld om. Hij blijft volhouden dat hij het zal doen. En uiteindelijk huur je een klusjesman in voor dit karweitje. Drie doodeenvoudige plankjes met dragers, zo gedaan. Wat denk je dat je man dan zegt?'

'Eh…' Ik weet niet waar ze heen wil met dit verhaal. 'Ik zou het niet meteen…'

'Niks! Hij zei niks. Hij kwam binnen, zag de schapjes, ging zitten, nam een slok van zijn bier en zei niets. Op die plankjes wilde ik mijn oma's antieke borden neerzetten. Erfstukken. Royal Doulton.' Ze praat zacht, maar haar ogen spuwen vuur. 'Ik wacht. En ik wacht. En uiteindelijk zeg ik: "Nou, Adrian, zoals je ziet heb ik de schapjes laten ophangen. Was het je opgevallen?" Hij haalt zijn schouders op. Weigert erop in te gaan. "Sorry," zegt hij, verder niets. Ik snap die man niet! Was hij te moe om de schapjes op te hangen? Zeg dat dan gewoon! Dat had ik heus niet erg gevonden. Maar mij negeren! Dat is zo pijnlijk! Het staat voor alles wat er mis is tussen ons! Waarom zou hij zo lelijk tegen me doen?' Ze knippert met haar ogen alsof ze vecht tegen haar tranen.

'Ik… ik zou het echt niet weten,' zeg ik zwakjes.

'En dan is er nog de kwestie van onze intimiteit,' vervolgt ze na nog een vluchtige blik op de achterste rij. 'Sorry dat ik zo openhartig ben, maar je bent een vrouw en met mijn vriendinnen kan ik dit niet bespreken.' Ze neemt een grote slok cava. 'Ik ken jou helemaal niet, dus dan kan ik jou ook wel zonder al te veel gêne toevertrouwen dat mijn man geen idee heeft wat een orgasme is.'

'Tuurlijk, vertel!' Ik doe net of er niets raars aan is. 'Ik help je graag.'

De ironie.

Zal ik mijn onvolprezen opvatting over seks met haar delen? Dat het niet meer is dan langs elkaar wrijvende geslachtsdelen en dat we er met z'n allen niet zo'n heisa over hoeven te maken?

'Heb jij weleens seks als er voetbal op tv is?' Ze roept zichzelf haastig tot de orde. 'Sorry. Ik flap er van alles uit als ik een glaasje opheb.' Ze legt een hand op mijn arm. 'Je bent zo begripvol. Ik vind je reuzeaardig.'

Nu vraag ik me af hoeveel drankjes Hayley al ophad voor ze aan de cava ging. Haar wangen zijn vlekkerig, valt me op, en haar eyeliner is een beetje uitgelopen.

'Geen probleem, hoor,' zeg ik. Ik probeer neutraal te reageren: 'Ik hoop dat jullie eruit komen.'

'Jullie tweeën zitten nog in de wittebroodsweken, of niet?' Haar ogen vliegen naar de achterste rij. 'Zo ziet het er wel uit. Waarom zit jouw lief niet naast je? Stoort het je niet dat Adrian hem zo claimt?' 'Eigenlijk,' probeer ik ertussen te krijgen, 'zijn we geen stel.' 'Geen stel?' Ze kijkt me strak aan, alsof ze het niet begrijpt. 'Natuurlijk wel.'

Ik voel mijn ledematen verstijven. Mijn wangen gloeien. Verdorie.

'Dat zijn we niet,' zeg ik met een vastberaden en opgewekte lach. 'Dus.'

'Maar...' Ze kijkt even naar Finn, alsof we langs elkaar heen praten. 'Ik zie jullie aldoor samen. In het restaurant schoven jullie de tafeltjes tegen elkaar aan, dat zag ik.'

'Dat weet ik. Maar we zijn geen stel.'

'Echt niet?' Met gefronste wenkbrauwen kijkt ze achterom naar Finn. 'Nou, dat is wel...' Ze neemt een slok van haar cava. 'Dat is wel heel vreemd. Jullie horen bij elkaar.'

Wij horen bij elkaar? Wij horen bij elkaar?

Ik moet me beheersen om niet aan haar mouw te trekken en haar te vragen hoe ze dat bedoelt, waarom ze dat zegt, en om haar te vragen wat ze vindt van Finn en mij.

In plaats daarvan zwijg ik en nip ik van mijn drankje, ingenomen met mijn zelfbeheersing. En dan stapt Herbert naar voren, gekleed in een kastanjebruin fluwelen pak en met een antieke hoorn in zijn hand. Met een ernstig gezicht buigt hij diep en kondigt zichzelf aan. 'Menuet.'

Hij drukt het mondstuk tegen zijn smalle, droge lippen. Als hij op zijn hoorn blaast, klinkt er een beverig, langgerekt geluid dat veel weg heeft van een wind, en ik merk dat iedereen in de zaal zijn lachen probeert in te houden.

Onaangedaan door de geluiden die hij produceert gaat Herbert verder op zijn hoorn, waaraan hij de ene na de andere scheet ontlokt. Hij speelt onverstoorbaar verder en merkt niet dat de zaal collectief probeert een luid geschater te onderdrukken. Ineens voel ik sterk de behoefte om Finn aan te kijken. Ik weet dat het tussen ons niet helemaal lekker loopt, maar we kunnen toch nog wel samen lachen als er zoiets grappigs gebeurt? Nonchalant leunend tegen mijn stoelleuning kijk ik achterom. Eén blik moet kunnen, toch?

Maar de achterste rij is leeg. Hij is weg.

18

Hij doet niet meer aan betekenisloze seks. Is dat net zoiets als overstappen op een veganistisch dieet? Terwijl ik de volgende ochtend in
mijn bed naar het afbladderende plafond lig te kijken, denk ik hierover na. Hoe betekenisloos is 'betekenisloos' eigenlijk? En waarom
zei ik niks? Waarom zat ik zo met mijn mond vol tanden?
Maar wat had ik kunnen zeggen?

En trouwens, zou het kunnen dat hij me iets duidelijk wilde
maken? Dat weet ik eigenlijk wel zeker.

Ik doe mijn ogen dicht en laat de pijnlijke waarheid nog eens over
me heen walsen. Hij probeerde tactvol te zijn. Me voorzichtig af te
wijzen. Ons allebei gezichtsverlies te besparen. Hij denkt gewoon
niet in die termen over mij.

Gelukkig begon hij in elk geval niet zo: *Sasha, ik mag je heel graag,
echt waar. En je bent een leuke meid, maar...*

Ik werd al verteerd door schaamte, maar dat gevoel is alleen maar
sterker geworden. De gêne kolkt in mij rond, en over niet al te lange
tijd zal ik hem weer onder ogen moeten komen. Maar misschien ook
niet. Wie weet is hij uitgecheckt en heeft hij mijn telefoonnummer
gewist.

Ik zie zo tegen het weerzien op dat ik bijna zover ga het ontbijt
over te slaan. Maar ik barst van de honger, dus uiteindelijk glip ik
de eetzaal in, waar ik probeer weg te vallen tegen de achtergrond van
het drukke behang. Met een zucht van verlichting stel ik vast dat ik
de enige gast ben.

Terwijl ik van mijn roerei eet, vertel ik Nikolai hoe goed zijn
optreden gisteravond was, maar ik mijd zorgvuldig alles wat te
maken heeft met de zeer gewaardeerde verhalenverteller Dickie
Rathbone, die een halfuur lang aan het woord was en zo hard om

zijn eigen grappen lachte dat ik helemaal niets meer snapte van zijn verhaal.

Als ik mijn ontbijt achter de kiezen heb, neem ik mijn smoothie van boerenkool in zijn papieren bekertje mee – morgen moet ik dat onheil echt tijdig afwenden – en verlaat ik de eetzaal. Er is niemand in de lobby en een paar tellen sta ik aarzelend en met bonzend hart bij de voordeur. Zal ik de hele situatie vermijden? Er een dagje op uit trekken om Finn te ontlopen?

Nee. Dat zou suf zijn. *Kom op, Sasha. Verman je.*

Met opgeheven hoofd ga ik het hotel uit en loop ik door de tuin naar het strand. Ik zie hem in de verte al staan.

Ik voel een zenuwachtig gekriebel in mijn buik en ik betwijfel of ik kan praten. Gelukkig hoef ik niet meteen iets te zeggen, want Finn kijkt op en groet me. Er schuilt zoveel warmte in zijn blik dat ik een sprankje hoop voel opvlammen. Is hij blij me te zien? Is hij soms meer dan blij? Ik versnel mijn pas en glimlach breed. Zou ik iets hebben gemist?

'Hèhè, daar ben je!' zegt hij. 'Ik zat al op je te wachten!'

'Echt?' Ik lach nerveus, mijn hart bonkt.

'Natuurlijk!' Hij wijst omlaag.

'Nieuw bericht,' vervolgt hij, en ik sta stokstijf stil.

Die tekstjes. Daarom reageert hij zo enthousiast.

Ach ja, natuurlijk is er weer zo'n stom bericht.

'Ben benieuwd!' zeg ik, nog steeds lachend. 'Wat staat er? Laat eens kijken?'

Ik haast me zijn kant op en probeer ondertussen mijn gedachten te ordenen. Het bericht is een mooie afleiding, besluit ik, dus laten we dit heel serieus nemen. Het is, net als anders, in het zand geschreven en de letters zijn met kiezelsteentjes gemarkeerd. Ernaast is een blik neergezet met een vruchtencake erin.

JULLIE HEBBEN ALLES GEDAAN. 18/8

'Wij hebben alles gedaan,' verkondigt Finn trots, alsof ik niet kan lezen. 'Blijkbaar.'

'Maar we hebben helemaal niks gedaan,' werp ik tegen, haast gewoontegetrouw. 'En dit gaat niet over ons.'

'Over wie zou het anders gaan?'

Oké. Ik ga hier eens heel goed over nadenken. Afleiding, afleiding, afleiding.

'Wat is er op de dag van het ongeluk nog meer gebeurd?' Ik krijg denkrimpels in mijn voorhoofd. 'Wat heb jij gedaan?'

Finn haalt zijn schouders op. 'Beetje rondgehangen. Naar de strandwachten gekeken. Met de politie gepraat.'

'Met de politie gepraat?' Ik kijk hem indringend aan. 'Waarover?'

'Over alles.' Hij rolt met zijn ogen. 'Eerst kreeg ik een preek dat ik niet de held had moeten uithangen. Daarna wilden ze weten waar ik mijn kajak vandaan had, van wie ik die gekregen had, of de veiligheidsregels met me waren doorgenomen, blabla.'

'Dat heb je me nog niet eerder verteld,' zeg ik. Ik voel mijn hersenen kraken. 'Dat je met de politie hebt gepraat, bedoel ik.'

'Dacht dat het wel voor zich sprak.' Hij haalt zijn schouders op. 'Niks bijzonders. Ze hadden een gesprekje met me, bedankten me, gaven me een snoepje en toen mocht ik gaan.'

Zijn woorden roepen een herinnering bij me op. *Een snoepje.*

'Pepermuntsnoepjes.' Ik flap het eruit voor ik er erg in heb. 'Ze hadden voor iedereen een gestreept snoepje.'

'Ja.' Finn kijkt verbaasd. 'Je hebt gelijk.'

Ik zie het voor me. Het mandje waar ze in lagen. Ik herinner me alles weer: het vertrek, de mensen, alles.

'Ik heb ook met de politie gepraat.' Ik wrijf in mijn gezicht. 'Dat was ik helemaal vergeten. Was dat in het Seashore Cafe?'

'Ja, eerste verdieping. Ze hebben met heel veel mensen gepraat. Veel kinderen ook. Met iedereen.'

Ik weet nog dat ik op een plastic stoel zat, dat ik het warm had en me slecht op mijn gemak voelde omdat de anderen op mij wachtten.

Ik hield het hele gezin op. We konden pas naar huis nadat ik bij de politie was geweest. Ongelooflijk dat ik dit vergeten was.

'Ik zat daar een dag na het ongeluk,' zeg ik langzaam. 'Een van de agenten had een rode baard. En in de wachtruimte stond een irritante ventilator. Dat ding hield er om de haverklap mee op.'

'Klopt.' Finn staart me aan. 'Maar waarom moest jij je melden bij de politie? Je was niet eens op zee die dag.'

'Dat weet ik niet.' Ik schud onzeker mijn hoofd. 'Ik herinner het me niet.' Ik kijk omlaag naar het bericht. 'Zou het hier soms iets mee te maken hebben?'

'Wie zal het zeggen?' Finn is stil, vertrekt nadenkend zijn gezicht en roept dan geërgerd uit: 'Het is allemaal zo vreemd! Dat voorval viel reuze mee. Er was niks aan de hand met James Reynolds. Het is voor iedereen goed afgelopen.'

'Voor iedereen, behalve voor Pete,' zeg ik. 'Dit incident kostte hem zijn bedrijf.'

'Ja, oké. Voor Pete liep het niet goed af,' erkent Finn. 'Had hij maar geen defecte kajak moeten verhuren. En trouwens, ik vind het nogal overtrokken allemaal. Een hoop gedoe om niks.'

'James Reynolds is bijna verdrónken, hoor,' zeg ik verwijtend.

'Ja, maar dat gebeurde uiteindelijk niet,' werpt Finn tegen op eenzelfde scherpe toon.

'Ik ga aan mijn moeder vragen waarom ik bij de politie moest komen,' zeg ik met plotse vastberadenheid. 'Zij weet dat vast nog wel.'

Ik pak mijn telefoon en typ een appje aan mama en Kirsten.

Hai lieverds. Hoop dat het goed gaat. Ik ben nog steeds bezig meer info te achterhalen over dat kajakongeluk. Heb ik met de politie gepraat? Waarover dan? Alles prima hier. Gisteren gesurft! xxx

Ik druk op 'versturen', maar er is hier geen bereik. Nou ja, dan krijgen ze het appje wat later.

'Maar goed, wat zullen we doen?' Ik bekijk het bericht nog eens en neem er dan een foto van.

'Zullen we het nu maar even laten rusten?' Finn haalt zijn schouders op. 'En verdergaan met… Welke vorm van wellness staat er voor vandaag op onze planning? Nog een yogasessie? Zeewier eten? Steentjes over het water laten stuiteren?'

Onze planning? Hij wil vrienden blijven. Dat is duidelijk. Hij wil dat we platonische burn-outmaatjes blijven, en dat vind ik behoorlijk verwarrend. Natuurlijk wil ik onze vriendschap voortzetten, natúúrlijk. Met een sterke, trouwe, wijze vriend als Finn komt voor mij een droom uit.

Alleen had ik andere dromen. Die ik nu zal wegstoppen in mijn kistje met dromen.

'Hoelahoepen?' stel ik voor, puur om hem aan het lachen te krijgen. Het lukt.

'Wat gebeurt er als je de twintig stappen hebt afgewerkt? Krijg je dan een medaille of zo?'

'Dan ben ik Wetsuitvrouw geworden, dat snap je.'

'Doe dat maar niet.' Finns stem daalt iets en als hij me aankijkt, stokt mijn adem in mijn keel. 'Niet in Wetsuitvrouw veranderen, hoor.'

Ik probeer een lichtvoetig, grappig antwoord te verzinnen… maar er komt niets bij me op. Er valt een vreemde, gespannen stilte waarin we elkaar aankijken, en net als ik begin te denken dat we tot in de eeuwigheid zo moeten blijven staan, trekt iets achter mijn schouder Finns aandacht. Opgelucht adem ik uit en kijk ik achterom. Adrian is ook naar het strand gekomen en hij kijkt net zo neerslachtig als anders. Ik heb ontzettend met hem te doen. Hij steekt bij wijze van groet een hand op en wij zwaaien allebei terug.

'Zijn vrouw heeft me gisteravond in vertrouwen genomen,' zeg ik zachtjes tegen Finn. 'Ze moest huilen. Ze wil scheiden en is op zoek naar een advocaat. Zo verdrietig allemaal. Wat heeft hij jou verteld? Hij heeft vast wel iets gezegd. Tijdens het concert hadden jullie het zo te zien best gezellig samen.'

'Hij klampte me aan in de bar.' Finn gaat nog zachter praten omdat Adrian nu echt dichtbij is. 'Hij hield zich niet in. Zij zit de hele tijd op hem te vitten. Dat zegt hij tenminste.'

'Had hij het toevallig over een paar plankjes?' vraag ik voor ik er erg in heb.

'Inderdaad!' Finn kijkt me verbaasd aan. 'Ze houdt maar niet op over een paar plankjes die hij had moeten ophangen. Hij heeft al honderd keer sorry gezegd, maar ze zeurt er maar over door.'

'Dat is precies het probleem!' leg ik gretig uit. 'Hij zegt steeds "sorry", maar hij legt niet uit waaróm hij ze niet wilde ophangen. Als hij te moe was, had hij dat gewoon moeten zeggen in plaats van een jaar lang te beloven dat hij het ging doen en haar vervolgens teleur te stellen.'

Ik kijk verwachtingsvol naar Finn en hij lacht.

'Hij had vermoedelijk zo zijn redenen. Is het belangrijk volgens jou?'

'Natuurlijk!' roep ik uit. 'Het was heel pijnlijk voor haar! Je weet dat hij timmerman is van beroep? En hij beloofde steeds het te zullen doen. Maar het duurde zo lang dat ze uiteindelijk een klusjesman belde. En toen die schapjes eenmaal hingen, zei Adrian geen woord, hij negeerde het gewoon. Ze waren bestemd voor de antieke borden van haar oma,' ga ik verder. 'Royal Doulton.'

Finn is zo te zien verbaasd dat ik zo goed op de hoogte ben en ik schraap gegeneerd mijn keel. Het kan zijn dat ik iets te veel mijn best doe voor Hayley. En ik weet alleen wat zij me heeft verteld. Hoe Adrian erin zit weet ik niet.

'Ik bedoel, ik heb alleen haar kant van het verhaal gehoord,' geef ik toe. 'Maar het blijft vreemd. Hij is timmerman en beloofde aldoor dat hij het zou doen.'

'Een beetje vreemd is het wel, ja,' zegt Finn instemmend.

Hij haalt zijn schouders op en gebaart met zijn armen dat het gesprek wat hem betreft ten einde is en dat het hem ook niet zoveel kan schelen. Maar voor mij begint het net. Ik kijk naar de stijve, ongelukkige rug van Adrian, die een steentje in zee schopt. Hij is ongelukkig. Zij is ongelukkig. De kwestie met de schapjes staat tussen hen in. Als ze dit nu eens uit de wereld konden helpen, dan kwam het met de rest misschien ook wel goed.

'Vraag het hem gewoon!' zeg ik in een impuls. 'Gewoon zomaar. Vraag: "Waarom hing je die schapjes nou niet gewoon op?" Vraag het hem op de man af, dan vertelt hij het wel.'

'Ben je gek of zo?' Hij kijkt me niet-begrijpend aan.

'Nee, maar ik bránd gewoon van nieuwsgierigheid,' geef ik toe. 'En aan jou vertelt hij het wel. Kijk, hij is alleen.' Ik geef Finn een por en maak een hoofdknikje naar Adrian, die sip uitkijkt over de golven. 'Een beetje gezelschap kan hij vast waarderen. Hij kent je. Jij kan het uit hem peuteren.'

'Dus jij wilt dat ik hem vraag waarom hij die schapjes niet wilde ophangen?'

'Nou, je moet het misschien een beetje inleiden,' stel ik voor. 'Tegen hem beginnen over doe-het-zelfklusjes. Kijken of hij toehapt.'

'Oké,' zegt Finn uiteindelijk. 'Ik zal het proberen. Maar jij komt mee. Anders verzin je later weer andere dingen die je wilt weten en stuur je me wéér op hem af.'

'Dat zou ik nooit doen!' Ik grijns breed en hij rolt zuchtend met zijn ogen.

'Ben je altijd zo nieuwsgierig?' vervolgt hij, terwijl we samen over het strand Adrians kant op lopen. 'Nieuwsgierig schuine streep bemoeizuchtig?'

'Nee,' zeg ik na enig nadenken. 'De laatste tijd niet. Eerder het tegenovergestelde. Ik heb last van tunnelvisie. Ik geloof echt dat ik weer een beetje wakker word. Ik krijg weer oog voor de dingen.' Ik spreid mijn armen wijd en snuf de frisse, verkwikkende zeelucht in. 'Er zijn hier ménsen. Er gebeurt van alles. En er is niks bemoeizuchtigs aan om een praatje met iemand aan te knopen,' besluit ik een tikkeltje nuffig.

'Ik hoor wat je zegt.' Finn rolt nog eens met zijn ogen, maar hij glimlacht erbij.

'O, en de seks stelt ook niet meer zoveel voor,' fluister ik als we Adrian bijna hebben bereikt. 'Al kun je dat onderwerp misschien beter laten rusten... Hallo!' Ik zeg dat laatste hardop en grinnik stiekem om Finns verschrikte blik. 'Hoe gaat het?'

'Hi.' Adrian staat er lusteloos en treurig bij. 'Koud vandaag, hè.'

'Ja, behoorlijk.' Ik knik en kijk Finn veelbetekenend aan.

'Ik dacht aan alle klusjes die er thuis op me wachten,' zegt Finn gehoorzaam, en ik laat mijn waardering blijken met een lachje.

'Nou, dat geldt voor mij net zo,' zegt Adrian treurig, en hij vervalt in stilte. Hij schuift zijn handen in zijn zakken en kijkt uit over zee. Finn kijkt me aan met een blik die duidelijk vraagt: *Hoe nu verder?*

Ik schraap mijn keel.

'Ik ben wég van Royal Doulton,' begin ik opgewekt. 'Van alle soorten porselein eigenlijk. En ik vind het fijn om het... eh... aan iedereen te laten zien.'

Durf ik erbij te zeggen *op schapjes?*

Nee.

Adrian verstijft zichtbaar, maar hij heeft me niet aangekeken of zelfs maar geantwoord.

Goed, de subtiele aanpak werkt niet. We moeten er vol in.

'Het spijt me, Adrian.' Ik wacht tot hij opzijkijkt en me argwanend opneemt. 'Ik doe dit niet graag, maar mag ik je iets vragen? Ik probeer je nergens toe te bewegen, hoor,' voeg ik er haastig aan toe.

'Wat wil je vragen?' Adrian fronst diep.

'Nou... gisteravond heb ik met je vrouw gepraat.'

'Huh,' reageert Adrian snuivend. 'Die zat zeker weer op me te vitten, of niet?'

'Nee!' roep ik uit, want wat Hayley deed kan ik geen vitten noemen, besluit ik. Ze vertelde me waarom ze zo verdrietig was. 'Helemaal niet! Maar ze is erg gekwetst en ik vraag me af... nou ja, ik ben iemand met wat meer afstand... en ik vraag me af of je haar misschien kunt uitleggen waaróm je die schapjes nooit hebt opgehangen –'

'Niet weer die verdomde schapjes, hè!' barst Adrian uit, en ik sla een hand voor mijn mond. Oeps. 'Ze blijft er maar over doorgaan...'

'Leg het haar dan uit,' stelt Finn voor. 'Zeg tegen haar dat je geen schapjesman bent en dan moet ze zich daar maar bij neerleggen.'

'Ik ben wél een schapjesman!' brult Adrian. 'Ik ben een verdomd góéde...' Hij maakt zijn zin niet af, schudt zijn hoofd en ik kijk geschrokken opzij naar Finn. Nooit geweten dat schapjes zulke hevige emoties konden opwekken. Er valt een stilte. Ik durf me niet eens te verroeren, zo bang ben ik dat Adrian naar me uithaalt.

'Zal ik het nou eens van a tot z uit de doeken doen?' stamelt hij uiteindelijk, starend naar het schuimende water. 'Eerlijk gezegd snapte ik niet wat ze bedoelde. Ze zei steeds dat de borden zo goed mogelijk moesten uitkomen. Veertien borden. En ik had een heel raar beeld in mijn hoofd. Ik dacht: veertien plankjes... hoe maak ik daar nou wat leuks van? Maar ik wilde niet toegeven dat ik het niet kon. Daarom deed ik niets. Ik hoopte dat ze het zou vergeten.'

'Vergeten?' zeg ik vol ongeloof. 'Vergeten dat ze de antieke borden van haar oma een mooi plekje wilde geven?'

'Of van gedachten zou veranderen,' zegt Adrian. 'Of zoiets. Maar dat gebeurde niet. En toen kwam de klusjesman die zij had gebeld, en hij was er in een ochtend mee klaar. Drie schapjes, bám, en ik dacht: o shit, dat bedoelde ze dus.'

Ik zie voor me hoe hij met een glas bier aan de keukentafel zit zonder acht te slaan op Hayleys nieuwe schapjes en ik voel irritatie opborrelen.

'En het kwam niet in je op om dat tegen haar te zeggen?'

'Wat te zeggen?'

'Goh, wat een mooie schapjes. Ik voel me nu een beetje schuldig, ik snapte niet precies wat je bedoelde.'

Adrian kijkt ontevreden. 'Dan zou ze me maar een sukkel vinden.'

'Dus je hebt liever dat ze jou onaardig en weinig behulpzaam vindt dan dat ze je een sukkel vindt?'

'Het was toch al te laat?' Adrian ziet er nog koppiger uit. 'Die dingen hingen er al.'

'Het is nooit te laat,' zegt Finn, en ik kijk hem dankbaar aan. Ik snap niet waarom ik zo begaan ben met Hayley en Adrian, maar ik wil ze helpen. Ik wil het in elk geval proberen.

'Het is nooit te laat,' herhaal ik stellig, en Adrian kijkt me geërgerd aan.

'Zijn jullie relatietherapeuten of zo?'

'Nee.' Finn kijkt me met pretogen aan. 'Totaal niet.'

Op dat moment zie ik Hayley aankomen. Ze heeft een donkerblauwe muts op en komt een meter of twintig verderop het strand op gelopen. Ik steek een hand op en vraag me af wat er door haar heen gaat nu ze mij en Finn met haar man zien praten. Dan werp ik heimelijk een blik op Adrian; die heeft zijn stekels alweer opgezet.

'Begrijp ik nu goed dat je Hayley zomaar laat gaan omdat jij niet bereid bent die ene beschamende misser toe te geven?' vraag ik lichtelijk geïrriteerd. 'Werkelijk?'

'Ze gaat heus niet bij me weg, hoor,' zegt Adrian, alsof het een bespottelijk idee is.

'In de lobby zei ze anders dat ze niet wist of jullie nog samen waren,' zeg ik.

'Dat zegt ze maar.' Adrian schuift het onder het tapijt. 'Ze mag graag overdrijven. Ze wilde er even tussenuit en zocht een aanleiding. Ik zal een cadeautje voor haar kopen, dan kalmeert ze wel.'

Niet te geloven. Is hij nou dom of steekt hij zijn kop in het zand? Ik sta te dubben of ik hem mag vertellen wat Hayley tegen mij zei. Heeft ze expliciet gezegd dat ik mijn mond erover moest houden? Nee. We kennen elkaar helemaal niet en ze stortte zomaar haar levensverhaal over me uit.

'Adrian,' zeg ik zacht, 'ze belt haar vriendinnen op om navraag te doen naar een scheidingsadvocaat.'

Die woorden komen duidelijk hard aan bij Adrian. Hij trekt wit weg. Hij kijkt naar Finn en dan naar mij. Van zijn defensieve houding is niets meer over.

'Scheidingsadvocaat?' stamelt hij uiteindelijk.

'Luister,' zegt Finn. 'Doe ermee wat je wilt, maar ik raad je het volgende aan. Los dit probleem nu eindelijk eens op. Je gaat naar haar toe.' Hij wijst naar Hayley, die een eindje bij ons vandaan bij de waterlijn staat. 'En je zegt: het spijt me vreselijk dat ik die schapjes nooit heb opgehangen. Ik snapte niet hoe je het wilde hebben en dat durfde ik niet toe te geven. Dat was stom van me. Ik wil het graag goedmaken. Ik ben heel dol op jou.'

'Ontzettend dol,' stel ik voor.

'Ja.' Finn knikt. 'Beter. "Ontzettend. Ik ben bereid om er een relatietherapeut bij te halen als jij dat wilt, maar mag ik je..."' Hij valt even stil om na te denken. '"Mag ik je tijdens een lange strandwandeling vertellen waarom ik destijds verliefd op je ben geworden?"'

Ik staar Finn gebiologeerd aan. Zijn woorden raken me. Ik zou willen dat hij nog even doorging. Ik zou willen dat hij zo tegen mij praatte. Ik heb zin om hem naast me op het zand te trekken en te luisteren naar wat hij allemaal tegen me zegt terwijl we samen de zon in de zee zien zakken.

'Maak je een geintje of hoe zit dat?' De opstandige klank in Adrians stem wekt me ruw uit mijn dagdroom. 'Dat ga ik echt niet zeggen.'

'Waarom niet?' kaatst Finn terug.

'Precies!' Ik vind dat ik ook een duit in het zakje moet doen. 'Waar ben je bang voor?'

'Oefen het eens op ons,' zegt Finn streng.

'Stelletje mafketels,' zegt Adrian, maar dan zucht hij diep. 'Sorry dat ik die schapjes nooit heb opgehangen,' mompelt hij, zijn blik gericht op Hayley in de verte. 'Ik snapte niet hoe je het wilde hebben en ik durfde het niet toe te geven.' Hij laat een stilte vallen en ik zie zijn uitdrukking zachter worden. 'Dat was stom. Ik wil het graag goedmaken. Ik ben ontzettend dol op jou.' Hij laat een stilte vallen, een iets langere dit keer. Er gaat duidelijk van alles door hem heen en het lijkt of hij in die paar tellen alles probeert te verwerken. Hij slikt een paar keer moeizaam en kijkt richting Hayley, die niets doorheeft. 'Heb je zin om een lange strandwandeling met me te maken?' vervolgt hij, nu met omfloerste stem. 'En mag ik je dan vertellen waarom ik van je hou? Want ik hou van je, al sinds we achttien waren en jij zo nodig op de parkeerplaats van de supermarkt een deuk in mijn auto moest rijden. Ik was op slag verliefd.' Zijn stem stokt en hij ademt zwaar. Ik spoor Finn met een felle blik aan.

'Ga maar,' zegt Finn. 'Ga.'

Doelbewust loopt Adrian langs de waterlijn naar Hayley toe, zijn schouders recht en vastberaden. Ik kijk ademloos toe als ze opkijkt, haar lichaamstaal is defensief en treurig. Als hij begint te praten, leeft haar gezicht duidelijk op. Dan wend ik mijn blik af, want die twee hebben privacy nodig. Ik kruis al mijn vingers, wie weet helpt dat ook nog een beetje.

'Nu ik erover nadenk, geloof ik dat hij toch echt van haar houdt,' zegt Finn.

'Yep.' Ik knik. 'Dat denk ik ook.'

'Je had gelijk,' zegt Finn ernstig. 'Jij had het eerder door dan ik. Ik zag alleen de onmin, maar jij zag de liefde die ze nog voor elkaar voelen.' Hij glimlacht naar me en vervolgt met warmte in zijn stem: 'Jij had oog voor hun liefde.'

Zeg nou niet de hele tijd 'liefde', vermaan ik hem in stilte. *Want elke keer dat je dat woord zegt, smelt ik vanbinnen. En dat is niet de bedoeling.*

'En hoe gaat het nu verder?' vervolgt Finn met diezelfde warme klank in zijn stem, en heel even – idioot, ik weet het – denk ik dat hij naar ons verwijst.

O god, ik ben alle gevoel voor realiteit kwijt. Ik moet mezelf nodig tot de orde roepen.

'Eigenlijk,' zeg ik, 'moet ik een paar telefoontjes plegen. Ik ga terug naar mijn kamer.'

'O, oké.' Finn knikt. 'Nou, tot later dan.'

'Zeker!' Ik hoop dat het nonchalant klinkt. 'Tot later.' Ik probeer luchtig te glimlachen en draai me dan vlug om. In mijn haast om terug te gaan naar het hotel struikel ik bijna over mijn eigen voeten. Kijk, dit is het probleem waar ik mee zit. Ik ben verliefd aan het worden op deze man. Tot over mijn oren en hopeloos verliefd. Als ik nou maar bij hem uit de buurt blijf, dan kan ik het tij misschien nog keren.

19

Tegen de avond ben ik weer een beetje tot mezelf gekomen. Halverwege de middag werd er een uitnodiging onder mijn deur door geschoven voor een *Receptie ter gelegenheid van de presentatie van de Hemelse Strandstudio's, 18.00 uur, smart casual.* Eigenlijk ben ik best benieuwd naar de nieuwe huisjes en op de uitnodiging stond iets over champagne. Dus nu draag ik het enige setje dat in de buurt komt van 'smart casual': een strak zwart jurkje dat weinig kofferruimte inneemt en schoenen met hoge hakken die ik heb ingepakt omdat ik dacht dat het Rilston nog portiers in livrei had en dat er in de lobby een dresscode gold.

Ik kleed me zo mooi aan om indruk te maken op Finn, besef ik; ik kijk naar mezelf door zijn ogen. Maar ik moet realistisch blijven: het gaat niks worden tussen ons. Hij klonk zó opgelaten toen hij zei dat hij niet meer aan betekenisloze seks deed; de boodschap is luid en duidelijk overgekomen. Je kunt veel over me zeggen, maar niet dat ik doof ben voor hints. We steunen elkaar en we zijn goede vrienden, maar meer ook niet – en het is goed zo.

Wie weet ontmoet ik vanavond wel iemand anders, denk ik, in een poging mezelf op te beuren. Ja. Finn is heus niet de enige man op aarde. Ik sta op het punt een nieuwe man te ontmoeten, iemand die mij Finn op slag doet vergeten. Iemand met wie een luchtige romance er wél in zit.

In gedachten probeer ik me een voorstelling te maken van deze nieuwe man – heel lang en dun, of dodelijk verlegen en gereserveerd… maar in elk geval heel anders dan Finn – en op weg naar beneden beeld ik me al haast in dat hij bij de onderste trede op me wacht.

O god. Probeert het universum me soms te koppelen aan Simon Palmer?

Geen denken aan. *Lalala, ik hoor niet wat je zegt, universum...*

'Miss Worth, ik ben u echt een verklaring schuldig,' begint Simon, die zich ook nu weer zeer onderdanig opstelt. 'Ik heb me de afgelopen paar dagen schandalig weinig laten zien. Het regelen van de receptie voor de investeerders slokte al mijn aandacht op.'

'Geen probleem, hoor!' zeg ik, maar Simon lijkt het niet te horen. 'Het spijt me vreselijk dat ik mijn gasten zo in de steek heb gelaten,' weeklaagt hij. 'En om die reden heb ik op alle kamers een flesje goede champagne laten neerzetten. Een kleinigheidje om deze grove omissie goed te maken.'

'Echt, hoor. Het is helemaal niet erg,' probeer ik weer, maar Simon is niet te stuiten.

'Is uw verblijf verder naar wens?' vraagt hij vol spanning. 'Verloopt uw herstel zoals u had gehoopt? Kok Leslie is tevreden over de biologische boerenkool die hij heeft ingekocht, bent u het met hem eens?'

'Ja, de boerenkool smaakt geweldig,' verzeker ik hem. 'Hij is heerlijk... groen.'

'Mooi. En ik geloof dat we met ingang van vanmiddag...' Hij kijkt over mijn schouder heen en maakt een goedkeurend geluidje. 'Ja! Perfecte timing! Ms Worth, ik kan u met blijdschap mededelen dat we u eindelijk een glas nonisap kunnen aanbieden!'

Ik kijk achterom en zie Nikolai aankomen met een zilveren dienblaadje met een glas bruine vloeistof erop. Nikolai straalt uitbundig en als hij me het glas aanbiedt, slaat Simon overweldigd door emoties zijn handen ineen.

'Nonisap voor Madame,' zegt Nikolai met een nog bredere grijns. 'Geniet ervan.'

'Dank je!' zeg ik, terwijl ik ietwat opgelaten het glas aanpak. 'Wat... heerlijk.'

Vol afgrijzen bekijk ik het drankje. Wat ís dit voor spul? Waarom is het bruin en waarom ziet het er zo onsmakelijk uit? Wil ik dit eigenlijk wel opdrinken?

'Geniet!' zegt Nikolai weer met een uitnodigend gebaar naar het glas. 'Geniet van uw nonisap!'

Oké. Daar gaat-ie dan. Nikolai en Simon kijken gefascineerd toe terwijl ik voorzichtig een slokje neem en probeer niet te kokhalzen. Goede god, wat is dit? Het smaakt alsof iemand ontbindende ledematen met wat water in de blender heeft gegooid en het 'sap' vervolgens in een glas heeft gedaan. Mijn mond voelt ontheiligd. Mijn lichaam voelt ontheiligd. Hoe kan dit nou goed voor je zijn?

'Is het nonisap van goede kwaliteit?' vraagt Simon, die alweer moeilijkheden vreest. 'Voldoet het aan de hoogste standaarden?'

'Zeker weten!' pers ik eruit, terwijl ik met moeite de vieze nasmaak probeer weg te slikken. 'Het is… het is heerlijk nonisap. Heel puur. Zuiverend. Bedankt, hoor.'

'Ik wil u graag zeggen dat u ons allemaal hebt geïnspireerd, Ms Worth,' zegt Simon vol bewondering. 'Met uw boerenkool en uw nonisap en uw yoga… We werken aan een speciaal arrangement gebaseerd op uw levensstijl. Misschien wilt u onze gasten wel adviseren op het gebied van wellness en een gezond eetpatroon!'

'O, aha. Nou, ik weet niet of…'

'Madame is sterk,' verklaart Nikolai bemoedigend. 'De gezonde drankjes altijd. De gezonde wandeling langs het strand. De salade. De nul alcohol. Alle andere gasten, alcohol. Madame, geen alcohol.'

'Nou.' Ik slik en denk schuldbewust aan de lege wijnfles in mijn strandhuisje. 'Het is denk ik simpelweg een kwestie van… zelfbeheersing…' Vanuit een ooghoek neem ik een beweging waar die me volledig doet verstijven.

Vanaf de voordeur zie ik de man van de supermarkt onze kant op komen. In zijn armen draagt hij een grote kartonnen doos waar met koeienletters CLUB-WAFELS op staat, en daaronder SINAASAPPEL-SMAAK. Hij komt in een rechte lijn op mij af.

Nee. Néé. Verwoed probeer ik te bedenken hoe ik me hieruit kan kletsen, maar ik kan het onheil niet meer afwenden.

'Hier heb ik je-weet-wel-wat,' zegt hij op de lijzige manier van spreken die ik van hem ken. Dan lijkt hij te beseffen dat hij discreter had moeten zijn. Vlug plaatst hij een hand over CLUB-WAFELS – er worden helaas maar drie letters onleesbaar – en dan knipoogt hij naar me en vervolgt: 'Ik heb je in de winkel niet meer gezien. Daarom breng ik ze nu maar even langs. Het zijn er achtennegentig,' voegt hij eraan toe, met een hoofdknikje naar de doos. 'Kun je daar even mee vooruit?'

Mijn wangen gloeien. Ik durf niemand aan te kijken. Club-wafels. Niet eens haverkoekjes, maar deze mierzoete troep. De man houdt de doos naar me op, maar ik neem hem niet aan. Ik kan toch moeilijk toegeven dat ik achtennegentig Club-wafels heb besteld voor eigen consumptie? Wat voor een draai moet ik hier nu aan geven?

En dan ineens weet ik het.

'Eigenlijk…' Ik wend me tot Simon en probeer het met overtuiging te brengen. 'Deze zijn voor jullie! Voor het hele personeel! Bij wijze van… eh… bedankje. Voor alle goede zorgen.'

Er valt een stilte. De man van de supermarkt kijkt me verbouwereerd aan. Simon en Nikolai kijken in verwarring naar de doos. Nikolai is nog het meest de kluts kwijt, hij kijkt alsof hij voor het eerst een kartonnen doos ziet.

Simon herwint als eerste zijn kalmte.

'Club-wafels!' roept hij uit. 'Clúb-wafels! Ms Worth, wat ontzettend aardig. Zo'n vriendelijk gebaar. Nikolai, kijk eens naar deze gulle gift. Laten we de doos maar eens openmaken.'

'Nee,' zeg ik haastig. 'Echt…'

Maar het is te laat. De man in het bruine T-shirt zet de doos plompverloren op een tafel, rukt de tape eraf, duwt de flappen opzij, en dan zien we een stapel in plastic verpakte doosjes.

'Kijk eens even.' Simon bekijkt de inhoud met eerbied. 'Club-wafels met sinaasappelsmaak. We zullen dit lekkers uitdelen onder het hardwerkende personeel. Cassidy!' Hij roept haar naam door de lobby. 'Kom eens kijken, Ms Worth heeft een hele doos lekkers laten bezorgen! Dat wordt smullen vanavond!'

Ik kan wel door de grond zakken. Dit is vréselijk. Had ik die doos nou maar gewoon aangenomen.

'Ja, eh… heel graag gedaan,' zeg ik zwakjes. 'Geniet ervan.'

Cassidy komt bij ons staan. 'Club-wafels?' zegt ze opgewekt. 'Lekker!'

'Tja.' Ik slik. 'Ik dacht wel dat die in de smaak zouden vallen.'

'Ooo, en het nonisap!' zegt Cassidy als ze het glas in mijn hand opmerkt. 'Ik heb een slokje geproefd, ik dacht even dat het ranzig was. Maar zal ik u iets vertellen? Kok Leslie heeft het speciaal voor vanavond verwerkt in een lekkere cocktail. De noni-jito. Leuk bedacht, vindt u niet? Er zit ook boerenkool in,' voegt ze er triomfantelijk aan toe. 'Alcoholvrij uiteraard, we weten dat u het liefst alcoholvrij drinkt.'

Ik staar haar verbijsterd aan. Ik ga géén nonisap met boerenkool drinken terwijl iedereen een glas champagne krijgt.

'Eigenlijk…' hoor ik mezelf improviseren, 'is de Wilde Avond een cruciaal onderdeel van mijn herstelprogramma. Het is heel goed om de teugels zo nu en dan te laten vieren. Vanavond drink ik waarschijnlijk gewoon een glas champagne mee, dat mag best een keer. En dan neem ik morgen misschien een glas nonisap.'

'Wilde Avond!' Cassidy begint te stralen. 'Dat is leuk, zeg! Echt iets om op te nemen in ons lifestylearrangement.' Ze kijkt Simon aan. 'Laten we elke avond een Wilde Avond houden. Dan serveren we shotjes tequila en zeggen we tegen de gasten dat het goed voor ze is! Win-win!'

Precies op dat moment komt een serveerster de lobby binnen met een dienblad vol champagneglazen. Ik herken haar, het is Cassidy's vriendin Bea uit de bakkerszaak. Als even later de voordeur opengaat en twee mannen in pak de lobby binnenkomen, verstijft Simon zichtbaar.

'Investeerders!' sist hij naar Nikolai en Cassidy. 'De eerste investeerders dienen zich aan! Cassidy, jassen. Nikolai, canapés! Cánápés! Goedenavond!' Hij haast zich hun kant op en wrijft onderweg met zijn hand langs zijn broekspijp. 'En welkom in het Rilston Hotel.'

Ik pak een glas van Bea's dienblad, schud mijn haar naar achteren en stap zelfverzekerd de eetzaal binnen. Begeerlijke vrijgezellen, hier kom ik aan!

Het is spijtig, maar ik zie er niet één. Ik zou de term 'begeerlijk' een eindje kunnen oprekken, maar dat lijkt me niet zo'n goed idee.

Er is bijna een uur verstreken en er heerst een gezellige drukte in de eetzaal. Ik heb twee glazen champagne op en ik heb met allerlei mensen gekletst. Ik heb veel geglimlacht en de resultaten zijn bedroevend slecht.

Een gezette projectontwikkelaar uit Exeter vertelde me vier keer dat hij de cabrio had moeten afstaan aan zijn ex-vrouw. (Nee.) Zijn vriend, die er ook bij stond, had last van slechte adem. (Néé.) Ik ontmoette Bernard, een gay historicus uit het dorp die was gevraagd wat leuke weetjes over de omgeving te delen met de investeerders, en Diane, die de familie Garthwick vertegenwoordigde (de eigenaren van het hotel).

Finn is nergens te bekennen. Ik ben me daar voortdurend scherp bewust van. (Ik dacht net even dat ik hem zag, maar het was een andere man met zwart haar.)

De Wests zijn er evenmin, en stiekem hoop ik dat ze in bed liggen. Dat het vlammetje weer is opgelaaid en dat ze nu misschien wel standje 15 proberen uit het 'handboek voor goedmaakseks'. (Mazzelaars.) Van de gasten ben ik dus de enige die zo stom is geweest om te komen opdagen.

'Sasha!' Achter me hoor ik een bulderende stem en als ik me omdraai, zie ik Keith uit de trein. Hij draagt een felblauw jasje en heeft een grote pop bij zich met een doodeng gezicht. 'Ken je me nog? Keith? Mr Poppit?'

'Hai!' zeg ik, en ik probeer niet naar de pop te kijken. 'Leuk om je weer te zien. Heb je een optreden vanavond?'

'Na de speeches kom ik in actie,' zegt Keith, en hij knikt. 'Een meer volwássen thema dit keer. Mr Poppit in de rosse buurt, knipoog, knipoog.' Hij kijkt me veelbetekenend aan en ik neem me stellig voor direct na de speeches weg te gaan. 'Zeg, heb je het een beetje naar je zin hier?'

'Zeker. Ik zag Terry trouwens laatst,' vervolg ik, teruggrijpend op ons gesprek in de trein. 'Hij is erg veranderd, dat was wel even schrikken.'

'Ah, Terry.' Keith kijkt moeilijk. 'Ja, hij is niet meer de oude. Die arme man heeft heel wat meegemaakt. Je zag hem zeker bij de surfschool, of niet?'

'Ja.' Ik knik.

'Zijn veilige haven.' Keith knikt. 'Daar voelt hij zich het fijnst. Hij gaat er heel vaak even heen, iedereen houdt hem daar een beetje in de gaten.'

Ineens bedenk ik dat Keith misschien wel nuttige kennis heeft over het kajakongeluk, al weet ik niet meteen hoe ik mijn vraag zou moeten inleiden.

'Ik had het met een andere hotelgast over het kajakongeluk,' begin ik. 'En ik herinnerde me dat ik destijds met de politie heb gepraat. De zaak werd hoog opgenomen, of niet?'

Ik hoop dat mijn vraag een stortvloed aan roddels op gang brengt, en ja hoor, Keiths gezicht komt tot leven.

'Het was een hele rel, inderdaad. Als ze de waarheid niet hadden achterhaald, dan was het met Terry slecht afgelopen!' Hij staart me met bolle ogen aan en de pop doet hetzelfde.

'Wat bedoel je met "de waarheid"?' vraag ik. 'Wat hebben ze achterhaald?'

'Dat die kajak van Pete kwam en niet van Terry,' zegt Keith, alsof dat algemeen bekend is. 'De politie dacht eerst dat het er een van Terry was. Het onderzoek richtte zich op hem. Zijn bedrijf stond op het spel.'

'Waarom dachten ze dat het Terry's kajak was?' zeg ik niet-begrijpend, en Keith fronst.

264

'Hoe het precies zat, weet ik niet meer, maar daar was een reden voor. Had Terry de kajak verhuurd? Of waren ze door elkaar geraakt? Nou ja, het zag er op een bepaald moment niet best uit voor Terry. Hij wist niet hoe hij het had, die arme ziel.'

'Natuurlijk was Terry onschuldig,' zeg ik gepassioneerd. 'Die zou nooit een defecte kajak verhuren!'

'Nou, de politie had vooral hem in het vizier. Tot ze ineens op andere gedachten kwamen... O ja!' Hij is afgeleid als een man met een microfoon in zijn hand op ons afkomt. 'Tijd voor de soundcheck, hè? We moeten aan de bak, Mr Poppit.'

'We moeten aan de bak!' bauwt de pop hem met zijn stijve mond na, en ik probeer mijn afgrijzen te verbergen.

'Nou, veel succes,' antwoord ik. Als ik een pas achteruit zet, bots ik tegen iemand aan. 'Sorry!' zeg ik. Ik draai om mijn as – en hap naar adem. Het is Finn. Hij is toch gekomen. Hij draagt een jasje met een goede snit en ik vind hem heel... Hoe zal ik het zeggen?

Knap, zegt mijn brein. *Adembenemend. Lekker. Sexy.*

Nee. Stop. Niks daarvan, hij ziet er verzórgd uit. Precies dat, ja. Net overhemd. Aftershave. Mooie schoenen, valt me op als ik even naar beneden kijk.

'Hi,' zegt hij. 'Ik vroeg me al af of jij er zou zijn.'

'Gratis drank, dat sla ik natuurlijk niet af,' zeg ik, en ik nip van mijn champagne. Er is iets veranderd in zijn blik, ik zie een bepaalde glinstering in zijn ogen. Of beeld ik het me in?

'Mooi,' zegt Finn. 'Want ik wilde even met je praten.'

Hij laat een stilte vallen en mijn hart maakt een sprongetje. Maar mijn verstand komt tussenbeide en zegt streng tegen mijn hart dat het zich niet zo moet aanstellen. Het voelt alsof iemand een band om mijn borst gespannen heeft. Mijn vingertoppen omvatten klam de steel van mijn glas. Verdorie, dat lijf van mij luistert totaal niet.

Finn kijkt me nog altijd zwijgend aan. Ik heb het gevoel dat hij iets wil zeggen, maar dat hij niet weet waar hij moet beginnen. Of misschien weet hij dat wel, maar vindt hij het spannend om het ter sprake te brengen.

'Wat ik nog wilde vragen,' zeg ik om de stilte te doorbreken, 'heb je die therapeut nog te pakken gekregen?'

'O, ja,' zegt hij met een frons, alsof mijn vraag hem van zijn stuk brengt. 'Ja. Ik... ja.' Hij zwijgt en kijkt de zaal rond, waar het geroezemoes een licht ongeremde ondertoon begint te krijgen. 'Het is een beetje lawaaiig hier. Zullen we even ergens anders heen gaan?'

Opnieuw maakt mijn hart een sprongetje. *Ergens anders heen?*

Ik bega niet de fout te luisteren naar dat onbesuisde, romantische hart van me. Nee, ik luister naar mijn trouwe, ietwat uitgebluste brein. Hij bedoelt waarschijnlijk: *Ergens anders heen om het facturatiesysteem van het hotel door te nemen.* Of: *Ergens anders heen om je bij te praten over de cricketcompetitie.*

'Eh, prima,' zeg ik, en ik neem een slok champagne. 'Oké.'

Net op dat moment tikt Simon tegen zijn glas om iedereen tot stilte te manen. Nikolai loopt, alsof dit een trouwfeest is, tussen de gasten door om alle champagneglazen nog eens vol te schenken. Cassidy komt bij ons staan.

'Simon gaat speechen en hij is bloednerveus,' vertrouwt ze ons toe. 'Ik zei dat hij zich maar moest inbeelden dat iedereen een van mijn Etsy-strings aanheeft. En toen vroeg hij wat een Etsy-string is – hij wist het niet! Ik liet hem er eentje zien en toen raakte hij nog meer in de stress. Hij vindt dat ik dat in "mijn eigen tijd" moet doen.' Ze lacht vrolijk. 'Ik zei tegen Simon dat het altijd rustig is bij de balie en dat ik er dus alle tijd voor heb. Maar hij zei...' Ze valt stil en begint hard te klappen als Simon het lage podium betreedt en tegen de microfoon tikt. 'Woehoe! Zet 'm op, Simon!'

'Dames en heren,' zegt Simon zodra het geroezemoes is verstomd. 'Welkom in het Rilston Hotel... dat aan een spannend nieuw hoofdstuk gaat beginnen.'

Op een scherm achter Simon verschijnt een artist's impression van zes zonovergoten glazen gebouwtjes op het strand van Rilston. *Het*

Rilston breidt uit met Hemelse Strandstudio's staat er met grote letters in de blauwe hemel.

'Wauw,' zeg ik ademloos. 'Dat is heel... anders.'

'Vandaag stapt het Rilston het nieuwe millennium in,' vervolgt Simon, die zijn tekst opleest van een kaartje in zijn hand. 'In stijl, met materialen van de beste kwaliteit en – vanzelfsprekend – uitzicht op zee. Mag ik u presenteren: onze Hemelse Strandstudio's!'

Daarna klinkt er luide, funky muziek en verschijnen er op het scherm foto's van het strand, het dorp, het hotel en een close-up van *Jeugdliefde*, gevolgd door de indeling van de studio's.

'Met de nieuwe Hemelse Strandstudio's bouwen we voort op de traditie en de elegantie van het Rilston Hotel,' verkondigt een zwoele vrouwenstem, 'dankzij het uitmuntende ontwerp van architectenkantoor Fitts Warrender, kunst van de vermaarde lokale kunstenares Mavis Adler en de inspanningen van een nog aan te wijzen stylist van topklasse. Het nieuwste van het nieuwste op het gebied van strandaccommodatie. Voor een fijne vakantie. Voor ultiem woongenot. Voor u!'

Als de video is afgelopen, klinkt er een bescheiden applausje en strekt Simon zijn beide armen uit alsof hij een uitzinnig publiek kalmeert in het Wembley Stadion.

'Wacht nog even met uw applaus,' zegt hij glunderend. 'Straks komt architect Jonathan Fitts aan het woord, maar eerst is het tijd voor een eerbetoon aan het verleden. En dan doel ik natuurlijk op de originele strandhuisjes die nog altijd te vinden zijn op Rilston Beach.' Hij begint nu zelf te klappen en algauw doen alle aanwezigen mee.

'Weten ze wel hoe die strandhuisjes er nu bij staan?' fluistert Finn in mijn oor, en ik bijt op mijn onderlip.

'En om dit rijke erfgoed te belichten zou ik graag twee gasten, Sasha Worth en Finn Birchall, naar voren willen roepen. Kom maar naar het podium, Sasha Worth en Finn Birchall!' Hij gebaart naar ons alsof hij een tv-show presenteert. 'Kom maar naar voren!'

'Wat ís dit?' roept Finn grinnikend uit, en ik haal mijn schouders op.

'Geen idee.'

We wisselen een paar verwonderde blikken, stappen het podium op en staan daar opgelaten naast elkaar.

'Sasha en Finn kwamen in hun jeugd al naar Rilston Bay, dames en heren. En nu zijn ze hier weer, nog altijd trouw aan deze plaats,' begint Simon. 'Gasten als zij vormen de ziel van ons hotel. Gasten als zij maken Rilston Bay tot een… familieresort. Sasha en Finn zijn de laatste gasten van de originele, historische strandhuisjes, en wij van het Rilston willen deze twee trouwe gasten graag bedanken voor het voortzetten van de traditie.'

Totaal onverwacht voel ik tranen opkomen. Die strandhuisjes zijn zo lang beeldbepalend geweest voor Rilston Bay en ik ben blij dat ik er op de valreep nog gebruik van mag maken.

'Op de strandhuisjes!' roept Simon uit. We heffen allemaal het glas en dan dringt een fotograaf met een grote camera om zijn nek zich naar voren.

'Even een fotootje, als dat mag?' zegt hij tegen Finn en mij. 'Als het fijne stel een kléín stapje naar links zou willen gaan…' Hij zet gauw een andere lens op zijn camera. 'Niet een fijn stel, maar jullie snappen wat ik bedoel…'

'O, zij zijn geen stel, hoor,' zegt Cassidy gewichtig. 'Schijn bedriegt. Grappig, toch? Het personeel hier noemt ze het geen-stel.'

Het geen-stel?

Ik durf het niet aan om naar Finn te kijken. Ik kijk naar de camera, mijn jurk strijkt langs zijn overhemd, ik voel de stof van zijn jasje tegen mijn arm.

'Nog iets dichterbij?' De fotograaf gebaart dat we iets naar elkaar toe moeten schuifelen. 'Zo ja, prachtig.' De camera flitst, hij tuurt ingespannen naar zijn schermpje en kijkt dan weer op. 'Zou u een arm om haar heen willen slaan, Mr Geen-Stel? Of hebt u een echtgenote die bezwaar kan maken?'

Als Finn zonder iets te zeggen een arm om mijn schouders slaat, voelt het alsof ik door de bliksem getroffen word. Mijn lijf brandt van verlangen, ik wil meer. Ik wil hem zoenen. Hem tegen me aan trekken. Maar ik zie de hele tijd voor me hoe ongelukkig hij gisteren keek. En die pijnlijke woorden: *Ik doe niet meer aan betekenisloze seks.* Oftewel: ik vind je niet leuk.

'Leuke foto's,' zegt de fotograaf, die door de beelden scrolt. 'Het is waar, jullie lijken echt een stel.' Hij kijkt op en knipoogt vrolijk.

'Probeer het eens, zou ik zeggen.'

'Hahaha!' Ik lach zo schel dat ik me bijna verslik en schraap dan gegeneerd mijn keel.

'Ik ben klaar,' zegt de fotograaf, en Finn kijkt me aan.

'Zullen we?' Hij knikt naar de deur. 'Of wil je die architect nog horen?'

'Nee.' Ik schud mijn hoofd. 'Mooie toespraak, Simon,' zeg ik tegen hem. 'Ik hoop dat de investeerders enthousiast geworden zijn.'

Terwijl een jonge vent met een bril het podium betreedt en achter hem het scherm weer oplicht, glippen Finn en ik de zaal uit. Zonder iets te zeggen leidt Finn ons naar de bar, die er stil en verlaten bij ligt. Hij werpt een blik over zijn schouder en kijkt me dan recht aan.

'Ik wil –' Hij stopt met praten. 'Nee, even opnieuw.' Er valt weer een stilte, en ik zie hem met zijn ogen knipperen. 'Sorry. Ik weet het even niet. Oké, laat ik dan maar terugvallen op iets van Terry.'

'Altijd een goed idee,' zeg ik een beetje gespannen.

'Niet zo twijfelen, pak die golf gewoon.'

'Ja!' Ik knik. 'Niet zo twijfelen, pak die golf gewoon.'

'Precies. Pluk de dag, zoiets. Denk niet te veel na, anders ga je alleen maar twijfelen…' Hij stopt met praten, kijkt me recht aan en vervolgt dan met zachte stem. 'Ik snap wat je bedoelde, gisteren op het strand. Maar ik wilde er niet op ingaan, want… Maar goed.' Hij ademt diep in. 'Sasha, je bent prachtig.'

Het compliment komt uit het niets. Woesj, een vloedgolf.

'Ik… eh, dank je,' stamel ik. 'Jij bent –'

269

'Nee.' Hij steekt een hand op. 'Wacht even. Je bent prachtig, vanbuiten en vanbinnen. Je bent sterk. Inspirerend. Geestig. Eerlijk. En zo lekker.' Hij zwijgt een moment en kijkt me ernstig aan. Ik kijk gebiologeerd terug. 'Gisteren heb ik een golf laten schieten. Ik aarzelde; Terry had me er vast van langs gegeven.'

'Oké.' Het kost me moeite om geluid uit mijn keel te krijgen. 'Nou, het kan soms lastig zijn een golf goed in te schatten.'

'Denk jij dat dit een goeie golf is?' Hij strijkt even langs mijn kaak en het voelt alsof de wereld sneller gaat draaien.

'Ja,' fluister ik. Mijn hele gezicht tintelt. 'Maar ik heb goed geluisterd naar wat je zei, daar op het strand. En ik vroeg me af wat het tegenovergestelde is van "betekenisloze seks". Dus ik heb dat even opgezocht.'

'Je hebt het opgezocht.' Finn kijkt me geamuseerd aan. 'Hoe kan het ook anders. En? Wat heb je gevonden?'

'Er stond "platonische liefde" en "ideale partner" en "liefde zonder seksuele opwinding".'

Finns handen glijden naar mijn nek, vinden het holletje onder mijn haarlijn, strelen mijn huid. Het gevoel is zo overweldigend dat ik mijn ogen sluit. Mijn lichaam kan het nauwelijks geloven. Mijn lichaam wil niets liever dan dit.

'Nee, dat is niks,' hoor ik hem zeggen, en ik open met moeite mijn ogen weer.

'En toen vond ik een andere website, waar ze het hadden over "intieme seks".'

'Intieme seks.' Finn kijkt me aan. 'Ja, dat...' En dan brengt hij zijn lippen naar de mijne.

O, mijn god. Er fonkelen sterren in mijn hersenpan, ik ben totaal de kluts kwijt. Ik ben een en al seksueel verlangen. Zijn mond, zijn huid, zijn geur, zijn lijf... O, wat ben ik hieraan toe. Ik wil hem, ik smacht naar hem.

Finn onderbreekt onze kus en gaat naar de deur. Hij sluit hem en klemt een stoel onder de deurklink.

'Wat? Hier?' zeg ik.

'Hier.' Ik zie hem kijken naar een fluwelen bank en word overspoeld door verlangen. 'Nu.'

'Maar wat doen we als er iemand binnenkomt?' Een nerveus lachje ontsnapt aan mijn keel.

'Dan zeggen we dat die deur per ongeluk is geblokkeerd. Wij zijn het geen-stel, weet je nog?'

Als hij zich omdraait, zie ik dat hij erg opgewonden is *(mijn dank is groot, universum)*, en dan kijken we elkaar een tijdje diep in de ogen.

Het gaat gebeuren, zingt een uitgelaten, ongelovig stemmetje in mijn hoofd. *Deze man is van mij.*

Hij omklemt mijn heupen met zijn handen en drukt zijn lichaam tegen het mijne aan. Ik voel hem en maak een geluidje dat ik nauwelijks herken. Mijn verlangen is zo sterk... we zijn nog niet eens begonnen en ik ben al bijna zover.

'Een bar, niet echt intiem,' zeg ik, terwijl hij met zijn lippen langs mijn hals strijkt. De knoopjes van mijn jurk glippen uit hun knoopsgaten en de zijdeachtige stof valt open. Finn kreunt diep en dan vindt zijn mond mijn huid weer. Als zijn hand in mijn slipje glijdt, voel ik een eerste golf van genot. Het gevoel van extase was bij mij een beetje weggezakt, maar nu druk ik me rillend van genot tegen zijn borst en pak ik de ene na de andere golf.

Een hele tijd later open ik mijn ogen en kantel ik mijn hoofd iets naar achteren. Finn kijkt me aan. Er speelt een klein lachje om zijn mond. Ik schuif het overhemd van zijn schouders.

'Was dat intiem genoeg?' vraagt hij.

'Nog lang niet.' Ik strek mijn hand naar beneden uit, waarna hij naar adem hapt en een ogenblik zijn ogen dichtknijpt.

'Mee eens.' Hij vertrekt zijn gezicht, het lijkt wel of hij dronken is.

Als in de aangrenzende ruimte een klaterend applaus opklinkt, kijken we elkaar lachend aan. Zonder iets te zeggen doen we de weinige kleren die we nog aanhebben uit en begeven we ons richting de bank. Als ik hem in volle glorie aanschouw, stuur ik het universum nog een berichtje. *(Bedankt. Je hebt jezelf overtroffen.)*

Hij heeft aan anticonceptie gedacht en terwijl hij het condoom omdoet, vraag ik me af of hij het al die tijd al in zijn zak had of dat het te maken heeft met het betekenisloze-seksincident. Maar wat is dit dan? Betekenisloos? Betekenisvol?

Het is seks! schreeuwt mijn brein. *Hou nou eens op met nadenken! Het is seks!*

In de tussentijd drapeer ik voor het huwelijksnachtgevoel een tafelkleed over de bank en ga er in een bevallige houding op liggen. Of niet, maar wat maakt het uit? Ik kan niet wachten om eindelijk vol gas te gaan.

'Kom je?' Als hij me aankijkt, strek ik mijn handen naar hem uit. 'Kom bij me.'

De bank kraakt onder Finns gewicht. Ik trek hem tegen me aan, snuif zijn opwindende geur op, druk mijn voorhoofd tegen zijn borst en hoor zijn ademhaling zwaarder worden terwijl hij met zijn handen mijn lijf verkent.

'Sasha… wil jij dit ook?' Het klinkt alsof het spreken hem heel moeilijk afgaat. Ik trek hem tegen me aan om hem te zoenen, neem zijn gezicht in mijn handen en haal, vervuld van liefde, mijn vingers door zijn haar.

Nee. Wacht. Geen liefde.

O god. Jawel, vervuld van liefde. Zo voelt het.

Ik voel tranen opwellen in mijn gesloten ogen. Ik houd van hem. Het universum stuurde hem op mijn pad met de gedachte: we zullen haar er eentje geven op wie ze hopeloos verliefd wordt.

Nou ja, dat zien we morgen wel. Finn, mijn lieve Finn, wacht nog steeds op antwoord.

'Ja,' fluister ik. 'Ja. Ja.'

En dan wordt alles om ons heen wazig en gaan we helemaal in elkaar op. Maar dan ook helemaal.

20

Als Nikolai ons de volgende ochtend samen in bed aantreft, zakt hij zowat door zijn benen. De kleur trekt weg uit zijn wangen, hij wankelt en het dienblad helt vervaarlijk over.

'Hai, Nikolai,' zegt Finn onbekommerd. 'Zet de koffie maar op het nachtkastje. Bedankt. En sorry dat ik het nu pas vraag, maar zou je nog een kopje kunnen brengen voor mijn gast? Je kent Ms Worth wel, toch?'

'Goedemorgen, Nikolai,' zeg ik vanuit de knusse plooien van Finns dekbed.

Nikolai lijkt met stomheid geslagen te zijn. Hij doet drie keer zijn mond open en geeft het dan op. Hij kijkt me argwanend aan, zet het dienblad op het nachtkastje en verlaat dan de kamer.

'Dus jij laat al de hele tijd koffie naar je kamer brengen,' zeg ik terwijl de deur dichtgaat. 'Dat is niet eens bij me ópgekomen.'

'Ik mag mezelf best een beetje verwennen,' zegt Finn grijnzend. 'Dit is het Rilston Hotel, dat weet je toch?'

Hij schenkt koffie in en geeft mij het kopje aan.

'Maar dat is jouw koffie,' protesteer ik.

'Nu niet meer.' Hij grijnst weer. 'Of misschien kunnen we hem beter delen. Ik weet niet of Nikolai het aankan ons nog eens onder ogen te komen.'

En inderdaad, als er even later wordt geklopt en Finn 'Binnen!' roept, komt Herbert aarzelend binnen met een enkele kop en schotel op een vlekkerig zilveren dienblaadje met een prijskaartje eraan.

'Herbert!' roept Finn uit. 'Fijn je te zien. Zal ik dat van je aannemen?'

Herbert zwijgt en kijkt een paar keer van mij naar Finn en terug. Dan geeft hij het dienblaadje aan Finn, die het kopje eraf pakt.

'Goedemorgen.' Eindelijk zegt Herbert iets. 'Sir. Madame.'

'Goedemorgen,' antwoord ik, en ik probeer naar hem te glimlachen, maar Herbert ontwijkt mijn blik en draait zich haastig om. Op weg naar de deur hoor ik hem mompelen: 'Het is dus echt waar.'

'Maar dat kan niet!' Cassidy's doffe stemgeluid komt door de deur heen. 'Zomaar ineens?'

'Zij zijn stel!' zelfs door de deur heen klinkt Nikolai opgetogen. 'Echt waar, ze zijn stel.'

Een paar minuten lang horen we opgewonden gefluister in de gang. Dan wordt er ferm geklopt en gaat de deur op een kier.

'Goedemorgen, Mr Birchall,' klinkt de verlegen stem van Cassidy. 'Ik wilde even nagaan of…' Ze steekt haar hoofd om de deur, ziet mij in bed liggen en verstijft. Ze spert haar ogen open. 'Ik wilde alleen… eh…' Ze valt weer stil, kijkt gretig naar Finns borst en dan naar mijn blote schouders. 'Even… eh…'

'Nagaan…' vult Finn beleefd aan.

'Ja! Nagaan of de… eh… verwarming naar behoren werkt.'

'Wat de temperatuur betreft is de situatie naar wens,' zegt Finn droogjes terwijl hij onder het dekbed in mijn dijbeen knijpt. 'Voor jou ook, Sasha? Hoe is de temperatuur bij jou?'

'Heet,' zeg ik, en ik kan mijn lachen nauwelijks inhouden.

'Het kan altijd nog heter.' Finns vingers glijden naar boven en ik voel mijn wangen gloeien.

'Het is in orde, hoor.' Ik probeer Cassidy op een normale toon aan te spreken. 'Bedankt.'

'Dus toch!' Cassidy laat haar professionele masker zakken en kijkt ons met ondeugende pretogen aan. 'Kijk nou toch!' Ze wijst naar mij en dan naar Finn. 'Ik wist het! We hadden er geld op moeten zetten. Ik wilde graag een wedje leggen,' voegt ze er op vertrouwelijke toon aan toe, 'maar Simon zei: "Het is onprofessioneel om te wedden op de vraag of gasten met elkaar de koffer in duiken."' Ze rolt met haar ogen. 'Wat een spelbreker is het ook.'

'Zeg dat wel.' Finn knikt. 'Ik had best een gokje willen wagen. Ik had mijn kansen hoog ingeschat.'

'Ah.' Cassidy kijkt vertederd en heel even lijkt het erop dat ze op de rand van het bed wil gaan zitten om te vragen hoe het was. Maar dan lijkt ze zich weer bewust van haar positie. 'Zal ik jullie ontbijt op bed brengen?'

'Dat lijkt me heerlijk.' Finn knikt en kijkt mij aan. 'Jou ook, Sasha?'

'Dat lijkt mij ook heerlijk.'

'Dat lijkt ons heerlijk,' zegt hij tegen Cassidy, die ons stralend opneemt.

'Zien jullie het nou? Jullie zijn "ons" geworden. Ik wist het. Ik wíst het...'

Ze gaat de kamer uit en terwijl ze de deur achter zich sluit, zegt Finn: 'Ze heeft niet gevraagd wat we voor ontbijt willen.'

'Het zal mij benieuwen.' Ik lach. 'Uniek, dit hotel.'

'We gaan het nog missen als we weg zijn.'

'Zeg dat nou niet! Ik ben opgenomen, ik woon hier nu.'

'Ga je nooit meer weg?' Finn kijkt me geamuseerd aan. 'Dan moet je hier maar gaan werken.'

'Ik kan de gasten lifestyleadviezen geven,' zeg ik, terugdenkend aan mijn gesprek van gisteravond. 'Nee! Ik word portier. Over vijftig jaar ben ik de nieuwe Herbert. Iedereen noemt me Herberta.'

'Herberta.' Finn grijnst en kust me in mijn hals. Ik strek mijn armen uit en druk hem tegen me aan. Ik snuif zijn heerlijke, bedwelmende geur op en leg mijn wang tegen zijn schouder. *Snuif de geur op van een woest aantrekkelijke man* zou een van de twintig stappen in de app kunnen zijn. Trouwens, na gisteravond weet ik er nog wel een paar. Ik zou mijn eigen 'twintig stappen' kunnen opstellen en die kunnen dan zo in Mr Poppits show voor volwassenen.

'Je bent verrukkelijk,' fluister ik, en Finn grinnikt zachtjes.

'Dat heeft nog nooit iemand tegen me gezegd.'

'Hoe hebben ze jou wel omschreven?'

'O, workaholic, egoïst, nachtmerrie.' Het klinkt luchtig, maar ik neem wat afstand om hem te kunnen aankijken. Want dat is nogal een rijtje. Wie omschreef hem in die termen?

Maar voor ik het kan vragen, wordt er geklopt en komt Nikolai binnen. Op een met rozenblaadjes besprenkeld dienblad brengt hij ons een smoothie van boerenkool, een glas jus d'orange en een vaasje bloemen. Het lijkt wel Valentijnsdag.

'Smoothie en sinaasappelsap voor het verliefde stel,' zegt hij met een brede glimlach. 'Geniet ervan. Wat mag het verder zijn?'

We bestellen ons ontbijt en als Nikolai weg is, kijken we elkaar aan. Ik barst in lachen uit en leun dan achterover. Ik nestel me tegen Finns borst en kijk omhoog naar het afbladderende plafond.

'Wat een sjofele kamer is dit,' zeg ik als ik een vochtplek ontwaar.

'Nou, bedankt!' zegt Finn. 'We waren het erover eens dat mijn kamer mooier was dan de jouwe, weet je nog? Jij hebt doodenge bosdieren in je badkamer.'

'Zo bedoel ik het niet,' zeg ik met een lach. 'Dit is een totaal uitgeleefde hotelkamer. En ik heb geen baan meer. Geen idee wat de toekomst voor me in petto heeft. Maar ik ben gelukkig. Nu. Op dit moment.'

'Goed zo.' Finn kust mijn kruin.

'En hoe zit het met jou, burn-outmaatje?' vraag ik, zo direct dat hij het onderwerp niet kan ontwijken. 'Hoe zit het met jouw baan? Hoe zit het met de woedeaanvallen en het wakker liggen en het slopen van snoepautomaten? Hoe is het daarmee?'

Ik zou hem ook willen vragen wie hem een workaholic, egoïst en nachtmerrie noemde. Dat eerste kan ik wel geloven, maar die andere twee niet. Het voelt een beetje bot om aan te dringen en ik besluit het maar even te laten rusten.

'Ik ben ermee bezig,' zegt Finn na een korte stilte.

'En hoe zijn je nachten? Vannacht heb je geslapen. Een tijdje, in elk geval,' voeg ik er met een glimlach aan toe.

'Ik heb best goed geslapen.' Finn kust me. 'Ongelooflijk, maar waar.'

'Wanneer is de eerste sessie met je therapeut?'

'O, dat,' zegt Finn. 'Toevallig ga ik vanmiddag naar Londen om kennis te maken. Ik slaap daar. Eén nachtje. Morgen ben ik weer terug.'

'Wauw.' Mijn ogen worden groot.

'Het leek haar beter om elkaar eerst persoonlijk te ontmoeten, daarna kunnen we verder praten via Zoom.'

Zijn stemming is ineens helemaal omgeslagen. Hij ziet er erg tegenop, dat merk ik wel.

'Het zal vast en zeker goed verlopen, Finn,' zeg ik. Met zijn gezicht tussen mijn beide handen draai ik zijn hoofd mijn kant op. 'Ik ken niemand die aardiger is dan jij. Wijzer. Leuker.'

'Dan ken je vast niet zoveel mensen,' zegt Finn met een lach. Maar hij is iets relaxter nu en ik trek hem tegen me aan voor een knuffel. Ik manifesteer een geweldig goede therapeut voor hem. Niet zomaar eentje, maar de allerbeste. *Hoor je dat, universum?*

'Mag ik binnenkomen?' vraagt Cassidy vanachter de deur. 'Of zijn jullie bezig? Ga vooral verder, hoor, let niet op mij. Ik zal niet kijken, maar trek wel het dekbed even op!'

'Binnen!' roept Finn, en ik giechel.

'O, jullie tweeën!' verzucht Cassidy terwijl ze een met voedsel overladen trolley naar binnen rijdt. 'Kijk. Ik heb hier jullie ontbijtjes en twee glazen mimosa van het huis. Om jullie in de stemming te brengen, niet dat jullie dat nodig hebben…' Ze kijkt me stralend aan. 'En ik kon het niet laten…'

Ze reikt me een champagneglas aan dat is gevuld met iets wat is gemaakt van hardroze zijdeachtig textiel. Verbaasd trek ik de inhoud eruit. Het is een string. Een met kant afgezette string waarop in turkooizen letters *Smoorverliefd* is geborduurd.

'Cassidy.' Mijn ogen vullen zich met idiote, sentimentele tranen. 'Ik ben er heel blij mee. Dank je!'

'Ah.' Cassidy kantelt haar hoofd opzij en neemt ons vertederd op. 'We zijn zo blij voor jullie! Eerst wilden jullie niet eens tegelijk op

het strand zijn! En Simon zag het al die tijd niet gebeuren, want –'
Ze maakt haar zin niet af, alsof ze ineens beseft dat het een beetje
ongepast is. 'Maar ík wel, hoor. Ik zei steeds: "Moet je die twee toch
eens zien", en dat zeg ik nu weer. Nou, geniet ervan!'

Terwijl de deur achter haar dichtgaat, kijk ik Finn aan.

'Moet je ons nou toch eens zíén,' zeg ik, met dezelfde intonatie
als Cassidy.

'Moet je ons nou toch eens zíén,' herhaalt hij met een lach.

'Toch jammer dat jij ook steeds op het strand bent,' zeg ik plagerig.

'Ik hoor wat je zegt.' Hij knikt. 'En ik zeg het vast even: vandaag
is de rots voor mij.'

'Dat zullen we nog weleens zien!' roep ik uit. 'Ik ren je er zo uit!'

Finn stapt uit bed om te zien wat voor lekkers er op de trolley
staat. Mijn blik glijdt dromerig over zijn gespierde rug; ik heb zin
om die zachte huid te strelen.

'Ze zijn je eieren vergeten,' zegt hij met een blik over zijn schouder. 'Maar je hebt wel een croissant, een schijf meloen en een plakje
bloedworst.'

'Zalig,' zeg ik. En ik meen het ook nog.

21

Aan het einde van de ochtend verlaat ik, gewikkeld in een handdoek en met een tevreden glimlach, Finns kamer. Al mijn kleren liggen in mijn eigen kamer, dus ik kuier daarheen om me aan te kleden. Eenmaal beneden zie ik dat Finn in de lobby op me wacht. Als ik de trap af kom, begroet hij me met een knipoog en een veelbetekenende glimlach die me terugvoert naar ons zalige samenzijn van afgelopen nacht. En vanochtend.

'Zullen we gaan kijken of de strandfee weer een bericht voor ons heeft achtergelaten?' vraagt hij, wat bij mij een nerveus lachje oproept.

Vannacht besloten we in een opwelling om in het pikkedonker nog even naar het strand te gaan. We lagen een tijdje op het zand en babbelden wat over de sterren. Toen we het koud kregen en naar binnen wilden gaan, zei ik: 'Wacht even!' Ik raapte een stok op en schreef HET STEL OP HET STRAND in het zand en tekende er een hart omheen. Volgens mij kon Finn in het donker niet zien wat ik precies deed.

Nu schaam ik me een beetje voor dat grote hart. Een hárt. Ik bedoel, zou Finn nu denken dat...? Dit is echt gênant, misschien kan ik het met mijn voet nog wegvegen.

Maar op het strand aangekomen, zie ik dat ik te laat ben. Een vrouw die ik niet ken, staat naar het zand te kijken.

'Moet je zien,' zeg ik tegen Finn. 'Er staat iemand op ons strand.'

'Op óns strand?' zegt Finn met gespeelde verontwaardiging. 'Dat moeten we niet hebben!'

'Zeker niet!' zeg ik instemmend. 'Weet ze dan niet dat dit strand voor ons is gereserveerd?'

'Hallo!' zegt de vrouw als ze ons ziet naderen.

Ik groet terug, maar ze neemt nauwelijks notie van me. Ze lijkt echter opgetogen Finn te zien.

Ik voel iets bezitterigs de kop opsteken, een lichte irritatie. Maar ik roep mezelf tot de orde, het is stom om jaloers te zijn. En al net zo stom om op te merken hoe leuk ze eruitziet met haar hippe zwarte Puffa-jas, een spijkerbroek die een stukje enkel bloot laat en die elegante paardenstaart.

Maar waarom zou ze hem nou de hele tijd zo aangapen? Het valt zelfs Finn op.

En verder – wacht even. Ken ik haar ergens van? Nu staar ik háár aan. Ik heb haar al eens eerder gezien, zeker weten. Maar waar?

'Finn?' Dit is het eerste wat ze zegt. Haar stem klinkt hees, sexy. 'Finn Birchall?'

'Ja.' Finn snapt het zo te zien niet. 'Sorry. Kennen wij elkaar?'

'Gabrielle. Gabrielle McLean. Vroeger Gabrielle Withers. Je weet het niet meer... Nou ja, dat kan ik me indenken.' Ze lacht zacht. 'Dit is echt raar.'

'Wat weet ik niet meer?'

'Dit.' Ze wijst naar het zand en voor het eerst kijk ik ook omlaag. Het staat er nog net zoals ik het gisternacht heb geschreven: HET STEL OP HET STRAND, met een hart eromheen. Maar de letters zijn vervaagd en onze mysterieuze strandfee heeft weer een bosje bloemen achtergelaten.

'Wat is daarmee?' vraagt Finn, en Gabrielle lacht.

'Dat zijn wij!' zegt ze, en ze gebaart van hem naar haar. 'Dit is voor ons. Het gaat over ons. Wij zijn het stel.'

Wat?

Sorry, maar... wát?

Ik zou nu moeten zeggen dat ik dat bericht geschreven heb, maar het lijkt wel of mijn gezicht ineens verlamd is geraakt. Wat komt deze vrouw overtuigend over, ze lijkt zo zeker van haar zaak. Wie ís zij?

Finn staat met zijn mond vol tanden en Gabrielle merkt dat ze nog wat duidelijker moet zijn.

'Ken je dat schilderij van Mavis Adler?' zegt ze. 'Het heet *Jeugd-liefde*. Het is best bekend.'

'Ja…' zegt Finn aarzelend.

En dan weet ik ineens wie zij is.

'Jij bent het meisje van *Jeugdliefde*!' roep ik uit. 'Ik heb de krantenknipsels bekeken. Je bent getrouwd met de jongen met wie je stond te zoenen.'

'Dat zeggen ze,' antwoordt ze traag, haar ogen nog steeds op Finn gericht. 'Dat zeggen ze.'

Na één ademloze tel vallen alle puzzelstukjes met donderend geraas op hun plek. Ik wéét het. Ik zie het. Ik zie het werk zo voor me. Die rug. Dat hoofd. Waarom snap ik het nu pas?

Finn daarentegen kijkt nog net zo verbaasd als eerder.

'Weet je nog die zomer, toen je vijftien was?' Gabrielle richt zich alleen tot Finn. 'Er was een feestje op het strand, herinner je je dat nog? Wij hebben toen gezoend. Achter die rots daar. Een snelle kus, zoals dat gaat bij tieners.'

'Aha.' Finn heeft denkrimpels op zijn voorhoofd en ik kan zien dat hij in zijn geheugen graaft. 'Sorry, ik geloof niet –'

'Mavis Adler was hier toen ook,' zegt Gabrielle. 'Om te schilderen.' Ze legt veel nadruk op dat laatste woord en eindelijk zie ik dat Finn iets begint te dagen.

'Zijn wíj dat?' zegt hij vol verbijstering.

'Wij zijn het.' Ze knikt. 'Wij zijn het stelletje van *Jeugdliefde*.'

'Jezus.' Finn zucht diep. 'Dat meen je niet. Ik heb dat schilderij minstens duizend keer gezien.' Hij kan het zo te zien nog niet bevatten. 'En elke keer zag ik dus mezelf?'

'Maar waarom denkt iedereen dan dat jij het was met je man?' Het is eruit voor ik het doorheb en Gabrielle slaat haar ogen neer.

'Dat is mijn schuld.' Ze zucht en zet een paar stapjes achteruit. 'Ik had die zomer al iets met Patrick.' Ze trekt een gezicht naar Finn. 'Sorry. Dat wist jij niet. Maar goed, Patrick en ik gingen vaak naar het strand om te zoenen, en op de rug gezien leken jullie best op elkaar. Toen het schilderij werd gepresenteerd en iedereen aannam dat het Patrick was, heb ik het maar zo gelaten. Mavis kende ons geen van beiden.'

'Behoorlijk riskant,' zegt Finn met opgetrokken wenkbrauwen.

'Ik stond er niet bij stil dat het schilderij weleens heel beroemd kon worden!' verweert Gabrielle zich. 'Dat kwam pas nadat het was vertoond op die grote tentoonstelling in het Tate. Patrick en ik waren toen verloofd! Ik had al gezegd dat wij het waren, daar kon ik niet op terugkomen. Dus toen stonden wij ineens in de *Daily Mail*. Sorry,' zegt ze nogmaals tegen Finn. Ze bijt op haar lip. 'Het heeft me aardig wat geld opgeleverd. Uitnodigingen, reportages, van alles. Als ik eerlijk was geweest, had jij er ook van kunnen profiteren.'

'Nee, joh.' Finn maakt een afwerend handgebaar, alsof de gedachte al een lichte walging bij hem oproept. 'Geen probleem. Vertel verder.'

'Je vertelt Finn nu het hele verhaal,' zeg ik nieuwsgierig. 'Waarom is dat?'

'Patrick en ik liggen in scheiding.' Gabrielle steekt haar kin naar voren. 'Onze relatie is stukgelopen. Ik hoef niet meer te liegen. Daarom kwam ik het je vertellen,' zegt ze tegen Finn. 'Ik heb genoeg van al die leugens.'

'En weet Patrick dat hij het niet is, op dat schilderij?' vraag ik voor ik er erg in heb.

'Inmiddels wel.' Ze kijkt beschaamd naar de grond. 'Ik heb het hem een paar jaar geleden verteld. Hij keek er erg van op. Best mogelijk dat onze relatieproblemen toen zijn begonnen. Of heb ik het hem verteld omdat ik diep vanbinnen al aanvoelde dat we het niet zouden redden?' Ze laat een stilte vallen en ik zie op haar gezicht verschillende emoties elkaar afwisselen. 'Maar goed, zo is het gegaan.' Ze wijst naar het bericht in het zand. 'Dit wordt gedaan door fans. Dat kan ik jullie laten zien: een assistente van Mavis maakt er elk jaar foto's van. Zij noemt het "fanactiviteit".' Gabrielle pakt haar telefoon erbij en zoekt iets op. 'Wisten jullie dat er speciale *Jeugdliefde*-tours zijn naar Rilston Bay?'

'Ik hoorde zoiets, ja.'

'Nou, die mensen laten berichten achter op het strand. Ze doen van alles.'

Ze reikt me haar telefoon aan en zonder iets te zeggen scrol ik door de beelden. Stellen die de kus van *Jeugdliefde* naspelen. In het zand geschreven namen. Ik zie talloze foto's van *Jeugdliefde* in het zand geschreven, soms met bloemen erbij.

'De eerste berichten verschenen na Mavis' expositie van in het zand geschreven teksten,' legt Gabrielle uit. 'Voor haar trouwste fans is zij een soort goeroe, heel apart.'

'Niet te geloven,' zeg ik na een tijdje, en ik geef de telefoon aan Finn. 'Een parallel universum.'

'Dat schilderij raakt bij heel veel mensen een snaar,' zegt Gabrielle terwijl Finn de beelden bekijkt.

'Nou, zeg dat wel.' Ik knik.

'Dat gold voor mij ook toen ik het voor het eerst zag,' voegt ze er berouwvol aan toe. 'Ik dacht: shit! Betrapt. Ik was met Patrick in die galerie. En hij zei: "Kijk nou, dat zijn wij!" Ik schrok me dood. En ik liet hem in de waan. Sorry,' besluit ze tegen Finn, en ze bijt weer op haar lip.

'Laat me je één ding zeggen,' zegt Finn, die opkijkt van de telefoon. 'Dit geeft me het gevoel dat ik ergens aan ben ontsnapt. Dus ik hoop echt dat we dit voor onszelf kunnen houden.'

'Afgesproken.' Gabrielle haalt haar schouders op. 'Ik hou mijn mond.'

'Maar hoe wist je in vredesnaam dat ik hier was?' vraagt Finn, ineens brandend van nieuwsgierigheid. 'Je hebt me toch niet lopen stalken of zo?'

'Nee!' Ze lacht ingehouden. 'Ik wilde je altijd al eens opzoeken, maar het kwam er nooit van. Druk, druk, druk, je kent het wel. En toen zag ik jouw naam staan op de gastenlijst voor het evenement met Mavis Adler. Wat een toeval! Er stond dat je logeerde in het Rilston, dus ging ik daarheen. Ze zeiden dat je vaak op het strand te vinden was. Nooit gedacht dat het zo makkelijk zou zijn. Als ik je vanochtend niet was tegengekomen, had ik het je tijdens het evenement verteld.' Ze kijkt weer naar het bericht in het zand. '"Het stel op het strand",' leest ze hardop voor. Dan zegt ze verbaasd: 'Het is anders dan anders. Meestal staat er iets over "verliefde jongeren".'

'Ehm…' Ik slik. 'Eigenlijk heb ik dit bericht geschreven.'

'Hè? Jij?' Gabrielle staart me aan. 'Maar jij bent geen fan.'

'Het had niets te ma–' Ik wrijf gegeneerd over mijn neus. 'Het was iets anders.'

'Maar iemand heeft die bloemen erbij gezet,' merkt Finn op.

'Fans,' zegt Gabrielle.

Ik snap niet waarom ik zo fel reageer op alles wat Gabrielle ons vertelt. Waar komt die irritatie vandaan? Ik zou blij moeten zijn. Het mysterie is opgelost.

'Er verschijnen al de hele tijd berichten in het zand,' legt Finn uit. 'We dachten dat het iets… anders was.'

Ik pak mijn telefoon uit mijn zak, open mijn foto's en laat Gabrielle de berichten op het strand zien. Ze bekijkt ze met een neutrale blik en knikt dan.

'Fans.'

Nu word ik echt opstandig, ze is zo overtuigd van haar gelijk. Gabrielle, dat moet ik haar nageven, lijkt mijn ergernis op te merken, want ze zegt: 'Wat dacht jíj dan dat het was?'

'In de berichten werd ook een datum genoemd,' leg ik uit. 'De datum waarop hier jaren geleden een ernstig kajakongeluk is gebeurd. Wij dachten dat het daar misschien mee te maken had.'

'O, dat ongeluk. Ja, ik weet het nog.' Gabrielle kijkt vagelijk bezorgd. 'Maar wie zou daar tekstjes over schrijven op het strand?'

'Geen idee,' geef ik toe.

'Daar braken we ons dus het hoofd over,' legt Finn uit. 'Maar zeg eens, schilderde Mavis Adler *Jeugdliefde* op 18 augustus? Want dat zou veel van onze vragen beantwoorden.'

'Dat weet ik niet,' zegt Gabrielle na enig nadenken. 'Het was in augustus, maar de precieze datum weet ik niet.'

'We dachten dat het misschien een nieuw kunstproject van Mavis Adler kon zijn,' zeg ik.

Gabrielle knikt. 'Dat klinkt aannemelijker. Alleen doet ze niks meer met het strand. Ze maakt nu rare dingen van metaal. En ze heeft een geheim project, *Titan*.' Ze kijkt Finn aan. 'Hoor eens. Ik weet dat je anoniem wilt blijven, maar vind je het goed als we het wel aan Mavis vertellen?'

'Wat?' Finn kijkt geschrokken. 'Gaat zij het dan niet rondbazuinen?'

'Nee, joh,' stelt Gabrielle hem gerust. 'Ze praat liever helemaal niet meer over *Jeugdliefde*. Maar het zit me best hoog dat ik al die jaren tegen haar gelogen heb. En volgens mij vermoedde ze al wel dat het Patrick niet was. Ik ga zo koffie met haar drinken. Heb je soms zin om mee te gaan?' Ze kijkt Finn vragend aan. 'Ze woont hier vlakbij, we blijven niet lang. En het blijft tussen ons.' Gabrielle gebaart naar ons drieën. 'Het is ons geheimpje.'

Finn kijkt me van opzij aan. 'Vind jij dat ik moet gaan?'

'Natuurlijk!'

'Echt?' Hij is nog niet overtuigd. 'Is het echt nodig? Kunnen we het niet beter laten zoals het is?'

'Finn, je maakt deel uit van een wereldberoemd schilderij,' zeg ik beslist. 'Je hebt nú de kans om de kunstenaar te ontmoeten die jou heeft vereeuwigd. Ga nou maar.'

'Kom jij dan ook mee,' zegt Finn tegen mij, maar ik schud mijn hoofd. Ik wil me niet opdringen, het is *zijn* grote moment met Mavis Adler. Ik kan niet ontkennen dat die Gabrielle me – om allerlei redenen – een beetje op de zenuwen werkt, maar als ik het er al moeilijk mee heb dat hij met haar gaat koffiedrinken bij Mavis, dan zegt dat wel wat over mij, natuurlijk.

'Nee. Het gaat om jou, Finn. Je bent beroemd, dringt dat wel tot je door?' voeg ik er luchtig aan toe.

Finn rolt met zijn ogen. 'Daar ben ik juist bang voor,' zegt hij, maar hij lacht erbij. 'Goed dan, laten we gaan.' Hij zegt dit tegen Gabrielle, en kijkt dan naar mij. 'Zie ik jou zo weer?'

'Zeker. En vraag aan Mavis op welke dag ze *Jeugdliefde* geschilderd heeft!' zeg ik er haastig achteraan.

'Ja.' Finn knikt. 'Zal ik doen.'

Ik kijk die twee een tijdje na, ga dan op het zand zitten en doe een poging de feiten op een rijtje te krijgen. Finn is de jongen op *Jeugdliefde*. Hij is te zien op mijn linnen tasje. Zijn beeltenis gaat de hele wereld over. Het is niet te bevatten.

Dan kijk ik naar de bos bloemen op het strand. Het zou natuurlijk kunnen dat een fan van Mavis Adler al die berichten heeft geschreven. Maar ik geloof het toch niet, ik vóél het niet.

Ik pak mijn telefoon er nogmaals bij en blader door de foto's heen, lees ze nog eens door.

VOOR HET STEL OP HET STRAND. BEDANKT.

VOOR HET STEL OP HET STRAND. MET VEEL DANK. 18/8

JULLIE HEBBEN ALLES GEDAAN. 18/8

Misschien ben ik koppig of zie ik het gewoon verkeerd. Maar dit lijken mij geen uitingen van fans, ik denk dat het echte berichten zijn.

'Zeg het nou gewoon!' roep ik uit, met wilde armgebaren naar de woorden in het zand. 'Wat heeft dit te betekenen?'

Even later hoor ik achter me iets bewegen. Ik verstijf, is daar soms iemand? Word ik begluurd? Ik kijk haastig achterom en hoor nog meer geschuifel. O, help. Zitten ze soms in een van de strandhuisjes?

'Wie is daar?' Ik spring overeind. 'Hallo?'

Ik ren naar de huisjes toe en storm hijgend het mijne binnen.

Ik kijk om me heen, maar het is stil en leeg. Dan loop ik achter de andere huisjes langs en tuur ik zelfs onder de terrassen. Niets.

Ik zijg neer op mijn terras en kijk uit over zee. Misschien ben ik gek aan het worden. Misschien wílde ik gewoon heel graag dat Finn en ik 'het stel op het strand' zijn.

Als ik aan Finn denk, begint mijn lijf aangenaam te gloeien. Ik leun achterover op mijn ellebogen en staar omhoog naar de wolkenlucht. Weet je, het maakt allemaal helemaal niets uit. Vanochtend lag ik in Finns armen, in zijn bed. Hij heeft me in zijn hart gesloten. Dáár gaat het om.

Mijn telefoon begint te rinkelen. Ik had al een glimlach op mijn gezicht, maar als ik Kirstens naam zie staan, word ik helemaal blij. De timing kon niet beter.

'Sorry, sorry, sorry,' zegt ze als ik opneem, serieus als altijd. 'Ik had je eerder willen bellen, maar ik heb een paar helse dagen achter de rug. En nachten. Ben had oorpijn.'

'Kirsten, maak je over mij niet druk!' zeg ik meteen. 'Slapen is belangrijker!'

'Mama komt om in het werk,' vervolgt ze, mij negerend, 'en ik had beloofd op je te letten. Maar dat is niet helemaal gelukt. Hoe is het met je? En zeg nu alsjeblieft níét dat je in een dip zit omdat we niet opnemen als je belt.'

'Nee, joh, natuurlijk niet.' Ik glimlach. 'Het gaat goed, hoor. Geweldig zelfs. O, en trouwens: ik heb mijn baan opgezegd.'

Dat laatste nieuwtje gooi ik er quasinonchalant achteraan, in de hoop er niet te veel de aandacht op te vestigen. Maar Kirsten trapt er niet in.

'Heb je ópgezegd?'

'Ja.'

'Aha.' Kirsten is even stil. 'Oké. Nou, fijn voor je. Je hebt tijd voor jezelf nodig.'

'Ik vind wel iets nieuws. Het kon niet anders. Ik moet echt even resetten.'

'Ja. Dat snap ik.' Ze laat weer een stilte vallen. 'Je hebt toch verder geen gekke dingen gedaan? Zonder dat wij er iets van weten? Een kort koppie, een tattoo?'

'Nee!' Ik lach. 'Maar… ik heb iemand ontmoet. Een fantastische man.' Er verschijnt een dwaze glimlach op mijn gezicht. 'O god, Kirsten. Hij is gewoon… hij is… we zijn…'

Mijn stem sterft weg, want ik vind er geen woorden voor. Hoe kan ik dit nu uitleggen? Ik voel er niets voor om dat tussen Finn en mij te bederven door heel hard naar woorden te zoeken die stom klinken en ons geen recht doen.

'Aha,' zegt Kirsten, en ze klinkt veel minder enthousiast dan ik. 'Wauw. Wie is het?'

'Hij heet Finn,' zeg ik, en dan bedenk ik dat we het al over hem hebben gehad. 'Finn Birchall.'

'De lompe Finn Birchall die een peuter aan het huilen maakte?' zegt Kirsten ongelovig.

'Ik heb me in hem vergist,' leg ik uit. 'Het was geen lompe actie, hij kon het lawaai gewoon niet verdragen. Hij had een burn-out, net als ik.'

'Een burn-out, net als jij?' herhaalt Kirsten. Haar stem klinkt raar. 'Sasha, je hebt beloofd dat je niet op een onbewaakt moment met hem in bed zou belanden. Weet je nog?'

'Ik belandde niet op een onbewaakt moment met hem in bed!' zeg ik verontwaardigd. 'We helpen elkaar al een tijdje, en van het een kwam het ander. Ik weet dat het zoetsappig klinkt, maar het stond in de sterren geschreven dat wij elkaar hier op het strand zouden ontmoeten. Hij kwam in mijn leven op het moment dat ik hem het hardste nodig had.'

Ik hoor Kirsten heel zacht 'o god' mompelen en dat stoort me. Wat bedoelt ze daarmee?

'Is er soms iets mis met de ware vinden?' zeg ik kribbig.

'Begrijp me niet verkeerd,' zegt Kirsten. 'Niks mis met de liefde, natuurlijk niet. Maar Sasha, denk je echt dat het verstandig is om een kerel met problemen te ondersteunen terwijl je aan jezelf moet werken?'

'Ondersteunen?' herhaal ik geschokt. 'Zo is het helemaal n– Finn praat niet eens over zichzelf. Hij helpt míj. Het enige wat ik weet over zijn situatie is dat hij te veel hooi op zijn vork genomen had, net als ik. Dat hij tijdelijk een kort lontje had en een kettingzaag in een ficus wilde zetten, maar daarvoor is hij in therapie gegaan.' Ik ben me ervan bewust dat ik geen al te rooskleurig beeld schep van Finn. 'En hij is geweldig,' voeg ik er zwakjes aan toe.

'Een kettingzaag in een ficus?' Kirsten klinkt verschrikt.

'Vergeet die ficus maar,' zeg ik haastig. 'Hij is een aardige, verstandige kerel die het spoor een beetje bijster was. Hij is managementconsultant. En hij kan surfen. Dankzij hem heb ik weer interesse in mannen. In seks,' verduidelijk ik. 'Eindelijk.'

'Nou, oké,' zegt Kirsten. 'Dat is duidelijk. Hoera voor seks. Hoera voor de liefde. Ik zou het alleen naar vinden als je een deuk oploopt. Jullie zijn allebei nog behoorlijk kwetsbaar. Als hij therapie volgt en jij je baan hebt opgezegd...'

Ze maakt haar zin niet af en ik weet dat Kirsten zich probeert in te houden, tactvol probeert te zijn.

'Dus jij vindt het geen goed idee,' zeg ik. Even porren om te zien of ze verder nog iets kwijt wil.

'Nee. Dat ook weer niet. Maar... pas wel op. Het zou namelijk kunnen dat jullie twee eenzame, opgebrande figuren zijn die zichzelf uit het moeras proberen te trekken door iets aan te gaan met een andere eenzame, opgebrande figuur in plaats van... nou ja, aan zichzelf te werken.'

Nu wordt het me echt te gortig. Finn en ik zijn geen eenzame, opgebrande mensen!

'Ik ben niet eenzaam,' werp ik stijfjes tegen. 'En ook niet opgebrand.'

'Ik zeg het omdat ik om je geef, lieverd! Je hebt je baan opgezegd, je hebt een nieuwe man ontmoet... dat is nogal wat, Sasha. Je ging daarheen voor de zeelucht en weet ik veel wat voor sap.'

'Noni.'

'Dat, ja.'

In de stilte die hierop volgt, proberen we allebei onze gedachten te ordenen.

Misschien heeft Kirsten wel een punt. Misschien ben ik een klein beetje uit het oog verloren waarom ik hier ben.

'Ik ben blij dat je je baan hebt opgezegd,' doorbreekt ze de stilte. 'Maar neem nou niet meteen de taak op je om iemand anders beter te maken.'

'Dat doe ik ook niet!' Ik probeer het haar duidelijk te maken. 'Het is juist andersom! Hij maakt míj beter.'

'Nou, ik vraag me af of dat wel een goed idee is. Als hij zelf ook problemen heeft?'

Als haar woorden tot me doordringen, voel ik me ineens een beetje schuldig. Ik heb echt mijn best gedaan, maar Finn weigerde ook maar iets over zichzelf los te laten. Ik heb hem niet kunnen helpen. Hij heeft bijna niets gezegd over zijn slapeloosheid of die woedeaanvallen. Was hij overwerkt, zoals ik, of speelde er iets anders? Zou het zijn therapeut wél lukken hem aan het praten te krijgen?

'O, shit, ik moet ophangen,' zegt Kirsten, duidelijk afgeleid. 'Ben, níét in je neus. Maar luister even, je bent daar voor jezelf. Voor jezélf. Niet vergeten.'

'Oké. Komt goed. Fijn dat je belde. O, en nog heel snel even dit,' voeg ik eraan toe. 'Weet jij nog waarom ik met de politie ging praten over dat kajakongeluk?'

'O, dat. Sorry, ik wilde je nog appen… Ben, geef dat maar aan mammie. Nee, nu metéén… Dat ging over een vuurtje,' zegt Kirsten boven het gejammer van een protesterende peuter uit.

'Een vuurtje?' Ik staar verbaasd naar de telefoon.

'Zoiets staat me bij. Jij ging naar de politie vanwege een fik. Jij had geloof ik gezien dat die Pete iets verbrandde. Ik moet nu echt ophangen. Dag!'

Een fik?

Ik stop mijn telefoon weg. Mijn hoofd loopt over, een vuurtje? Wat voor een vuurtje dan? Ik sluit mijn ogen en denk aan een vuur op het strand, een haardvuur, een brandend huis... Maar er komt niets bovendrijven. En dan ineens: boem. Mijn ogen schieten open. Ik weet het weer! Een vuurtje in een vuilnisbak.

Ik hap naar adem. Alles komt bij me terug. Ik zag Pete, die buiten bezig was spullen te verbranden. Dat was de reden dat ik naar de politie ging. Het was heel toevallig. Ik had op het strand een munt gevonden en ik was weggeglipt naar de kruidenier om snoep te kopen. Toen ik bij de automaat aan de achterzijde van de winkel iets lekkers stond uit te kiezen en even uit het raam keek, trok een vuurtje mijn aandacht. Pete stond op het rommelige erf van het aangrenzende pand en pookte verwoed in de vlammen. Eerlijk gezegd keek hij wel vaker een beetje kwaad, maar nu helemaal.

Ik stond er verder niet bij stil, kocht een pakje kauwgom, holde terug naar het strand en hoorde daar de roddel dat er een jongen bijna verdronken was omdat zijn zwemvest was stukgegaan.

Midden in de nacht schoot ik wakker en toen wist ik het ineens: o nee, Pete heeft het zwemvest in die vuilnisbak verbrand! Ik vertelde het meteen aan mijn moeder en zei dat ik een belangrijke tip voor de politie had. Ik bracht het blijkbaar met overtuiging, want ze geloofde me en liet me gaan, hoewel papa zich niet lekker voelde en we op het punt stonden terug naar huis te gaan.

Ik had het allemaal verdrongen, net als zoveel andere herinneringen uit die tijd.

Maar nu zie ik het weer haarscherp voor me. Er brandde van alles in die vuilnisbak – ik zag karton, paperassen, andere dingen – en Pete prikte met een stok in de vlammen. Toen ik die nacht wakker schrok, dacht ik dat ik een eersteklas detective was: Pete had het kapotte zwemvest verbrand! Maar ik was gewoon een meisje van dertien met een levendige fantasie. Pete verbrandde die dag helemaal geen zwemvest, want de roddel bleek niet te kloppen; een defecte kajak was de oorzaak van het ongeluk. En trouwens, volgens mij kun je een zwemvest helemaal niet verbranden.

Ik word overspoeld door schaamte. Het was allemaal onzin. Ik herinner me niet dat de politie me uitlachte, maar dat hebben ze ongetwijfeld wel gedaan. En nu zie ik wat dat bezoekje aan de politie werkelijk was: iets wat mama mij gunde. Een verzetje. Ik had het gevoel dat ik reuzebelangrijk was.

Maar goed, in elk geval weet ik nu hoe het zit. En Finn moet het ook weten. Ik schrijf hem snel een berichtje:

> Weet ineens weer wat ik aan de politie heb gemeld: het ging om een fik in een vuilnisbak. Pete prikte met een stok in het vuur. Ik dacht dat hij bewijsmateriaal verbrandde! Hoop dat het leuk is bij Mavis Adler. Xx

Ik druk op 'verzenden' en krabbel overeind. Ik heb zin om een eind langs het strand te wandelen en eens goed na te denken. In gedachten hoor ik steeds wat Kirsten daarnet zei. *Eenzaam en opgebrand.* Ben ik eenzaam en opgebrand? Ik was misschien een beetje oververmoeid, maar nu ben ik er weer. Of nou ja, zo'n beetje. Ik ben veranderd. Daar twijfel ik niet aan. Ik voel me sterker. Gelukkig. Sexy.

Alsof ik iets te bewijzen heb, wandel ik in een straf tempo in de bulderende wind langs het strand, tot ik ben aanbeland bij de steile rotswand aan het einde van de baai. Daar blijf ik een tijdje staan om uit te kijken over zee. Zoals zo vaak hoor ik in gedachten de hese stem van Terry. *Maak je niet druk om de zee! De zee maakt zich zeker niet druk om jou!*

De zee maakt zich niet druk om mij. De golven spatten gewoon op het strand uiteen, zonder ophouden, zonder enig gevoel of bedoeling. Ik keer me om naar de rotsen, die onbewogen lijken terug te kijken. Die maken zich ook niet druk om mij, zo lijkt het. Heel geruststellend, vind ik. En ineens begrijp ik wat Wetsuitvrouw bedoelde met 'verbinden met de natuur'. Ik ben me ervan bewust dat ik met beide voeten stevig op de grond sta. Er is geen sterveling te bekennen. Ik ben hier alleen.

In een opwelling trek ik mijn gympen en sokken uit en laat ik mijn blote voeten wegzinken in het zand... en dan voel ik het. Begrijp ik het. De aarde draagt me. De aarde ondersteunt me. Wat er in mijn leven ook gebeurt, de aarde zal er voor me zijn. Net als die rotsen daar en de miljoenen jaren oude kiezels op het strand.

Nooit gedacht dat ik van die zweverige dingen tegen mezelf zou zeggen, maar het voelt echt en overtuigend en troostrijk.

'Dag papa.' Op een onbewaakt moment heb ik het ineens gezegd. Ik schraap mijn keel en adem in. 'Ik ben hier. Ik ben weer in Rilston. Ik voel me... goed. Het gaat goed met me.'

Ik heb al in geen jaren hardop tegen papa gepraat. Maar nu, op deze plek, met mijn voeten stevig in het zand, op het strand waar hij ook zo graag kwam, voel ik tranen langs mijn wangen glijden. De aarde draagt me. Papa is er voor me. Die twee zullen er altijd voor me zijn. Wat er ook gebeurt. Als ik het moeilijk heb, als ik klappen te verduren krijg of uit het lood geslagen word.

De wind voelt guur aan. Maar met elke minuut dat ik daar sta, voel ik me sterker. Langer. Gezonder. Ik ben niet eenzaam en opgebrand, Kirsten heeft ongelijk. Ik ben aan het opknappen. Ik heb veerkracht. Ik sta potverdomme op blote voeten op een winters strand! Ik ben sterker dan ik dacht.

In een opwelling neem ik een stralende selfie, die ik later aan mama, Kirsten en Dinah wil sturen. Dan open ik de 20 stappenapp en kijk ik een tijdje naar Wetsuitvrouw. Haar lach komt niet meer zelfingenomen over, maar warm en vriendelijk. Ik ben haar dankbaar, besef ik. Ze is de hele tijd bij me geweest en ze had goede adviezen. Ik ben getransformeerd tot een heel nieuwe Sasha. Fysiek voel ik me stukken beter. Mentaal voel ik me stukken beter. Ik heb in geen jaren zo lekker in mijn vel gezeten.

Dus nu moet ik weer grip op mijn leven zien te krijgen. Niet meer wegvluchten voor mijn problemen, maar ze onder ogen zien. Die gedachte komt zomaar ineens bij me op en geschrokken knipper ik met mijn ogen. Steek ik mijn kop in het zand? Ga ik belangrijke beslissingen uit de weg? Ik vond mijn leven stomvervelend. Ik wilde weg. Ik kon het allemaal niet meer aan. Ik wilde alles even helemaal vergeten, uitrusten en er weer bovenop komen.

Maar nu, voor het eerst sinds ik hier ben, zie ik mezelf teruggaan naar Londen. Mijn appartement opruimen. Eindelijk die dode planten eens weggooien. Orde op zaken stellen. En, nog belangrijker, bedenken welke waarden en prioriteiten voor mij belangrijk zijn.

Ik wil weer van het leven genieten, besef ik. Want het leven is een reeks golven, en mooie golven moet je pakken. Ik heb zin om mijn vriendinnen weer te zien. Gezellig iets met ze te gaan drinken. Ik heb zelfs zin om boodschappen te doen en te koken. Om al die dingen te doen die ik voor me uit bleef schuiven, al die dingen die zo moeilijk leken.

En het gekke is dat ik het niet meer eng vind allemaal. Een uitdaging, maar op een goede manier. Iets wat je een aangenaam adrenalinestootje geeft, niet iets waarvoor je jammerend in een kast wilt wegkruipen.

Ik zou hier de hele dag willen blijven om mijn plannen helemaal uit te denken, maar het is eind februari en ik voel mijn tenen haast niet meer. Daarom keer ik om en begin ik aan de terugweg naar het Rilston. Zou het leuk zijn, bedenk ik, om het hele eind op blote voeten te lopen en dan een foto te maken van mijn voetstappen in het zand?

Maar, o god. Dat gaat niet lukken. Het is zo ontzettend koud dat ik het na zo'n twintig stappen al opgeef. Ik buig voorover om mijn sokken en gympen aan te doen, en als ik me weer opricht, zie ik in de verte iemand mijn kant op komen.

Finn? Nee. Niet Finn. Het is wel een man. Een lange, magere man met… Ik knijp met mijn ogen. Is dat een muts? Nee, het is zijn haar. Een woeste kop met haar.

Woest haar dat me op een vreemde, ongelooflijke manier bekend voorkomt.

Het lijkt wel…

Dat is toch niet…

Dit meen je niet. Ik slik een paar keer moeizaam, tuur vol ongeloof in de verte. Het is hem. Als een vreemdsoortige fata morgana zie ik hem over het strand naar me toe komen. Lev. Hij heeft een windjack aan, een spijkerbroek en sportschoenen van zwart suède, die helemaal zanderig geworden zijn. En hij kijkt strak mijn kant uit.

'Sasha Worth?' roept hij als hij dichterbij gekomen is. 'Ik weet niet of je mij nog kent. Ik ben Lev Harman.'

Stelt hij zich nou aan me voor? Stelt de oprichter van Zoose zich aan mij voor?

'Ik ken je nog,' antwoord ik, redelijk van mijn stuk gebracht. 'We hebben elkaar ontmoet toen ik kwam solliciteren.'

'Inderdaad.' Hij knikt. 'Maar je hebt Zoose inmiddels verlaten.'

'Klopt.'

'En je hebt ons een memo van twaalf bladzijden over het bedrijf gestuurd.'

'Twaalf bladzijden?' Ik gaap hem aan. 'Nee, hoor. Ik heb gewoon het formulier ingevuld.'

'Ze hebben het voor me uitgeprint,' zegt hij, terwijl hij een stapeltje papier uit zijn zak neemt en het ophoudt. 'Twaalf bladzijden.'

'Aha.' Ik wrijf in mijn gezicht, dat vochtig aanvoelt door opgewaaide druppeltjes zeewater. 'Sorry. Niet gemerkt dat ik zoveel te zeggen had.'

'Je had heel veel te zeggen.' Hij neemt me met interesse op. 'En ik zou graag nog meer willen horen.'

Ik ben zo verbaasd dat ik even niet weet wat ik moet zeggen. Heeft Lev echt gelezen wat ik er toen midden in de nacht uit heb gegooid? En wil hij nu nog meer horen?

'Hoe wist je waar ik was?' vraag ik aarzelend.

'Je had de naam van het hotel ingevuld in het adresvak. Toen ik

hier aankwam, zei de receptioniste: "O, die is vast op het strand."'
Lev doet Cassidy's stem perfect na. '"Ze doet yoga op het zand en drinkt smoothies van boerenkool." Was je yoga op het strand aan het doen?' Hij neemt me nieuwsgierig op. 'Stoor ik je bij je bezigheden?'

'Nee.' Ik glimlach. 'Ik was niet met yoga bezig.'

'Goed. Mag ik je dan misschien vragen of je even tijd voor me hebt? Want ik heb die vlijmscherpe, kraakheldere analyse van jou gelezen.' Lev schudt even met het stapeltje papier en kijkt me ernstig aan. 'En ik wil heel graag met je van gedachten wisselen.'

22

Het is zo raar. Mijn leven heeft zojuist een bizarre wending genomen. Ik zit op het strand met Lev Harman, de oprichter van Zoose, en hij vraagt míj om advies.

Met ons gezicht naar de zee gericht zitten we naast elkaar op het zand en Lev vraagt me het hemd van het lijf over alles wat ik op het formulier heb genoemd. Hij maakt aantekeningen en neemt ons gesprek op met zijn telefoon. Hij kijkt me zo nu en dan ingespannen aan, alsof hij wil zíén wat ik denk.

'Niemand anders is hierover begonnen!' roept hij voortdurend uit. 'Niemand anders, maar ga verder. Praat vooral door. Wat heb je nog meer te vertellen?'

De vragen blijven maar komen, maar dat deert me niet, want hij snápt het. Hij is scherp. Hij laat merken wat hij voelt. Noem ik een probleem waar ik tegenaan liep, dan klakt hij met zijn tong. En beschrijf ik een vervelend voorval, dan leeft hij mee en slaat hij met zijn hand tegen de grond.

In het begin laat ik Ashers naam achterwege, maar gaandeweg wordt het steeds moeilijker om dingen te zeggen als 'het management' of 'er was besloten' of 'de leidinggevenden'. Daarom besluit ik toch maar eerlijk te zijn.

'Het is Ashers fout,' zeg ik botweg als ik hem vertel over het personeelstekort. 'Hij heeft voortdurend aanvaringen met het personeel. Hij trekt zich terug in zijn werkkamer en neemt geen nieuwe mensen aan. En vertoont hij zich eens op de werkvloer, dan is het om de zoveelste stomme nepcampagne te lanceren. Hij vindt zichzelf heel wat.'

Ik kan nauwelijks geloven dat ik dit allemaal durf te zeggen over Asher, en ergens verwacht ik dat Lev me de mond gaat snoeren. Maar jeetje, zeg, wat is het fijn om alles eruit te gooien. Eindelijk. En ook nog in het bijzijn van iemand die het snapt.

Telkens wanneer Ashers naam valt, zie ik Lev moeilijk kijken. Ik vraag me af hoe het Kirsten en mij af zou gaan om een bedrijf te leiden. Niet al te best, waarschijnlijk. We zouden elkaar waarschijnlijk afmaken. Ja, dat denk ik écht. We zijn dus gewaarschuwd.

'En hij wilde niet naar je luisteren?' zegt Lev, die een kiezel oppakt.

'Luisteren?' herhaal ik vol ongeloof. 'Daar doet Asher niet aan. Als je klaagt, dan verwijst zijn hofdame Joanne je naar het online-moodboard voor persoonlijke doelstellingen. Dat is een onderdeel van het programma Vreugdevol aan het Werk.'

Het klinkt ontzettend brutaal, dat weet ik. Wat ik zeg is overgegaan van 'professionele en nuttige feedback' in 'snoeiharde kritiek'. Maar nou én? Het is allemaal waar. Nu ik eraan terugdenk krijg ik weer de kriebels.

Lev reageert niet meteen maar staart een tijdje naar de golven. Ik kan zijn stemming niet peilen. Dan lijkt het of hij een besluit genomen heeft, want hij knikt en kijkt me van opzij aan.

'Sasha, ik wil je graag mijn excuses aanbieden, want Zoose heeft je niet goed behandeld. Het was... het is... gewoon schandalig. We hadden beter ons best voor je moeten doen.' Hij kijkt me vol ongeloof aan. 'Is het waar dat je letterlijk het kantoor uit vluchtte en tegen een muur aan liep?'

'O, dat,' zeg ik lichtelijk beschaamd. 'Dat viel reuze mee, hoor...'

'Moest je naar het ziekenhuis?'

'Eh, nou ja. Uit voorzorg.'

'En wilde je echt liever het klooster in dan bij Zoose blijven werken?'

Ik schaam me. Waren dan echt alle vernederende details van mijn inzinking opgemerkt en op elke afdeling over de tong gegaan?

'Non worden was een van de mogelijkheden die ik overwoog. Dat klopt, ja.' Ik probeer nonchalant te klinken. 'Ik moest er even tussenuit.'

'Maar je ging er niet alleen even tussenuit,' antwoordt Lev. 'Je hebt je baan opgezegd. Waarom? Waarom wilde je weg?'

Hij kijkt me verwachtingsvol aan. Lev hangt aan mijn lippen alsof hij een puzzel probeert op te lossen. Alsof hij het niet vraagt als de baas, maar als mens.

'Het roer moest om,' zeg ik eerlijk. 'Eerst durfde ik niet. Bleef ik maar in hetzelfde kringetje rondlopen, zelfs al werd de situatie steeds nijpender. Toen ik eenmaal besloten had om te stoppen vond ik dat eerst heel spannend, maar later voelde het als een bevrijding.'

Lev knikt een paar keer, hij is in gedachten verzonken. En ik vraag me af: welke puzzel probeert hij nu te kraken? Is het iets in hemzelf? Of gaat het om Zoose? Als het dat laatste is, dan kan ik hem in elk geval nog één aanwijzing meegeven. Eentje waar Finn ook al mee kwam.

Ik kan me indenken dat het lastiger is voor Lev om zijn broer te ontslaan dan voor mij om mijn baan op te zeggen. Ik voel met hem mee, want eerlijk is eerlijk, het is al niet leuk om een broer als Asher te hebben.

'Het kan knap lastig zijn om een knoop door te hakken,' begin ik aarzelend. 'Vooral wanneer het… misschien… gaat om een familielid.'

Lev kijkt me aan en ik houd mijn blik neutraal. Ik probeer uit te stralen dat het niet als aanval was bedoeld, en ik geloof dat hij dat begrijpt, want hij lijkt wat te ontspannen.

'Ik weet dat Asher…' Zijn stem stokt, de wanhoop straalt van zijn gezicht af. '… niet optimaal presteert. Maar hij is er al vanaf het begin bij. Hij is mijn bróér.'

'Dat is vast moeilijk,' zeg ik, waarop Lev een raar lachje laat horen.

'Even onder ons: álles is lastig momenteel.' Hij staart uit over de zee, ademt langzaam uit. 'Een bedrijf dat zo snel groeit als het onze is ongelooflijk, fantastisch, geweldig… maar ook doodeng. Je moet op zoek naar nieuw kapitaal. Het bedrijf runnen. Nieuwe klanten zoeken. Alles tegelijk. Het gaat maar door.'

Er klinkt in zijn stem iets door wat me bekend voorkomt. Het doet me denken aan iemand, maar aan wie? Dan ineens weet ik het. Ik herken iets van mezelf in hem. Hij klinkt als iemand die het overzicht begint te verliezen.

'Ik denk dat Zoose er in algemene zin heel goed voor staat,' zeg ik. 'Concept, imago, omzet… mijn goedheid! Het is één groot succesverhaal. Er zijn alleen een paar mensen die de boel verstoren.'

'Ik moet Asher de laan uit sturen.' Met een strak gezicht staart Lev voor zich uit. 'Dat is me duidelijk. Ik weet het al een tijdje, maar ik stak mijn kop in het zand.'

'Ik heb het hier met iemand over gehad, een consultant,' zeg ik aarzelend. 'Hij kwam ook met deze oplossing, misschien verzacht dat de pijn een beetje.'

Lev zegt niets en ik wacht gespannen af. Ben ik nu te ver gegaan?

'Ik weet niet of het de pijn verzacht,' zegt hij na een hele tijd. 'Maar wie weet komt dat nog. Dus dank je wel.'

Ik heb er verder niets aan toe te voegen en Lev denkt er duidelijk nog over na. We zitten zwijgend naast elkaar terwijl de ene na de andere golf uiteenspat op het zand en de zeemeeuwen krijsend door de lucht buitelen. Na een tijdje merk ik dat Lev iets ontspant.

'Bedankt, Sasha,' zegt hij. 'Voor je tijd. En voor je wijze woorden. We hebben niet veel met elkaar gesproken toen je bij Zoose werkte, en dat spijt me.'

'Ik betwijfel of ik bij Zoose veel verstandigs te zeggen had,' zeg ik eerlijk. 'Daar was ik te moe voor. Maar sinds ik hier ben, heb ik veel tijd gehad om na te denken. Om rustig uit te kijken over zee… De zee weet raad.'

'Is dat zo?' zegt Lev, met zijn ogen gericht op een hoge golf die het strand nadert. 'Prachtig. Heb je hier elke dag zo gezeten? Uitkijkend over zee?' Hij roept zichzelf tot de orde. 'Het spijt me vreselijk. Wat vraag ik nu? Het gaat me niets aan.'

'Geeft niet, hoor…' begin ik, maar hij schudt verwoed van nee.

'Nee, sorry daarvoor. Het is al erg genoeg dat ik je stoor bij een yogasessie, naast je op het strand kom zitten en je uithoor over het slechtste bedrijf op aarde. En nu stel ik je ook nog allerlei opdringerige vragen. Geen wonder dat je weg wilde bij Zoose.'

Zijn woorden klinken zo oprecht dat ik moet glimlachen.

'Ten eerste is Zoose niet het slechtste bedrijf op aarde. Ik was er heel trots op om daar te mogen werken. De baan... paste alleen niet zo goed bij mij. En inderdaad, ik heb eindeloos naar de zee zitten kijken. En ik heb veel gewandeld. Ik heb van alles gedaan.' Onbewust begin ik te glimlachen.

Verliefd worden. Seks herontdekken. Zelfvertrouwen kweken.

Ik ril als een gure windvlaag langs mijn nek strijkt, en Lev springt op.

'Je hebt het ijskoud!' roept hij uit. 'Hè, wat spijt me dit. Je hebt me ontzettend goed geholpen. En nu laat ik jou je gang weer gaan, hoor. Ik heb nog een allerlaatste vraag: zou je het leuk vinden om de andere directieleden te vertellen wat wij vandaag besproken hebben?'

'Ja, hoor,' antwoord ik zonder aarzelen. 'Dat doe ik met alle plezier.'

'Zij verblijven in Somerset, ongeveer een uur hiervandaan. We houden daar een soort minicongres. Kun je daar morgen naartoe komen? Ik betaal je voor jouw advies en ik neem ook de reiskosten op me,' voegt hij eraan toe.

'Betaald advies geven?' Ik staar hem aan.

'Ik vraag jou om advies,' zegt Lev. 'Dus dan is een passend uurloon gebruikelijk.'

'Nou... oké dan.' Ik lach naar hem. 'Ik zeg ja.'

'Geweldig.' Lev lacht terug. 'Dank je wel. Ik ben je erg dankbaar.'

In een gemoedelijke stilte gaan we op weg naar het Rilston. Ik kan het nog steeds niet geloven: ik loop over het strand met Lev. Ook niet als ik terugdenk aan de woede en ergernis die ik voelde toen ik zijn werkkamer, drie verdiepingen hoger, niet binnen mocht. En nu is hij speciaal voor mij naar Devon gekomen!

Wanneer we langs de Surf Shack lopen, zie ik dat het gebouwtje open is. Iemand is bezig het zand van het terras te vegen.

'Hai,' zeg ik als we in de buurt zijn.

'Goedemorgen!' Hij lacht vrolijk. 'Wil je weer een surfboard huren?'

'Nu niet.' Ik lach terug. 'Later misschien. Ik heb vroeger les gehad van Terry,' voeg ik eraan toe. 'En dit is Lev.'

'Dag.' Hij schudt Lev de hand. 'Ik ben Sean. Terry is hier, ik weet niet of je even hallo wilt zeggen?'

'Ja!' zeg ik gretig. 'Heel graag!'

'Hij is net naar binnen gegaan. Terry!' roept Sean door de deur van het houten huisje. 'Ben je daar?'

'Terry is mijn vroegere surfleraar,' zeg ik tegen Lev. 'En de grootste held op aarde.'

'De grootste held op áárde?' Levs wenkbrauwen schieten omhoog. 'Zo. Die wil ik ontmoeten.'

Sean knikt. 'Het is waar. Hij heeft het mij ook geleerd. Eigenlijk iedereen hier. Hij heeft ons allemaal leren surfen.' Dan zegt hij op luidere toon: 'Terry, er zijn vrienden van je!'

Even later komt Terry het terras op gelopen. Hij draagt een fleecetrui en een dikke muts en er zit een pleister op zijn kin. Hij ziet er nog fragieler uit dan laatst, maar ik dwing mezelf niet te oordelen over zijn uiterlijk. Hij is en blijft Terry.

'Terry!' zeg ik, en ik doe een stapje naar voren. 'Ik ben het, Sasha. En dit is Lev.'

'Ja, natuurlijk!' zegt Terry. 'Leuk om jullie weer te zien!' Zijn blauwe ogen schieten onzeker van links naar rechts. 'Goed. Hebben jullie al eens eerder gesurft, of niet? Want de les voor beginners is vandaag al vol.'

Ik knik en zeg: 'Ja, we hebben het al vaker gedaan.' Dan wend ik me tot Lev en fluister: 'Hij is niet helemaal… Ga er maar gewoon in mee.'

'Ik heb nog nooit op een surfboard gestaan,' zegt Lev, zonder acht te slaan op mijn woorden. Hij doet een stap naar voren en kijkt Terry recht aan. 'Ik weet er niets van. Wat moet ik beslist weten, Terry? Wat is de allerbelangrijkste les die je voor me hebt?'

Deze vraag lijkt Terry in verwarring te brengen en ik krijg een knoop in mijn maag. Maar dan krijgt zijn blik iets onoverwinnelijks.

'Weet je dat dan nog steeds niet? Na alle lessen die je hebt gehad?' zegt hij op bestraffende toon tegen Lev. 'Weet je nu werkelijk niet wat het belangrijkste is? Betalen je ouders mij soms om jou de hele dag naar de wolken te laten staren? Loop ik hier soms mijn tijd te verdoen?'

'Sorry,' zegt Lev bedeesd. 'Leg het me nog eens uit. Ik zal goed luisteren.'

Weer weet Terry zich even geen raad met de situatie. Hij fronst ongeduldig.

'Goed. Luister, luister, luister. Je weet het eigenlijk wel. Dat geldt voor jullie allemaal.' Hij zwaait met zijn arm alsof hij een groep leerlingen toespreekt. 'Je moet er vooral van genieten. Waarom zou je anders leren surfen? Pák die golf.'

'Pak die golf,' herhaalt Lev, en er verschijnt een vreemd lachje op zijn gezicht. 'Natuurlijk. Hoe kon ik dat nou vergeten?'

'Pak die golf,' zegt Sean met een knipoog naar ons.

'Pak die golf.' Ik lach naar Sean.

'Maar waar is de rest?' Terry's blik glijdt over het lege strand en hij fronst, trekt een moeilijk gezicht. 'Ze zijn allemaal te laat. De les had tien minuten geleden al moeten beginnen. En waar is Sandra nou weer?' Hij kijkt verward om zich heen. 'Hebben jullie Sandra gezien?'

'Het is goed, hoor, Terry,' zegt Sean vlug. 'Ze moest even ergens heen. Maar ik betwijfel of de les vandaag doorgaat. Morgen beter, vriend.'

Terry's enthousiasme dooft langzaam uit. Hij kijkt het verlaten strand af en knikt dan, alsof hij zich neerlegt bij zaken waar hij geen controle over heeft. Hij oogt verslagen en ik leef intens met hem mee. Ik weet niet in hoeverre Terry zijn situatie begrijpt, of hij weet wat hij is kwijtgeraakt. Maar hij ziet er verslagen uit en ik wil hem zo graag helpen. Al zou ik niet weten hoe.

'Terry, ik ben er!' roep ik spontaan uit. 'Ik ben hier voor de les. Ik moet nog wel even mijn wetsuit aantrekken. Kan ik hier een board huren?' voeg ik er voor Sean aan toe.

'Tuurlijk,' zegt Sean verbaasd. 'Maar...' Hij kijkt even naar Terry en dan weer naar mij. 'Dit ga je toch niet echt doen?'

'Terry staat te popelen om les te geven,' zeg ik simpelweg. 'En ik ben hier om iets te leren. We hebben zand.' Ik gebaar naar het strand. 'En we hebben de zee. Waar wachten we nog op?'

'Ik wil ook graag wat leren,' zegt Lev beslist. 'Kan ik een wetsuit en een surfboard huren?'

Sean vindt het allemaal maar raar. 'Oké, luister. Jullie willen dit blijkbaar echt... maar dit is géén les.' Hij kijkt even opzij naar Terry. 'Jullie zijn níét verzekerd. Ik heb hier niets mee te maken.'

'Duidelijk.' Ik knik.

'Nou, veel plezier dan.' Op Seans gezicht verschijnt een lach. 'Misschien doe ik zo ook wel mee. Ik zal twee boardjes voor jullie pakken.'

Terwijl ik op een drafje terugga naar mijn strandhuisje kijk ik zoekend rond naar Finn, maar hij is nergens te bekennen. Ik stuur hem een berichtje, hopelijk leest hij het op tijd.

Goeie golven. Surfles bij de Surf Shack. Terry zegt dat je te laat bent. X

Het is alsof ik een tijdreis maak. Misschien krijgen we de oude Terry weer even te zien, ik kan het nauwelijks geloven.

Hij werkt de gebruikelijke warming-up met ons af en roept instructies. We moeten liggend op onze buik over het zand peddelen, hurken en dan opstaan... en al die tijd zien we de oude Terry. Hij weet wat hij doet, hij is grappig en zijn priemende ogen zijn alert op de kleinste foutjes.

304

'Luister, luister, luister,' zegt hij keer op keer tegen Lev. 'Je moet sterk zijn. Snap je?' Hij prikt hem even in zijn buik en Lev wiebelt op zijn board. 'Zie je? Dat is niet goed. Je moet stérk zijn.' Zijn blik zwerft opzij. 'Hé, wie is dat?'

Ik kijk om, en mijn hart maakt een sprongetje. Het is Finn. Hij komt aanrennen in zijn zwarte wetsuit, met zijn board onder zijn arm. Hij kijkt me aan met een blik die wil zeggen: *Wat is dit nou?* Ik lach terug.

'Je bent te laat!' roep ik.

'Sorry,' zegt Finn. 'Sorry, Terry.'

'Aan sorry hebben we niets, jongeman!' roept Terry hem geërgerd toe. 'Aan sorry hebben we niets! Je hebt de warming-up gemist, de uitleg…'

'Ik haal het wel in,' zegt Finn haastig, en dan loopt hij recht op Terry af. Ik zie dat hij, ondanks alles wat ik hem al heb verteld, schrikt van de fragiele Terry. Hij probeert zijn gevoelens te verbergen. 'Hoe gaat het ermee, Terry?' zegt hij. 'Ik ben Finn Birchall, ik weet niet of je je mij nog herinn–'

'Je bent te láát, dat ben je,' zegt Terry scherp. 'Dus ik zou verder maar niet te veel tijd verspillen aan praatjes.'

'Goed, goed.' Finn grinnikt. 'Fijn dat alles nog bij het oude is hier.'

'Het surfboard is keihard, snappen jullie dat?' Terry illustreert dit door op het zijne te slaan. 'Het kan helemaal niks zelf. Zonder jullie kennis en kunde is het een speelbal van de golven. Maar gelukkig hebben jullie allemaal superkrachten… laten we ze surferkrachten noemen.' Hij kijkt ons geamuseerd aan; hij weet dat we aan zijn lippen hangen. 'Dus gebruik die dan ook! Jouw surferkracht is wendbaarheid.' Hij wijst naar Finn en ik herinner me ineens dat hij dit wel vaker deed: voordat hij ons het water in stuurde, deelde hij 'surferkrachten' uit. 'Die van jou is volharding.' Hij wijst naar Sean. 'En die van jou is visie,' zegt hij tegen Lev. 'Jij kijkt vooruit!'

'Vooruitkijken!' herhaalt Lev, die onwennig op zijn board staat en duidelijk veel moeite heeft om de juiste houding aan te nemen.

'Wat is die van mij?' vraag ik. Het klinkt misschien zeurderig, maar ik ben bang dat Terry straks ineens afgeleid is en mij vergeet. En ik wil heel graag weten wat mijn surferkracht is.

Terry kijkt me met holle, verwarde ogen aan en ik ben bang dat het te laat is, maar dan is hij er weer.

'Die van jou is liefde,' zegt hij stellig, alsof iedereen dat al wist. 'Zonder liefde kan niemand surfen. Waarom gaan we anders het water in? Waarom blijven we maar peddelen, zeewater happen en opkrabbelen, om het vervolgens nog eens te proberen?' Hij kijkt over zijn schouder naar de zee. 'Omdat we houden van surfen.'

Er valt een stilte, waarin wij kijken naar Terry, een kwetsbare oude man, die uitkijkt over de zee, die in zijn leven zo'n grote rol heeft gespeeld. Als ik ontroerd met mijn ogen knipper, hoop ik maar dat hij begrijpt dat het niet komt door mijn liefde voor het surfen. We zijn hier vandaag niet voor de golven. We zijn hier voor hem.

Moet ik het hem vertellen? Zal ik me uitspreken?

Maar dan wendt hij zich weer tot ons, net zoals de oude Terry altijd deed. Het moment is voorbij.

'Goed, jongelui,' zegt hij, en hij wijst naar de zee. 'Genoeg gepraat. Hup, het water in!'

23

Een uur later zit ik met Finn in het ondiepe water, zijn arm om me heen, onze benen verstrengeld. Ik grijns van oor tot oor. En dat is voor mijn gevoel al zeker een uur het geval. Mijn gezicht zal voor altijd zo blijven staan.

'Die gólven,' zeg ik bewonderend.

'Ik weet het.' Finn grijnst. 'Ongelooflijk. Bedankt voor je berichtje.'

'O god, natuurlijk,' zeg ik. 'Die gastles van Terry mocht je natuurlijk niet missen.'

De les is allang afgelopen. Sean is het water uit gegaan en heeft zijn bezigheden in de Surf Shack weer opgepakt. Terry is opgehaald door zijn aardige verzorgster Deirdre, en we hebben hem allemaal bedankt met een liefdevolle handdruk. Lev, die heel veel zeewater heeft binnengekregen, kleedt zich nu aan in de Surf Shack. Finn en ik hebben het strand weer voor ons alleen.

Hij leunt opzij om me met zijn ziltige lippen te zoenen en ik haal mijn vingers door zijn natte, woelige haar. Als ik voor eeuwig en altijd zo kon blijven liggen met deze man, op dit strand, dan zou ik volmaakt gelukkig zijn. Bestond het hele leven maar uit zoenen op het strand.

'Hoe laat moet je naar Londen?' mompel ik.

'Pas tegen drieën. Dus.' Hij kijkt me aan met een twinkeling in zijn ogen. 'Tijd zat.'

'Misschien kun je me zo even helpen met mijn wetsuit?' Ik knipper verleidelijk met mijn ogen. 'Dat krijg ik altijd zó moeilijk uit.'

'Met alle plezier. Draai je eens om...' Finn strekt een hand uit naar mijn rug en trekt langzaam de rits open. 'Zo beter?'

'Dank je,' zeg ik, en ik wurm me uit de bovenste helft van mijn pak. 'Beter.'

Finn knikt en schuift dan nonchalant het bandje van mijn bikini opzij. 'Nóg beter,' zegt hij.

Ik verlang naar hem. Ik probeer te berekenen hoelang het zou duren om vanaf hier naar de strandhuisjes te lopen, ons uit die wetsuits te wurmen en ons op de bank te laten vallen. Of op de vloer. Of waar dan ook op.

Maar eerst moet ik afscheid nemen van Lev. Ik kijk over mijn schouder om te zien of hij al voor de Surf Shack staat, en zie Sean geamuseerd onze kant op kijken.

'Hi Sean,' roep ik, in de veronderstelling dat Finn zijn hand uit mijn bikinitopje zou halen. Maar nee, hij legt zijn hand op mijn borst.

'Kappen,' piep ik, en ik probeer mijn gezicht in de plooi te houden terwijl hij me streelt. 'We zijn– Kap nou! Iedereen kan ons zien.'

'Ik wil naar de huisjes,' zegt Finn met zijn lippen tegen mijn hals. 'Nu. Zullen we gaan?'

'Ik moet Lev gedag zeggen,' zeg ik. 'Hij is mijn vroegere baas. Hij is hier voor mij. Ik kan er niet zomaar tussenuit glippen.'

'Wat jij wilt,' zegt Finn op zo'n droge toon dat ik het uitproest.

'Dus je kunt wél praten! Hoe was het trouwens bij Mavis Adler? Was ze verbaasd jou te zien?'

'Totaal niet,' zegt Finn, die eindelijk zijn hand uit mijn topje haalt. 'Ze zei letterlijk: "Dat zou eens tijd worden, zeg! Ik wist allang dat het Patrick niet was. De vorm van het hoofd klopte niet."'

Weer schiet ik in de lach. 'Dus zij ging mee in de leugen.'

'Waarschijnlijk om hun huwelijk niet in gevaar te brengen.' Finn haalt zijn schouders op.

'En hoe zit het met Gabrielle?' Ik vraag het voorzichtig – ik weet dat ik rondom Gabrielle niet louter rationele gedachten heb – maar Finns uitdrukking verraadt geen spoortje ongemak.

'Wat is er met haar?'

'Jullie hebben niet geprobeerd die iconische kus te herhalen, of wel?' Ik waag een licht en nonchalant lachje.

'Nee, zeg. Alsjeblieft.' Finn kijkt geschokt en dat lucht me enorm op.

Ik moet niet zo paranoïde doen. Ik moet gewoon ontspannen. Het universum heeft mij Finn hoogstpersoonlijk aangereikt. Het zal hem heus niet meteen aan een andere vrouw toewijzen, of wel soms?

'Ik heb beloofd om morgenavond mee te gaan naar de presentatie van Mavis' kunstwerken,' zegt Finn. 'Misschien kunnen we samen gaan.'

'Zeker weten!' zeg ik, en ik wil hem net naar me toe trekken voor een volgende kus als we Lev horen. Hij roept onze namen.

'Sasha! Finn!'

Ik krabbel overeind en zie dat Lev zijn spijkerbroek en parka weer aanheeft. Zijn haar is nog vochtig, zijn wangen gloeien en in zijn wakkere uitstraling herken ik duidelijk een postsurfkick.

'Ik ben ervandoor,' zegt hij. 'Tot morgen, Sasha. En bedankt voor alles. De wijze woorden, het surfen, de kennismaking met Terry... alles.'

'Tot morgen.' Ik knik. 'En ik wil jou óók bedanken. Voor je luisterend oor.'

'Uiteraard,' zegt Lev ernstig. Dan wendt hij zich tot Finn. 'Leuk je te ontmoeten.'

'Succes,' zegt Finn. 'Met alles.'

We kijken Lev na, die over het strand van ons wegloopt, en dan wendt Finn zich tot mij.

'Ik weet dat je allerlei belangrijke vergaderingen moet bijwonen,' zegt hij beleefd. 'En dat ik mijn plaats dien te kennen. Maar kunnen we nu alsjeblieft naar binnen gaan?'

Tegen de tijd dat we mijn strandhuisje bereiken, heeft Finn zijn wetsuit al tot aan zijn middel afgepeld en wurm ik mijn bikinitopje omlaag. Mijn verlangen naar hem is zo sterk dat ik niet meer helder kan denken. We trekken het vouwgordijn omlaag en barricaderen de deur met een stoel. Ik begin net aan mijn onderzoek van de mogelijkheden wat meubels betreft wanneer Finn een stap naar voren doet. Hij pakt me bij mijn heupen, die nog gehuld zijn in strak neopreen.

'Wat ik nu dus het állerliefste zou doen, hè… is jou stukje bij beetje uit deze wetsuit knippen. Centimeter voor centimeter.'

Het verlangen dat deze woorden in mij aanwakkeren, wordt meteen getemperd door gedachten aan het prijskaartje.

'Te duur,' mompel ik met verstikte stem. Finns mondhoeken krullen iets op.

'Dacht ik al. Maar op een dag…'

Op een dag. Terwijl hij me tegen zich aan trekt, danst dat zinnetje als goudstof door mijn hoofd. *Op een dag zijn Finn en ik een stel.* Maar hij is er al, hij is bij me. Mijn lieve Finn.

De seks is nog beter dan die van gisteren. Dat is haast niet mogelijk; gisteravond was al perfect. Maar toch is het zo. Ons samenzijn duurt langer, is vuriger… pure extase. Finn is vindingrijk, dat moet ik hem nageven. Ik moet mijn beeld over hem beslist bijstellen. Net als dat over mijzelf. En over wat seks kan zijn.

En zal ik je eens wat vertellen? Het zou me niets uitmaken als het complete personeel van het Rilston hier voor het huisje naar ons stond te luisteren. Veel plezier! Verkoop kaartjes voor mijn part! Het kan mij echt niet bommen.

Na een hele poos strekken we ons uit op een geïmproviseerd matras van bij elkaar geraapte kussens en krijgen we hijgend en licht verdwaasd weer oog voor de rest van de wereld.

'Weet je,' zegt Finn met een lage en lome stem, alsof alle spanning uit hem is weggevloeid, 'wat het probleem is met die flitsende glazen strandhuisjes? Waar moeten die mensen het straks met elkaar doen?'

'Je hebt gelijk.' Ik knik. 'Een ontwerpfout. We moeten de architect inlichten.'

Ik nestel me tegen Finns heerlijke lijf en snuif zijn geur op. Ik wou dat we meer tijd hadden, maar ik weet dat het niet zo is.

'Ik moet gaan,' zegt Finn, alsof hij mijn gedachten raadt. 'Op naar mijn therapeut.'

'Natuurlijk.' Steunend op een elleboog denk ik terug aan Kirstens woorden. Ik ben een beetje ongerust. 'Ik hoop dat het goed verloopt.'

'Dank je.'

'Weet je, als ik ooit iets voor je kan doen... als je wilt praten...' Ik kijk Finn aan en zie hem dichtklappen. Hij wendt zijn hoofd af. En voor het eerst doet dit me echt pijn. Waarom laat hij me niet toe? Waarom mag ik hem niet helpen?

'Dank je voor het aanbod,' zegt hij na een tijdje. Het komt er zo schoorvoetend uit dat ik iets voel wat verraderlijk dicht bij verontwaardiging in de buurt komt. Als wij echt twee kwetsbare mensen zijn die aan de beterende hand zijn – of hoe je het ook noemt – dan zouden we dat toch sámen moeten doen?

'Kan best zijn dat je therapeut jou aanraadt er met goede vrienden over te praten,' opper ik. Ik heb geen idee of dit zo is, maar ik probeer hem uit zijn tent te lokken.

'Zou kunnen.' Abrupt komt hij overeind en stapt weer in zijn vochtige zwembroek. Hij knippert met zijn ogen en maakt een nerveuze indruk, en ineens voel ik me schuldig over mijn kribbige reactie.

'Finn, je hoeft niet in je eentje voort te ploeteren,' zeg ik op zachte toon. 'Je kunt er met me over praten. Wat het ook is.'

'Dat waardeer ik,' zegt hij met een hoofdknikje. 'Thanks.'

Ik voel teleurstelling. Hij klinkt zo formeel. Alsof hij een mailtje dicteert. Maar als ik nu aandring, trekt hij zich nog verder terug. Dat weet ik. Ik begin het patroon te herkennen.

Wat zit jou dwars, denk ik terwijl ik met een treurig gemoed naar hem kijk. Hij komt er wel mee als hij daaraan toe is. Op dit moment hoef ik hem alleen maar te laten weten dat ik er voor hem ben.

'Dat ik jou heb ontmoet, vind ik het allerleukste aan mijn tijd hier in Rilston,' zeg ik. 'Het allerleukste.'

'Mee eens.' Als hij omkijkt, stralen zijn donkere ogen zoveel warmte en genegenheid uit dat ik nauwelijks kan geloven dat hij me daarnet nog op afstand hield. 'Sasha, je bent geweldig. En ik zoek je op als ik weer terug ben. Ga jij nu naar het hotel?'

'Nee, ik neem rustig de tijd,' zeg ik. Ik ga rechtop zitten. 'Ga jij maar gauw. Zet 'm op.' Ik sta op en sla mijn armen om hem heen. Ik hoop dat hij merkt hoeveel liefde en steun ik met die omhelzing probeer over te brengen. 'Veel succes.'

'Bedankt.' Hij geeft me nog een laatste kus en gaat dan naar de deur. Ik laat me op de bank vallen en tel de minuten af tot ik hem weer zie.

Het duurt even voor ik weer een beetje bijkom. Ik eet een Twix voor wat energie en staar dan een tijdje naar het plafond. Vervolgens probeer ik te bedenken wat ik de rest van de dag ga doen. Mijn bestaan voelt een beetje leeg nu Finn vertrokken is.

Uiteindelijk wikkel ik me in een handdoek en besluit ik om eens een lang, warm bad te gaan nemen in mijn bosdierenbadkamer, waarop ik eigenlijk best gesteld ben geraakt.

Terwijl ik met een bundeltje kleren onder mijn arm de lobby oversteek, begint de telefoon achter de balie te rinkelen. Ik kijk om me heen om te zien of er iemand in de buurt is. Cassidy is nergens te bekennen, en andere leden van het personeel zie ik ook niet. Ik dump mijn kleren op de balie en pak de hoorn dan zelf maar op.

'Hallo! Rilston Hotel.' Ik merk dat ik het net zo zeg als Cassidy, grappig.

'O, hallo!' zegt een nerveuze vrouwenstem. 'Ik bel om te informeren naar de mogelijkheid om iets te sturen naar een gast. Logeert er ene Finn Birchall bij jullie?'

'Ja, hij is hier te gast,' zeg ik, en ik vraag me pas daarna af of dit in strijd is met de privacywetgeving. Nou ja, het is al gebeurd. 'Kan ik ergens mee van dienst zijn?'

'Nou, ik zou hem heel graag een mand met het een en ander sturen,' zeg de vrouw. 'Ik ben een collega van hem. Heeft het hotel een leuke mand die ik voor hem kan bestellen?'

Ik staar nieuwsgierig naar de telefoon. Een collega van Finn? Al mijn zenuwuiteinden zijn alert. Misschien kom ik wel iets over hem aan de weet. Wie weet zelfs álles.

Zou zijn collega wel informatie willen delen met iemand van het hotel? Vast niet. Ik moet het misverstand uit de weg ruimen.

'Eigenlijk werk ik niet voor het hotel. Ik ben een van de gasten,' verduidelijk ik. 'Maar ik zal het doorgeven, en ze kunnen vast wel iets regelen. Zoals je weet is Finn de laatste tijd nogal gespannen, dus hij zal het zeker waarderen. Ik ben een vriendin van hem,' voeg ik er losjes aan toe. 'We zijn vrij close. Vertrouwelingen. Dus ik ben op de hoogte van... wat er is gebeurd.'

'O, godzijdank!' roept ze uit. 'Dan kan ik het jou wel vragen. Hoe maakt hij het? Want we maken ons zorgen.'

'Het gaat goed met hem,' zeg ik geruststellend. 'Hij is aan de beterende hand. Voor zover dat mogelijk is na... wat er is gebeurd.'

'Wat fijn om te horen,' zegt de vrouw. 'We zijn allemaal zo dol op Finn. We missen hem!'

Ik probeer alles op te slaan wat ze zegt. Ze zijn *allemaal zo dol op Finn*. En ze missen hem. Zelfs al sloeg hij met zijn koffiekop op tafel, beukte hij tegen een snoepautomaat en bedreigde hij een ficus, ondanks alles missen ze hem. Dit is dus niet het hele verhaal. Ik wíst het.

'Heeft hij er veel over verteld?' vraagt ze gemeend.

'Niet echt,' zeg ik naar waarheid.

'Nou, waarom zou hij ook?' Ze zucht. 'Liefdesverdriet is altijd pijnlijk. En in het geval van een prachtig, perfect stel als Finn en Olivia... Het verbaast me niets dat hij het er nog moeilijk mee heeft. We wisten dat hij er al wekenlang onder gebukt ging.'

Hmmmrgh?

Mijn vingers omklemmen de hoorn onnodig stevig. Mijn blikveld wordt een beetje wazig.

Finn en Olivia? Een prachtig, perfect stel?

Liefdesverdriet?

Ik moet reageren, bedenk ik. *Zeg iets, Sasha. Zeg iets, want anders is dit gesprek voorbij en zul je de rest van het verhaal nooit horen.*

'Ik snap wat je bedoelt.' Ik pers de woorden eruit. 'Ongelooflijk, hoe de dingen soms kunnen lopen.'

'Precies!' roept de vrouw uit. 'We dachten allemaal dat ze gingen trouwen! Ik bedoel, die twee waren zó gek op elkaar… je hoorde het gewoon knetteren. Ik zei altijd tegen mijn man –' De vrouw maakt haar zin niet af. 'Je hebt haar nooit ontmoet, of wel?'

'Nee,' zeg ik met een hoge, wat onvaste stem. 'Hoe heet ze ook alweer verder? Ik weet haar achternaam even niet meer.'

'Olivia Parham. Ze is zeker niet langs geweest, of wel?'

'Voor zover ik weet niet,' zeg ik, en de vrouw zucht weer.

'O, dat is jammer. Ik hoopte zo dat ze… nou ja, dat ze het goed zouden maken. Ze is zo lief voor hem en hij was echt hopeloos verliefd op haar. Maar dat weet je natuurlijk al, je bent tenslotte zijn vertrouwelinge.'

'Absoluut.' Ik trek een rare grimas. 'Wij weten alles van elkaar.'

'Ze haalt het beste in Finn naar boven, weet je wel?' zegt de vrouw, die duidelijk verlegen zit om een praatje. 'Ze houdt hem in evenwicht of zo. Ik bedoel, ze kan soms best direct zijn, maar hij heeft dat ook wel nodig. Ze wierp hem vaak voor de voeten dat hij een workaholic was. En daar had ze een punt, hoor!' Ze begint te lachen en ik klap nog verder dicht.

Workaholic. Egoïst. Nachtmerrie.

Het valt allemaal op zijn plek.

'Soms passen mensen toch minder goed bij elkaar dan gedacht,' zeg ik, in een wanhopige poging het gesprek een bepaalde kant op te sturen.

'Dat is zo,' zegt de vrouw op treurige toon. 'Maar dat gaat niet op voor Finn en Olivia. Dat het na tien jaar toch ineens zó mis kon gaan.'

'Tien jaar!' Dit brengt me danig van mijn stuk. 'Tien jaar,' zeg ik

nog eens, met dichtgeknepen keel. 'Zeker. Onbegrijpelijk dat zo'n...
succesvolle relatie alsnog de mist in gaat.'

'Ja. Maar ik zeg steeds: het is vast een tijdelijk dipje,' zegt de
vrouw. 'Die uitnodiging voor hun huwelijk komt vast nog wel! Mary,
zijn rechterhand, heeft haar hoed al gekocht! Ben jij dan ook van de
partij?' Ze lacht warm en vriendelijk en ik weet dat ik hetzelfde zou
moeten doen, maar ik kan het niet. Echt niet.

'Wie weet...' piep ik. 'Dat wordt vast leuk. Maar ik moet nu echt
ophangen, kan ik je naam noteren? Dan zorg ik ervoor dat iemand
je terugbelt over die mand.'

'Heel aardig van je!' roept de vrouw uit nadat ik haar naam en
nummer heb opgeschreven. 'En ik ben zo blij dat Finn daar een fijne
vriendin heeft die het beste met hem voorheeft... O, dat vergeet ik
helemaal te vragen. Hoe heet je?'

Een paniekerig gevoel bekruipt me en ik slik een paar keer. Hoe
moet ik hier nu onderuit komen?

'Ik ben volstrekt onbelangrijk, hoor!' zeg ik luchtig. 'Ik ben niemand! Dag!'

Ik leg neer en staar bedrukt en verdrietig voor me uit. Het voelt
alsof alles om me heen in scherven uiteenvalt.

Geen wonder dat hij niet wilde praten over zijn burn-out. Daarom is hij hier helemaal niet. Hij is hier om bij te komen van een
heftige relatiebreuk. En daarom dacht hij dat voor mij hetzelfde gold
toen hij die lege ijsbeker in mijn strandhuisje zag.

Dan denk ik terug aan wat hij zei toen we laatst samen in zee
zaten. *Liefdesverdriet. Burn-out. Relatiebreuk. Achterlijke bazen.*

Toen hij het had over 'liefdesverdriet' en een 'relatiebreuk' viel me
dat niet speciaal op. Maar hij noemde die dingen niet zomaar: hij
lijdt aan een gebroken hart.

Die avond zit ik op mijn bed, gebogen over mijn telefoon. Ik voel
me ellendig. Ik heb het hele verhaal op een rijtje gezet, op basis
van flarden van gesprekken en dankzij Google en vooral Instagram.

Niet zijn account, maar dat van haar. Hij zit niet op Instagram; hij gooit er hooguit af en toe een zakelijke tweet uit over zijn werk als consultant. Maar het is duidelijk dat Olivia graag foto's maakt, dat ze die graag deelt, en dat ze het leuk vindt om reacties te plaatsen bij berichten van familie en vrienden… en waarom zou ze ook niet, met zo'n aantrekkelijk gezicht, zo'n heerlijk gevoel voor humor, zo'n onbezorgd leventje?

Een onbezorgd leventje, ja, maar dan echt. Dat is het ergste. Zoals zij zich presenteert, daar is niets opzichtigs aan. Het is allemaal warm en echt, met foto's van haar en Finn en familie en honden en barbecues en een pasgeboren neefje in een trappelpakje en suffe kersttruien bij de haard en…

Na een tijdje moet ik stoppen met scrollen. Ik heb de afgelopen zeven jaar van hun levens doorgebladerd en ik heb alles bekeken, zelfs het filmpje van de 'eerste Kerstmis' van het kindje van Olivia's zus, omdat het zo ontzettend schattig was. Dit is belachelijk. Zielig gewoon. Dit moet ik mezelf niet aandoen, al dat scrollen. Ik had mezelf beloofd dat ik het niet meer zou doen. Want elke foto maakt me nog iets verdrietiger dan ik al was. Die collega aan de telefoon had gelijk. Finn en Olivia zijn een fantastisch, perfect stel met een stevige basis, een verleden, en ik kan me niet voorstellen dat ik ooit zo met iemand vergroeid zal raken.

Dan is het afgelopen. Er komen geen foto's meer bij, alleen nog eentje van Olivia's silhouet, met daaronder een miljoen lieve berichtjes, gebroken hartjes en kusjes van haar vrienden. De dag waarop het uitging. Twee maanden geleden.

Dus ze hebben een dipje gehad. Wat voor soort dip weet ik niet, ik weet alleen dat Finn er verdrietig en boos van werd en niet meer kon slapen. Was hij boos op haar? Op zichzelf? Ik zou het niet weten.

Maar tien jaar. Tíén jaar. Het doet me wel wat. Zoiets geef je niet zomaar op, zelfs niet als er sprake is van een dipje. Je maakt ruzie, last een pauze in, en dan pak je de draad weer op. Je doet je best. Je beseft hoeveel er op het spel staat en haalt vervolgens de banden weer aan.

Finn en Olivia gaan het weer proberen. Dat weet ik. Als ik me die twee voor de geest haal – gelukkig, ontspannen – dan weet ik het gewoon. Als hij op het strand íéts heeft gemanifesteerd, dan is het dat geweest. Hij dacht aan haar. Nu snap ik waarom hij zo bedroefd keek. Nu snap ik waarom hij boos was op alles en iedereen. Ik snap het.

Geen wonder dat hij me niet in vertrouwen nam. Hij voelde er niets voor om alles te moeten herbeleven. Nu ik eraan terugdenk, herhaalde hij steeds wat ík zei. Hij zei dat hij overwerkt was, net als ik. Een burn-out had, net als ik. Hij zei maar wat, was alleen maar bezig het gesprek een andere kant op te sturen.

Het sterkste bewijs is natuurlijk dat hij niet geïnteresseerd was in seks. Bij deze gedachte sluit ik mijn ogen en voel ik tranen opkomen. Geen wonder dat hij niet in was voor betekenisloze seks; zijn hart heeft een flinke knauw gehad. Maar als ik eerlijk ben – en het kost me zelfs moeite dit voor mezelf te erkennen – hoopte ik dat er meer was tussen ons. Dat het serieus kon worden. Dat we aan het begin stonden van een mooie, stabiele relatie. Het begin van ons als stel.

Misschien denkt Finn er ook zo over, en wees hij me daarom af. Hij is er nog niet aan toe om iets met mij te beginnen; hij moet de breuk met Olivia nog verwerken.

Ik vind het niet erg dat hij zich heeft bedacht. Ik ben zelfs blij dat hij zich heeft bedacht. O, mijn god, wat een opluchting. Ik heb mijn seksleven terug, en hoe, en dat neemt niemand me meer af. Het stoort me wel dat ik niet doorhad wat ons samenzijn werkelijk was: twee onbekenden die op elkaar steunden. Twee eenzame, opgebrande mensen. Had Kirsten toch gelijk. Ik baal er vreselijk van, maar het is waar.

Ik begraaf mijn betraande gezicht in mijn handen. Wat dacht ik nou ook? Zo dóm. Ik zoek mijn heil steeds bij andere mensen. Eerst klampte ik me vast aan Wetsuitvrouw. En daarna klampte ik me vast aan Finn.

Op dat moment trilt mijn telefoon. Ik verstijf, want het is een berichtje van Finn.

Therapie ging goed. Intensief. Finn x

Ik reageer meteen en druk op 'verzenden':

Goed om te horen! Fijn voor je! X

Terwijl op mijn telefoon zijn naam weer oplicht, voel ik me schuldig. Zonder dat hij het weet, heb ik zijn hele leven met Olivia doorgebladerd alsof het een film was. Hij heeft Olivia's naam niet één keer genoemd, en zij tagde hem nooit op Instagram. Als ik dat telefoontje niet had aangenomen, was ik er nooit achter gekomen.

Het voelt niet goed dat ik zoveel weet zonder dat híj dat weet. Maar ik kan moeilijk tegen hem zeggen wat ik heb ontdekt. Dat wil ik ook niet. Als ik iets zeker weet, dan is het dat wel.

Ik vertel je morgen meer. Heb zin om terug te gaan.

Wat gaat hij me dan vertellen? Een bewerkte versie van zijn leven, van een bestaan zonder Olivia, zonder relatiebreuk? Er rolt alweer een traan langs mijn wang. Ik veeg hem kwaad weg en typ:

Graag! Ben heel benieuwd.

Ik verstuur het berichtje en staar naar mijn telefoon. Ik ben ineens doodmoe en er spoken allerlei gedachten door mijn hoofd. Als Finn toe was aan een nieuwe relatie zou hij me over Olivia hebben verteld. Of in elk geval subtiele hints hebben gegeven. Maar hij deed niets. Hield zijn mond. Heel beslist. Kan ik iets beginnen met een man die nog gevoelens heeft voor een andere vrouw?

Ik denk hier een tijdje over na, maar ik weet het antwoord al. Niet nu. Zoiets kan ik er niet bij hebben. Ik wil eerst mijn leven weer op poten zetten.

Finn stuurt alweer een berichtje, en voor ik het weet heb ik het geopend.

Wilde je nog zeggen: ik heb die fik ook gezien. Pete verbrandde spullen in een vuilnisbak. Op een achtererf of zo. Ik was bij mijn neef thuis, zag het door het raam.

Wacht eens even.

Ik staar een tijdje naar het scherm, dankbaar voor de afleiding. Heeft Finn dat ook gezien? Hebben wij allebei dat ene, willekeurige voorval in een besloten achtertuin opgemerkt? Dat kán geen toeval zijn. Ondanks alles begint mijn hart sneller te slaan. Zou dit iets te maken hebben met de berichten op het strand? Dan zucht ik eens diep. Stel dat het waar is, wat moet ik dan met die informatie? Finn gelooft dat de berichten geschreven zijn door fans van *Jeugdliefde*. Hij schrijft dit alleen uit beleefdheid.

En nog belangrijker: waarom zou ik een nieuw gesprek aangaan met Finn als het me al verdriet doet om alleen maar aan hem te dénken?

We probeerden de afgelopen tijd als kleine kinderen een spannend raadsel op te lossen. Maar er is niets kinderlijks aan de manier waarop ik voor hem viel. Ik voel volwassen verdriet, volwassen teleurstelling.

Ik word zo overspoeld door emoties dat het pijn doet. Maar na een poosje recht ik mijn rug, veeg ik mijn tranen weg en zet ik resoluut mijn telefoon uit.

Met snelle, bijna gehaaste bewegingen trek ik een jas aan. Ik ga mijn kamer uit, loop de trap af en ga door de lobby naar buiten.

Ik loop door tot ik het strand heb bereikt, waar ik bij de waterlijn een tijdlang naar de horizon kijk. De lucht is inktzwart en er fonkelen meer sterren aan de hemel dan ik ooit heb gezien. De golven spoelen kalmpjes aan in het maanlicht, alsof ze hun krachten willen sparen voor morgen.

En terwijl ik daar zo sta en dit prachtige tafereel in me opneem, merk ik dat mijn verdriet zijn scherpste randjes al verloren is. Ik voel me sterk. Vastberaden.

Ik dacht dat er tussen Finn en mij iets moois opbloeide, maar ik speelde een rol in de relatiedip van een ander koppel. Zonder dat ik dat wist. Ik weet genoeg. Ik ga iets moois maken van de rest van mijn leven. En daar heb ik niemand bij nodig.

24

De volgende dag zit ik in de lobby van het White Hog Hotel in Somerset en heb ik het gevoel alsof ik een begin heb gemaakt met mijn nieuwe leven. In een speciaal voor ons gereserveerde vergaderruimte heb ik daarnet een uur lang gesproken met Lev, Arjun, de coo van Zoose, en met Nicole van de raad van bestuur. Het was ongekend. Ze stelden zich respectvol op, nederig. Ze luisterden aandachtig naar mijn verhaal. En aan het einde van de bespreking vroeg Lev of ik terug wilde komen bij Zoose. Dat had ik niet aan zien komen. Terúgkomen? Terug naar het onaangenaamste en heetste stukje van de hel?

Mijn gezicht sprak zeker boekdelen, want Lev keek de kamer rond en voegde er toen aan toe: 'Ik kan me indenken dat je daar rustig over wilt nadenken, Sasha. Maar even onder ons: Asher denkt na over een… nieuw hoofdstuk. Dat betekent dat we straks een vacature hebben, en we hopen dat jij hem wilt opvolgen.'

Het duurde even voor zijn woorden tot me doordrongen. Asher opvolgen? Hoofd Marketing worden? De baas van de afdeling? De báás?

Ik?

Een ogenblik duizelde het me. Ik voelde me opgetogen. De ambities die ik dacht voorgoed verloren te hebben bleken nog springlevend te zijn. Maar vijf tellen later kwam de realiteit keihard binnen. De baas worden van een ongestructureerde, onderbemande afdeling waar iedereen gillend gek wordt?

'Is er budget om meer personeel aan te trekken?' was mijn eerste reactie. De anderen begonnen te lachen.

'Al meteen zo praktisch,' zei Nicole, en ik bloosde, omdat ik natuurlijk eerst naar het salaris had moeten vragen. Of omdat ik had moeten zeggen dat ik sollicitaties had lopen bij alle belangrijke concurrenten. Nou ja. Jammer dan. In een volgend leven pak ik het slimmer aan.

'Geloof me, Sasha, we trekken veel geld uit voor nieuw personeel.' Lev knikte. 'Dat moet wel. We gaan het anders doen. Wat zeg je ervan?'

'Wat ik ervan zég?' zei ik, vastbesloten om volledig open kaart te spelen. 'Er gaat van alles door me heen, een kolkende gedachtestroom. Het is een grote stap. Ontzettend groot. Ik voel me gevleid, maar het is een zware baan. Dit is niet zomaar iets. En ik ben nog nauwelijks aan uitrusten toegekomen. Dus... ik weet het niet. Het kan even duren voor ik de knoop doorhak.'

'Neem de tijd,' zegt Lev meteen. 'Wij wachten wel.' Hij keek naar Nicole en toen naar mij. 'Wij wachten je beslissing rustig af.'

Nu zit ik, nog steeds een beetje ondersteboven, te wachten op mijn taxi naar het station. Zou het goed zijn om terug te keren naar Zoose? Past het bij mijn voornemen iets moois te maken van de rest van mijn leven? Zijn die twee dingen met elkaar te verenigen? Stemmetjes in mijn hoofd dragen steeds nieuwe argumenten aan en ik blijf maar antwoorden formuleren. Het is nog te vroeg om een besluit te nemen, daar zal ik langzaam naartoe moeten werken.

De afdeling is een ware nachtmerrie. Maar als ik daar de leiding krijg, hoeft het helemaal niet zo te zijn.

Ik kan niet terug naar de oude manier van werken. Er moet het nodige veranderen. Lev zei het zelf, we gaan het anders doen.

Ik heb een burn-out. Ik ben uitgeput. Het is me allemaal te veel geworden. Maar dat blijft toch niet altijd zo? Ik voel me al veel energieker dan eerst.

Ben ik sterk genoeg om deze baan op een gezonde manier vol te kunnen houden? Mails ongelezen te laten, pauzes te nemen, op vakantie te gaan? Ja. De stelligheid van de gedachte verbaast me. Ja, dat ben ik. En dat moet ook, want anders raak ik opnieuw uitgeput. Zegt mijn lijf weer: *Rustig aan, dit hou je niet vol.*

'Uw water, Madame.' Een ober in een grijs uniform zet een glas bij me neer.

'Bedankt.' Hij beantwoordt mijn glimlach met een hoofdknikje. Het is een heel hip hotel, met strakke meubels en een personeelsbestand dat bestaat uit louter supermodellen. Typisch een hotel dat een bedrijf als Zoose uitkiest voor een minicongres – en het tegenovergestelde van het Rilston. De receptioniste borduurt geen strings, roddelt niet over de andere gasten en verkoopt geen antiek. Ik kan me niet indenken dat een van de medewerkers hoorn speelt.

Eerlijk gezegd vind ik het Rilston veel leuker, en ik merk dat ik het hotel een beetje mis. Ik wil terug naar het Rilston, naar Cassidy en Simon en Nikolai en Herbert. Naar dat hotel met zijn krakende vloeren en zijn krakkemikkige strandhuisjes, terug naar het strand. En naar Finn.

Finn.

Het verdriet steekt weer de kop op en even sluit ik mijn ogen. Maar dan verdring ik die gedachten heel bewust, ik wil niet in dit gevoel blijven hangen. Straks zie ik hem weer. Ik weet wat ik tegen hem ga zeggen, daar heb ik al over nagedacht. En dan… zien we het verder wel.

Ik sta op om te zien of mijn taxi er al is, en schrik als ik Joanne met ferme passen het hotel zie binnenkomen. Ze is verwikkeld in een onaangenaam telefoongesprek. Shit. Shít. Het liefst zou ik nu hard wegrennen, maar dat moet ik niet doen. Deze keer niet.

Ze draagt een van haar dure, soepel vallende broekpakken met designergympen, en gooit haar lange haar over haar schouder.

'Nee, betrokkenheid,' zegt ze vinnig in haar telefoon. 'Het project draait om betrokkenheid –' Ze valt stil als ze mij ziet.

'Ik bel je zo terug.' Traag steekt ze haar telefoon weg en ik zie dat ze heel hard nadenkt.

'Sasha,' zegt ze dan. 'Wat doe jij hier in vredesnaam?'

Ik aarzel een moment. Hoeveel mag ik haar vertellen? Maar Joanne is er blijkbaar al uit.

'O, ik weet het al,' snauwt ze. 'Je gaat me toch niet vertellen dat je je baan terug wilt?'

'Ik... eh, daar denk ik inderdaad over na,' zeg ik naar waarheid. Joannes ogen beginnen te fonkelen.

'Dacht ik het niet! Ik zei de hele tijd: wacht maar, die komt met hangende pootjes terug. Dus daarom ben je hier.' Ze kijkt me afkeurend aan. 'Wat was je van plan, dan? Lev weer lastigvallen?'

'Nee! Eigenlijk –'

'En dacht je dat we die rare fratsen van jou zomaar door de vingers zouden zien?' Joanne verspert me de weg. 'Jij dacht zeker dat je gewoon terug kon komen, dat we jouw onprofessionele gedrag vergeten waren? Ik hoorde dat je een hele hoop onzin hebt uitgekraamd bij je onlineopzegging. Blijkbaar heb je míjn naam daar een paar keer genoemd. Was je soms dronken?'

'Nee.' Ik kijk haar kwaad aan.

'Nou.' Joanne begint op stoom te komen, dat is duidelijk. 'Als we jou ooit de kans geven weer bij Zoose te komen werken, Sasha, dan ben ik bang dat we daar een paar voorwaarden aan moeten verbinden. Ik wil excuses van jou voor je gedrag. Verder wil ik vooraf bewijs dat je je committeert aan het reglement voor werkgeluk van onze werknemers,' gaat ze dreigend verder. 'Misschien stel ik speciaal voor jou wel een apart programma op. En denk maar níét dat je Lev zomaar te spreken krijgt wanneer het jou uitkomt. Hij is een drukbezet en belangrijk man. Hij heeft geen tijd voor –'

'Sasha!' Levs stem onderbreekt ons gesprek en als ik omkijk, zie ik hem met Arjun de lobby binnenkomen. 'Wat goed dat ik jou nog even tref, ik was bang dat je al vertrokken was. Ik wilde je nogmaals bedanken voor je tijd. We zijn je heel dankbaar, toch, Arjun?'

'Absoluut,' zegt Arjun. 'Erg leuk je te ontmoeten, Sasha.'

'En we hopen natuurlijk dat je zult besluiten om terug te keren bij Zoose,' zegt Lev, die mijn hand stevig beetpakt. 'Daar is ons veel aan gelegen. Zeg maar hoe je het hebben wilt. Tijd met jou doorbrengen was…' Hij zoekt naar het juiste woord. 'Verhelderend. Ja. Verhelderend. Ah, Joanne,' zegt hij dan als hij haar opmerkt. 'Je kent Sasha wel. Sasha is de motor achter ons toekomstige succes. Als we haar tenminste aan boord kunnen krijgen.'

Joanne is met stomheid geslagen. Haar ogen vallen zowat uit hun kassen. Ze opent haar mond, maakt een onbestemd geluid en perst dan haar lippen samen.

'Wij kennen elkaar,' zeg ik. 'Ik moet ervandoor.'

'Nou, hopelijk tot snel,' vervolgt Lev, die Joannes ongemak niet opmerkt. 'Geef me een seintje zodra je weer in Londen bent en dan spreken we af voor de lunch. En doe de groeten aan Finn. En aan Terry, natuurlijk! De surfkoning. Die man zou je eens moeten ontmoeten,' zegt hij enthousiast tegen Arjun. 'Surfinstructeur. Een genie. Een filosoof. Die zouden we eens moeten vragen voor een motivatiespeech. O, je taxi is er, Sasha. Goede reis.'

'Dag Lev,' zeg ik. 'En bedankt voor je aanbod. Dag Arjun. Dag Joanne,' voeg ik er beleefd aan toe.

Maar Joanne antwoordt niet. Ze kan het zo te zien nog niet bevatten. Haar gezicht heeft een groenig waas gekregen. Ha.

Ik prent me dat beeld goed in, zodat ik me er later nog eens vrolijk om kan maken. En ik neem me voor om met Lev over Joanne te praten. Het vooruitzicht weer met haar te moeten werken, is bijna een reden om zijn aanbod af te wijzen. Dat moeten we dus wel even bespreken, net als een heleboel andere zaken, denk ik. Ik ga een lijstje opstellen.

In de trein licht mijn telefoon op. Mijn moeder belt en ik neem meteen op.

'Mam!'

'Sasha! Lieverd, hoe gáát het? Ik hoor van Kirsten dat je je baan hebt opgezegd. Goh, nou… geweldig nieuws. Geweldig. Wat een goed idee. Fantastisch.'

Mama klinkt zo overdreven opgewekt dat ik bijna moet grinniken.

Ik wéét gewoon dat Kirsten haar op het hart heeft gedrukt toch vooral positief te reageren.

'Ja, ik ben daar weg.' Ik aarzel even. 'Voorlopig.'

'Geweldig. Heel goed. En hoe vind je het Rilston? Het uitzicht op zee?'

'Het is heerlijk,' zeg ik, en ik denk terug aan het prachtige maanlicht op de golven. 'Het is een magische plek. Ik voel me als herboren.'

'Lieverd.' Mama's stem klinkt warm. 'Wat fijn. Ik heb veel aan je gedacht. En aan ons. Ik heb veel aan vroeger gedacht.' Ze zwijgt even. 'Het lijkt me leuk om in de zomer weer eens naar Rilston Bay te gaan. Een gezellig uitje, met z'n allen.'

'Dat lijkt mij ook fijn.'

'Kirsten zei dat ze een heleboel oude foto's heeft gevonden. En dat die veel herinneringen opriepen. Ze wil Chris en de kinderen meenemen, een huisje huren. De traditie voortzetten.'

'Ja! Dat doen we.'

'En? Wat ben je nu van plan? Blijf je nog een tijdje?'

Hier denk ik even over na. 'Nee,' zeg ik dan. 'Ik ga binnenkort weer terug.'

'Maar Sasha,' zegt mama meteen. 'Overhaast het nou niet. Daar heb jij wel een handje van.'

Ik? Doe ík alles te vlug?

'Nee hoor, echt niet. Het is hier heerlijk, echt waar, maar ik wil… terug. Afspreken met mijn vriendinnen, Kirsten opzoeken, mijn huis opruimen.'

'Goed,' zegt mama. 'Als jij denkt dat je er klaar voor bent.'

'Ik ben er klaar voor.' Ik knik en staar uit het raam van de trein, waarachter een reeks akkers voorbijtrekt. 'Ik heb gedaan waarvoor ik gekomen was.'

We nemen afscheid en als de verbinding verbroken is, aarzel ik een moment. Dan open ik in een opwelling op mijn telefoon de website van Tesco. Ik log in, iets wat ik de afgelopen twee jaar nauwelijks heb gedaan. Ik ga eens goed inslaan. Een virtuele ronde door de supermarkt. Ik ga ingrediënten bestellen. Ik klik op uien. Bouillon. Wortels. Kalkoengehakt. Kom op. Ik kan het. Ik weet wat me te doen staat.

Trots bekijk ik mijn bestelling. Waarschijnlijk zien maar weinig mensen de schoonheid in van een goedgevulde onlinewinkelmand bij Tesco, maar voor mij betekent het veel. Ik sta aan het begin van een nieuw leven. Een leven waarin ik goed voor mezelf zorg. Waarin ik mezelf op waarde schat. Ik zie het helemaal zitten.

25

Ik loop nu zo'n twintig minuten rond op de expositie van Mavis
Adler en ik heb een vaste reactie bedacht: 'Steengoed, vind je ook
niet?'

En het is waar, in de categorie 'bewerkt metaal' zijn de kunstwerken werkelijk steengoed. De stukken zijn verspreid over de reusachtige balzaal en contrasteren fraai met het vergeelde behang en
de mottige gordijnen. Ze hebben allemaal een titel, maar wat de
beelden voorstellen, zou ik niet zo gauw weten.

Tot nu toe vermaak ik me best aardig; ik heb een praatje gemaakt
met een vrouw van Sotheby's, een man met een galerie in Cork Street
en een journalist uit het dorp. Volgens mij doen kunstkenners niets
liever dan oeverloos hun mening verkondigen. Dus mijn werkwijze
is als volgt: ik laat ze lekker praten terwijl ik me tegoed doe aan de
gratis champagne. En als er even een stilte valt zeg ik: 'Steengoed,
vind je ook niet?'

Een geweldige formule.

Cassidy loopt bedrijvig rond in een leuk zwart jurkje en stuurt de
mensen van de catering aan. Zo nu en dan kijkt ze veelbetekenend
mijn kant op, alsof we familie zijn, en dat maakt me ongelooflijk
blij. Nikolai heeft me een boerenkoolcocktail gebracht, waar ik me
discreet van heb ontdaan. De expo is zo drukbezocht dat ik Mavis
Adler nog niet eens heb gespot. Gabrielle heb ik wel gezien, omringd
door mensen die een selfie met haar willen maken, en ook Jana is van
de partij. Zij zit achter een tafeltje en probeert nog wat catalogussen
te slijten.

'Sasha!' Ik draai me om en zie Keith Hardy, gekleed in een linnen jasje met een knalroze das met paisleymotief. 'Leuk je te zien,
jongedame! Heb je het hier nog een beetje naar je zin?'

'Jazeker,' zeg ik. 'Heel fijn.' Als er een stilte valt, zeg ik: 'Steengoed, vind je ook niet?'

'De kunstwerken?' Keith fronst zijn wenkbrauwen. 'Zou ik niet weten, eigenlijk. Ik heb het gevoel dat ik op een bouwplaats ben. Maar heb je dat daar gezien?' Hij knikt met zijn hoofd richting het podium, waarop iets heel groots door een doek aan het zicht onttrokken wordt. 'Haar nieuwste werk.'

'Ja, ik weet het.' Ik bekijk het gevaarte nieuwsgierig. Het is een beeld van zo'n drie meter hoog, dat is duidelijk, maar ik heb geen idee wat ik ervan kan verwachten.

'De gemeente hoopt dat het een standbeeld is naar *Jeugdliefde*,' vertrouwt Keith me toe. 'Zoiets trekt bezoekers aan, geeft de economie een zetje. Een vervolg, met als titel *Jeugdliefde 2*.'

'Maar het heet *Titan*,' zeg ik aarzelend.

'Het zou een zoenend stelletje kunnen zijn,' zegt Keith onverstoorbaar. 'Zoals in de film *Titanic*. Kate en Leo.'

'Ja, misschien…'

'Sasha!' Weer word ik begroet door een vertrouwde stem en als ik me omdraai, zie ik Hayley en Adrian West staan. Ze dragen nette kleren en hebben allebei een glas champagne in de hand.

'Hallo!' zeg ik, en het valt me op hoe gelukkig en blozend ze eruitzien. 'Jullie heb ik al een tijdje niet gezien!'

'We hebben… het druk gehad.' Hayley buigt zich giechelend naar Adrian toe. Hij knabbelt aan haar oor, waarop nog meer gegiechel volgt. 'Ade!'

'Ik kan het niet laten,' zegt hij met een schalks lachje. 'Je bent ook zo'n prachtvrouw.'

'Dus het is weer goed tussen jullie?' zeg ik.

'Beter dan ooit,' zegt Hayley, en dan fluistert ze me iets in mijn oor. 'Hartstikke bedankt. Ik weet niet wát jullie tegen hem hebben gezegd…'

'O, niks bijzonders,' zeg ik haastig. 'We hebben gewoon even met hem gebabbeld.'

'Nou, het heeft heel goed uitgepakt.' Hayley geeft een kneepje in mijn hand. 'We hebben een upgrade gevraagd. Nu slapen we in de hemelbedsuite, een kamer met butlerservice!'

'Echt?' Dat klinkt goed. 'Wie is de butler?'

'Nikolai. Hij trekt een jacquet aan – dat hangt op een speciaal haakje in de gang. Doet erg zijn best, de schat. We hebben er nog niet zoveel gebruik van gemaakt. We laten alleen af en toe roomservice komen.'

'Niet storen,' zegt Ade, die Hayley even in haar achterste knijpt. 'Als je begrijpt wat ik bedoel.'

'Ik begrijp het.' Ik knik. 'Heel goed.'

'O, en we hebben jouw hoelahoep gekocht!' roept Hayley enthousiast uit. 'Ik heb hem alleen nog niet gebruikt.'

'Mijn wát?' zeg ik verwonderd.

'Jouw hoelahoep? "Een tip van Sasha"?'

'Wát?'

'Op de app.' Ik kijk Hayley niet-begrijpend aan. 'De Rilston-app. Heb je die niet?'

'Ik… eh… de app werkte niet goed,' zeg ik. 'Ik krijg geen meldingen meer. Wat is "een tip van Sasha"?'

'Wéét je dat niet?' zegt Hayley ongelovig. Ze pakt haar telefoon, zoekt iets op en steekt me dan haar toestel toe. Ik zie een hele reeks berichten van de Rilston-app.

Welkom in de app van het Rilston Hotel, met gezondheidstips van onze eigen lifestylegoeroe Sasha Worth!
Yogamatten en hoelahoeps zijn te koop of te huur bij de receptie (beperkt aanbod). #EentipvanSasha

Doe net als Sasha elke dag een yogasessie op ons prachtige strand!!
Gratis en voor niks.
#EentipvanSasha

Dit wilt u niet missen: de Rilston-smoothie van boerenkool is nu beschikbaar. De smoothie is speciaal ontwikkeld voor onze eigen lifestylegoeroe Sasha Worth – gezond en lekker.

#EentipvanSasha

Vergeet niet: de Wilde Avond is een belangrijk onderdeel van ons wellnessarrangement. Vanavond zijn de shotjes tequila in de bar de helft van de prijs!!!

#EentipvanSasha

Ik zou eigenlijk kwaad moeten worden, maar ik schiet in de lach. 'O, dat wilde ik nog vragen,' zegt Hayley nu. 'Heb je een onlineles hoelahoepen opgenomen?'

Heb ik een online les hoelahoepen opgenomen?

'Nee,' stamel ik. 'Sorry.'

Het lijkt erop dat ik het tot influencer heb geschopt. Misschien kan ik een dealtje maken met Club-wafels. Of met die witte wijn van het onderste schap. En dan moet ik onbedaarlijk lachen, want het is allemaal zo raar, zo Cassidy, zo typisch Rilston, dat ik Simon, die nu op mij afkomt, wel zou willen omhelzen. Hij lijkt nog gestrester dan anders. Hij ademt gejaagd, zijn overhemd is gekreukeld en zijn haar wijst alle kanten uit. Als hij in de buurt is vraag ik bezorgd: 'Simon, gaat het wel?'

'Ik heb zojuist helaas de goochelaar Mike Strangeways van het terrein moeten verwijderen,' zegt hij met een gekwelde blik. 'Er was een heel ongewenste toestand ontst—' Hij maakt zijn zin niet af en fronst verbaasd. Hij brengt een hand naar zijn kraag en trekt er langzaam een streng van zes kleurige, aan elkaar geknoopte zakdoekjes uit.

'Bravo!' Ik klap in mijn handen, maar Simon kijkt geschokt.

'Ik kan je verzekeren dat ik hier niets van wist. Tijdens de schermutseling van zo-even met Mike Strangeways moet een van zijn rekwisieten per abuis in mijn kleding terecht zijn gekomen.' Hij houdt de zijden zakdoekjes tussen duim en wijsvinger, een eindje van zich af. 'Ms Worth, dit strookt niet met de hoge standaard die wij bij het Rilston hanteren, en ik wil dan ook –'

'Excuses zijn niet nodig.' Ik onderbreek hem en zeg beslist: 'Toe. Geen excuses. Simon, jouw hotel is helemaal het einde. Een tikkeltje onconventioneel, misschien… maar echt het einde. Ik ben tijdens mijn verblijf helemaal opgeknapt en als het kon, zou ik jullie op Trip-advisor tien sterren geven.' Ik kijk hem ernstig aan. 'Het maximale aantal sterren.'

'Ms Worth!' Simon lijkt een beetje aangedaan. 'Lieve hemel.' Hij wrijft in zijn gezicht, trekt dan een schone zakdoek uit zijn zak en snuit zijn neus. 'Dat is erg aardig.'

'Ik wens jullie veel succes. Jullie allemaal.' Ik gebaar naar de af-tandse balzaal. 'Met de Hemelse Strandstudio's, met het hoogseizoen straks… met alles.'

'Het klinkt alsof u ons binnenkort gaat verlaten, klopt dat?' vraagt Simon voorzichtig.

'Inderdaad.' Ik lach naar hem. 'Ik denk dat mijn tijd hier erop zit.'

'Nou, dan hoop ik dat u vanavond extra zult genieten.' Hij buigt even en knikt me vriendelijk toe – en ziet dan iets wat zijn gezicht doet verstrakken. 'Waar gaat Cassidy heen met die heliumtank? Ms Worth, neem me niet kwalijk…'

Hij verdwijnt haastig in het gedrang en ik kijk hem met warme gevoelens na. Ik ga dit hotel echt missen, maar in gedachten ben ik al uitgecheckt.

Links van mij ontstaat er enige drukte rond een grijzende vrouw in een felrode linnen jurk. Dat moet de beroemde Mavis Adler zijn. Ik neem het tafereel een tijdje op en zie dat mensen haar hand beet-pakken en hun hals strekken om te kunnen horen wat ze zegt. Ik vraag me af hoe het is om haar te zijn. Finn zou net zo in de belang-stelling staan als hij openheid van zaken had willen geven –

En dan, alsof ik hem met die gedachte heb opgeroepen, hoor ik Finns stem. Een pijl doorboort mijn hart.

'Sasha.'

Voor ik me omdraai, adem ik een keer in en uit. Hij buigt iets voorover om me te kussen en ik trek hem tegen me aan. Ik snuif zijn geur op en hoop dat dit moment nooit voorbijgaat.

Ik gun mezelf vijf heerlijke seconden. Vijf seconden met Finn in onze bubbel, waarin nog zoveel vragen niet gesteld zijn. Maar dan neem ik bewust afstand; we moeten praten.

De oude Sasha had dit gesprek voor zich uit geschoven. Zij had het nog een tijdje aangekeken. Was alles uit de weg gegaan wat moeilijk was of pijn kon doen.

Maar de nieuwe Sasha weet wat haar te doen staat.

'Hoe was je therapie?' begin ik.

'Goed.' Hij knikt. 'Best zwaar. Na afloop was ik bekaf. Hoe is het met jou? Hoe was de vergadering?'

Ik heb zoveel te vertellen. Over mijn baan, over Joanne, zelfs over #EentipvanSasha... Maar er is maar één gesprek dat ik nu met hem wil voeren.

'Die ging heel goed,' zeg ik. 'Finn, ik vroeg me af...'

'Ja?'

Om tijd te rekken nip ik van mijn champagne. Mijn onderlip trilt. Dit is een cruciaal moment.

'Ik heb je nooit echt gevraagd,' zeg ik luchtig, 'waarom je nou eigenlijk aldoor zo boos was? Waardoor was je zo gestrest geraakt? Kwam het door je werk? Of was er... iets anders?'

De deur staat open. Wijd open. Als hij bereid is het me te vertellen, dan kan hij dat nu doen.

'Werk,' zegt Finn meteen. 'Overwerk. Slaapgebrek. Net als bij jou.'

Ik vraag door. 'Maar waarom moest je zoveel overwerken? Waardoor sliep je zo slecht?'

Finn ontwijkt mijn blik en neemt een grote slok champagne.

'Het was... een ingewikkelde situatie,' zegt hij uiteindelijk. 'Ik heb het zwaar gehad.'

Hij kijkt gekweld en sluit zich af; ik kan hem zo niet bereiken. Zo

333

kijk je niet als je overwerkt bent. Zo kijk je als je het moeilijk hebt met een mislukte relatie. Hij zit met zichzelf in de knoop, dat weet ik. Hij is er nog niet overheen en hij is nog lang niet toe aan een liefdesrelatie met iemand anders.

'Waarom had je het zwaar?' dwing ik mezelf te vragen. Finn schrikt op, alsof hij even mijlenver weg was met zijn gedachten.

'Eh, hetzelfde als bij jou, denk ik. Dat je taken van collega's moet overnemen vanwege…' Hij gaat niet verder en mijn hart krimpt ineen. Hij gebruikt mijn woorden.

'Heb je het aangekaart bij je leidinggevende?' vraag ik, en Finns ogen schieten weg.

'Niet echt. Dat had ik beter wel kunnen doen.'

Ik geef niet op. 'Maar wat was de onderliggende oorzaak? Een gebrek aan personeel? Of…?'

Nu lees ik regelrechte wanhoop van Finns gezicht af. 'Het was… ik weet niet. Het was moeilijk.'

Ik kijk hem zwijgend aan. Als mijn ogen konden praten, dan zouden ze zeggen: *Finn, ik zie dat je iets voor me achterhoudt. Je houdt haar geheim. Je houdt dat hele verhaal geheim. Je bent er nog niet overheen.*

'Waar kunnen we een drankje halen?' vraagt Finn. Hij kijkt gejaagd rond, alsof hij ervandoor zou willen gaan. Ik heb met hem te doen. Ik heb hem nooit op de man af gevraagd of hij van een ander houdt. Mijn fout. De volgende keer dat ik het universum om een man vraag, weet ik wel beter.

Er zijn nu twee mogelijkheden. Ik kan alles opbiechten. Hem vragen hoe het zit. Ik kan deze ontluikende vriendschap kapotmaken om… ja, waarom eigenlijk?

Of ik kan de eer aan mezelf houden.

'Ik heb eens nagedacht…' zeg ik, 'en het lijkt me beter om rustig aan te doen.'

'Rustig aan?' vraagt Finn verbaasd.

'We hebben allebei een burn-out gehad. We hebben allebei een

334

zware tijd achter de rug. We moeten allebei ons leven weer op de rails krijgen. Ik heb hiervan genoten.' Ik gebaar van hem naar mij. 'Echt waar.' Ik klink als een zachtaardige, zelfverzekerde vrouw die een man behoedzaam aan de kant zet. 'Maar Finn, we kunnen niet elkaars pleister zijn.'

'Pleister?' Hij kijkt me ontzet aan. 'Dat is niet… Ik zie jou niet als…'

'Weet ik. Maar misschien is dit niet…' Ik slik. 'Misschien is dit toch niet zo'n goed idee.'

Hier laat ik het even bij en zijn ogen vertellen me wat er door hem heen gaat: schrik zodra mijn bedoeling tot hem doordringt, aanvaarding, verdriet. Het liefst zou ik nu roepen dat het een grapje was, maar ik zwijg en houd voet bij stuk.

'Goed,' zegt Finn uiteindelijk met dikke stem. 'Ik bedoel, ik snap wat je zegt.'

'Je hebt al je aandacht nodig voor de therapie.'

En voor je hart. En voor die verbroken relatie met je droomvrouw.

'Misschien wel, ja.' Hij knikt. 'Maar… we hadden het zo leuk samen.'

'Dat is ook zo. Het was een fijne tijd.' Ik voel tranen in mijn ogen prikken. 'Echt fijn.'

'Sasha, gaat het wel?' Met een ernstige blik speurt hij mijn gezicht af, alsof hij naar antwoorden zoekt. 'Was het tussen ons… heb je er spijt van?'

Ja, want ik weet dat jouw hart tot in de eeuwigheid aan een ander toebehoort.

'Natuurlijk niet. Het was…' Ik schud mijn hoofd. 'Onvergetelijk.'

'Zo denk ik er ook over.' Hij pakt mijn onderarmen beet. 'Sasha, ik snap wat je bedoelt. Eerlijk waar. Er moeten wat dingen opgehelderd worden. Maar gaan we nu niet te snel? Kunnen we erover praten?'

Ik kijk naar hem op. De talloze fijne rimpeltjes in zijn verbijsterde gezicht vertellen me hoezeer hij van zijn stuk is. Zijn trekken hebben ook iets ongelukkigs dat ik nog niet eerder had opgemerkt. Een diepgevoeld, verzwegen verdriet waarmee ik hem niet kan helpen.

'Zorg goed voor jezelf, Finn,' fluister ik, en het voelt alsof iemand mijn keel dichtknijpt.

Hij kijkt me een poosje verdrietig en wanhopig aan, alsof hij probeert te bedenken hoe hij het gesprek een andere wending kan geven. Dan zucht hij diep en geeft hij het op.

'Zorg jij ook goed voor jezelf?' Hij laat mijn armen los en strijkt teder langs mijn wang. 'Laten we allebei lief voor onszelf zijn, goed?'

'Goed.' Ik knik, en dan glimlach ik naar hem, al gaat het niet helemaal van harte. 'Doen we. Ik ga het manifesteren. "Finn komt erbovenop." Ik zal het op een papiertje schrijven. Dat bewaar ik in mijn zak, en dan zorgt het universum dat het goed komt.'

'Ik zal hetzelfde doen.' Op zijn gezicht verschijnt nu net zo'n krampachtige, ongelukkige glimlach als bij mij. 'Op mijn briefje schrijf ik "Sasha komt erbovenop."'

'Dat gaat zeker werken.' Ik doe mijn best om het luchtig te zeggen. 'Manifesteren staat niet voor niets in de 20 stappenapp.'

'De app heeft altijd gelijk,' zegt Finn bevestigend.

Het voelt alsof we de weg hebben teruggevonden naar een plek waar we onze emoties hebben weggestopt, waar we grapjes kunnen maken, waar we oogcontact kunnen maken, waar mijn hart nog heel is.

'Wil jij ook nog wat drinken?' zegt Finn. 'Ik ga even twee glazen halen.'

Hij wendt zich af, schijnbaar opgelucht om een korte pauze in te lassen. Ik zucht diep. Zo. Ik heb het gedaan. De pleister is eraf.

Rauwe huid.

Mijn hart heeft een knauw gekregen.

Maar het komt er wel overheen. Ik kom er wel overheen. Ik heb zoveel om dankbaar voor te zijn. Ik heb mijn bestelling bij Tesco en ik heb een aanbod voor een nieuwe baan en ik ga wat moois maken van mijn leven... Ik ga die dooie planten weggooien... en een cadeautje kopen voor Coco.

Mijn gedachtestroom wordt onderbroken als ik even verderop Terry's dochter Tessa zie staan.

'Hallo,' zeg ik, en ik gebaar vaag naar de beelden: 'Steengoed, vind je ook niet?'

Ik wacht tot ze iets terugzegt, maar ze blijft me vanachter haar krullen verlegen aankijken.

'Ik hoop dat je het niet erg vindt,' zegt ze na een poosje. Haar stem klinkt zacht en zenuwachtig.

'Wat bedoel je?' zeg ik verbaasd. 'Dat ik wát niet erg vind?'

'Het lag misschien niet echt voor de hand, maar ik durfde er niet over te beginnen en...' Ze kijkt ongemakkelijk om zich heen en vervolgt dan op nog zachtere toon: 'We mochten er van papa niet over praten. Nooit. Zelfs na al die jaren niet.'

'Tessa...' Ik kijk haar aan. Er komt een heel vreemd gevoel over me. Mijn hoofdhuid prikkelt. Het lijkt wel of alles op zijn plek valt. Tessa komt een stapje dichterbij, haar grote ogen nog steeds op mij gericht. Ze bijt op haar lip.

'Maar toen zag ik jullie namen staan.' Ze kijkt me ontdaan aan. 'Jullie waren weer hier, in Rilston. En ik vond dat het tijd was om eindelijk actie te ondernemen.'

'Tessa...' Ik slik een paar keer. 'Heb jij al die berichten op het strand achtergelaten?'

'Natuurlijk.'

'Aha.' Ik probeer mijn kalmte te bewaren, maar makkelijk is het niet. 'Dus jij was het.'

'Natuurlijk was ik het. Ik dacht dat jullie dat wel wisten.'

Ze kijkt me rustig aan, maar tegelijkertijd komt ze wat schichtig over, alsof ze elk moment de benen kan nemen. Ik moet vooral kalm blijven.

'Je schreef "Voor het stel op het strand. Bedankt",' verduidelijk ik. 'Dat bericht was dus aan ons allebei gericht?'

'Aan jou en Finn,' zegt ze knikkend. 'Samen.'

Er trekt een golf van opwinding door me heen: had ik het toch bij het juiste eind! Het had niets te maken met Mavis Adler. Die berichten waren bestemd voor Finn en mij, precies zoals wij al de hele tijd dachten. Ik heb nog maar één vraag.

'Maar Tessa… waaróm?'

'Waaróm?' Ze kijkt me verbaasd aan. 'Nou… om wat jullie hebben gedaan. Omdat jullie papa hebben gered.'

'Hebben wij Terry gered?' Ik staar haar verbijsterd aan.

'Jullie hebben aan de politie verteld wat je had gezien,' zegt ze droogjes. 'Jullie vertelden allebei exact hetzelfde verhaal. Twee onschuldige kinderen, die geen enkele reden hadden om te liegen. Dat bracht de politie op andere gedachten. Sasha Worth en Finn Birchall.' Ze zwijgt even en glimlacht als ze eraan terugdenkt. 'Sandra's beste vriendin werkte bij de politie en zij noemde jullie namen, al had ze dat nooit mogen doen. Sandra wilde jullie heel graag bedanken, maar het jaar daarop kwamen jullie niet.'

'Wij zijn hier allebei in geen twintig jaar geweest,' zeg ik traag en ik kijk opzij als Finn zich bij ons voegt.

'Finn, mag ik je voorstellen aan onze strandfee,' zeg ik. Grinnikend zie ik hoe zijn mond van verbazing openvalt. 'Het had dus tóch iets te maken met het ongeluk. Ik hoor net dat wij de politie destijds op het juiste spoor hebben gezet. Wij samen!'

'De politie op het juiste spoor gezet?' Finn ziet eruit alsof hij door de bliksem getroffen is.

'Zij dachten eerst dat die beschadigde kajak bij papa vandaan kwam,' legt Tessa uit. 'Pete probeerde hem de schuld in de schoenen te schuiven.'

'Maar ik snap nog steeds niet hoe wij hebben geholpen,' zeg ik. 'Ik ging naar de politie met een of ander zwetsverhaal over een zwemvest, terwijl het ongeluk daar niet door veroorzaakt was. Hoe kan het dan dat ze de lijn van het onderzoek hebben verlegd?'

'Dat zwemvest deed er niet toe,' zegt Tessa. 'Het ging om het vuurtje. Jullie zagen Pete allebei in het vuur poken, en dat zette ze aan het denken.'

'Maar wat deed Pete dan precies?' vraagt Finn. 'Weet jij dat?'

'Zo'n beetje,' zegt Tessa. 'Door het ongeluk was iedereen op het strand. Alle ogen waren op de zee gericht en iedereen probeerde te helpen. Niemand lette op de Surf Shack. Pete glipte stiekem naar binnen en pikte papa's logboek, archiefmappen, oude verpakkingen, alles wat hij maar mee kon krijgen. En hij heeft alles verbrand. Want hij wist dat papa alles heel nauwgezet bijhield, en dat kwam hem niet goed uit. Daarna stapte hij naar de politie, waar hij een verhaal uit zijn duim zoog. Jullie weten vast wel dat papa en Pete elkaar soms hielpen door elkaar surfboards en ander materiaal uit te lenen? Pete had de kajak verhuurd aan James Reynolds, maar hij zwoer dat het ding bij papa vandaan kwam. Hij zei dat papa had gezegd dat het ding veilig was. Hij maakte papa zwart.'

'Belachelijk,' gromt Finn. 'Terry's spullen waren altijd dik in orde.'

'Ja, maar hij kon het niet bewíjzen,' zegt Tessa. 'Omdat zijn logboek weg was. En Pete bracht zijn leugen met overtuiging. Op het strand gingen al snel de eerste roddels rond.' Ze zucht een keer diep. 'Maar goed. Toen vertelden twee kinderen aan de politie dat ze Pete spullen zagen verbranden in een vuilnisbak. Jullie tweeën.'

Ik denk terug aan dat moment. Ik keek toevallig uit het raam. Zag hoe Pete met een strak gezicht in de vlammen pookte. Dat moet Terry's logboek zijn geweest.

'Dus hij stond inderdaad bewijs te vernietigen,' zeg ik. Het voelt alsof ik weer dertien ben. 'Ik wíst het.'

'Is Pete ooit veroordeeld?' vraagt Finn nieuwsgierig.

Tessa schudt haar hoofd. 'Zover is het niet gekomen,' antwoordt ze. 'Toen de politie eenmaal de juiste vragen stelde, kreeg zijn medewerker Ryan het benauwd. Hij heeft alles opgebiecht. Pete kreeg een tik op de vingers en kreeg een inspecteur over de vloer. Maar zijn bedrijf ging over de kop. Niemand in het dorp stuurde nog klanten naar hem toe. Er werd over hem geroddeld. Hij sloot zijn zaak. Ging weg uit Rilston Bay.' Ze laat een stilte vallen. 'Als jullie niks hadden gezegd, had dat mijn vader kunnen overkomen. Dan was hij de Surf Shack misschien wel kwijtgeraakt. Hij heeft nog bijna twintig jaar surfles kunnen geven. En dat allemaal dankzij twee kinderen. Jullie tweeën.'

Finn zwijgt en ik weet ook even niks te zeggen. Ik denk terug aan de berichten in het zand, en ik merk dat ik nog niet alles begrijp.

'Hoe wist je dat wij hier waren?'

'Cassidy stuurde de namen van twee gasten van het Rilston door die de grotten wilden bezichtigen. Sasha Worth en Finn Birchall. Ik wist niet wat ik zag!'

'Maar waarom ben je niet gewoon naar ons toe gekomen?'

'Van papa mochten we nooit over het ongeluk praten,' zegt Tessa, die begint te blozen. 'Hij wilde vergeten dat het ooit was gebeurd. Ik wilde me er niet openlijk over uitlaten. Het leek me beter om jullie in stilte te bedanken. In het geheim. Ik dacht dat jullie het meteen zouden snappen. Tot ik jullie hoorde praten bij de grotten, want toen begreep ik dat jullie het verband nog niet zagen. Daarom heb ik de keer daarop de datum erbij gezet.'

'Maar je schreef "Voor het stel op het strand",' zeg ik, nog altijd in het duister tastend. 'Je kende ons niet. Waarom dacht je dat wij een stel waren?'

'Ik zag jullie kibbelen,' zegt Tessa met een verbaasde blik. 'Jullie riepen elkaar op het strand van alles toe. Het klonk alsof jullie een stel waren. En ik dacht: o, wat leuk, de kinderen die papa hebben gered, zijn verliefd op elkaar geworden. Ik dacht echt dat het zo was.' Ze valt even stil, fronst haar wenkbrauwen. 'Maar zijn jullie dan geen stel?'

Ik durf Finn niet aan te kijken. Mijn ogen voelen een beetje branderig. Ik vraag me net af of ik er met een smoesje vandoor moet gaan, als een opgewekte stem achter mij op luide toon uitroept: 'Tessa, wat hoorde ik jou net zeggen? "De kinderen die papa hebben gered"? Welke kinderen?'

340

Ik draai me om en zie Mavis Adler staan. Ze kijkt opgetogen van mij naar Finn en dan naar Tessa. Ze heeft een glas whisky in haar hand, er zitten restjes klei op haar vingers en ze ruikt vaag naar tabak. 'Dag Ms Adler,' zeg ik vlug. 'Gefeliciteerd met de expositie. Steengoed.'

'Welke kinderen?' vraagt Mavis Adler zonder acht te slaan op mijn woorden.

'Deze kinderen!' Tessa gebaart naar Finn en mij. 'Alleen zijn ze inmiddels volwassen geworden.'

'Nou, een van de twee heb ik al eens ontmoet,' zegt Mavis met een vette knipoog naar Finn.

'En dit is Sasha,' zegt Finn, die haastig naar mij gebaart.

'Zij hebben de politie op het juiste spoor gezet na het ongeluk met die kajak,' zegt Tessa. 'Als zij er niet waren geweest, was papa misschien alles wel kwijtgeraakt. Ik heb ze daarvoor net bedankt.'

'Lieve hemel!' Mavis pakt eerst mijn hand, dan die van Finn. 'Ik herinner me dat ongeluk nog goed! En als een oude vriendin van Terry ben ik werkelijk opgetogen –'

'Dames en heren!' De stem van Jana onderbreekt ons gesprek en de hele zaal richt zijn aandacht op het lage podium. 'Welkom bij de opening van de tentoonstelling *Figuren*, een verzameling nieuw werk van Mavis Adler.' Er klinkt applaus en Mavis Adler wiebelt ongemakkelijk heen en weer.

'Stelt niks voor,' mompelt ze. 'Kan iemand me nog een whisky brengen?'

'Straks zal Mavis enkele vragen beantwoorden. Maar voor het zover is, wil ik haar graag naar het podium roepen. Mavis?' Jana kijkt zoekend de balzaal door. 'Mag ik een warm applaus voor een van de grootste hedendaagse kunstenaars in het Verenigd Koninkrijk, Mavis Adler!'

De menigte wijkt eerbiedig uiteen terwijl Mavis zich naar het podium begeeft, de drie treden op gaat en dan, met haar voeten wijd uiteen, de zaal in kijkt.

'Nou, ik wil iedereen graag bedanken voor zijn komst,' zegt ze kordaat. 'En ik hoop dat mijn werken iets bij jullie losmaken. Maar als er in mijn kunst iets centraal staat, dan is het wel de gemeenschap. Onze gemeenschap.'

'Gemeenschap,' herhaalt Jana vol eerbied. 'Natuurlijk, dat is een van de centrale thema's van *Figuren* en van veel van jouw andere werk. Mavis, zou je daar nog iets meer over willen vertellen?'

'Ja, hoor,' zegt Mavis. 'Maar ik wil *Figuren* heel even laten rusten. Er is mij vanavond een bijzonder verhaal ter ore gekomen. Een verhaal dat ik graag met jullie wil delen. Zijn er vrienden van Terry Connolly in de zaal?'

Er klinkt verbaasd geroezemoes op, dat wordt gevolgd door gelach wanneer mensen verspreid door de hele zaal hun hand opsteken.

'Wie is Terry Connolly?' vraagt de vrouw van Sotheby's aan de man van de galerie in Cork Street, die Terry vervolgens googelt op zijn telefoon.

'Veel van de aanwezigen zijn erg op Terry gesteld,' zegt Mavis nadrukkelijk. 'Hij betekent veel voor onze gemeenschap en we houden van hem. Nou, jullie weten vast nog goed dat er twintig jaar geleden op het strand een ongeluk is gebeurd.' Ze zwijgt en wacht tot de zaal weer stil is. 'Iemand probeerde Terry vervolgens zwart te maken, en dat was hem ook bijna gelukt. Maar gelukkig staken twee kinderen daar een stokje voor. Zij vertelden de politie wat ze hadden gezien. En nu, twintig jaar later, zijn die twee kinderen hier. Finn, Sasha…' Ze wijst naar ons en langzaam draaien alle aanwezigen zich naar ons toe. 'Zoals jullie weten heeft Terry wat problemen met zijn gezondheid. Ik weet niet of hij zelf in staat is jullie te bedanken. Dus daarom zeg ik, namens alle vrienden van Terry hier in deze zaal: dank jullie wel.'

Nog voor haar handen elkaar raken klatert er al een daverend applaus op. Keith staat te klappen, Simon staat te klappen, Herbert joelt met schorre stem, en voor we het weten, klinkt in de balzaal het geroffel van talloze stampende voeten. Wildvreemden pakken mijn hand en beginnen die te schudden. Een stem zegt zacht 'Goed gedaan!' in mijn oor. En nu worden we, ik kan het nauwelijks geloven, naar het podium toe geleid.

'Ongelóóflijk,' stamelt Finn in mijn oor.

'Het gaat niet om ons,' zeg ik. 'Dit is allemaal voor Terry.'

Tessa heeft zich op het krappe podium bij ons gevoegd en stapt tot mijn verbazing naar voren, schuift haar krullen uit haar gezicht en laat haar blik over de menigte glijden.

'Spreken in het openbaar gaat me niet zo makkelijk af,' zegt ze met trillende stem. 'Maar soms moet je wel. Doordat zij, Sasha en Finn, naar de politie gingen, kon mijn vader nog bijna twintig jaar surflessen geven aan Rilston Bay. En zoals jullie weten, was het lesgeven zijn lust en zijn leven. Is, bedoel ik.' Ze zucht een keer diep. 'Hij was dolblij met de bijna twintig jaar die hij dankzij hen nog heeft gehad.'

Het applaus zwelt aan tot een luid gebulder en ik kijk, behoorlijk geroerd, even opzij naar Finn. Mavis steekt haar handen bezwerend in de lucht en dan wordt de zaal weer rustig.

'Om dit bijzondere moment te vieren,' zegt ze met gevoel voor drama, 'zou ik het programma iets willen aanpassen. Ik wil Finn en Sasha vragen mijn nieuwe werk *Titan* te onthullen. Dat zou me met veel trots vervullen. In dit nieuwe werk verbeeld ik de kwetsbaarheid en schoonheid van de mensheid in al zijn naakte kracht.'

Bij het woord 'naakt' spitst het publiek geïnteresseerd de oren. Misschien heeft Keith dan toch gelijk. Misschien is het een zoenend stel, maar dan naakt!

Jeugdliefde 2, naaktstudie. Als daar geen toeristen op afkomen.

Jana, die een beetje gestrest raakt door deze onverwachte wending, wijst Finn en mij het touw aan waarmee het kunstwerk kan worden onthuld. We pakken het samen beet en kijken dan naar Mavis.

'Met groot genoegen presenteer ik het belangrijkste en meest ambitieuze werk dat ik tot op heden heb gemaakt,' verkondigt ze. 'Ziehier *Titan*.'

Finn en ik trekken aan het touw, en als het doek dat het immense beeld bedekte langzaam valt, zien we…

O, mijn gód.

Het is Herbert. Het is een kolossaal, drie meter hoog standbeeld van Herbert, geheel naakt, gemaakt van ruwe, grijs-witte klei. Anatomisch verantwoord. Van top tot teen.

In het publiek slaakt iemand een ingehouden kreet, Cassidy, zo te horen. Er klinken verbaasde uitroepen, een beetje gelach, en dan begint er eindelijk iemand te klappen.

Herbert staat er uitermate ontspannen bij. Hij heeft een ondoorgrondelijk glimlachje op zijn gezicht, maar Simon ziet eruit alsof hij elk moment van zijn stokje kan gaan.

Nu onze taak is volbracht, stappen Finn en ik van het podium af, waarna we onmiddellijk worden omringd door mensen die ons allerlei vragen stellen. Cassidy heeft zich door het gedrang weten te wurmen en staat ons bij alsof ze onze persvoorlichter is.

'Ze logeren bij ons in het Rilston… Ja, ze kwamen hier als kinderen al… Wisten jullie dat Sasha onze eigen lifestylegoeroe is?'

'Ik dacht dat ze een stelletje waren,' hoor ik Tessa tegen iemand zeggen, boven het geroezemoes uit. 'Dus ik schreef een bericht voor ze in het zand: "Voor het stel op het strand."'

Cassidy hoort Tessa dit zeggen en kijkt haar aan. 'Ze zíjn ook een stel, hoor! Zeker weten.' Haar ogen schitteren. 'Ik heb ze bezig gezien!'

'Echt?' zegt Tessa met een onzekere blik op mij. 'Ik dacht…'

'Of toch niet?' Cassidy kijkt ons aan, de ontzetting valt van haar gezicht af te lezen. 'Nee toch! Nee! Doe me dit niet aan, hoor. Zijn jullie uit elkaar?'

Het rumoer in de zaal lijkt weg te sterven als ik opkijk naar Finns vriendelijke gezicht.

'We zijn geen stel meer,' zeg ik zachtjes tegen hem, 'maar nog wel goede vrienden.'

'Goede vrienden. Dat zal nooit veranderen.' Hij pakt mijn hand en kust mijn vingertoppen. 'Nooit.'

26

Vervuld van weemoed neem ik afscheid van Simon, Herbert en Nikolai en laat ik me door Cassidy wel twintig keer omhelzen. Finn brengt me naar het station en sjouwt een deel van mijn spullen.

We staan samen op het perron, waar we zo nu en dan een paar regendruppels op ons hoofd krijgen. We zeggen niet zoveel, maar om de zoveel tijd kijken we elkaar aan en lachen dan voorzichtig, alsof we willen zeggen: *Alles oké?* De ander geeft dan met eenzelfde lachje aan: *Het gaat wel, hoor.*

'Die aquarelverf gaat ongeopend mee terug,' zeg ik als de stilte ondraaglijk begint te worden. 'Ik was nog zo van plan om Rilston Bay te schilderen en de nieuwe Mavis Adler te worden.'

'Het is altijd goed om iets te bewaren voor de volgende keer,' antwoordt Finn. 'Hoeveel stappen heb je uiteindelijk afgewerkt?'

'O, minstens vijfentwintig.' Ik kijk hem grinnikend aan. 'Zie je dat dan niet? Ik voel me als herboren. Ik zit weer lekker in mijn vel!'

'Dat geloof ik ook, ja,' zegt hij ernstig. 'Je bent veranderd sinds de eerste keer dat ik je zag.'

Ik was er niet best aan toe toen ik Finn ontmoette, dat weet ik nog goed. Afgepeigerd, kortaangebonden en met een ongezonde hang naar chocola en wijn. Hij heeft gelijk: ik voel me stukken beter nu. Assertiever. Sterker. Rustiger. Fitter.

Dan denk ik terug aan de kwaaie sociopaat die ik in de duinen meende te horen praten en kijk ik op naar de evenwichtige, wijze, aardige man die voor me staat.

'Anders jij wel,' zeg ik. 'Jij bent ook flink opgeknapt.'

'Laten we het hopen,' zegt Finn met een wrang lachje. 'De oude Finn willen ze op mijn werk niet terugzien.'

Een vaag, zangerig geruis vertelt ons dat de trein in aantocht is en ik zie zo op tegen het afscheid dat ik een beetje misselijk word.

'Nou!' Ik doe mijn uiterste best om opgewekt te klinken. 'Precies op tijd.'

'Dat is hij meestal.' Hij knikt.

'Wel zo handig.'

We vervallen in algemeenheden, maar waar moeten we het anders over hebben?

'Finn...' Ik kijk hem aan en heel even zie ik in zijn ogen wat ik ook voel. Verdriet. En schrik, omdat het nu echt zover is.

Hij kon niet vol voor mij gaan, dat voel ik tot in mijn diepste vezels. Hij durfde zijn onrust, zijn verdriet en andere zielenpijn niet met me te delen. Hij sloot zich af, en dat zal niet veranderen, want zijn hart behoort toe aan een andere vrouw.

In reactie daarop sloot ik mij ook voor hem af. Uit zelfbescherming, want de afgelopen paar weken heb ik geleerd hoe belangrijk dat is. Ik was bang om gekwetst te raken. Dat kon ik er, na alles wat er is gebeurd, niet bij hebben; ik ben er nog niet helemaal bovenop.

'Finn... dank je wel.' Ik steek mijn handen uit om zijn vingertoppen te kunnen aanraken – de veiligste vorm van contact. 'Echt.'

'Sasha...' Er verschijnen lachrimpeltjes bij zijn ogen. 'Jíj bedankt. Zonder jou had ik nooit kennisgemaakt met de goddelijke smaak van nonisap.'

'Dat méén je niet! Heb je nonisap gedronken?' Ik barst geschokt in lachen uit. 'Nee! Je houdt me voor de gek, of niet?'

'Ik heb me gisteren door Nikolai een glas laten brengen. Wat een goor spul, zeg. Niet te drinken.' Hij rilt. 'Een tip van Sasha, toch?'

'Sorry!' Ik blijf maar giechelen. 'Ik had je moeten waarschuwen.'

De trein rijdt het station binnen. Nog dertig seconden.

'Nou, het ga je goed. Ik zal voor je manifesteren.' Ik pak een papiertje uit mijn zak en houd het naar hem op. '"Finn komt erbovenop", zie je wel?'

'Yup.' Uit de zak van zijn spijkerbroek diept hij een velletje van een blocnote van het Rilston op: *Sasha komt erbovenop.*

De treindeuren gaan open. We schuiven al mijn bagage naar binnen en ik breng mezelf ertoe om in te stappen. Nu staat Finn alleen op het perron. Nog tien seconden.

'Dag.' Er wellen tranen in mijn ogen op als ik me naar hem omdraai. 'Dag. Het was... Dag.'

'Dag.' Hij knikt en het lijkt alsof hij nog iets wil zeggen, maar de treindeuren sluiten zich en dat voelt helemaal niet goed. Wacht. Wácht. Ik heb nog van alles te zeggen.

Maar misschien ook eigenlijk niet.

Ik ga niet meteen op zoek naar een zitplaats. Ik kijk door de deur naar Finn, die in de regen staat en naar mij kijkt. Ik probeer hem in mijn geheugen te griffen, elke pixel van zijn beeltenis op te slaan. Ik blijf zo staan tot de trein een bocht maakt en ik alleen nog maar onkruid voorbij zie razen.

Na een hele poos kom ik dan toch in beweging. Ik vind een plekje, plof neer en staar wezenloos voor me uit. Ik voel me leeg.

Ik weet dat ik hier goed aan doe. Een nieuw leven. Een nieuwe start. Ik moet geduld hebben, het gevoel zal vanzelf wel slijten.

Na een paar minuten pingelt mijn telefoon. Ik schrik op en vis hem hoopvol uit mijn zak. Finn?

Nee. Kirsten.

Hopelijk neemt die hevig opvlammende hoop mettertijd af. Vast wel. Ik moet geduld hebben.

Ik open Kirstens bericht en lees wat ze schrijft:

Hai, in een stapeltje oude foto's van Rilston Bay vond ik deze. Is dit Finn Birchall?!

Met bonzend hart tik ik op de afbeelding. Ik zie Kirsten en mij in identieke roze bikini's, ik was helemaal vergeten dat we die hadden. Ik ben zo te zien een jaar of acht, wat betekent dat Kirsten elf is. We zitten, elk met een schepje in de hand, in een kuil op het strand. Ik trek mijn standaard gekke bek. Mama zit in badpak naast ons, dus papa heeft de foto genomen. Mama kijkt lachend naar hem, zorge-loos. Zo was mijn moeder toen papa er nog was. Na zijn dood is ze nooit meer helemaal de oude geworden. Een paar meter achter ons staat een jongetje met donker haar. Hij heeft een rode zwembroek aan, houdt een visnetje vast en kijkt naar iets wat zich buiten het beeld bevindt. Hij fronst zijn wenkbrauwen, die voor een jongen van elf al best opvallend zijn. Hij slaat geen acht op Kirsten en mij, en de desinteresse is zo te zien wederzijds.

Ik moet glimlachen, want dit is zó typisch Finn. Zelfs toen dus al. Het tafereel bezorgt me ook een brok in mijn keel, want we zien er zo heerlijk onbezorgd uit. Niemand wist op dat moment wat de toekomst zou brengen.

Terwijl de trein goed op gang komt, kan ik mijn blik maar niet losscheuren van die vakantiefoto. Van onze blije gezichten. Van het strand waar ik weer helemaal verliefd op ben geworden. Van dit kiekje met alle mensen die me op deze aarde het meest dierbaar zijn. Pas na een heel lange tijd klik ik de foto weg.

Misschien kan ik hem ooit nog eens aan Finn laten zien, als we een keer afspreken voor een drankje of zo. Zou ik tegen die tijd met een neutrale blik naar die foto kunnen kijken? Kom ik ooit over hem heen?

Het zal mij benieuwen.

27

Zes maanden later

Je hoort mij niet zeggen dat het makkelijk is om de afdeling Marketing te runnen. Ik heb het razend druk. Elke dag is weer een spannende mengeling van lijnen uitstippelen, brandjes blussen en diplomatiek optreden. O, en mailen. Die volle inbox is helaas niet op magische wijze uit mijn leven verdwenen.

Het verschil is alleen dat ik tegenwoordig grip op de zaak heb. Ik heb meer te zeggen. Nu pas merk ik hoe stressvol het is geweest om daar te zitten, op mijn oude werkplek, en me zorgen te maken, nooit te weten waar ik aan toe was.

Nu wacht ik niet af; ik breng van alles in beweging.

Naarmate ik meer oog krijg voor wat er allemaal bij deze baan komt kijken, voel ik iets meer respect voor Asher. Want het is een veeleisende baan, eentje waarbij je voortdurend op problemen stuit. Maar tegelijk is hij ook een beetje in mijn achting gedaald, want wat dácht die man eigenlijk wel? (Uit Ashers videodagboek, dat ik een paar weken geleden bij toeval ontdekte, maak ik op dat hij vooral dacht: ik ben Asher. Wat ben ik toch geweldig, moet je mij eens zien.)

Ik ben voortdurend bezig problemen op te lossen die hij heeft veroorzaakt. Dat is lastig, maar vreemd genoeg levert het ook veel voldoening op. Het geeft me namelijk de kans de afdeling, in overleg met Lev, opnieuw op te bouwen. Het duurde lang voor ik ja zei tegen deze baan. Voor ik de knoop doorhakte, heb ik een paar keer lang en openhartig met Lev gesproken. Hij vertelde me dat hij de afdeling Marketing angstvallig meed in de tijd dat zijn broer daar de leiding had; hij was bang voor ruzie. Geen wonder dat wij het gevoel hadden er alleen voor te staan. Gelukkig is de situatie nu heel anders. Lev toont betrokkenheid en vraagt geregeld: 'Zijn de budgetten toereikend? Hebben we genoeg personeel? Zeg het vooral als dat niet zo is.' We kunnen heel goed met elkaar overweg. Ik ben zelfs bij hem thuis geweest voor een etentje met hem en zijn vriend.

Ik ben vaak moe, maar op een goede manier. Niet afgemat. Niet murw gebeukt. Niet overspannen. Soms kijk ik uit het raam naar het klooster en… laat ik het erop houden dat ik liever hier ben dan daar. Die zuster Agnes wist wat ze deed. Ik ben beter af op de werkvloer, zolang de werkdruk binnen de perken blijft. En daar let ik heel goed op. Het lukt me zelfs om 's avonds niet meer naar mijn mail te kijken.

Oké, niet altijd. Maar meestal wel.

Nu ben ik op weg naar Lev met wat promotiemateriaal, we moeten een keuze maken uit een paar verschillende koffiemokken. In de lift omhoog denk ik terug aan mijn aanvaring met Ruby. Aan de confrontatie met Joanne, waarna ik de trap af rende, mijn hoofd stootte… Ongelooflijk dat het allemaal echt gebeurd is.

In een paar maanden tijd is er heel wat veranderd. Ruby is weg. Joanne is weg. De hele structuur is aangepast. Er werken hier nu mensen die zelfs nooit hebben gehóórd van het programma Vreugdevol aan het Werk. Dat hebben we direct de nek omgedraaid. Medewerkers kunnen het moodboard voor persoonlijke doelstellingen nog altijd vinden op onze besloten internetomgeving, maar ze droppen er vooral ideeën voor leuke personeelsuitjes. Door iets te labelen als 'vreugdevol' zuig je er juist alle vreugde uit, al hebben we laatst ontzettend gelachen tijdens een karaokeavondje.

We hebben nieuwe regels ingesteld voor mailverkeer buiten werktijd. We stellen grenzen. We hebben realistische verwachtingen van onze medewerkers. Toen ik laatst een eenvoudig verzoek had voor Josh, onze nieuwe assistent, keek hij me moedeloos aan. En toen wist ik dat de werkdruk voor hem te hoog was. Ik legde mijn vraag bij iemand anders neer en nodigde hem later 'zomaar eens' uit voor een kop koffie. We namen zijn takenpakket door, ik vertelde hem dat hij enorm werd gewaardeerd en informeerde subtiel naar de problemen waar hij op de afdeling tegenaan liep. Toen bleek dat hij een piekeraar was en dat hij totaal niet snapte wat hij aan moest met de opdracht die hij van een gestreste collega gekregen had. Geen wonder dat hij zich overweldigd voelde... Nadat we dat misverstand uit de weg hadden geruimd, praatten we een tijdje over zijn hobby's en vertelde hij me dat hij gek was op wielrennen. Bij het afscheid keek hij een stuk vrolijker dan eerst.

Ik hoop dat het personeel het goed heeft onder mijn leiding. Dat hoop ik oprecht. En wat goed is voor hen is ook goed voor mijzelf. Ik heb bakken energie, ben optimistisch gestemd. Mijn appartement is nog niet helemaal op orde, maar het ziet er al stukken beter uit. De nieuwe yucca die ik heb neergezet doet het fantastisch. Ongelooflijk hoe makkelijk het is om een plant te verzorgen als je ook goed voor jezelf zorgt.

Als ik op Levs verdieping uit de lift stap, gebaart zijn nieuwe assistente Shireen met een glimlach dat ik door kan lopen.

'Oké,' zegt Lev zodra hij me ziet binnenkomen. Hij zit zoals gebruikelijk op de bank, met zijn enkels gekruist op een laag tafeltje. 'Ik heb naar *Traingang* gekeken.'

Zoose overweegt om een tv-serie te sponsoren over een stel forensen dat samen van en naar het werk reist. Gisteravond stuurde ik Lev een proefaflevering met het verzoek om die te bekijken.

'En? Wat vond je ervan?' vraag ik voorzichtig, omdat ik merk dat er iets mis is.

'Het slaat nergens op!' barst hij uit. 'Die kerel ging zomaar ineens door het lint. Waarom? En dat met het paard vond ik ook stom. Als ik de scenarioschrijver was...'

Hij wendt zijn blik af. Ik begin het patroon zo langzamerhand te herkennen. Lev heeft een levendige fantasie en barst van de goede ideeën voor Zoose. Helaas heeft hij ook een uitgesproken mening over allerlei andere zaken, zoals de journalistieke keuzes van een bepaalde krant en het lettertype dat de overheid gebruikt voor officiële documenten. Soms stuurt hij om twee uur 's nachts stukjes computercode naar de IT-afdeling, en nu herschrijft hij dus het scenario van een tv-serie.

Inmiddels kan ik het grillige gedrag van Asher beter plaatsen; het is een familietrekje. Alleen is Asher lang zo slim niet als zijn broer. Lev is het creatieve brein achter Zoose, en hij is echt geniaal. Maar als je nauw met hem samenwerkt, moet je hem wel zo nu en dan bijsturen. Ik weet nu hoe ik hem kan beteugelen, hoe ik hem gefocust kan houden. En ik ben voortdurend alert op eventuele briljante ingevingen, want daaraan danken wij tenslotte allemaal onze baan.

'Lev, je bent geen scenarioschrijver,' zeg ik geduldig. 'Je hebt de leiding over een reisapp.'

'Ik weet het,' zegt hij met spijt in zijn stem. Als hij de kans kreeg, zou hij het liefst naar huis gaan om die aflevering te herschrijven.

'De serie wordt steeds beter,' zeg ik. 'En hij trekt kijkers uit onze doelgroep.'

'Hmm.' Lev lijkt nog steeds ontstemd. 'Ik hou gewoon niet van broddelwerk.'

'Probeer anders die misdaadserie op Sky eens,' stel ik voor. 'Het verhaal speelt zich af in Amsterdam. Ik heb een paar afleveringen gezien. Heel goed.'

Ik volg nu een paar series. Dat vind ik heerlijk, en ik kan er zelfs met anderen over praten. Soms pak ik *Legally Blonde* weer even uit de kast, maar alleen om er glimlachend naar te kijken. Fijn dat je er voor me was toen ik je nodig had, denk ik dan.

Nu zet ik de koffiemokken op Levs bureau en zeg: 'Kies jij er eentje uit als je in de gelegenheid bent? Maar ik ben bang dat ik er nu vandoor moet. Vandaag hebben we zoals je weet die –'

'Ja!' zegt Lev, die uit een trance lijkt te ontwaken. 'Natuurlijk weet ik dat! Vandaag gaat het gebeuren.' Hij kijkt op zijn horloge. 'Wat doe je nog hier? Je mag je trein niet missen! Ik zie je daar.'

'Ben je echt van plan te komen?' zeg ik ongelovig.

'Dat heb ik je toch beloofd!' zegt Lev licht beledigd. 'Ik wil het voor geen goud missen!' Hij zwijgt even en zegt dan: 'Komt Finn ook?'

Ik voel een steek in mijn buik. Dat is al zo sinds ik vanochtend wakker werd en besefte dat de grote dag was aangebroken. Maar ik blijf glimlachen, daar ben ik goed in geworden.

'Ja,' zeg ik. 'Finn komt ook.'

Ik heb Finn niet meer gezien sinds de dag van mijn vertrek uit Rilston Bay. We hebben contact gehouden via tekstberichtjes en mail en hoewel dat best gezellig was, ging het voornamelijk over de voorbereidingen voor vandaag. Ik weet dat hij zich goed voelt, dat hij weer aan het werk is en tegenwoordig zelfs acht uur per nacht slaapt. Maar dat is het wel zo'n beetje.

Hij heeft Olivia niet één keer genoemd. En omdat ik officieel niet van haar bestaan weet, voel ik me daar nogal ongemakkelijk bij. Alles wat te maken heeft met liefde, seks of daten hebben we angstvallig gemeden.

Ik heb hem online een beetje gestalkt; ik ben ook maar een mens. Maar hij zit niet op sociale media, en Olivia heeft haar Instagram op privé gezet, dus veel was er niet te vinden. Ik vermoed dat Olivia's besloten Instagramposts blijk geven van een vreugdevolle hereniging. Ik heb namelijk één foto van Finn met Olivia gevonden op de Instagrampagina van haar zus. Ze staan op een tuinfeestje arm in arm en kijken lachend naar de camera. (Ik heb het beeld meteen weggeklikt.) En Finn heeft laten weten dat hij 'iemand meeneemt' vandaag. Dat schreef hij letterlijk zo op.

Misschien ga ik haar dan vandaag eindelijk ontmoeten. Prima. Ik kan het aan. En wie weet vind ik hem niet eens aantrekkelijk meer. Dus. Niks aan de hand.

Als ik ons kantoorgebouw verlaten heb, blijf ik even staan en kijk omhoog. Het is pas tien uur 's ochtends, maar de lucht is blauw en een beetje heiig – voortekenen van een prachtige zomerdag. Kan niet beter. Ik loop naar Pret en glimlach naar het meisje achter de toonbank.

'Een cappuccino, graag. Dat is alles.'

Sinds ik terug ben, heb ik geen wrap met halloumi meer gegeten. Ik moet er niet aan denken. In plaats daarvan heb ik een slowcooker gekocht en wen ik mezelf aan om te genieten van het snipperen van een uitje. Ik wissel recepten uit met mama en Kirsten en ik ga nergens heen zonder mijn Tupperware-lunchbox. Wie had dat gedacht? Ik in elk geval niet. Ik ga soms nog naar Pret voor een kop koffie en iets lekkers; soms zelfs om iets te kopen voor de lunch. Maar ik haal er niet meer alle maaltijden van de dag.

De jongen van Pret heb ik nooit meer gezien, een hele opluchting. Voor hem waarschijnlijk ook.

Terwijl het espressoapparaat sist en pruttelt, kijk ik door de winkelruit naar de straat. Ik zie bussen, mensen en duiven, de dagelijkse drukte in de stad. Ik voel me hier op mijn plek, gelukkig zelfs. Oké, je hebt er lawaai, uitlaatgassen, zwerfvuil dat door een zomers briesje in beweging wordt gebracht. Maar toch voelt Londen niet meer als één grote bron van stress. Ik zie het als een plek vol kansen en mogelijkheden, een plek waar mensen met elkaar in contact komen.

Ik geniet van het leven, denk ik, nippend van mijn koffie. Ik heb een goede golf te pakken en dat voelt geweldig.

28

Op station Paddington zie ik de eerste surfboards. Twee kerels van in de twintig lopen ermee door de centrale hal, kletsend en grappend en duidelijk in een opperbeste stemming. Eerst twijfel ik nog of ze bij ons horen, maar als ik een van de twee 'Terry' hoor zeggen, weet ik het zeker.

Ik herken ze geen van beiden, maar dat is niet zo vreemd. Ik heb de afgelopen weken met talloze mensen contact gehad, voornamelijk via mijn nieuwe Facebookpagina. Het account groeide razendsnel.

'Hai,' zeg ik terwijl ik afstap op de langste van de twee, die verbaasd zijn pas inhoudt. 'Ik ben Sasha Worth.'

'Jij bent Sasha!' Hij begint te stralen en schudt me enthousiast de hand. 'Leuk je te ontmoeten! Ik heet Sam.'

'Ik ben Dan,' zegt zijn maat. 'We hebben er zoveel zin in. Wat een geweldig idee.'

'Geweldig inderdaad,' zegt Sam instemmend. 'We hebben het nog zo vaak over Terry. Toen ik hoorde over deze reünie zei ik meteen: "Daar moeten we heen."'

'Ik ben in geen jaren in Rilston Bay geweest,' vult Dan aan. 'Echt leuk, dit.'

Op het perron zie ik nog een kerel met een surfboard. Hij staat te praten met vijf meiden, en als ik dichterbij kom, zie ik dat ik een van hen ken, al is het van twintig jaar geleden. Ze heeft rood haar in een bobkapsel, maar ik herinner me haar met een lange paardenstaart.

'Kate,' zeg ik als ik hun kant op ben gesneld. 'Jeetje, zeg, Kate! Wij hadden samen les van Terry!'

'Sasha!' Ze trekt me naar zich toe en omhelst me. 'Toen ik de mail kreeg, vroeg ik me al af of het de Sasha van vroeger was.'

'Zeker, dezelfde Sasha!' zeg ik stralend.

'Wat leuk om jou weer te zien! En je had ook een zus, geloof ik. Kirsten?'

'Zij is er ook bij vandaag. Ze komt met de auto en neemt haar kinderen mee.'

'Kínderen!' echoot Kate met gespeelde schrik.

We zijn inmiddels met een behoorlijk grote groep en ik hoor iemand zeggen: 'Wat is het plan nou ook alweer?'

'Hi!' Ik voel me net een schooljuf als ik het woord tot de anderen richt. 'Wat leuk dat jullie er zijn. Ik ben Sasha, en ik hoorde net iemand vragen wat het plan precies is. Ik stuur zo dadelijk een schema uit met de treintijden, dus check straks je telefoon even. En we kunnen vanmiddag bij verschillende taken nog wat hulp gebruiken. Maar het allerbelangrijkste is dat jullie straks na aankomst in Rilston meteen naar het strand gaan.'

'Hoeveel mensen komen er vandaag?' vraagt Kate.

'Nou…' Ik aarzel, want eerlijk gezegd weet ik het niet. 'Dat zien we straks wel.'

Er sluiten zich nog twee groepjes bij ons aan, en dat betekent dat we nu een compleet treinstel vullen. En bij elk surfboard dat ik op en neer bewegend langs het raam van de coupé zie trekken, vraag ik me serieus af hoeveel mensen er eigenlijk op weg zijn naar Rilston Bay.

Bij Reading zien we nog meer surfboards aankomen. Mensen staan in het gangpad, geven elkaar high fives, roepen naar elkaar en drinken blikjes bier.

Op het station van Taunton komt een gestreste conducteur naar me toe en zegt: 'Ik begrijp dat u de leiding hebt over de groep surfers? Mocht u in de toekomst weer eens zoiets organiseren, wilt u ons dan op de hoogte stellen?'

'Sorry,' zeg ik verontschuldigend. 'Ik had nooit gedacht dat er zoveel animo zou zijn.'

De groep blijft maar aangroeien. Vanaf Campion Sands is de reis een groot feest en als we Rilston Bay bereiken, klinkt er in het boemeltje daverend gejuich op. Met een paraplu in de hand staat Cassidy al op het perron te wachten – ze heeft aangeboden om de boel in goede banen te leiden – en als ze mij in de mensenmenigte ontwaart, begint ze te stralen.

'Jeetje, Sasha!' roept ze uit, en ze komt naar voren om me te omhelzen. 'Waanzinnig, dit! Iedereen is gekomen! Het hotel zit vol, alle pensions zitten vol, het strand is vol... De toeristen die hier zijn voor *Jeugdliefde* snappen er niets van!'

'Ongelooflijk, hè?' zeg ik met mijn blik gericht op de sliert mensen die de heuvel af loopt naar het strand.

'Het is geweldig. Jíj bent geweldig. Zoals je dit hebt uitgedacht, en hoe je iedereen bij elkaar hebt weten te brengen... ongelooflijk. Iedereen zegt het. Simon, Herbert, Finn...'

'Finn?' Ik flap het er zomaar uit en ik baal van mezelf. Ik had me voorgenomen om niet op zijn naam te reageren. Ik zou cool zijn vandaag. Maar moet je me nu eens zien, ik ben net een huppend konijntje.

'Ja, hij is er al. Helpt met de voorbereidingen.' Cassidy knikt. 'Hij is... O, daar heb je hem net.' Ze wijst naar iemand schuin achter mij.

Shit. Ik ben nog niet zover.

Jawel, dat ben ik wel. *Kom op, Sasha. Verman je.*

Ik draai me om en voel kriebels in mijn buik als ik hem over het perron onze kant op zie lopen. Hij heeft een lekker kleurtje gekregen, de wind speelt in zijn haar en zijn zonnebril weerkaatst het licht van de zon.

Goed. 'Wie weet vind ik hem niet eens aantrekkelijk meer' gaat duidelijk niet op.

'Ha Sasha.' Hij aarzelt en buigt dan voorover om me lichtjes op mijn wang te kussen.

'Dag Finn,' stamel ik.

'Wat een happening!' Hij spreidt zijn armen in een gebaar naar de menigte.

'Nou, hè. Bedankt voor je hulp.'

'Natuurlijk. Er zijn goede golven vandaag, dus dat is mooi.'

'Godzijdank,' zeg ik gemeend, 'want ik heb niet echt een alternatief plan.'

Er valt een stilte, waarin Cassidy gretig van mij naar Finn kijkt en weer terug.

'Nou,' zegt Finn uiteindelijk. 'Er is een nog een hoop te doen en jij wilt waarschijnlijk eerst inchecken. Als je me nodig hebt: ik ben op het strand.'

Hij loopt bij ons vandaan en stiekem slaak ik een diepe zucht. Zo. Het moeilijkste hebben we alvast gehad.

'Zeg, ik heb de Presidentiële Suite voor jou gereserveerd,' zegt Cassidy terwijl ik mijn tas optil.

'De Presidentiële Suite!'

'Een nieuwe naam, een ideetje van Simon. Vroeger was het kamer 42. De volgende keer kun je natuurlijk een Hemelse Strandstudio krijgen, maar er is iets raars gebeurd met de planning, dus daar is nog niks van gekomen.' Ze slaat haar ogen ten hemel. 'De oude strandhuisjes zijn nog niet eens gesloopt.'

'O jee,' zeg ik, al ben ik stiekem juist blij dat die schattige oude huisjes nog niet zijn platgewalst.

'O, en ik heb een nieuwe föhn voor je gekocht,' vervolgt ze met een kleine por in mijn zij. 'Speciaal voor jou. Ik heb 'm gehaald bij TK Maxx.'

'Cassidy.' In een opwelling omhels ik haar. 'Dank je!'

'Kingsize bed,' vervolgt ze, een wenkbrauw optrekkend. 'Ik zeg het maar even…'

'Goed om te weten. En… logeert Finn ook in het Rilston?' Het is eruit voor ik er erg in heb, ook al had ik me nog zo voorgenomen geen interesse te tonen.

'Heeft hij jou dat niet verteld?' Cassidy klinkt hoogst verbaasd.

'Praten jullie niet met elkaar of zo?'

'Jawel, hoor. Maar dit kwam niet ter sprake.'

We hebben de laatste tijd veel contact gehad, maar ik heb Finn niet durven vragen waar hij vanavond zou slapen. Ik was bang dat hij zou zeggen: *Mijn vriendin Olivia heeft een leuke Airbnb voor ons gevonden. O, had ik je eigenlijk weleens over haar verteld?* Ik liet het onderwerp rusten en hij begon er ook niet over. We hebben het bij de praktische zaken gehouden.

'Hij slaapt ook in het hotel,' zegt Cassidy. 'Op dezelfde verdieping als jij.' Ze kijkt me onderzoekend en enigszins beteuterd aan. 'Weet je zeker dat jullie niet op één kamer willen?'

'Nee, dank je.'

'We dachten dat het wel weer goed zou komen tussen jullie.' Ze schudt droevig haar hoofd. 'Dat dachten we echt. Jullie waren zo'n geweldig stel. Maar jullie zijn nu weer geen-stel, denk ik.'

'Klopt,' zeg ik stijfjes. Dan gebaar ik met een hoofdknikje naar het strand. 'Nou, zullen we dan maar?'

Cassidy zucht en dringt niet verder aan. Dan beginnen we samen, als oude vriendinnen, aan de wandeling naar beneden.

'O, moet je horen,' zegt ze met glinsterende ogen. 'Er logeert een koppel bij ons, fans van *Jeugdliefde*, die zich door Mavis Adler op het strand willen laten trouwen. Ze gingen naar een expositie en zeurden haar eindeloos aan het hoofd. Dat ging zo door totdat Mavis uiteindelijk zei: "Sorry, ik doe alleen scheidingen."'

Ik schiet in de lach, dankbaar om even niet aan Finn te hoeven denken.

'Ze waren diep teleurgesteld, die arme schatten,' vervolgt Cassidy. 'Dus ik zei: "Vraag het anders aan Gabrielle, die wil het vast wel doen." Nou, zij hapte meteen toe! Ze volgt nu een onlinecursus om haar trouwlicentie te halen. Dat wordt de volgende hype, denk ik. *Jeugdliefde*-huwelijken op het strand.' Ze valt even stil en neemt de drukte op het strand in zich op: mensen in korte broeken, in wetsuits en in zwemkleding, mensen met surfboards, mensen die high fives

uitdelen. 'Moet je dat nou toch zien! Het is echt een groot evenement.' Ze kijkt nog een paar tellen verbijsterd om zich heen en geeft
dan een vriendelijk duwtje tegen mijn schouder. 'Sasha Worth! Wat
heb je nou toch allemaal in gang gezet?'

29

Twee uur lang storten we ons vol overgave op de organisatie. Finn en ik gaan er volledig in op, werken perfect samen en instrueren de mensen die een handje willen helpen. Langzamerhand verandert het strand in een groot feestterrein. De gemeente werkt geweldig mee; vanochtend vroeg hebben ze met paaltjes een groot deel van het strand voor ons afgezet. Dat doen ze niet voor iedereen, maar ja, het draait vandaag ook niet om de eerste de beste.

Er is een podium neergezet voor Terry, want iedereen wil hem natuurlijk goed kunnen zien. Overal hangen lijnen met vrolijke feestvlaggetjes. Er is versterkt geluid, een paar partytenten bieden schaduw en er zijn talloze waterpunten. En dan is er nog een reusachtige cocktailtent die is neergezet door Feels of Rilston. Deze bar, een van de nieuwere aanwinsten van Rilston, is naar eigen zeggen goed voor 'drankjes en een lekkere vibe'.

Kok Leslie heeft gezorgd voor lekkere hapjes, Cassidy stuurt het ingehuurde personeel aan en Simon heeft me net verteld hoezeer het hem spijt dat we het hele gebeuren niet konden organiseren in de balzaal van het Rilston, die door een recente lekkage helaas buiten gebruik is.

'Simon,' zei ik terwijl ik mijn blik over de drukte op het strand liet gaan, 'maak je een geintje? Dit had toch met geen mogelijkheid in de balzaal van het Rilston gepast?'

Want wat zijn er veel mensen gekomen, niet te geloven. Telkens wanneer ik om me heen kijk, ben ik weer stomverbaasd. Toen ik op het idee kwam voor deze dag wist ik niet goed wat ik ervan kon verwachten, maar dit niet, in elk geval. Er zijn honderden mensen gekomen, vroegere leerlingen van Terry van alle leeftijden. Vandaag zijn er tieners bij die een paar jaar geleden nog een les bij hem hebben gevolgd, mensen van middelbare leeftijd en zelfs bejaarden die veertig jaar geleden bij hem in de les zaten. Ze zijn allemaal hier, willen allemaal helpen, zijn allemaal blij dat we hen hebben opgespoord.

Het kwam traag op gang. We begonnen met de namen van de leerlingen die ik me herinnerde, die Finn zich herinnerde, die Tessa zich herinnerde, die mensen in het dorp zich herinnerden. Elke keer dat we een nieuwe naam doorkregen, stuurden we een uitnodiging met de vraag deze te delen met andere mensen die les hebben gehad van Terry.

Het bericht ging rond en bereikte veel mensen. Heel veel mensen. Op het strand heerst een gezellige drukte met honderden badgasten die één ding gemeen hebben. Of nee, één persoon.

Deze dag is niet bedoeld als verrassing voor Terry. Om hem voor te bereiden heeft Tessa hem dagen geleden al verteld wat er gaat gebeuren, maar het zal waarschijnlijk toch nog een verrassing zijn. Voor hem wel.

'Sasha!' Ik hoor mama's stem en draai me blij verrast om. Daar is ze. Met Kirsten en Chris, en met de kinderen in hun stoere dubbele kinderwagen, gekleed in identieke wetsuits met korte pijpjes.

'Wat een leuke pakjes hebben ze aan!' roep ik uit nadat ik iedereen heb begroet. 'Té schattig!'

'Die kon ik niet laten liggen,' zegt Kirsten met een grijns.

'Mam, ga jij surfen?' Tot mijn verbazing heeft ze een wetsuit aan. 'Dat deed je vroeger nooit.'

'Ik ga eens een poging wagen!' zegt ze opgewekt. 'Pam is ook mee, zij past op de kinderen. Ze gaat niet surfen, maar ze wil vanmiddag zwemmen in natuurwater. Dat schijnt goed te helpen bij –'

'Overgangsklachten,' zeggen Kirsten en ik in koor, en dan barsten we in lachen uit.

'Hij is er.' Ik schrik op als ik Finns krakerige stemgeluid in mijn oortje hoor. Het gaat beginnen.

'Terry is er,' zeg ik tegen mama en Kirsten. 'Ik moet ervandoor. Tot straks!'

'Succes!' zegt Kirsten. 'En geweldig gedaan, Sasha.' Dan vervolgt ze nonchalant: 'Is Finn er ook?'

'Yep.' Ik kijk haar aan en wend dan mijn blik af. 'Ja, hij is er.'

Kirsten en ik hebben heel wat lange gesprekken gevoerd over Finn, dus ze weet dat het emotioneel een verwarrende tijd voor me is geweest. De eerste twee maanden na mijn terugkeer in Londen twijfelde ik niet; ik wist dat het verstandig was geweest om er een punt achter te zetten. Want wat moest ik nou met een man die nog zoveel verdriet had over de breuk met een andere vrouw? Als het hem nog niet eens lukte om mij over haar te vertéllen, dan was hij er nog lang niet overheen. En Kirsten had gelijk, we waren allebei nog niet helemaal de oude.

Maar op een ochtend werd ik wakker met het gevoel dat ik een enorme fout had begaan. Ik moet hem een berichtje sturen om hem dat te vertellen, dacht ik. Ik wil met hem afspreken! Binnen een week kunnen we weer bij elkaar zijn! Ik dacht er een paar dagen over na, probeerde moed te verzamelen, ging naar de kapper, lakte mijn teennagels.

En toen zag ik die foto van Finn en Olivia op Instagram. Gearmd, gelukkig, stralend.

Die week had ik elf dates via internet. Ik begon zelfs iets met ene Marc. Die flirt eindigde abrupt toen hij me zijn 'toekomstplannen' vertelde, waarin hij wilde settelen met een meisje 'een beetje zoals ik'. Niet met mij dus, maar met een meisje een beetje zoals ik. Ik heb maar niet gevraagd over welk deel van mij hij het had.

Sinds die kerel is er niemand meer geweest. Maar ik had ook mijn werk en het koken en mijn nieuwe yogales en ik heb meer tijd doorgebracht met mijn familie. Kortom, ik leidde mijn leven.

Nu wurm ik me door de drukte naar het podium, waar ik Finn zie staan met een mij onbekende lange kerel met een baard.

'Sasha.' De warme glimlach die op Finns gezicht verschijnt, bezorgt me een steekje in mijn hart. 'Dit is een collega van me, Dave. Een bizar goede surfer.'

'Welkom in Rilston Bay!' zeg ik met een idioot, plotseling opvlam-
mend gevoel van hoop. 'Leuk dat je gekomen bent! Zeg, Finn...'
Ik probeer neutraal over te komen. 'Je zei dat je iemand mee zou
nemen. Had je het toen over Dave?'
'Nee,' zegt Finn na een korte aarzeling. Hij verbreekt ons oogcon-
tact en vervolgt: 'Ik had het over... iemand anders.'
Aha. Oké.
'Goed!' zeg ik op luchtige toon. 'Ik snap het! Iemand anders.
Natuurlijk. Nou, in elk geval: welkom, Dave!'
Finn kijkt me nog altijd niet aan, en dat doet pijn, want het kan
maar één ding betekenen. Olivia. En tot nu toe vroeg ik me steeds
af of... hoopte ik zelfs dat...
Maar goed.
'Ik heb er zin in.' Dave klopt even op zijn surfboard. 'Ik heb be-
grepen dat we eerst een surflesje krijgen.'
'Als de leraar een goede dag heeft.' Ik grijns en zie dan ineens Tessa
en Sean aankomen met Terry tussen hen in. Ze begeleiden hem naar
het podium alsof hij een wereldster is. 'Terry! Ik ben Sasha! Welkom!
Hoe gaat het met je?'
Terry draagt een surfshort en een felrood T-shirt. Zijn magere,
gerimpelde armen en benen zijn zongebruind. Zijn haar is kort ge-
knipt en hij neemt het hele gebeuren met onrustige ogen in zich
op: de vele volwassenen en kinderen in wetsuits en zwemkleding,
de surfboards. En langzamerhand wendt iedereen zich naar het po-
dium.
'Daar is Terry!' hoor ik iemand zeggen.
'Hij is er!' valt een ander bij.
'Kijk, het is Terry!'
Het nieuws verspreidt zich door de menigte, iedereen kijkt onze
kant op en de surfers drommen samen voor het podium.
'We kunnen maar beter beginnen,' zegt Sean, 'voordat ze zich op
Terry storten. Hij is vandaag zo'n beetje Beyoncé. Zullen we maar,
Terry?' voegt hij er bemoedigend aan toe.

'Wie zijn al deze mensen?' Terry oogt verward en een beetje nukkig. 'Hebben zij allemaal een les geboekt?'

'Dit is de les van vier uur, *mate*,' zegt Sean. 'Een grote opkomst vandaag. Heel groot,' vervolgt hij tegen mij, duidelijk onder de indruk. 'Er is in het dorp en in Campion Sands geen surfboard meer te krijgen. Vermoedelijk zelfs langs de hele kust niet.' Sean valt stil en laat zijn blik nog eens over de mensenmassa glijden. 'Kunnen deze mensen eigenlijk surfen?'

'Geen idee.' Ik lach. 'Maar ze kunnen het allemaal leren.'

'Dat is waar.' Sean wendt zich tot Terry. 'Ben je zover, ouwe reus? Je hebt een groot publiek vandaag. Ze zijn hier voor een les.'

Een tijdlang neemt Terry de wachtende menigte op met ogen waaruit verwarring spreekt. En dat vind ik wel spannend, want als hij hiervan ondersteboven raakt, dan was dit evenement helemaal geen goed idee.

'Hoe kan het dat er zoveel mensen zijn?' zegt hij uiteindelijk met zijn vertrouwde broze stemgeluid. 'Een groep heeft twaalf leerlingen, Sandra kan je uitleggen waarom. Twaalf!'

'Ik weet het,' zegt Sean geruststellend. 'Maar dit is een bijzondere les. En daarom hebben we er wat meer toegelaten.'

Terry knikt alsof hij het begrijpt, en fronst dan weer. 'Maar kunnen ze me allemaal wel horen?'

'Daar hebben we iets op bedacht,' zegt Finn, die vlug een microfoontje bevestigt aan Terry's kraag. 'Zie je? Test, test…' zegt hij in het bolletje. Zijn stem klinkt luid door de boxen op het strand. 'Ga je gang, Terry.' Hij knikt naar het podium.

Terry aarzelt een moment en doet een stap naar voren. Dan begint het gejuich, een massaal, liefdevol gejoel. Iedereen klapt, roept, stampt met zijn voeten. Het gejuich gaat over in een luid: 'Ter-ry! Ter-ry!' Terry kijkt terug, verbijsterd, een tengere oude man met spillebenen en wit haar die de liefde van zoveel mensen op het strand in ontvangst neemt.

'Zo,' zegt hij uiteindelijk als het geluid wegsterft. 'Zó.' Hij wacht even, en het publiek houdt verwachtingsvol de adem in. 'Om te beginnen is deze groep veel te groot.' Hier en daar klinkt gelach, wat bij Terry voor nog meer verwarring zorgt. 'Hebben ze al vaker gesurft?' vraagt hij aan Sean, die knikt.

'Ze hebben het allemaal al eens gedaan.'

'Mooi,' zegt Terry, iets zekerder van zijn zaak. 'In dat geval...' Hij doet een stap naar voren, kijkt naar al die gezichten, de surfboards, de zee, en lijkt zijn plek te hervinden in een wereld die hij was kwijtgeraakt. 'In dat geval moet ik jullie iets vertellen,' zegt hij, iets luider nu. 'Het is niet leuk om te horen, maar luister goed. Het is belangrijk.'

Er valt een stilte op het strand. Ik zie Cassidy staan in een knalroze bikinitopje en een surfshort, een verrassend gespierde Simon in een wetsuit met korte pijpen en Herbert, die eruitziet als Vadertje Langbeen... ik zie mama... Kirsten... Gabrielle, die naar me wuift... en o god, daar is Lev in een fraaie staalgrijze wetsuit. Hoelang is híj al hier? Ik kijk Finn even aan en hij geeft me een knipoog. Dan kijken we, net als iedereen, naar Terry.

'Jullie dénken dat je kunt surfen,' vervolgt Terry. 'O, jullie zijn dolenthousiast, willen de hoogste golven pakken, je uitsloven voor je vrienden... maar daar gaat het niet om, zien jullie dat dan niet?' Hij kijkt uit over de groep, iedereen hangt aan zijn lippen. 'Surfen doe je niet om indruk te maken. Surfen is iets tussen jou en de zee. Pák die golf.'

'Wat zei Terry net tegen jullie?' vraagt Sean met een twinkeling in zijn ogen aan het publiek, opzijbuigend in Terry's microfoon.

'Pák die golf!'

Daarna barst er op het strand zo'n luid en enthousiast gejuich los dat het lijkt alsof we op een popfestival staan. Ik krijg er gewoon kippenvel van. Ik kijk naar Terry om te zien of hij merkt hoezeer hij ons raakt, of hij merkt hoeveel hij heeft betekend voor deze mensen. Hij knippert met zijn ogen, laat zijn vage blik over de blije gezichten gaan, en ik hoop boven alles dat het bij hem binnenkomt. Dat het hem goeddoet en dat hij hier de rest van zijn leven met een goed gevoel aan terug kan denken.

'Jullie hebben naar me geluisterd!' zegt hij na een tijdje, en er wordt gelachen. 'Nou. Heel bemoedigend. Misschien kan ik toch nog surfers van jullie maken. Pak die golf.' Hij knikt. 'Vergeet dat niet. Laten we beginnen met de warming-up.'

Het is een indrukwekkend gezicht. Een paar honderd mensen die op het strand Terry's aanwijzingen opvolgen. Aan de zijkanten komen er nog steeds mensen bij, vakantiegangers, toevallige passanten en kinderen met ijsjes, tot het lijkt of het hele strand één onafzienbare lesgroep is. Vanaf het podium roept Terry zijn instructies.

Terwijl iedereen druk bezig is en probeert op zijn surfboard te gaan staan, neemt de onrust bij Terry duidelijk toe.

'Ik kan ze niet allemaal corrigeren,' zegt hij tegen Sean. 'Dat zou te lang duren.'

'Laat dat maar aan mij over,' verzekert Sean hem. 'Ik maak wel even een rondje.'

Hij mengt zich in de groep, begroet mensen, deelt high fives uit en steekt geregeld een duim op naar Terry.

Niet lang daarna wordt het duidelijk dat Terry moe begint te worden. Sean springt het podium op en pakt de microfoon die Finn hem aanreikt.

'Surfers,' begroet hij de menigte. 'Ik ben Sean Knowles, de nieuwe eigenaar van de Surf Shack. Ik probeer in de voetsporen te treden van de geweldige Terry Connolly!' Zijn woorden ontlokken een machtig gejuich aan de menigte op het hele strand, en ik wissel een korte blik met Finn.

Eindelijk durf ik een beetje te ontspannen, merk ik. Ik zucht eens diep. Mijn plan heeft gewerkt. Terry heeft een laatste, legendarische surfles gegeven.

'Er zijn heel wat mensen die een bedankje verdienen,' zegt Sean. 'En er volgen later vast nog een paar korte speeches. Maar één persoon willen we met z'n allen heel graag even in het zonnetje zetten, omdat zij dit allemaal voor elkaar gekregen heeft. Sasha Worth, kom maar naar het podium!'

Het gebrul dat opstijgt boven het strand is werkelijk oorverdovend en als ik op het podium stap, krijg ik tranen in mijn ogen. Het is een onvergetelijk moment als ik uitkijk over de baai en die zee van vrolijke mensen voor me. De liefde op dit strand is even tastbaar als de zilte zeelucht.

'Geweldig dat jullie er allemaal zijn vandaag,' zeg ik in de microfoon. 'Bedankt voor jullie komst. Het heeft een veel hogere vlucht genomen dan ik ooit had durven dromen, en dat is allemaal terug te voeren op Terry. Zoals Sean al zei: er zijn een paar mensen die straks nog iets willen zeggen, maar ik wil nu vast iemand noemen die bergen werk heeft verzet om deze dag mogelijk te maken.' Ik kijk hem aan. 'Finn Birchall.'

Finn trekt een gezicht, maar komt dan toch met een brede grijns naast mij op het podium staan en knikt als er ook voor hem een oorverdovend applaus klinkt. 'Het enige wat ik jullie wil meegeven is dit,' zegt hij droogjes in de microfoon. 'Pak die golf.' Weer klinkt er gejuich, en Finn lacht. 'En dan nu terug naar Terry.'

We maken plaats voor Terry, die er een poosje roerloos bij staat, terwijl het rumoer afzwakt tot een respectvolle stilte. Hij lijkt in lichte verwarring naar de menigte te kijken, maar dan is hij er ineens weer.

'Nou, wat doen jullie hier nog?' zegt hij scherp, met die vertrouwde, hese stem die ver reikt over het strand. 'Hier op het zand kunnen jullie geen golven pakken! Genoeg gepraat.' Hij wijst naar de zee. 'Hup, het water in.'

30

Er zijn zoveel surfers dat het in zee al snel belachelijk druk is. Maar na een tijdje liggen alleen de surfgekken nog in het water. De rest peddelt nog wat heen en weer of is op het strand gaan zitten om bij een biertje lekker bij te kletsen.

Ik surf een tijdje en ga dan het strand op, trek een korte broek aan en ga eens kijken wat er te eten is. Het geurt naar brandende houtskool en de eerste hamburgers worden op de barbecues gelegd. Overal liggen picknickkleden op het zand en iemand speelt gitaar. Keith Hardy vermaakt een stel kinderen met zijn act met Mr Poppit. Als hij vrolijk naar me zwaait, wuif ik terug maar loop ik met ferme pas door.

Ik haal een 'Rilston'-cocktail bij de dranktent en zeg tegen Nikolai dat ik er echt geen shotje boerenkool in hoef. Ik neem mijn drankje mee naar het strand en nip ervan terwijl ik kijk naar Ben, die heerlijk in het zand zit te spelen.

'Laten we hier elk jaar naartoe gaan,' zeg ik tegen Kirsten.

'Ha, ik ben je voor,' zegt ze. 'Ik heb voor volgend jaar zomer al een huisje gereserveerd. En Pam wil haar menopauzegroep hiernaartoe halen. In zee hebben ze vast geen last van opvliegers.' Ik kijk Kirsten aan en we krijgen hopeloos de slappe lach. 'Vertel even,' vervolgt ze als we weer gekalmeerd zijn. 'Hoe zit het met Finn?'

'Die heeft zijn vriendin meegenomen.'

'Huh.' Ze pakt een kluwen zeewier uit Bens vingertjes. 'Nou, aan surfdudes geen gebrek vandaag.' Ze kijkt om zich heen langs het strand, waar, dat moet ik erkennen, heel veel sportieve kerels rondlopen. 'Weet je zeker dat je niet één groot speeddatingevenement voor jezelf hebt georganiseerd?'

'Betrapt.' Ik grijns en Kirsten knikt.

'Mooi werk. Niemand heeft het door.'

Ze heeft een punt. Er zijn hier heel veel leuke kerels, stuk voor stuk stoer en vrolijk en charmant. En toch wekken ze geen van allen mijn interesse op. Ik knoop gesprekjes met ze aan over van alles en nog wat… maar ik ben me er de hele tijd bewust van dat Finn in de buurt is. Zijn vriendin zie ik niet, maar misschien is ze er wel en heb ik haar toevallig steeds gemist. Misschien trekt ze in het hotel haar supersexy bikini aan, of misschien is ze er gewoon nog niet. Maar goed. Mij maakt het niet uit.

De middag gaat langzaam over in de avond en de uitbundige feeststemming krijgt een relaxtere ondertoon. Ik klets met allerlei mensen, onder wie Gabrielle en Mavis en Lev, die elke vijf minuten zegt dat hij ervandoor moet en dan weer iemand de hand schudt. Als Terry via de microfoon afscheid neemt, klinkt er een gejuich op dat ze in het dorp moeten hebben gehoord. Er volgen een paar korte speeches en er worden wat liedjes gezongen. De zon komt steeds lager te staan en op het strand worden hier en daar kampvuurtjes aangestoken. Er wordt gedanst op het geluid van drie gitaren.

Als de kleintjes beginnen te sputteren, zet Kirsten ze in de dubbele kinderwagen.

'Ik zie je morgen, goed?' Ze geeft me een kus. 'Wat zullen we doen? Bij het eerste daglicht zwemmen in zee? Boerenkool bij het ontbijt? Mediteren?'

'Alle drie.'

'Afgesproken.' Ze grinnikt.

'Ik ga met je mee,' zegt mama tegen Kirsten. 'Dan kan ik je helpen die twee naar bed te brengen. Goed gedaan, Sasha. Het was een ontzettend leuke dag. Papa zou heel trots op je zijn geweest.' Ze lacht weemoedig. 'Ik dacht laatst aan de pub waar hij zo graag kwam, de White Hart. Denk je dat die er nog is?'

'Hij is er nog,' zeg ik. 'Laten we daar morgen heen gaan en op papa proosten.'

'Ja,' zegt Kirsten zacht. 'Dat is een leuk idee.'

Ze vertrekken en ik vraag me net af of Lev er nog is als ik iemand hoor zeggen: '… de trein had vertraging. Finn is nu naar het station om haar op te halen.'

Ik voel mijn ledematen verstijven. Ik kijk over mijn schouder om te zien wie dit zegt; het is Finns collega Dave.

Finn is nu naar het station om haar op te halen.

Mijn hart bonst. Olivia. Ze was verlaat, maar nu is ze er. Finn is haar gaan ophalen, en zo dadelijk neemt hij haar mee naar het strand. Straks zie ik die twee gearmd rondlopen, dansen, met verstrengelde benen in het ondiepe water zitten.

Dat wil ik allemaal niet zien, dat weet ik ineens heel zeker. Ik kan het gewoon niet. Zij is te leuk en die twee stralen te veel verliefdheid uit. Dat kan mijn hart niet aan.

Ik dacht dat mijn hart het wel aankon, maar harten houden zich soms groot. Dat weet ik nu. En daarom wil ik hier niet langer blijven.

'Nou!' zeg ik opgewekt tegen niemand in het bijzonder. 'Ik ga er maar eens vandoor. Het was een mooie dag…'

'Ervandoor?' zegt Cassidy, die mijn woorden opvangt. 'Het feest begint net! Neem een glas nonisap om in de stemming te komen!' Ze neemt een slokje van haar cocktail en kijkt me met een opzijgekanteld hoofd onderzoekend aan. Het is niet haar eerste drankje, zo te zien. 'O, Sasha.' Ze legt een hand op mijn schouder. 'Lieve Sasha. Prachtige, geweldige Sasha.'

'Ja?' Ondanks alles glimlach ik.

'Voor de draad ermee. Je kunt alles vertellen aan tante Cassidy.' Ze buigt zich naar me toe. 'Waarom ben je niet met Finny-Finn-Finn? We snappen er allemaal niets van. Helemaal níéts. Herbert, Mavis, de meisjes van de tearoom en ik…'

'Hebben jullie het dan over ons gehad?' vraag ik geschrokken, maar dan besef ik wie ik voor me heb. 'Ach ja, natuurlijk. Luister…' Ik zucht een keer en doe mijn best om rustig te blijven glimlachen. 'Ik weet zo goed als zeker dat Finn iets heeft met iemand anders. Dus.'

'Iemand anders?' herhaalt Cassidy met een verontwaardigd gezicht. 'Meen je dat nou? Iemand anders?'

'Eh… denk jij van niet dan?' vraag ik aarzelend. 'Heeft hij geen kamer geboekt voor hemzelf en iemand die Olivia heet?'

'Olivia?' Ze trekt een vies gezicht, alsof Olivia de stomste naam is die ze ooit heeft gehoord. 'O-li-vi-a? Nee. Nooit van gehoord.'

'Maar hij haalt haar nu op van het station. Iemand,' verbeter ik mezelf. 'Hij haalt iemand op van het station. Een "haar".'

'Een "haar".' Cassidy knijpt met haar ogen alsof ze in gedachten verschillende mogelijkheden nagaat. 'Een "haar". Oké, we hebben meer informatie nodig. Ik ga het aan Herbert vragen. Die weet het wel.'

'Herbert?' herhaal ik vragend, maar Cassidy sleept me al over het mulle zand naar de plek waar Herbert vlak bij de waterlijn in een strandstoel een sigaar zit te roken.

'Herbert!' zegt ze buiten adem als we naast hem staan. 'Wie haalt Finn op van het station? En zeg alsjeblieft niet dat het iemand is die O-li-vi-a heet.'

Herbert blaast een sliert rook uit en lijkt even na te denken. 'Hij heeft een kamer gereserveerd voor een dame,' verklaart hij na enige tijd. 'Een aparte kamer. Ze heet Margaret Langdale.'

'Margaret Langdale?' Cassidy gaapt hem aan. 'Kamer 16, nietroken? Heeft Finn die gereserveerd? Dat soort dingen moet je me echt vertellen, Herbert!' Ze wendt zich tot mij. 'Nou, dat is dan duidelijk. Aparte kamers. Nu weten we wie hij ophaalt. Zijn vriendin die in de aparte kamer slaapt: Margaret Langdale.'

Zwijgend hoor ik het aan. Ik krijg niets over mijn lippen. Ik kan me niet eens verroeren. Mijn hart is vervuld van de ingewikkeldste emotie die er maar bestaat. Hoop. Hoop is een killer. Zes maanden lang heb ik mezelf voorgehouden dat Finn iets met Olivia heeft en dat ik me daarbij neer moest leggen. Zes maanden. Je zou denken dat dit gevoel inmiddels aardig was ingebakken.

Maar van 'inbakken' is ineens geen sprake meer. In plaats daarvan

danst de hoop opgewonden rondjes om me heen en zegt: *Wie weet...*
wie weet zit het er toch nog in...

'Daar zul je hem hebben,' zegt Cassidy in mijn oor, en ik schrik.
'Achter je. Net terug. Alleen.'

Langzaam, met een onwerkelijk gevoel, draai ik me om. En daar
zie ik hem, hij komt mijn kant op gelopen, een lange figuur in een
zeegroen T-shirt, een streep zand op een van zijn benen, glinsterende
ogen die een van de kampvuurtjes op het strand weerspiegelen.

Hoe dichter hij me nadert, hoe heviger de hoop in me opvlamt.
Mijn verlangen naar hem is zo sterk dat die emotie alle andere ver-
dringt. Mijn hart kookt over. Al mijn zintuigen zijn volledig op hem
gericht. Ik ben Finn de hele middag uit de weg gegaan uit vrees voor
een een-op-eenontmoeting als deze. Instinctief doe ik een pas naar
achteren, maar na twee stappen voel ik de zee al. Een golf spoelt om
mijn enkels, en dan zet ik als vanzelf een stap zijn kant op.

'Ha.' De klank blijft hangen in mijn keel en ik probeer het nog
eens. 'Ha.'

'Ha.' Hij kijkt me aan, kalm en ontspannen. 'We hebben nog niet
echt gepraat. Hoe is het met je?'

'Heel goed.' Ik knik. 'En met jou?'

'Ook heel goed.' Hij lacht. 'Werk gaat lekker. Ik heb nog tegen
niemand geschreeuwd, dus dat is mooi.'

'Heb je wel een kop koffie met zo'n harde klap op tafel gezet dat
de spetters in het rond vlogen en contracten onleesbaar werden?'
Ik moet hem even plagen, al had ik me nog zo voorgenomen om
vandaag beheerst en rustig over te komen.

'Geen geknoei, geen koffievlekken op contracten.' Er verschijnen
lachrimpeltjes bij zijn ogen. 'Ik ben het verleerd. En jíj, hoor ik van
Lev, runt nu een hele afdeling.'

'Dat is de bedoeling, inderdaad.' Ik rol met mijn ogen, maar het
is fijn om te horen.

'Hij mag je.' Finn trekt zijn wenkbrauwen op. 'Heel graag zelfs.'

'En ik mag hem ook.' Ik wacht even en volg een golf die het

strand bereikt en dan weer terugzakt. 'En hoe... hoe gaat het met je therapie?'

'Goed, dank je. Ik ga nog steeds, we bespreken van alles.' Finn fronst, wrijft dan nadenkend in zijn nek en kijkt me recht aan. 'We hebben het ook over jou gehad.'

'Over míj?' Hier kijk ik van op.

'Ja. En ik wilde je nog zeggen, Sasha, dat ik het begrijp.' Hij kijkt me ernstig aan. 'Het was verstandig van je. Het was verstandig om te zeggen dat de timing niet klopte. We zaten allebei niet lekker in ons vel. Ik was niet klaar voor...' Hij schudt zijn hoofd. 'Dat geldt denk ik voor ons allebei. Een burn-out. Iets om serieus te nemen.'

Alle geluiden – het gonzen van al die stemmen, de muziek, de zeemeeuwen – verstommen in mijn hoofd en ik kijk Finn aan in een poging te begrijpen wat hij net zei.

'Wacht even,' stamel ik na een tijdje. 'Denk jij dat ik er alleen een punt achter zette omdat we allebei een burn-out hadden?'

'Ja.' Finn lijkt het niet te snappen. Hij kijkt me onderzoekend aan, alsof hij iets heeft gemist. 'Natuurlijk. Dat was de reden. Wat dacht jij dan?'

'Het ging om Olivia!' roep ik uit. 'Olivia! O-li-vi-a!'

'Olivia?' Nu kijkt Finn op zijn beurt stomverbaasd. 'Maar dat met haar was allang voorbij. Het was al tijden uit voordat ik jou leerde kennen!'

'Dat weet ik, maar je hebt niets over haar tegen mij gezegd! Je hebt haar naam niet één keer genoemd. Ik dacht dat je liefdesverdriet had! Je wilde niet toegeven dat je worstelde met een verbroken liefdesrelatie... je zei dat het allemaal door je werk kwam.'

'Het kwám ook allemaal door mijn werk.' Finn staart me aan. 'Ik was overspannen. Dat heb ik je toch verteld? Waarom dacht jij dat er iets anders speelde?'

'Omdat jij je lippen zo stijf op elkaar hield!' Mijn emoties nemen de overhand. 'Ik heb jou alles verteld over Zoose. En jij hebt helemaal niks met mij gedeeld! Ik dacht dat die hoge werkdruk een rookgordijn was.'

'Aha,' zegt Finn na een lange stilte. 'Aha. Nu snap ik het. Ja.'

Hij vervalt in stilte. Is dat alles wat hij voor me heeft?

Ik laat het er niet bij zitten. 'Ja, wát? Verder nog iets wat je kwijt wilt?'

Er valt een vervelende stilte die een paar tellen duurt. Finn fronst zijn voorhoofd zoals hij zo vaak doet en ik houd mijn adem in. Ik probeer rustig te blijven, maar bij mij loopt de spanning op, want als hij er nu niet mee voor de draad komt, zelfs nu niet...

'Oké,' zegt Finn met een zucht. 'Daar gaan we dan. Ik heb jou inderdaad niet alles verteld over de problemen op mijn werk, en dat komt doordat ik dat niet kon. Want er was... iets aan de hand.' Ik zie dat het hem moeite kost hierover te praten. 'Een collega met wie ik veel samenwerkte, werd ziek. Een goede vriendin. Ze moest een behandeling ondergaan, maar ze wilde niet dat het bekend werd. Ik zegde toe haar te helpen en nam een deel van haar taken over. Ik werkte 's avonds vaak tot laat door. Te vaak. Dronk sloten koffie om wakker te blijven. En niemand wist er iets van.' Bij de herinnering vertrekt hij zijn gezicht. 'Het was niet zo'n goed idee om al haar taken over te nemen. Daar kwam ik achter.'

'Is ze...?' vraag ik voorzichtig.

'Helemaal de oude.' Hij knikt. 'Dank je. De behandeling sloeg aan. En toen ik weer terugkwam op mijn werk kwam het hele verhaal alsnog uit. Mijn vriendin heeft alles verteld. Een hele opluchting, zei ze. Maar in de tijd dat ik hier was, voelde het alsof ik het nog steeds geheim moest houden.' Hij lacht kort. 'Zo ongelooflijk stom. Want aan wie had jij het nou kunnen doorvertellen?'

Er razen allerlei gedachten door mijn hoofd. Hij wilde er zijn voor een vriendin. Hij hielp haar een geheim te bewaren. Hij was overwerkt, en het was dus géén liefdesverdriet. Ineens zie ik alles in een ander licht.

'Finn, wat naar voor je,' stamel ik. 'Dat was vast...'

Hij lacht voorzichtig en het voelt alsof hij hetzelfde van mij verwacht. Hij denkt dat al mijn vragen hiermee beantwoord zijn, maar dat is niet zo. En als ik de afgelopen maanden iets geleerd heb, is het wel hoe slecht het is om dit soort dingen door te laten etteren. Op het werk. In de liefde. In het leven.

'En wie ging je zonet ophalen van het station?' Ik probeer luchtig te klinken. 'Eerder zei je dat je iemand had meegevraagd. En je zei het met een rare blik, alsof je iets voor me verborg. En er is nog iets. Ik heb jou op Instagram gezien, arm in arm met Olivia. Op een tuinfeestje,' zeg ik. Het kan me niks meer schelen, dan ben ik maar niet cool.

Ik gooi alles eruit. Alle muizenissen, mijn paranoia, mijn stalkerige gedrag.

'Ik kwam Olivia tegen op het feestje van een vriend,' zegt Finn met een hoogst verbaasd gezicht. 'We proberen normaal met elkaar om te gaan. Ik had het niet door, maar blijkbaar is er die avond een foto van ons gemaakt.'

'Goed,' zeg ik, en ik merk dat ik een beetje begin te ontspannen. 'En voor wie ging je dan naar het station?'

Finn begint te blozen.

'Eh, ja…' zegt hij licht gegeneerd. 'Voor mijn moeder. Haar trein had vertraging, anders was ze nog op tijd geweest voor het surfen. Ik dacht dat je het wel leuk zou vinden om haar te ontmoeten. Maar toen dacht ik: nee, wat een stom idee.'

Zijn moeder. Zijn móéder?

Ik zat er de hele tijd mijlenver naast, lachwékkend ver. Ik verzon problemen die helemaal niet bestonden. Wat heb ik me toch een boel onzin in het hoofd gehaald.

Zou het kunnen, zou het heel misschien kunnen dat er al die tijd een ander verhaal is geweest? Een verhaal dat vandaag dan eindelijk begint? Finn kijkt me aan en ik krijg kriebels in mijn buik. Ik voel die gelukzalige gloed, dat intense verlangen weer bezit van me nemen.

'Heb je iets met iemand?' vraag ik, want ik wil het honderd procent zeker weten. Hij schudt zijn hoofd.

'Jij?'

'Nee.'

'Ik ben over mijn burn-out heen,' zegt Finn, die ook op zoek lijkt naar zekerheid. 'En jij?'

'Ik ook. Ik voel me goed. Gezond. Kiplekker.'

Hierna blijft het even stil, en ik voel de spanning in mijn lijf toenemen als tot me doordringt wat dit betekent. Waar dit op uit kan lopen.

'Ik heb al die tijd aan jou gedacht,' zegt Finn ernstig. 'De héle tijd.'

'Ik ook aan jou.' Ik slik moeizaam. 'Onophoudelijk. Dag en nacht.'

Traag reikt Finn naar zijn achterzak en haalt er een verfomfaaid briefje uit waarop één woord staat. *Sasha*.

'Ik wilde niet alleen dat je er weer bovenop zou komen,' zegt hij, zijn gezicht opener dan ik het ooit heb gezien. 'Ik wilde jou. Jóú. In mijn leven. Om me heen. Daarom schreef ik dit op en stak het in mijn zak... in de hoop dat het zou werken.'

Hij geeft het papiertje aan mij en gretig lees ik wat erop staat. Dan reik ik zonder iets te zeggen naar mijn eigen zak en haal er het voddige velletje uit dat ik al zes maanden bij me draag. Er staat maar één woord op: *Finn*. Als ik het aan hem geef, zie ik zijn verraste blik, de hoop in zijn ogen. Hebben we werkelijk al die tijd hetzelfde voor elkaar gevoeld? Waren we elkaar de afgelopen tijd dan onophoudelijk aan het manifesteren?

O, mijn god. Heeft het dan gewérkt?

'Ik hoopte precies hetzelfde. Ik bleef hoop houden, zelfs tegen beter weten in. Maar ik wist dat het er niet in zat... Een pure kwelling.'

'Hoop is moeilijk klein te krijgen,' zegt Finn. Ik probeer te lachen, maar dat lukt niet echt.

'Ik dacht dat dat vooral gold voor een burn-out.'

'Een burn-out is een makkie vergeleken bij hoop. Tenzij wat je hoopt daadwerkelijk uitkomt.' Hij komt een stapje dichterbij en kijkt me vragend aan. 'Dat gebeurt niet vaak.'

De zeewind speelt met zijn haar, hij kijkt me met zijn donkere ogen aan en een magnetische kracht trekt me naar hem toe. Alles verdwijnt langzaam naar de achtergrond, de rest van de wereld doet er niet meer toe, is irrelevant geworden. Op dit moment draait het om deze man en mij en om wat wij elkaar te geven hebben.

'We moeten praten,' zegt Finn na een schijnbaar eindeloze stilte. 'Laten we een rustig plekje opzoeken, Sasha. En dan eens goed met elkaar praten...'

Ik kijk om me heen, en kijk dan nog eens goed. Wacht. Wát? Dit kan helemaal niet. Maar... dus wel.

'Finn, moet je zien,' stamel ik. 'We hoeven nergens heen te gaan, kijk maar.'

Finn volgt mijn blik en knippert verbaasd met zijn ogen. Terwijl wij hier langs de waterlijn stonden, is het strand leeggelopen. Zoeven was het een heksenketel met mensen, muziek, drukte – en nu is er bijna niemand meer. Aan weerszijden van ons strekt het strand zich leeg en vredig uit. Wat is er gebeurd? Waar ís iedereen?

Terwijl ik verbaasd om me heen kijk, zie ik Cassidy bij een laatste groepje surfers staan. Ze luisteren naar haar, knikken en vertrekken. Wat zou ze tegen hen gezegd hebben? Even verderop spreekt Herbert een paar mensen op een picknickkleed aan. Ze kijken onze kant op en beginnen dan hun spullen te verzamelen. Simon doet hetzelfde aan de andere kant van het strand, waar hij het woord richt tot een groepje kinderen.

'Dit stuk strand is vanaf nu afgesloten.' Zijn stem waait met een briesje onze kant op. 'Hier is een besloten bijeenkomst, dus ik vraag jullie vriendelijk om weg te gaan.'

Nikolai richt zich met veel serieuze gebaren op een andere groep, zie ik. Als zijn betoog ten einde is, komen ze overeind en beginnen ze het strand af te lopen. Sommigen werpen over hun schouder een

378

blik op ons, anderen glimlachen. Ik kijk of ik Cassidy nog ergens zie, en dan spot ik haar, een eind verderop langs de waterlijn. Ze zwaait vrolijk en blaast een kusje van haar hand mijn kant op.

Het is een magisch moment. Er vindt een grote verdwijntruc plaats. Zonder dat wij er erg in hadden, heeft iedereen zich discreet teruggetrokken. Het is hoogzomer, midden in het hoogseizoen, de drukste tijd van het jaar in Rilston. En toch hebben Finn en ik het strand helemaal voor onszelf. Precies zoals het toen ook steeds was.

Golven bereiken kabbelend het strand, de zomerzon staat laag boven het glinsterende water en de man van wie ik houd staat voor me. Een gouden moment dat ik koester en dat van mij nooit voorbij hoeft te gaan.

Finn kijkt me ernstig aan. 'Ik wil ervoor gaan met jou,' zegt hij na een hele tijd.

'Ik wil er ook voor gaan met jou.' Ik slik. 'Heel graag.'

'Oké.' Hij knikt en de glinstering in zijn ogen bezorgt me vlinders in mijn buik. 'Nou, eh…'

Hij kijkt uit over zee en ineens weet ik wat hij wil gaan zeggen. Want ik ken hem. Al van het begin af aan hing er iets in de lucht tussen ons. Zelfs toen we elkaar voortdurend in de haren vlogen en elkaar op dit weidse strand uit de weg gingen. Ergens in mijn achterhoofd wist ik al die tijd al dat het hierop uit zou lopen. En hij wist het ook.

'Oké,' zegt hij nogmaals. 'Zullen we een eind langs de waterlijn lopen zodat ik je kan vertellen waarom ik verliefd op je ben geworden?'

Ik laat zijn woorden op me inwerken en zucht eens diep. *Vergeet niet te genieten.*

Als ik Finn aankijk, voelt het alsof er in mij een warme zon begint te stralen.

'Ja,' zeg ik. 'Dat lijkt me heel fijn.'

Finn steekt een arm uit. Ik haak mijn arm in de zijne en dan beginnen we te lopen, op blote voeten door het spetterende water. Ik geniet van zijn lage, rustige stemgeluid, van de zeemeeuwen die door de lucht buitelen en van het geluid van de golven die onophoudelijk aanspoelen op het strand.

Dankbetuiging

Heel veel dank aan de helden die me op allerlei manieren hebben geholpen bij het schrijven van dit boek. Frankie Gray, Whitney Frick, Araminta Whitley, Kim Witherspoon, Marina de Pass... ik ben jullie voor eeuwig dankbaar. En dat geldt misschien nog wel het meest voor mijn trouwe team- en echtgenoot Henry Wickham.